Pour l'amour de l'enfant roi

DU MÊME AUTEUR

Dans la collection TRAJECTOIRES
dirigée par Régine Pernoud aux éditions Mame

Le Rebelle discipliné, entretien avec le père Riquet, 1993.
Le Soldat méconnu, entretien avec le général Massu, 1993.
La Chanson en colère, entretien avec Pierre Delanoë, 1993.

L'Homme des services secrets, entretien avec Paul Paillolle, Julliard, 1995.

Il y a des nuits..., roman, Éditions du Rocher, 1997.

Un amiral au secret, avec l'amiral Pierre Lacoste, Flammarion, 1997.

Pierre Blairet, cheminot, Éditions du Rocher, 1998.

Avec de Gaulle, avec le général Massu, Éditions du Rocher, 1998.

Sur les pas de Jeanne d'Arc, album, photographies de J. Foley, Tallandier, 1999.

Claude Manesse, entretiens, Factuel, 2002.

Aliénor d'Aquitaine. L'amour, le pouvoir et la haine, Perrin, 2004.

Alain-Gilles Minella

Pour l'amour de l'enfant roi
Anne d'Autriche Jules Mazarin

PERRIN
www.editions-perrin.fr

ISBN : 978-2-262-02316-4

A Marie-Hélène H.

Prologue

Le pacte du sang

Lyon. 12 septembre 1642. Depuis la veille un échafaud est dressé sur la place des Terreaux. Le procès, commencé le matin même, n'a réservé aucune surprise. Quelques heures à peine ont suffi pour condamner à mort deux hommes tant les preuves de conspiration et de haute trahison étaient accablantes.

L'après-midi est bien avancé. Mille deux cents soldats ont été mobilisés pour tenir à distance une foule que l'on a crainte nombreuse. Elle l'est. Il faut dire que l'un des deux inculpés était encore, il y a quelques semaines, Monsieur le Grand, grand écuyer du roi, le favori officiel de Louis XIII. L'un des personnages les plus importants de la Cour. La mort sur l'échafaud d'un aussi grand seigneur, parvenu au faîte des honneurs, est un spectacle rare.

Un carrosse protégé par des hommes en armes arrive sur la place. Les deux prisonniers se tiennent dignement. L'un semble très jeune, l'autre plus âgé. Ils descendent de leur attelage. Au pied de l'échafaud, ils se disputent la politesse de mourir en premier. C'est le plus jeune qui l'emporte. Monsieur le Grand monte fermement les marches et salue la foule avec grâce. Il est beau, plein de charme, très élégant dans son habit de drap de Hollande brun foncé couvert de dentelles d'or. Il va mourir comme on meurt au théâtre et pour la postérité. Il va mourir comme on meurt à vingt-deux ans, sans y croire. Et cette mort le fera entrer dans l'histoire qui se souviendra de lui sous le nom du marquis de Cinq-Mars.

Il faudra deux coups de hache au bourreau pour remplir sa tâche. Cinq-Mars meurt sans une plainte. Puis c'est au tour du second. Il s'appelle François-Auguste de Thou. C'est l'ami le plus proche de Cinq-Mars, conseiller d'Etat, membre du parlement de Paris. Il a trente-sept ans. Lui aussi meurt avec dignité. Leur jeunesse et leur courage impressionnent l'assistance, et du coup, la haine contre l'homme en rouge qui a voulu leur mort, le cardinal de Richelieu, s'accroît un peu plus encore.

Dans une lettre adressée au marquis de Fontenay, ambassadeur de France à Rome, le cardinal Mazarin raconte les dernières heures des deux jeunes hommes : « Je vous dirai qu'ils sont morts avec une constance indicible, méprisant ce passage comme si ce fût une action indifférente. Ils n'ont pas eu besoin de plus de deux heures pour se mettre en règle avec Dieu, démontrant de si vifs sentiments de piété et de résignation à la volonté de Sa divine Majesté qu'on ne doit point douter de leur salut. M. de Thou priait Dieu avec ardeur de l'assister et de lui faire faire des bassesses et des lâchetés pour qu'il ne tirât point de vanité du peu de cas qu'il faisait de la mort. C'est pourquoi il baisa les pieds du bourreau et voulut être bandé, ce que M. le Grand refusa... Lorsque M. de Laubardemont, rapporteur du procès, leur annonça l'arrêt de mort, ils se trouvaient alors ensemble dans une chapelle. M. de Thou dit à M. le Grand que son amitié lui coûtait cher mais qu'il mourait volontiers, dans l'espoir d'échanger la terre contre le ciel. Ils s'embrassèrent, confessant en même temps publiquement leurs fautes et se consolant l'un l'autre. »

La lettre est datée du 12 septembre, écrite à peine quelques heures après l'exécution, comme pour s'assurer qu'une version « autorisée » de l'affaire allait circuler dans les chancelleries... Si Mazarin est présent à Lyon, ce jour-là, c'est qu'il a joué un rôle dans l'instruction qui a conduit à la condamnation à mort des deux hommes. Nous ne savons pas précisément la manière dont le cardinal a pesé, selon les ordres de Richelieu, sur le déroulement des choses, mais les historiens s'accordent à reconnaître qu'il a sans doute sauvé de la mort le duc de Bouillon, l'un des membres les plus éminents de ce que l'histoire appelle la « conspiration de Cinq-Mars », tenté de sauver, contre l'avis de Richelieu, la tête de François-Auguste de Thou, et probablement aussi protégé la reine Anne d'Autriche, veillé à ce que son nom n'apparaisse jamais parmi ceux des conspirateurs pour ne pas compromettre un avenir de régente qui semble, depuis quelques mois, de plus en plus probable.

Le cardinal-duc de Richelieu a déjà quitté Lyon ce 12 septembre. Il remonte lentement vers Paris par voie fluviale dans son célèbre bateau halé par des chevaux. L'homme en rouge a imaginé et fait construire une immense litière, sorte de palais flottant, avec cabinet de travail, salle de réception, salle à manger et chambre. Malade, il voyage allongé sur un lit garni de taffetas pourpre, dans une chambre tapissée de velours cramoisi à feuillage sur fond d'or. Richelieu décline la pourpre de son habit de cardinal en un camaïeu de rouges qui incarne sa puissance, qui la met en scène afin que chacun, voyant l'équipage du cardinal glisser lentement sur l'eau, sente immédiatement que le pouvoir est là qui le menace. La litière du cardinal est précédée par deux casernes flottantes, et deux autres navires dont un rempli d'arquebusiers. Après le bâtiment de Son Eminence, d'autres suivent, transportant toute une cour : secrétaires, intendants, serviteurs, hommes d'Eglise, gentilshommes. Et pour fermer la marche, un navire-coffre-fort renfermant une partie des trésors du cardinal.

Richelieu écrit lui aussi ce même jour. Dans une lettre au comte de Chavigny, un de ses plus fidèles « lieutenants », secrétaire d'Etat membre du Conseil du roi, il se montre très laconique : « Ces trois mots vous apprendrons que Perpignan est aux mains du Roi, et que Monsieur le Grand et M. de Thou sont en l'autre monde où je prie Dieu qu'ils soient heureux. » Et dans une autre, adressée à Louis XIII, il rassure : « Votre Majesté aura tout à la fois deux nouvelles bien différentes. L'une est la reddition de Perpignan qui est la plus belle et la plus considérable place de la terre pour la France. L'autre est la condamnation et l'exécution de Monsieur le Grand et M. de Thou qui se sont trouvés si coupables au jugement de tous leurs juges qu'ils ne virent jamais un procès si clair. Ces deux événements font voir combien Dieu aime Votre majesté. »

L'histoire de la conspiration du marquis de Cinq-Mars est surtout connue grâce aux écrivains romantiques, Alfred de Vigny et Victor Hugo en tête, qui se sont emparés de l'image de cet homme « sacrifié » si jeune à la raison d'Etat, de ce presque encore adolescent si beau, si charmant, si plein de vie, d'amour et de grâce, contre lequel s'acharne un vieillard moribond – le cardinal de Richelieu mourra trois mois à peine après l'exécution du marquis. Et c'est vrai que tous les ingrédients sont réunis dans cette histoire pour que les romantiques voient en Cinq-Mars, une icône de la rébellion, de la lutte contre un pouvoir fondé sur la terreur, une sorte de symbole de la libération de l'Etat des mains d'un tyran pour le « compte » d'un roi faible mais bon et juste... Le mythe est nourri par les descriptions du jeune homme dans les mémoires de l'époque qui le présentent comme le plus bel homme de la Cour, un mélange de féminité et de force, qui parlent de son élégance et de sa joie de vivre. Ajoutons la lutte contre un vieillard moribond, sanguinaire et tyrannique, l'échec et le martyre, et le portrait romantique est complet. En revanche, si l'on regarde cette conspiration dans une perspective historique, on se rend très vite compte que Richelieu et Cinq-Mars ne jouent pas la même partie. Le marquis se révèle d'une grande légèreté et d'une grande insouciance, « jouant » au complot, agitant l'idée de la conspiration, de la trahison et de l'éviction ou de l'assassinat du cardinal comme on agite avec élégance son grand chapeau à plume, pour séduire les dames, comme on se bat en duel presque par distraction, parce que c'est l'humeur de l'époque ; il est manipulé par les princes ennemis de toujours de Richelieu, par la reine sans doute aussi et par le roi Louis XIII dont le rôle dans cette affaire est trouble.

Le cardinal, lui, se bat pour la survie et la pérennité de la politique qu'il mène depuis dix-huit ans, pour laquelle il s'acharnera à vivre jusqu'au bout de ses forces. Certes l'homme est antipathique, odieux même à plus d'un titre, l'opposé du jeune marquis, mais il a pour lui son génie politique allié à une détermination froide et manipulatrice. Il ne s'agit pas pour Richelieu de la simple jouissance de l'exercice du pouvoir mais de l'avenir de la France, de cet Etat qu'il a transformé pour le faire entrer dans la modernité, de sa farouche indépendance nationale face à une Europe hostile. Dès le début de l'année 1642, sa santé se détériore et il sait que ses jours sont comptés. Il sait aussi que, probablement, le roi le précédera ou le suivra de peu dans la tombe. Le dauphin, le futur Louis XIV, a tout juste quatre ans. Une période de régence va s'ouvrir inéluctablement, c'est-à-dire une période où le pouvoir sera faible, instable. Se montrer clément avec cette conspiration qui regroupe les princes les plus proches de la famille royale, c'est donner à ces puissants factieux un blanc-seing pour l'avenir, c'est affaiblir le pouvoir avant même qu'il n'entre dans la régence.

Le cardinal a joué le dernier acte de cette tragédie jusqu'au final. L'exécution de Cinq-Mars est un avertissement pour les princes. En arrachant au roi la mort de son favori, en protégeant la reine, plus ou moins complice de la conspiration, grâce à l'entregent du fidèle Mazarin, il les a liés, par le sang de Cinq-Mars, à l'Etat tel qu'il l'a voulu et installé au nom du roi et contre les princes. Dans quelques mois, effectivement, le pouvoir sera exercé par la reine Anne d'Autriche et le cardinal Jules Mazarin. S'ils ont pu, ensemble, la main dans la main, continuer la politique de Richelieu, sauver de la Fronde l'héritage de Louis XIV, élever et mener au trône l'un des plus grands rois de notre histoire, c'est parce que le vieux cardinal moribond a « tenu » jusqu'au bout, et qu'il les a obligés à tenir aussi.

L'année 1642, qui se termine par la mort du cardinal de Richelieu et qui a été également marquée par la mort de la vieille reine Marie de Médicis, mère de Louis XIII, la conjuration puis l'exécution de Cinq-Mars et la prise du Roussillon par les Français, est une année charnière pour le XVIIe siècle. La conspiration de Cinq-Mars par ce qu'elle illustre des relations entre Richelieu, Louis XIII,

Anne d'Autriche, Mazarin, et ce qu'elle révèle de l'ambiance à la Cour, des intérêts des uns et des autres, multiples, contradictoires et voraces, est, pour le « couple » que formeront la reine et le cardinal Mazarin dans l'exercice du pouvoir, très riche d'enseignements, donnant les clefs nécessaires pour comprendre les vingt années qui vont suivre. Manipulé, instrumentalisé, utilisé par les uns et les autres, le jeune marquis de Cinq-Mars, « dernière passion » de Louis XIII, a malgré lui, ou du moins certainement pas de la manière dont il l'avait imaginé, pesé sur l'histoire.

La tragédie du marquis de Cinq-Mars met également en lumière les limites du « duumvirat », ainsi que le nomme Michel Carmona tout en reconnaissant lui-même ne pas avoir trouvé de meilleur terme[1], c'est-à-dire ce tandem de pouvoir qu'ont été Louis XIII et le cardinal de Richelieu, et à leur suite la reine Anne d'Autriche et le cardinal Mazarin. C'est un moment unique dans l'histoire de France que ce partage entre un souverain qui détient de manière consubstantielle la légitimité « divine » du pouvoir et qui choisit un Premier ministre exerçant le pouvoir en son nom mais avec une très grande liberté. Cette situation politique ne s'est produite que deux fois dans l'histoire de France, précisément avec Richelieu et Mazarin. Par la suite, Louis XIV n'aura jamais de Premier ministre, et si ses deux successeurs, Louis XV et Louis XVI, en ont eu, jamais ces ministres n'auront la puissance et la liberté d'exercice du pouvoir dont les deux cardinaux du XVIIe siècle ont disposé. Ce pouvoir bicéphale trouve un écho dans l'esprit de la Constitution de notre Ve République avec un président

1. Les auteurs et les ouvrages cités sont référencés dans la bibliographie en fin d'ouvrage.

élu par le peuple – l'onction divine remplacée par l'onction populaire –, nouant ainsi un dialogue direct avec les Français par-dessus le personnel politique, tout comme le roi considérait avoir un lien direct avec le peuple par-dessus les divers relais de pouvoir : noblesse, parlements, clergé, existant sous l'Ancien Régime.

Cependant le temps politique du XVIIe siècle et le nôtre sont fondamentalement différents. Les missions de Richelieu et de Mazarin ne sont pas limitées par la durée d'un mandat électif mais par la volonté royale ou la volonté divine, c'est-à-dire la mort. Ils exerceront le pouvoir dix-huit ans pour l'un et dix-neuf pour l'autre. Cette longévité s'explique par les rapports étroits que les deux cardinaux ont entretenus avec les souverains qui les avaient choisis. Et c'est en cela que l'affaire Cinq-Mars nous est utile. Elle montre combien le « couple » Louis XIII-Richelieu était à bout de souffle et, par un effet de miroir inversé, nous permet de comprendre la solidité du couple de pouvoir formé par la reine Anne et Mazarin, si fort qu'il pourra résister à la dangereuse tempête que fut la Fronde.

1

La dernière bataille de Richelieu

Si l'on en croit le marquis de Montglat, tout a commencé avec un noyau de cerise. La scène se passe au château de Mézières, au cours d'un dîner en été. Le duc de Nemours échange quelques piques sur un ton de joyeuse plaisanterie avec un jeune homme très en vue à la Cour depuis quelques semaines, le marquis de Cinq-Mars. Pour clore la joute verbale, le duc lance un noyau de cerise sur le nez du marquis, lequel, en retour, vise l'œil du duc avec un même projectile. On arbitre. Le roi décide que le marquis l'emporte. C'est la première fois que Louis XIII semble s'apercevoir de l'existence du jeune homme. Le souverain tombe sous le charme. A cet instant la vie de Cinq-Mars bascule. Il a tout juste dix-huit ans.

Les passions du roi

Louis XIII est un homme secret, renfermé, austère, profondément et sincèrement croyant. Affligé d'un bégaiement qui l'a toujours handicapé, peu sûr de lui, d'une santé précaire – plusieurs fois à l'article de la mort –, il est d'une intelligence moyenne mais très scrupuleux et soucieux de bien faire son métier de roi qu'il vit comme une charge, presque un sacerdoce. C'est un homme qui a toujours été d'une maladresse infinie dans ses rapports avec les autres. Louis XIII vit depuis sa plus petite enfance, avec la conscience de sa situation à part, dauphin d'abord, ensuite roi, placé au-dessus de tous les êtres qui l'entourent, y compris son frère et ses demi-frères et sœurs. Malherbe remarque que, déjà à l'âge de huit ans, « il est jaloux extrêmement de sa grandeur ». Adulte, le roi veut que lui soient manifestées en toutes circonstances la déférence et la distance qu'implique sa position. Mais, dans le même temps, Sa Majesté veut aussi qu'on l'aime pour elle-même, ce qui, compte tenu de la première attitude, semble totalement incompatible. C'est à cela que servent les favoris. Louis XIII est un homme soumi à des influences, aussi bien politiquement que dans sa vie privée, si tant est qu'il en ait une, influences qu'à la fois il subit et recherche. Dans sa biographie de Gaston d'Orléans, Georges Dethan brosse ainsi le portrait du roi : « Celui que L'Estoile (mémorialiste du début du XVIIe siècle) avait appelé un "enfant enfantissime" conserva toute sa vie les amusements de ses premières années : tirer le merle, faire des confitures, composer des chansonnettes. Il garda ses rancœurs de petit garçon solitaire et opiniâtre, roitelet abusivement fouetté que sa mère n'embrassait pas, remâchant son humiliation et déjà vindicatif. La cruauté, la jalousie, la colère irraisonnée, l'entêtement aussi bien que la versatilité, ces défauts puérils furent les siens jusqu'à sa mort. Mais, en contrepartie, il montra parfois cette limpidité d'âme et cette spontanéité d'abandon, ce besoin et cette continuelle recherche de tendresse, qui font le charme de l'enfance, même lorsqu'elle se prolonge dans l'âge mûr. »

Toute la complexité du personnage va donner sa mesure dans les dernières années de son règne avec la « passion » du roi pour le jeune Cinq-Mars et sa fin tragique.

Le cardinal de Richelieu a compris les ressorts de la personnalité de Louis XIII et a su s'en accommoder. Le père Griffet, un historiographe contemporain du roi et du cardinal, analyse justement, à l'époque déjà, la limite des relations entre les deux hommes : « Ce ministre qui connaissait parfaitement le caractère du Roi, savait qu'il lui fallait un favori, avec qui il pût parler confidemment. Il eût bien voulu qu'il n'en eût d'autre que lui-même ; mais il avait éprouvé que ce prince voulait avoir un autre confident que son ministre et qu'en lui donnant toute sa confiance pour la conduite de son royaume, il ne pouvait se résoudre à vivre avec lui, dans cette familiarité qui fait la douceur de la vie. » Le cardinal s'est donc résigné à une sorte d'équilibre dans les relations entre les deux hommes qui leur a permis de gouverner la France, ensemble, pendant dix-huit ans. Il n'a pas cherché à se faire aimer de Louis XIII dans le domaine « privé ». Ne pouvant obtenir l'amitié de l'homme, Richelieu pour gouverner se contenta d'une « relation amicale » avec le roi, faite de distance et de déférence de la part du cardinal, d'une certaine admiration pour le génie politique de son Premier ministre de la part du monarque, de respect mutuel et d'une parfaite convergence de vues sur la politique à mener pour le bien de l'Etat.

Eloigné de la vie privée du roi, le cardinal tenta malgré tout de la contrôler. Il faut reconnaître que, sur ce point, il n'eut pas beaucoup de chance comme le montre la succession de favoris, hommes ou femmes, qui ont occupé le cœur du souverain.

Le plus important des favoris de Louis XIII, avant que le cardinal ne prenne en main les rênes du pays, est Charles d'Albret, que le roi fera duc de Luynes, connétable et garde des Sceaux. En 1623, année où Louis XIII confie le pouvoir au cardinal de Richelieu, il s'entiche d'un jeune homme sympathique et assez niais, François de Baradat, dont il fera son premier écuyer et dont il se lassera au bout de deux ans. Viendra ensuite Claude de Rouvroy, duc de Saint-Simon, le père du mémorialiste, qui occupera à son tour la place de premier écuyer. Homme intelligent et droit, il subira plus qu'autre chose la faveur royale et saura ne pas trop se mêler des intrigues de cour.

En 1630, alors que jusque-là il avait plutôt manifesté une certaine aversion pour la compagnie des femmes, le roi a un coup de foudre pour une jeune fille de quatorze ans, Marie de Hautefort, qui fait partie de l'entourage de la reine mère. La nouvelle est tellement surprenante que le nonce Bagni en fait le récit dans une dépêche datée du 22 avril de cette même année : « C'est avec un grand étonnement que la Cour a vu que le Roi, contrairement à l'inclination qui était la sienne jusque-là, s'est pris d'affection pour une fille de la Reine-Mère. Il lui a demandé la permission de servir ladite dame et de lui parler tout en protestant qu'il ne s'agirait jamais de mauvais desseins de sa part. Toute surprise, la Reine-Mère est devenue vermeille en écoutant cette demande. Elle a répondu au Roi qu'elle ne le croyait pas capable d'aucune mauvaise intention et encore moins à l'intérieur de la Maison qu'ailleurs, que de plus il était bien permis à Sa Majesté de servir les dames et de leur parler puisqu'il était permis de le faire à tous les gentilshommes de la cour. » Malgré l'autorisation de sa mère, Louis XIII se montre d'une grande timidité vis-à-vis de la jeune fille, au point que Claude de Saint-Simon, profitant d'un tête-à-tête avec le roi, lui propose de l'aider et de transmettre à Mlle de Hautefort une royale déclaration. Il s'attire alors une réponse de Louis XIII qui dévoile toute la complexité et la rigidité de la personnalité du roi : « Vous me parlez bien là en jeune homme qui ne pensez qu'au plaisir. Il est vrai que je suis amoureux ; je n'ai pu m'en défendre, parce que je suis homme et sujet aux sens ; il est vrai que je suis Roi et que par là je puis me flatter de réussir si je le voulais ; mais plus je suis Roi et en état de me faire écouter, plus je dois penser que Dieu me le défend, qu'il ne m'a fait Roi que pour lui obéir, en donner l'exemple, et le faire obéir par tous ceux qu'il m'a soumis. Plus je suis amoureux, plus je ne puis me surmonter assez pour ne pas rechercher à voir et à parler à celle qui m'a blessé les yeux et le cœur, plus je dois faire d'efforts pour me surmonter moi-même... »

Il faut croire que Louis XIII finit par vaincre sa timidité et parle à la jeune fille, car quelques semaines plus tard il la fait entrer au service de sa femme, la reine Anne d'Autriche. Il peut ainsi la rencontrer plus facilement. Contre toute attente, les deux femmes deviennent amies. Une amitié qui se construit à la fois contre le roi et contre le cardinal. Une curieuse ambiance s'installe à la Cour car le cardinal et la reine se haïssent depuis longtemps, haine que Marie de Hautefort partagera avec la souveraine ; le roi et la reine se supportent difficilement et là aussi Marie de Hautefort prendra le parti de la souveraine. Les deux femmes ne cesseront de manifester du mépris pour le cardinal et de la moquerie pour le roi. Ce dernier paraîtra s'y faire, mieux même, y trouver un certain plaisir masochiste : plus Marie le traitera avec désinvolture, plus il s'attachera à elle et réclamera des gages d'affection. Bien sûr le roi se plaint... au cardinal qui se trouve quelquefois obligé d'intervenir pour demander un peu plus de déférence vis-à-vis de la personne royale. Entre Richelieu et Marie de Hautefort, la guerre était déclarée. Le cardinal n'aura de cesse de faire remplacer la jeune femme dans les faveurs royales. Il y parviendra une première fois avec Louise de La Fayette, une jeune femme n'ayant dans la vie qu'un seul souhait et un seul espoir : prendre le voile. Elle aussi se révèle très vite opposée au cardinal dont elle n'hésite pas devant le roi à critiquer et la politique et la personne. Décidément Richelieu joue de malchance. Au bout de deux ans, Mlle de La Fayette obtiendra du roi l'autorisation de quitter la Cour et d'entrer au couvent des Visitandines. Des mois durant, après sa prise de voile, Louis XIII se rendra à son couvent, restant de longues heures au parloir, priant avec elle. La place de favorite étant libre, le cardinal assiste furieux au retour de Marie de Hautefort. Mépris et moqueries contre lui recommencèrent, sans oublier l'inévitable parfum d'intrigues et de complots embaumant la période. Car cette fois-ci Marie de Hautefort est devenue plus redoutable encore. Elle se montre moins coquette avec le roi et de ce fait plus efficace. Il est de nouveau très épris d'elle. La belle Marie a plusieurs buts : rapprocher le roi et la reine, combattre par tous les moyens le cardinal en tentant de réduire la confiance que Louis XIII lui porte, et faire cesser la guerre qui oppose la France à la maison d'Autriche. Or, contre les Habsbourg d'Autriche et ceux d'Espagne, c'est l'indépendance de la France dans l'Europe de l'époque que le cardinal veut défendre ; avec la réforme de l'Etat, cette indépendance est l'autre axe essentiel de la politique de Richelieu. Pour le cardinal le danger est réel. Il s'avise alors qu'il est temps que le roi retrouve ses affections masculines. Pour cela le cardinal a une superbe carte en réserve. Cet atout maître est un valet de cœur, il s'appelle Henri Coëffier de Ruzé d'Effiat, marquis de Cinq-Mars.

Entre Marie et Henri

Le jeune marquis est né en 1620 dans une famille de moyenne noblesse. Son père, bon militaire et serviteur fidèle de la Couronne, avait obtenu le titre de maréchal pour ses états de service, et l'amitié de Richelieu pour sa loyauté. A sa mort, le maréchal confie son fils au cardinal qui le prend sous sa protection, lui fait faire une école militaire et lui donne, à l'âge de seize ans, le commandement d'une compagnie des gardes du roi. Une fois le jeune homme entré dans la maison royale, il ne fait pas de doute pour le cardinal que le roi ne pourra qu'être sensible au charme et à la beauté du marquis, mais les semaines et les mois passent sans que Louis XIII s'aperçoive de son existence. Le cardinal décide alors de rapprocher Cinq-Mars du souverain et pour cela lui offre la fonction de grand-maître de la garde-robe du roi. Pour le jeune homme c'est un cadeau empoisonné. Il lui permettrait, certes, de devenir confident du roi mais c'est en même temps une lourde charge. Il refuse. Le cardinal insiste. Il refuse à nouveau... et le petit manège dure ainsi quelques mois sans que Richelieu obtienne l'accord du jeune homme. A bout d'arguments, le cardinal va même jusqu'à se rendre chez la mère du marquis pour lui demander d'intervenir. Celle-ci, se rendant compte des espérances de fortune pour la famille que son fils refuse, s'emporte contre lui, ordonne, insulte.

Rien n'y fait. Cinq-Mars demeure inflexible dans son refus. À dire les choses franchement, cette obstination est assez compréhensible. Il a seize ans, il aime s'amuser, courir les filles, rester des nuits entières à boire avec les amis de son âge, et il n'a pas du tout envie de passer ses journées à côté d'un homme qui pourrait être son père, bigot, taciturne, et surtout qui traîne avec lui un ennui aussi profond que contagieux !

Puisque Richelieu n'obtient pas les résultats escomptés avec Cinq-Mars, il change de tactique et décide de faire bouger la situation du côté du roi. Tout à coup, autour de Sa Majesté, on ne parle plus que du marquis. Dès que Louis XIII semble s'intéresser à une conversation, les courtisans du parti de Richelieu s'arrangent pour que le sujet en devienne ce jeune marquis, si charmant, si beau, si spirituel... Le stratagème fonctionne. Le roi, peut-être lors de l'anecdote du noyau de cerise racontée plus haut, commence à s'intéresser à ce capitaine des gardes élégant et non dépourvu d'esprit. Le cardinal propose alors Cinq-Mars pour la charge de grand-maître de la garde-robe en mémoire des services rendus par son père, le maréchal. Louis XIII ne fait aucune objection et comme, entre-temps, le jeune homme, enfin convaincu par sa mère, a donné son accord, le jour de ses dix-huit ans, le 27 mars 1638, Henri d'Effiat entre au service rapproché de Sa Majesté.

Le cardinal a la certitude d'avoir marqué un point dans sa lutte contre Marie de Hautefort. Car son but reste de se débarrasser de la favorite. Cette disgrâce est d'autant plus importante pour lui que l'année 1638 va être le théâtre d'un événement d'une extrême importance : la naissance du dauphin, futur Louis XIV. Après vingt-trois ans d'un mariage stérile, la reine est enfin enceinte. Le 5 septembre, elle donne naissance à un garçon ; nombreux furent ceux qui virent un miracle dans cette naissance au point d'agacer le roi qui, lorsqu'on évoquait devant lui le caractère « miraculeux » de la naissance du dauphin, disait « avec chagrin que ce n'en était point un qu'un mari qui couchait avec sa femme lui fît un enfant ».

Avec la venue au monde d'un dauphin, le statut de la reine change. Jusque-là elle était considérée comme une étrangère, une fille de cette Espagne habsbourgeoise contre laquelle la France est en guerre. Richelieu s'était toujours méfié d'elle et entre la reine et le roi aucune affection réelle et durable ne s'était instaurée. Pendant l'été 1637, elle avait même été accusée d'intelligence avec l'ennemi, en l'occurrence son frère Philippe IV, roi d'Espagne, avec qui elle échangeait une correspondance régulière alors que les deux pays étaient en guerre. Elle n'avait dû son salut qu'au silence de son valet, La Porte, mais, comble d'humiliation, Richelieu avait ordonné qu'elle soit fouillée au corps pour chercher sur elle des documents qu'elle était censée dissimuler. Le mot de « répudiation » avait couru sur toutes les bouches à la Cour. Devenue mère du futur roi, Anne d'Autriche est maintenant intouchable. Sa position face au cardinal est renforcée et du même coup celle de ses partisans, et au premier rang d'entre eux se trouve Marie de Hautefort.

Faire grandir le crédit de Cinq-Mars auprès du roi est une absolue nécessité pour Richelieu. Il entend se servir du jeune homme à des fins très précises : prendre la place de Marie de Hautefort, convaincre sans cesse le roi de la justesse de ses actions et de sa politique, et l'informer de toutes les pensées, tous les faits et gestes du monarque. Un rôle de parfait espion que Cinq-Mars accepte.

Le jeune homme s'acquitte consciencieusement de sa tâche auprès du roi et auprès du cardinal. Il passe chacune de ses journées avec Louis XIII, l'accompagnant à la chasse aux alentours du château de Saint-Germain, dont Montglat nous dit que « les principaux divertissements consistaient à fouiller des renards dans des terriers et à prendre des merles par la neige avec des éperviers, au milieu d'une douzaine de chasseurs, gens de peu et de fort méchante compagnie » ; ou encore écoutant avec lui cette musique religieuse que le roi aime pardessus tout... pourtant une amitié entre les deux hommes ne se noue pas vraiment comme le cardinal l'avait souhaité. Reconnaissons qu'il leur avait un peu forcé la main. Rien de spontané dans tout cela. Nous sommes loin du « coup de foudre » de Louis XIII pour Marie de Hautefort quelques années plus tôt. Il y a trop de différence entre le roi et Cinq-Mars, différence d'âge comme de tempérament. Le marquis, prenant sa fonction à cœur, essaie par exemple d'amener le roi à changer sa garde-robe, à porter des vêtements plus à la mode. Il s'attire une réaction hostile de Louis XIII qui refuse toute ostentation vestimentaire, use ses habits jusqu'à la corde et l'accuse de vouloir dilapider l'argent de la Couronne. De son côté, le monarque tente de faire partager au jeune homme son goût pour les lectures pieuses... est-ce utile de préciser que Cinq-Mars y est totalement hermétique ! Le marquis est de plus tombé amoureux de Marion de Lorme, une courtisane célèbre à Paris, dont le cardinal de Retz dans ses *Mémoires* dit qu'elle « était un peu moins qu'une prostituée ». Henri d'Effiat devient son amant principal. Elle habite un hôtel particulier dans le Marais, sur la récente place Royale, construite au début du siècle. Cette place Royale s'appelle aujourd'hui place des Vosges. L'hôtel de

Marion de Lorme est situé au niveau du numéro 6 de la place des Vosges. C'est à cette adresse que, trois siècles après, Alexandre Dumas venait rendre visite à son ami Victor Hugo – auteur d'une tragédie intitulée *Marion de Lorme* –, et, comme un clin d'œil à l'histoire dont il fut un amant passionné, c'est à ce même numéro 6 qu'il domicilie Milady de Winter dans *Les Trois Mousquetaires*.

Le cardinal de Richelieu, qui ne dédaignait pas les dames, avait, si l'on en croit les mauvaises langues de l'époque, lui aussi été l'amant de la belle Marion. Certes, de manière épisodique puisqu'il ne l'aurait conviée que deux fois à lui rendre visite dans son château de Rueil, près de Paris. Tallemant des Réaux, dans ses *Historiettes*, raconte : « À la première visite, il la reçut en habit de satin gris de lin, en broderie d'or et d'argent, botté et avec des plumes. Elle a dit que cette barbe en pointe et ces cheveux au-dessus de l'oreille faisaient le plus plaisant effet du monde. Après ces deux visites, il lui fit présenter cent pistoles par Desbournais, son valet de chambre, qui avait fait le maquerellage. Elle les jeta et se moqua du cardinal. » Et pour faire bonne mesure à son dédain du cardinal-duc, Marion de Lorme aurait ajouté, concernant les « performances » du Premier ministre : « Mon Dieu, que c'est peu de chose qu'un cardinal ! » Si l'anecdote est vraie, Richelieu n'aura sans doute jamais pardonné cette phrase assassine, et peut-être a-t-elle joué dans la tragique fin du marquis de Cinq-Mars ; c'est du moins ce que pensait Victor Hugo.

L'hôtel particulier de Marion est le lieu à la mode où se retrouve une jeunesse en mal de nouveauté, qui joue aux cartes des nuits entières, se pique, comme les précieuses de Molière, d'écouter les poèmes et les romans à la mode, le tout dans un esprit de libertinage de mœurs et de pensée. Impression de liberté exacerbée par le sentiment de la mort qui les guette au détour d'une campagne militaire. Car ces jeunes hommes, pour la plupart, qui viennent s'amuser à Paris pendant l'hiver, savent tous qu'ils peuvent mourir l'été suivant sur un champ de bataille. Alors ils profitent doublement de ces moments d'insouciance et de plaisir. On ne peut imaginer ambiance plus différente de celle qui entoure le roi. Très vite, Cinq-Mars mène une double vie : l'ennui le jour, la fête la nuit. Sitôt le roi couché, il fonce à bride abattue chez Marion. Au petit matin, il reprend le service du roi sans avoir dormi ou très peu. Son humeur dans la journée s'en ressent. Autrement dit, Cinq-Mars bâille doublement, d'ennui et de fatigue. Louis le voit et le lui reproche. Les deux hommes prennent très vite l'habitude de se quereller, d'autant que la liaison du marquis avec la courtisane est connue et que le roi s'en montre très jaloux. Car Louis XIII est un amoureux platonique qui se comporte comme un amant possessif : il exige la passion et l'exclusivité... mais dans la chasteté ! Goulas nous dit que le roi « était avec ses favoris comme le chien du jardinier qui ne mange point les choux et ne veut pas qu'on en prenne. [...] ses amours n'allaient pas plus loin que la conversation ». Cinq-Mars joue de la jalousie royale et quand le ton monte, menace de rendre sa charge, ce que le roi ne veut imaginer. Louis XIII souffre, mais il y prend un certain plaisir !

La situation perdure ainsi jusqu'à l'approche de l'été 1639. Le cardinal est obligé de constater que les choses ne prennent pas bonne tournure. Non seulement le roi et son favori ne parviennent pas à créer entre eux des liens solides, mais Marie de Hautefort est toujours présente à la Cour, et toujours dans les faveurs du roi. En mars 1639, Louis XIII écrit au cardinal, parlant de Marie : « L'inclination va très bien. » On imagine la rage de Richelieu. Louis XIII est un homme d'habitudes, il a du mal à se défaire des choses et des gens. Pourtant Marie fait tout ce qu'il faut pour se faire renvoyer. Depuis la naissance du dauphin et forte de la nouvelle position de son amie la reine, Marie est odieuse avec le roi, elle ne cesse de se moquer de lui, de le traiter avec la plus grande désinvolture. Louis XIII s'en plaint à qui veut bien l'entendre, et donc au cardinal, mais ne parvient pas à s'éloigner de la jeune femme. Lorsque le roi se querelle avec Marie, il se tourne vers Henri, dont le crédit monte, et lorsqu'il se chamaille avec le jeune homme, le roi revient à la jeune femme. Tiraillé entre Marie et Henri, entre deux douleurs, Louis ne parvient pas à choisir.

Monsieur le Grand

Les hésitations cessent fin mai 1639 lorsque le roi quitte le château de Saint-Germain-en-Laye pour se rendre à Abbeville et prendre le commandement de l'armée massée à la frontière de la Picardie. Marie reste avec Anne tandis que Cinq-Mars accompagne Louis. Rien de tel que la fraternité des armes pour resserrer les liens entre hommes. La passion du roi pour son favori se déclare véritablement à ce moment-là. Il ne l'appelle plus que « cher ami », ce qui est sans précédent dans les usages de cour, pense sans cesse à lui, le veut toujours à ses côtés et lorsqu'il est là, néglige toutes les autres personnes présentes. En résumé : le roi est amoureux.

Sur fond de guerre, en Artois, dans les Ardennes, en Champagne, puis en Savoie où le roi va prêter main-forte à sa sœur, la reine Chrétienne, la faveur de Cinq-Mars ne cesse de croître. Lorsque le cardinal rejoint le roi à Dijon à la fin de l'été, il ne peut que se réjouir des progrès accomplis par le jeune marquis. Il décide alors de porter l'estocade à la belle Marie. Sur ses indications, au fur et à mesure que l'on se rapproche de Paris, Cinq-Mars montre des signes d'inquiétude. Il « craint » que Sa Majesté, retrouvant Mlle de Hautefort, ne retombe sous son charme. Il s'en ouvre au roi, insiste, se plaint d'elle. Louis XIII, pour apaiser les craintes du jeune homme, lui offre la somme assez rondelette de 1 500 écus et lui laisse entrevoir la possibilité d'obtenir la charge de premier écuyer. Rien ne semble calmer le beau marquis qui finalement exige du roi qu'il choisisse entre Marie et lui. Louis XIII tranche : « Je vous ai donné mon cœur et je vous promets qu'il ne sera point partagé. » Et la Cour est bien obligée d'applaudir à cette partie d'échecs adroitement gagnée par le cardinal. Le comte de Chavigny écrit à Mazarin qui n'est pas encore cardinal et vient d'entrer au service de Richelieu : « Nous avons un nouveau favori à la cour qui est Monsieur de Cinq-Mars [...] dépendant tout à fait de Monseigneur le cardinal. Jamais le roi n'a eu passion plus violente pour personne que pour lui. »

Le cardinal de Richelieu aura mis dix-huit mois à se débarrasser de Marie de Hautefort. Durant ce temps, il mène une politique complexe, délicate, de guerre et de diplomatie qui exige de lui une grande énergie. Il lui a pourtant fallu consacrer une partie de cette précieuse énergie aux intrigues de cour. Richelieu déteste se mêler des affaires sentimentales du roi. Il veut bien les contrôler, mais non y participer. Il l'a fait à plusieurs reprises pendant la « liaison » avec Marie de Hautefort... mais pour le cardinal, ce n'est rien en comparaison de la patience dont il devra faire preuve pour sans cesse apaiser les querelles pendant la relation du roi avec son jeune favori.

Très vite, Cinq-Mars ne pense plus qu'à se détacher de la tutelle du cardinal ; autrement dit sa faveur lui monte à la tête. Le roi lui a promis la charge de premier écuyer – et cela d'ailleurs contre l'avis du cardinal –, Cinq-Mars veut plus, c'est-à-dire celle de grand écuyer. La charge est tenue par le duc de Bellegarde qui n'a pas l'intention de s'en dessaisir. Le marquis s'entête et s'impatiente. Le cardinal essaie de le tempérer : il connaît bien le roi, l'homme tient à une apparence d'indépendance. Il déteste qu'on lui force la main. Il risque de revenir vers la Hautefort... Rien n'y fait ! Cinq-Mars s'obstine. La suite donne raison au jeune homme. Le 13 novembre 1639, le duc de Bellegarde consent à se défaire de sa charge. Le roi la lui rachète et l'offre à son favori. Deux jours plus tard, le marquis de Cinq-Mars prête serment en tant que grand écuyer. Il n'a pas encore vingt ans et désormais porte le titre de Monsieur le Grand.

Il faut à peine quelques jours pour que le roi et son favori recommencent à se quereller. Pour fêter sa « promotion », Monsieur le Grand s'offre un carrosse doré. Le roi essaie de lui faire comprendre que c'est une marque d'ostentation déplacée, le ton monte, le souverain s'emporte, lui reproche de dilapider l'argent en tenues somptueuses, en bijoux, en fêtes, d'être un paresseux et, sa jalousie naturelle prenant le dessus, l'accuse d'être un débauché. Cinq-Mars s'énerve aussi... La violente scène fait le tour de la Cour... Chacun retient son souffle et c'est au cardinal d'intervenir. Richelieu déteste cela. Il sait qu'il n'y a que des mauvais coups à prendre à s'interposer ainsi dans les querelles d'amoureux. Mais le roi l'en somme : après tout, c'est le cardinal qui lui a

« donné » Cinq-Mars. Alors Richelieu s'exécute et négocie. Cette fois-ci, il fait signer aux deux hommes une sorte de pacte, un document des plus étonnants :

> Nous, ci-dessous signés, certifions à qui il appartiendra être très contents et satisfaits l'un de l'autre et n'avoir jamais été en si parfaite intelligence que nous sommes à présent. En foi de quoi nous avons signé le présent certificat : Louis
> Par mon commandement : Effiat de Cinq-Mars
> Fait à Saint-Germain le 26 novembre 1639

Bien évidemment des protestations d'affection aussi spontanées et sincères ne tiennent pas. Les mois qui suivent ne sont qu'une suite ininterrompue de querelles, brouilles et rabibochages. Le roi se plaint au cardinal de l'attitude de Monsieur le Grand, Richelieu intervient, tente d'arranger les choses jusqu'à la prochaine scène.

Toute la Cour, tout Paris assistent consternés aux péripéties de cette relation entre un jeune capricieux et un presque vieillard de quarante ans usé par les maladies – entérocolite, tuberculose... – qui le minent. Le roi, pourtant si conscient de ce qu'il est et de ce qu'il symbolise, souffre toutes les affres de l'amour sans en connaître aucun des plaisirs ou presque. Car n'en déplaise à Tallemant des Réaux qui dans ses *Historiettes* parle d'une relation charnelle entre le roi et son favori, tous les historiens s'accordent à dire que, si les penchants homosexuels de Louis XIII sont évidents, il est bien trop croyant et bien trop rigide pour être jamais passé à l'acte. De même qu'il n'a jamais eu de relations charnelles avec aucune de ses favorites. Louis le Treizième est resté fidèle à sa femme qu'il n'aimait pas et s'est interdit de connaître le plaisir avec les hommes et les femmes qu'il a aimés.

Le roi, comme un amant aigri, ressasse toutes les querelles, note les griefs en petit comptable d'une triste passion et les « rapporte » au cardinal, ce qui l'agace de plus en plus.

Comme cela était prévisible, les relations entre le souverain et son Premier ministre et celles du cardinal et de Cinq-Mars vont se dégrader assez rapidement. Que se passe-t-il entre Louis XIII et Richelieu ? Peut-être, venue de loin, une forme de lassitude l'un de l'autre après dix-huit ans de « collaboration » à la tête de l'Etat. Mme de Motteville explique que le roi finit par devenir jaloux de son Premier ministre et qu'il « commença de le haïr dès qu'il vit l'extrême autorité qu'il avait dans son royaume ; et ne pouvant vivre heureux sans lui ni avec lui, il ne put jamais l'être ».

Il est loin le temps où le roi appelait Son Eminence « mon cher cousin », où ils s'écrivaient des lettres dans lesquelles le souverain assurait son Premier ministre de son amitié et de son soutien, et où le cardinal répondait par des protestations de déférence et de fidélité. En témoignent, par exemple, ces mots dans une lettre que Louis XIII envoie à Richelieu au moment du siège de La Rochelle en 1628 : « Je n'ai rien su dire en vous disant adieu, à cause du déplaisir que j'ai eu de vous quitter... Vous vous pouvez assurer toujours de mon affection et croire que je vous tiendrai ce que je vous ai promis jusqu'à la mort ! Il me semble quand je songe que vous n'êtes plus avec moi, que je suis perdu. » Dans cet état d'esprit, ils ont combattu les protestants à l'intérieur du royaume, et les catholiques Habsbourg à l'extérieur, contenu avec la plus grande fermeté les prétentions des grandes familles de France refusant de se soumettre à cette idée nouvelle d'un Etat français incarné par le roi au nom de Dieu et pour le service de tous, résisté aux conspirations, complots, etc. Au commencement de la cinquième décennie du siècle et alors qu'il leur reste deux années à vivre à chacun, tout se passe comme s'ils sentaient inconsciemment que le temps leur est compté. Le roi aurait envie de gouverner un peu par lui-même avant de mourir, peut-être de nommer un Premier ministre qui lui devrait tout et qui ne l'écraserait pas de son génie. Quant au cardinal, il ne prend plus le temps d'expliquer au monarque sa politique, il sollicite de moins en moins son avis, il ne le ménage plus : il agit, gouverne, comme s'il était seul maître à bord, porté par l'importance de sa tâche et l'urgence de consolider encore et toujours son action pour l'avenir du pays.

La pathétique affaire Cinq-Mars est le catalyseur du délitement de leur relation. Le roi, en pleine dépendance vis-à-vis de son favori – aujourd'hui on parlerait d'addiction –, en veut sans doute au cardinal d'avoir mis le jeune homme sur sa route. Et comment l'Eminence pourrait-elle encore respecter une Majesté qui se montre aussi faible, aussi « petite »... et qui en même temps lui fait perdre un temps précieux ?

Entre le cardinal et le marquis, c'est plus simple : ils se détestent ! Le jeune homme n'en peut plus de la tutelle de Richelieu qui, lui, a compris qu'il avait commis une erreur en poussant le marquis dans la faveur du roi ; il ne le contrôle plus et, pire, Cinq-Mars, mélange d'une vaste ambition et d'une grande incompétence, est en train de devenir véritablement dangereux. Le cardinal tente de freiner ses appétits par tous les moyens. Le jeune homme réclame des présents, des faveurs, des charges, comme celle de gouverneur de Verdun : le roi refuse, mais derrière ces refus, le marquis sait qu'il y a Richelieu.

Un parfum de conspiration

Tout va basculer lorsque le jeune homme s'avise de prendre femme. Monsieur le Grand, favori du roi, jette son dévolu sur une princesse qui s'est toujours déclarée ouvertement une ennemie acharnée de Richelieu : Marie-Louise de Gonzague, fille de Charles de Nevers, duc de Mantoue. Elle avait été sérieusement courtisée, quelques années plus tôt, par Gaston d'Orléans, le frère de Louis XIII. A l'époque Gaston était l'héritier du trône avec de sérieuses chances de ceindre la couronne, compte tenu de la faible santé du roi. La jeune femme aurait donc pu, un jour, devenir reine de France, c'est dire son rang et son importance. Elle finira d'ailleurs sa vie avec une couronne sur la tête puisqu'elle sera reine de Pologne. Pour un Effiat de Cinq-Mars, une telle union marquerait l'apogée de sa fulgurante ascension sociale. La belle Marie-Louise a déjà trente ans, pas de prétendant et commence à s'inquiéter de son avenir matrimonial. Elle est prête à considérer favorablement un mariage avec Cinq-Mars. Pour Richelieu, il s'agit d'une mésalliance inacceptable. Il commente l'affaire d'un lapidaire et assassin : « Elle n'est pas pour un aussi petit monsieur » qui ne fait qu'aviver la haine du marquis et de la princesse à son encontre, et que l'on peut considérer comme le point de départ de la conspiration de Cinq-Mars.

Le marquis ne démord pas de son intention d'épouser la princesse de Gonzague. Il a compris que s'il reste simplement le marquis de Cinq-Mars, tout favori royal qu'il est, il n'y parviendra pas. Mais si, par exemple, il devenait duc, pair de France, connétable, et pourquoi pas

Premier ministre, la chose serait tout à fait possible. Il lui faut donc s'intéresser de près à la politique afin de montrer au roi qu'il possède de grandes capacités dans ce domaine. Marie-Louise de Gonzague va l'y aider. Ambitieuse et intelligente, elle le conseille. En plus de la jeune femme, Cinq-Mars s'est trouvé un autre « précepteur politique » : François-Auguste de Thou. L'homme appartient à une illustre famille de noblesse de robe. Son père est un ancien ministre de Marie de Médicis, régente du royaume avant la majorité de son fils Louis XIII, et a surtout pour titre de gloire d'avoir contribué à réconcilier le roi Henri III et son cousin Henri de Navarre, qui avait pu ainsi monter sur le trône et devenir le « bon roi Henri », quatrième du nom. François-Auguste est un homme intelligent, d'esprit libre, avec une ironie et un sens de la repartie qui ne lui attirent pas que des amis. Il partage avec Marie-Louise une solide aversion pour Richelieu. Avec ce nouvel allié, le jeune marquis se sent armé pour affronter le cardinal. Lentement, Henri d'Effiat s'insinue politiquement dans l'esprit du roi qui commence à se dire que, pourquoi pas, il pourrait prendre la place de Son Eminence. Au printemps 1641, le jeune homme marque un premier point en entrant au Conseil du roi. Cela fait longtemps qu'il le demandait mais Louis XIII, sur les recommandations de Richelieu, avait toujours refusé. Cette fois-ci, il accepte sans même en informer le cardinal qui voit, un matin, le souverain entrer dans la salle du conseil accompagné du marquis, lequel vient se placer debout derrière le siège royal. L'Eminence, ravalant sa colère, ne dit pas un mot.

L'ambition personnelle du marquis est confortée par l'état dans lequel se trouve le pays à cause de la politique menée par le cardinal : les campagnes sont ravagées par des guerres qui tuent une partie de la noblesse, la population est accablée d'impôts qui augmentent chaque année. Une grande partie du pays vit dans la misère et chaque année voit éclater ici ou là une insurrection paysanne, Croquants, Nu-pieds, que le cardinal-duc fait réprimer dans le sang. Tout le monde ou presque déteste Richelieu ; il faudrait même parler de haine collective. Débarrasser la France de cet homme qui la ruine et la saigne est une œuvre de salubrité publique. Cinq-Mars se sent de plus en plus capable d'accomplir cette tâche. Il se sent fort de l'appui du roi et convaincu du soutien de l'opinion.

Cette année 1641 est aussi marquée, au printemps, par la rébellion des « princes de la paix », le duc de Bouillon, le comte de Soissons et le duc de Guise. Le 9 juillet, à la tête d'une armée de trois mille hommes, en grande partie financée par les Espagnols, le comte de Soissons, excellent soldat, bat à plate couture les troupes royales du maréchal de Châtillon à Marfée, sur la rive gauche de la Meuse. La nouvelle parvient à Paris et atterre le cardinal. Il semble bien que cette fois-ci tout soit perdu pour lui, lorsqu'une deuxième nouvelle annonce la mort du comte de Soissons. Ce dernier, parcourant sous la chaleur le champ de bataille, avait relevé la visière de son casque avec son pistolet. Le coup était parti malencontreusement, tuant net le comte. Le bruit courut que ce très possible et probable accident n'en était pas un, mais plutôt un assassinat perpétré par un homme du cardinal. On ne prête qu'aux riches ! Néanmoins cette mort sauve Son Eminence. Pour le roi et le cardinal, le danger avait été réel et ils l'ont mesuré avec justesse.

Après la mort du comte, les conjurés se débandent. Dans la foulée, l'armée du roi pousse son avantage dans le Nord, et après l'Artois lors de la campagne précédente, ce sont les Flandres françaises qui sont conquises.

L'échec des « princes de la paix » et la mort du comte ont pour conséquence de faire entrer un troisième personnage parmi les « précepteurs politiques » du marquis de Cinq-Mars, le gentilhomme languedocien Louis d'Astarac, marquis de Fontrailles. Il sera le véritable organisateur, l'« âme damnée » de la conjuration de Cinq-Mars.

Le visage de Fontrailles est d'une grande laideur et posé sur un corps tout aussi laid, bossu et ventripotent ; une sorte de polichinelle mais intelligent, manipulateur et retors. Ennemi juré du cardinal qui se moque de lui et le traite de monstre à cause de son physique, Fontrailles a jusque-là œuvré dans le sillage de Gaston d'Orléans et du comte de Soissons. Cela fait longtemps qu'il a noué des relations amicales avec Cinq-Mars dont il suit l'ascension depuis le début. La mort de Soissons n'a fait qu'aviver encore la haine de Fontrailles envers Richelieu. Il lui faut une nouvelle conspiration pour venger la mort du comte. Cinq-Mars est l'homme idéal. Le jeune homme est facilement convaincu ; il était déjà persuadé que la seule faveur du roi pouvait lui permettre d'évincer Richelieu. De Thou s'enthousiasme et Marie-Louise de Gonzague, évidemment, partage leurs vues. Le premier futur conspirateur approché est le duc de Bouillon. Il possède Sedan qui, jusqu'à l'été 1641, était un territoire lié à l'Empire germanique, ce qui conférait au duc une indépendance vis-à-vis de la couronne de France. Il a dû négocier avec Richelieu après la mort du comte de Soissons et a sauvé sa tête en perdant l'indépendance de sa ville. Sa haine du cardinal a monté d'un cran, mais il se méfie. Il hésite quelque temps avant d'entrer dans la conspiration. Il n'a qu'une seule idée, se venger et retrouver cette indépendance. Il semble que l'argument qui l'ait décidé est la participation de la reine au complot et le besoin dans lequel elle pourrait se trouver de disposer d'une place sûre pour y protéger ses enfants le cas échant. Sedan reste une solide forteresse qui peut remplir cet office.

Second conspirateur, Gaston d'Orléans, on serait tenté de dire : comme d'habitude. Depuis vingt ans, Monsieur – c'est le titre porté à la Cour par le frère du roi – est de tous les complots, les trahissant tous, et faisant à chaque fois payer chèrement à Louis XIII son ralliement à la Couronne par de nouvelles pensions, prébendes, par le paiement de ses dettes, etc. De sept ans le cadet du roi, Gaston a une personnalité très différente de celle de son frère. Il en est presque l'antithèse. Aussi gai que son frère est triste et ennuyeux, c'est un homme affable qui apprécie et aime les plaisirs de la vie sans pour autant être un libertin. Il est intelligent, possède un certain charme, mais manque de profondeur d'esprit et de sens du devoir. Influençable et velléitaire, il est une illustration classique du cadet de famille à qui la position et la richesse permettent tout et qui, finalement, n'a d'autre but dans la vie que la satisfaction de ses plaisirs. De la royauté, il ne voit que la couronne et le panache, il ne veut pas en imaginer les servitudes. Le cardinal de Retz résume ainsi la personnalité de Gaston : « Monsieur le duc d'Orléans avait, à l'exception du courage, tout ce qui était nécessaire à un honnête homme. » Le peu de courage politique qu'illustrent les multiples revirements du duc d'Orléans ne laisse que peu d'illusions aux conspirateurs sur la solidité de son engagement, mais Gaston jouera inévitablement un rôle de poids dans la régence et sa participation donne une véritable caution au complot.

La reine Anne d'Autriche est approchée et donne

son accord. Des historiens considèrent même qu'elle a encouragé les comploteurs. Elle est en opposition permanente avec Richelieu, on le sait. L'année précédente, alors même qu'elle allait donner naissance à Philippe d'Orléans, second enfant royal, et ainsi remplir largement sa fonction essentielle qui est de donner des héritiers à la Couronne, ses rapports avec son époux étaient à nouveau tendus. Louis XIII a été largement pourvu par la nature du sentiment de jalousie, il est jaloux de sa femme, jaloux de ses favoris et favorites, et maintenant fait montre de jalousie paternelle. Le 10 septembre 1640, alors qu'il vient de rendre visite à la reine – près d'accoucher, Philippe naîtra le 21 – et au dauphin, le roi écrit au cardinal : « J'ai le profond regret de devoir vous donner des nouvelles de la grande aversion que mon fils éprouve à mon égard. Elle va si loin qu'il crie comme si on l'écorchait dès qu'il me voit traverser la cour de sa fenêtre ; il suffit qu'on prononce mon nom pour qu'il devienne tout rouge. Je l'ai visité deux fois dans sa chambre depuis que je vous ai écrit, sans l'approcher de trop près ; dès qu'il m'aperçoit, il pousse des braillements de colère. » Le roi est persuadé que c'est la reine qui provoque l'aversion du dauphin pour son père. Il poursuit sa lettre au cardinal dans des termes d'une grande virulence : « Je ne pourrais supporter de voir cet enfant dégénéré la dévorer de caresses, n'avoir que son nom à la bouche, tandis qu'il abhorre le mien. Je ne pourrais le supporter, et c'est pourquoi je vous prie, vous le meilleur ami que je possède au monde, de me conseiller, de me dire ce que je dois faire en ce cas. Mon intention est d'enlever le garçon sur l'heure et de le conduire à Chantilly ou n'importe où ailleurs, afin qu'il ne voie plus la Reine ni toutes ces femmes qui l'adulent et le cajolent toute la journée. » De son côté, Anne d'Autriche, terrorisée à l'idée que le roi mette sa menace à exécution et lui enlève son fils, appelle également Richelieu à l'aide. Comme d'habitude, le cardinal arbitre, tempère. La jalousie paternelle de Louis XIII et sa méfiance vis-à-vis de sa femme ne faibliront pas ; sans cesse, il menacera la reine de lui enlever ses enfants, et aussi, accessoirement, de la faire enfermer dans un couvent. Anne va vivre, jusqu'à la mort de son mari, avec cette épée de Damoclès qui l'effraye plus que tout. Car cette femme se révèle être d'abord une mère. Très vite, après la naissance de ses deux fils, elle n'est plus une princesse d'Espagne exilée en France et prête à trahir, elle devient la mère du futur roi, prête à tout pour l'amour de son fils. Elle se transforme en la plus française des princesses de France, parce que son enfant sera roi de France. Richelieu a probablement commencé alors à percevoir cette transformation si importante.

Si la reine participe, de manière lointaine néanmoins, à la conspiration que Cinq-Mars ourdit, c'est avant tout pour répondre à la menace d'être séparée de ses enfants et aussi, se persuade-t-elle peut-être, pour protéger leurs intérêts. Car avec la maladie du roi et les succès de l'armée qui redonnent du crédit au cardinal, toutes sortes de bruits circulent à la Cour, et entre autres qu'il envisage de s'attribuer la régence en cas de décès de Louis XIII, de s'emparer du dauphin et de son frère et de les placer en résidence surveillée pour lui servir d'otages, et cela – la rumeur n'étant jamais à une exagération près – avec peut-être l'assentiment du roi mourant. Autant d'élucubrations qui montrent surtout que dans cette ambiance de fin de règne la Cour est prête à croire tout et n'importe quoi.

« Le responsable, ce n'est pas moi »

Pour recruter des participants au complot, Cinq-Mars et ses amis n'ont que l'embarras du choix. Des contacts se prennent sans grand discernement. On fait de la surenchère : venez nous rejoindre, un tel en fait partie ; au besoin on anticipe un peu l'engagement de certains. On avance de grands noms, dont celui de Monsieur, on murmure le nom de la reine et... on laisse entendre que le roi a donné son accord ! Qu'en est-il vraiment ? Il semble vrai que Cinq-Mars a réellement cru que Louis XIII, tacitement, lui donnait son aval. Le roi a joué un rôle trouble dans cette affaire. Il se plaint sans cesse du cardinal devant le marquis, comme il s'en plaignait déjà devant Marie de Hautefort et Louise de La Fayette. Peut-être, cette fois-ci, un peu plus souvent et avec un peu plus d'énervement. Lassitude de partager le pouvoir ?... La politique de Richelieu porte ses fruits ; en Allemagne, les armées franco-suédoises mènent des campagnes victorieuses qui sapent les fondements de l'Empire des Habsbourg d'Autriche ; au nord de la France, l'Artois, est en passe d'être rattaché au territoire national comme une partie de l'Alsace quelques années plus tôt ; à l'est encore, le duc de Lorraine Charles IV s'étant allié aux impériaux, c'est-à-dire aux Habsbourg d'Autriche, une armée française s'est emparée de son duché en septembre 1641 ; au sud également, les choses tournent bien pour les Français : les Catalans se sont révoltés contre le roi d'Espagne et ont demandé à Louis XIII de devenir comte de Barcelone, ce qu'il a accepté le 19 septembre 1641. Une campagne se prépare pour l'année 1642 dont Richelieu, parfaitement au courant du très mauvais état des finances espagnoles, et donc des difficultés que rencontrera Philippe IV à se battre sur plusieurs fronts, a de bonnes raisons de penser qu'elle sera victorieuse. Tout cela est complété par quelques victoires navales, en particulier sur les Espagnols, et par la réussite de l'implantation française au Canada et dans l'océan Indien. Le roi pourrait être heureux de ces victoires, au contraire il se plaint. Tout cela coûte cher et le peuple est à bout. Il lui faudrait toute sa fermeté morale pour tenir face au mécontentement général, mais Louis XIII est fatigué, malade. Il pense que le cardinal lui demande trop, il ne le comprend plus... A des ambassadeurs étrangers qui lui parlent de la misère de son peuple il répond : « Le responsable, ce n'est pas moi... » Cinq-Mars l'entend très souvent dire qu'il se sent étouffé par son Premier ministre, qu'il n'est rien, que le cardinal est tout, ne tient plus compte de lui, qu'il en a assez de ce trop de misère, de ce trop de guerres... ah, s'il était débarrassé du cardinal !... Pouvoir régner enfin ! Gouverner !... Henri d'Effiat l'écoute, le croit et prend ses paroles pour un engagement. On va même jusqu'à évoquer devant le roi l'assassinat du cardinal, le souverain ne dit pas un mot, il n'encourage pas, mais n'interdit pas. La passivité de Louis XIII dans ce type de situation n'est pas surprenante. Il en avait été de même en 1617 lors de l'assassinat de Concini. Lorsque le marquis de Vitry, capitaine des gardes et chargé d'arrêter l'Italien, avait demandé au jeune roi : « Sire, s'il se défend, que veut Sa Majesté que je fasse ? », Louis XIII n'avait rien répondu. Un autre officier avait alors insisté : « Le Roi entend qu'on le tue ? » De nouveau, silence de Louis XIII. Vitry avait alors conclu : « Sire, j'exécuterai vos commandements. » Concini avait été transpercé de plusieurs coups d'épée.

Le marquis de Cinq-Mars est jeune. Il ne comprend pas que le roi joue depuis toujours un jeu qui consiste à imaginer la vie sans son ministre, comme on imagine un paradis de liberté inatteignable, comme un de ces ailleurs qu'on évoque et espère pour mieux supporter les servitudes du quotidien. Les destinées du monarque et du cardinal sont liées, le roi le sait et en veut à Richelieu de lui être si nécessaire. L'intelligence de Louis XIII est d'avoir compris que Richelieu était beaucoup plus intelligent que lui et qu'il devait s'effacer devant son génie pour l'avenir du pays. Il le fait depuis dix-huit ans, sans avoir jamais cessé de s'en plaindre à tous ses confidents.

Ainsi la conjuration prend vite un tour assez curieux : elle est menée par le confident du roi, la reine et le frère du roi en font partie, le roi lui-même semble en être l'âme, et elle a pour but d'écarter du pouvoir un Premier ministre nommé par le roi et de ce fait, théoriquement du moins, révocable à tout moment... Cela ressemblerait à une farce, si l'avenir de l'Etat n'était en jeu ! En fait, cette conspiration n'est qu'un grand « bluff » – le mot est de Claude Dulong –, où tout le monde ment, exagère, et où chacun a des intérêts particuliers mais aucun intérêt commun : Gaston d'Orléans veut la régence, Anne d'Autriche la veut également et aspire surtout à conserver la garde de ses enfants, quant au marquis d'Effiat, il se moque de savoir à qui ira la régence, pourvu qu'il soit Premier ministre. Fontrailles écrira lui-même plus tard, à propos de la reine, qu'elle souhaitait « qu'il se pût former une cabale dans la cour et elle y avait contribué de tout son pouvoir, parce qu'elle n'en pouvait que profiter, soit en ruinant M. le cardinal qui était son ennemi, ou en éloignant Monsieur de ses prétentions de la régence dans laquelle lui seul pouvait être son compétiteur ».

Le traité espagnol

On peut distinguer plusieurs phases dans la conspiration de Cinq-Mars. Le projet fluctue en grande partie selon l'état de santé de Louis XIII et de Richelieu. Le marquis complote, dans la deuxième moitié de l'année 1641, pensant que sa seule persuasion, alliée à la profonde affection que le roi lui porte, suffira à amener ce dernier à renvoyer le cardinal et à le nommer à sa place. Dans ce contexte, les brouilles à répétition du monarque et de son favori font office d'indicateur de température. Le jeune homme arrivera-t-il à ses fins ? Sera-t-on bientôt délivré de la toute-puissante autorité de l'« ignoble » cardinal-duc ? On retient son souffle et on compte les points !

Tout change à la fin de l'année avec la maladie du roi. Une nouvelle fois, l'état de santé de Louis XIII s'aggrave dangereusement. Sa vie entière, le roi aura lutté contre la tuberculose pulmonaire, l'entérocolite et autres hémorroïdes ; ses jours sont rythmés par les saignées et purgations que lui infligent les pratiques médicales de l'époque et qui l'épuisent au moins autant que les maladies. Il aura en fin de compte résisté à ces traitements un peu plus de quarante ans, ce qui, finalement, laisse à penser qu'il n'avait pas une si mauvaise constitution que cela !

Cette fois-ci, les médecins lui donnent à peine quelques mois à vivre. Il a le teint jaune, il est squelettique, cloué au lit par la fièvre et des crises d'entérite. A la Cour on s'agite. Chez les conjurés aussi. Tout l'hiver est ponctué par de fréquentes rencontres dans les écuries d'Artois, une dépendance de l'hôtel de Venise situé place Royale. On discute. On analyse la nouvelle donne politique que provoquera la mort du roi. C'est de régence qu'il est partout question. On prête à Richelieu l'intention de se l'attribuer et de prendre les enfants royaux en « garantie »... Les pronostics vont de la quasi-certitude d'une éviction du cardinal à un affrontement direct avec lui, dont l'issue est absolument incertaine. Or Richelieu a des atouts essentiels : il a la mainmise sur les finances et il tient la plupart des garnisons dans le pays. En dix-huit ans de gouvernement, il a eu le temps de tisser sa toile. Sur ces deux points, les conjurés sont assez démunis. Où trouver de l'argent et des hommes ? Chez l'ennemi le plus acharné de Richelieu : le roi d'Espagne et son Premier ministre, le comte-duc d'Olivares. C'est pendant cet hiver 1641-1642 que l'idée d'un traité avec l'Espagne, qui donnerait les moyens aux conspirateurs de s'emparer du pouvoir et ensuite garantirait une paix durable entre les deux nations, est discutée. Un tel traité aurait pour conséquence, outre l'éviction de Richelieu du pouvoir, d'anéantir la politique étrangère du cardinal car lui, considérant que la position de la France n'est pour l'instant pas assez assurée pour négocier avec les Habsbourg d'Espagne et d'Autriche, ne veut entrer en pourparlers de paix que lorsque la France sera considérée comme victorieuse sur tous les fronts. Pour Richelieu, on ne négocie qu'en position de force ; proposer à l'Espagne un traité de paix, c'est se montrer « demandeur », et donc renforcer l'adversaire. Et, si l'on pousse plus loin la réflexion, c'est faire fi des sacrifices énormes que le peuple fait, certes contraint et forcé, pour garantir l'indépendance de la France face à l'hégémonie des Habsbourg. Ces enjeux échappent totalement aux conspirateurs, qui ne songent qu'au pouvoir, mais joueront un rôle important quand le complot sera découvert.

Tous les membres de la conspiration ne sont pas au

courant du traité. La décision est prise par Monsieur, Cinq-Mars, Marie-Louise de Gonzague et le duc de Bouillon. François de Thou, sans doute le plus patriote et le plus intègre de la bande, est soigneusement tenu à l'écart du projet. C'est dire l'ambiance étrange, de dissimulation et de mensonge, qui règne entre les comploteurs.

Fontrailles est désigné pour aller à Madrid. Il quitte Paris courant janvier pour se rendre dans la capitale espagnole où il négocie avec Philippe IV et son Premier ministre. Le traité est conclu au début du mois de mars 1642. Il prévoit que Madrid fournira une armée de 12 000 fantassins et 5 000 cavaliers aux conjurés avec à leur tête Gaston d'Orléans, agissant en tant que lieutenant du royaume et représentant son frère le roi, dont on considère qu'il est en quelque sorte emprisonné moralement par le cardinal, ce qui l'empêche d'agir par lui-même. En plus des hommes fournis et payés par l'Espagne, Philippe IV s'engageait à verser 150 000 écus à Monsieur et 40 000 à Cinq-Mars et au duc de Bouillon, lequel permettait aux Espagnols, en échange, d'utiliser Sedan pour les campagnes menées au nord de la France. Toutefois, compte tenu des difficultés financières de Philippe IV, l'aide espagnole, aussi bien en hommes qu'en argent, ne pourrait parvenir qu'au mois de juillet 1642. En contrepartie, Gaston d'Orléans s'engageait, une fois la conspiration victorieuse et le pouvoir « rendu » à Louis XIII, à conclure une paix entre la France et l'Espagne aux termes de laquelle chacun des deux pays restituerait les territoires conquis – il va sans dire que cette clause était au détriment de la France qui s'était substantiellement agrandie au cours de cette guerre – et, d'autre part, que la France abandonnerait ses alliés suédois, hollandais et les princes réformés d'Allemagne en guerre contre la puissance catholique des Habsbourg d'Autriche. Enfin, dernier point, Gaston d'Orléans, qui n'oubliait jamais ses intérêts, conserverait pour lui-même les terres qu'il aurait conquises avec l'armée payée par le roi d'Espagne. Curieusement se trouve dans l'une des clauses du traité une phrase qui précise que rien ne sera fait « contre les droits et autorité de la Reine très chrétienne régnante ; mais au contraire on aura soin de la maintenir ». C'est un geste envers Philippe IV qui a ainsi l'assurance que rien ne sera fait contre sa sœur Anne d'Autriche, mais qui montre aussi combien la régence de la reine apparaît comme certaine. Gaston d'Orléans ménage le frère et la sœur sans doute dans l'optique du rôle politique majeur qu'il estime pouvoir jouer après la mort de Louis XIII. Cette phrase, totalement inhabituelle dans un document de ce type, est également dangereuse pour Anne d'Autriche, car elle peut être interprétée comme la preuve de la participation de la reine à la conspiration, et donc de sa complicité dans l'acte de haute trahison que constitue ce traité.

La tentative d'assassinat

Une fois le document signé, Fontrailles revient en France pour donner l'original à Monsieur et en faire circuler quelques copies. Pendant son absence, la situation a évolué. La santé du roi s'est améliorée. La perspective de sa mort s'est de nouveau éloignée. Dans quelle mesure la préparation de la campagne militaire contre Perpignan, alors ville catalane appartenant au roi d'Espagne, a-t-elle influé sur le rétablissement de Louis XIII ? C'est difficile à dire mais cela a indéniablement joué psychologiquement. Car le roi aime la guerre, l'ambiance des campagnes militaires, la fraternité des armes. Il veut conduire lui-même cette campagne qui se présente sous les meilleurs auspices pour les Français. Squelettique, le teint cireux, Louis XIII travaille néanmoins d'arrache-pied aux préparatifs avec son Premier ministre. Tout le monde considère qu'il n'est pas raisonnable pour lui d'accomplir un tel périple, et en premier lieu le marquis de Cinq-Mars qui tente à toute force de le persuader de renoncer. Le jeune homme sait qu'il serait alors obligé de suivre le roi, ce qui l'éloignerait de Marie-Louise de Gonzague et d'une grande partie de ses amis. Il craint aussi que le goût du roi pour la gloire ne compromette les projets secrets de paix avec l'Espagne. De nouveau, le ton monte entre le monarque et son favori, et cette fois-ci d'une manière inquiétante. Certains, dont Monsieur, commencent à se demander sérieusement si l'étoile du jeune homme n'est pas en train de pâlir et si une disgrâce ne se profile pas à l'horizon... ce qui changerait les données de la conspiration. Cinq-Mars est dans une situation délicate, d'autant que Richelieu joue admirablement sa partie. En apparence, il partage l'avis du jeune homme sur les dangers d'un voyage en Roussillon pour la santé royale, mais le cardinal, qui connaît bien la personnalité du souverain, sait user habilement de mots comme devoir, gloire, honneur, victoire... Enfin, pour couronner le tout, les troupes françaises en Allemagne, commandées par le comte de Guébriant, remportent à Kempen, au nord de Cologne, une victoire importante sur les impériaux le 17 janvier 1641, faisant prisonniers deux des généraux ennemis. La nouvelle a peut-être achevé de convaincre Louis XIII. Il décide de partir.

Le 3 février, le roi quitte Fontainebleau en direction de Perpignan. Monsieur le Grand l'accompagne tandis que la reine demeure à Paris avec le dauphin et son frère. Le cardinal est aussi du voyage. Cependant le roi et son Premier ministre ne voyagent pas ensemble. Le cardinal a sa propre suite et surtout sa propre garde. Son Eminence se méfie. Elle sent que quelque chose se prépare. Il y a des rumeurs... En janvier, Richelieu a fait savoir au duc de Bouillon qu'il était pressenti pour commander l'armée d'Italie. Etait-ce une tentative pour éloigner le duc parce que le cardinal nourrissait quelques soupçons ? On ne sait pas, mais le duc se méfiait lui aussi ; il hésita. De même, le cardinal avait tenté d'éloigner Monsieur le Grand en proposant à ce dernier le gouvernement de la Touraine. La manœuvre était un peu trop voyante. Cinq-Mars, conseillé par Marie-Louise de Gonzague, avait refusé en suggérant avec modestie à Louis XIII de confier la charge à un homme plus digne que lui de la recevoir.

Persuadés que c'est avant tout le cardinal qui veut cette campagne à la conquête du Roussillon, que sans lui on parviendrait à faire accepter au roi la paix que prévoit le traité secret avec l'Espagne, les conspirateurs décident de profiter du voyage à Perpignan pour assassiner le cardinal. L'action doit se dérouler à Lyon où l'expédition est entrée le 17 février. Le marquis de Cinq-Mars hésite. Scrupule ou lâcheté ? Les membres du complot, de plus en plus nombreux, le poussent à agir. Le moment semble idéal, d'autant que Monsieur et le duc de Bouillon, qui ne faisaient pas partie du cortège, viennent de le rejoindre. Le roi et le cardinal travaillent sans cesse ensemble. Profitant d'un des rares moments où le roi est seul, Cinq-Mars vient s'entretenir avec lui. La conversation, menée à voix basse, est très animée. Les hommes sont prêts à intervenir. Il est très probable que le marquis essaie d'obtenir de Louis XIII quelque chose qui ressemble à un ordre, ce que le monarque ne veut pas donner. Tout à coup, le cardinal apparaît. Il est seulement accompagné de son capitaine des gardes. Le roi et son favori se taisent brusquement. Un trouble s'installe que Richelieu perçoit immédiatement. Il comprend qu'on parlait de lui. Surpris par l'arrivée du cardinal, Cinq-Mars quitte précipitamment la pièce. Les hommes attendent à côté. Ils sont plusieurs, il suffit que le marquis en donne l'ordre et le cardinal et son capitaine n'ont aucune chance de s'en tirer. Ils insistent mais le jeune homme manque de courage à la dernière minute et ne donne pas le signal.

Il n'y aura plus d'autre occasion.

Mazarin fait son entrée

Mazarin, lui aussi, se trouve à Lyon. Le « cardinal » Mazarin, faut-il préciser, puisque le pape Urbain VIII l'a nommé le 16 décembre précédent. La nouvelle Eminence doit prendre la route pour l'assemblée de la paix de Münster, nouvelle tentative pour mettre fin aux conflits qui ravagent l'Europe depuis plus de vingt ans. Mazarin doit y négocier pour la France. Richelieu ne tarit pas d'éloges sur ses talents : « ... personne [n'est] capable en ce royaume de démêler les diverses intrigues qui se trameront en la négociation de la paix que ledit cardinal ». Il insiste même sur « son flegme, sa patience, et sa prudente dissimulation, toutes qualités peu ordinaires au Français ». Mais en fin de compte, le cardinal-duc change d'avis. Il est trop tôt pour parler de paix, la France a encore besoin de quelques victoires. Mazarin va rester auprès de lui. Il ne quittera plus le Premier ministre jusqu'à sa mort, l'aidera à triompher de la conspiration de Cinq-Mars, l'assistera dans ses derniers instants et se trouvera ainsi en place pour lui succéder.

C'est à Valence où l'expédition fait étape après Lyon que Mazarin reçoit des mains du roi son bonnet de cardinal. La *Gazette de France*, créée par Richelieu pour être l'organe de propagande du gouvernement, relate l'événement : « Le 25 février à Valence, Sa Majesté donna le même jour audience au sieur Valemani, camérier du Pape, dans laquelle après le compliment ordinaire, ce camérier ayant dit au Roi qu'il avait apporté à Sa Majesté le bonnet pour le cardinal Mazarin, le Roi remet au lendemain la cérémonie de cette action, auquel jour sur les sept heures du matin, les gardes ayant été disposés à toutes les portes de la grande Eglise de Sainte-Apollinaire de Valence, le comte de Brulon alla dans le carrosse du Roi quérir le camérier et de là avec lui au logis du cardinal Mazarin, lequel, vêtu de rouge, fut par eux conduit à l'Eglise où ledit camérier ayant mis le bonnet rouge dans un bassin d'argent, il le bailla aux clercs de la chapelle qui le posèrent sur l'autel. Sa Majesté étant arrivée en même temps, la messe fut commencée et à la fin d'icelle les clercs remirent le bonnet entre les mains du camérier qui, l'ayant présenté au Roi, Sa Majesté la mit sur la tête dudit cardinal, incliné si bas qu'il semblait être à genoux et qui avait entendu la messe agenouillé sur un carreau posé sur le coin du drap de pied du Roi. » Cette cérémonie est une victoire de Richelieu. C'est à lui que Mazarin doit sa nomination. Au Sacré Collège qui élit le pape, la France a droit à quelques cardinaux. Elle présente leur candidature au pape qui accepte ou refuse. Il s'agit bien sûr de politique et d'équilibre des influences à Rome. Le pape Urbain VIII, membre de l'illustre famille romaine des Barberini, ne voulait pas faire cardinal ce Mazarini dont le père avait été intendant d'une famille avec laquelle la sienne entretenait des relations chaotiques. Un Romain passé à la dévotion des Français lui était suspect. D'autant que Mazarin avait été négociateur pour le Saint-Siège, c'est même là qu'il s'était fait remarquer par son talent de diplomate. Un homme aussi habile à Rome ne pouvait que renforcer le parti français au sein de la Curie face aux cardinaux du parti italien, au parti des « impériaux » qui défendaient l'empereur catholique d'Autriche ou aux cardinaux partisans des Espagnols. Car les tensions qui agitaient l'Europe se reflétaient inévitablement sous la coupole de la basilique Saint-Pierre et la politique d'alliance avec les protestants allemands et suédois contre les impériaux faisait considérer Richelieu comme un ennemi de la papauté. Cela avait pris des années de tractations acharnées pour que Richelieu obtienne la nomination de celui qu'il considérait peut-être comme son successeur, en tous les cas comme son homme de confiance. Le cardinal-duc avait eu à son service deux extraordinaires diplomates : le père Joseph, celui pour qui fut inventé le qualificatif d'« éminence grise », mort en décembre 1638, et Jules Mazarin. Richelieu avait obstinément refusé au premier cette pourpre cardinalice qu'il avait obstinément voulu faire donner au second. Et une fois la nomination obtenue, on s'était empressé de ne pas respecter les usages. En effet, la tradition voulait qu'un nouveau cardinal reçoive son bonnet et sa barrette des mains du pape qui l'avait nommé. Mazarin lui-même se préparait depuis longtemps à cette cérémonie qui devait être l'apogée de sa carrière. En 1640, il avait acheté en s'endettant lourdement un des plus beaux palais de Rome, le palais Bentivoglio, dans lequel il avait installé sa famille et qu'il avait fait restaurer à grands frais. Il avait même fait aménager deux carrosses, un, sobre et solide, pour circuler dans Rome et ses environs, et un autre, d'apparat, pour se rendre sur la colline du Vatican. Mazarin ne montera jamais dans aucun de ses deux carrosses, de même qu'il n'habitera ni même ne verra ce palais Bentivoglio restauré, symbole de sa réussite, car il ne retournera jamais dans la ville de son enfance.

Pourquoi cette précipitation à officialiser la nomination de Mazarin sans respecter les usages ? Sans doute parce que Richelieu veut le garder auprès de lui. Tout comme il ne le laisse pas s'éloigner en l'envoyant à Munster, il le prive de la cérémonie romaine. La situation en France est si mouvante ; comment le cardinal-duc pourrait-il se passer de l'homme en qui il a le plus confiance ? De ce « fils spirituel » si brillant et si séduisant ? Voilà pourquoi, c'est petitement que Mazarin reçoit à Valence les insignes qui le font prince de l'Eglise et lui confèrent la préséance sur les plus grands nobles de France, à l'exception des membres de la famille royale. Ainsi, dans une forme de précipitation, Richelieu lui donne le statut indispensable pour poursuivre sa carrière vers des sommets que, peut-être, ni l'ancien ni le nouveau cardinal n'imaginent encore !

« Il y a six mois que je le vomis »

Le 11 mars, le roi et son entourage arrivent à Narbonne. Richelieu le rejoint le 13. Ce même jour, Fontrailles quitte Madrid avec dans sa poche le traité liant les conspirateurs à l'Espagne.

Du point de vue militaire, tout se passe au mieux pour les Français. Le duc de La Meilleraye, cousin de Richelieu, fait le siège de Collioure, au sud-ouest de

Perpignan, véritable verrou qui empêche les troupes espagnoles et le ravitaillement de parvenir à Perpignan dont la prise reste le but de la campagne. En quelques semaines, à la fin du mois de mars, Collioure tombe aux mains des troupes royales, ce qui permet au roi d'attendre sans combattre que le siège affame la population et que Perpignan se rende.

Richelieu ne suit pas Louis XIII à Perpignan. Le cardinal reste à Narbonne car il est tombé gravement malade. Son bras droit, couvert d'ulcères, est paralysé. Le Premier ministre ne peut plus écrire ou même signer une lettre. Il souffre le martyre : « Il s'est fait une nouvelle fluxion sur mon bras et l'ancienne ouverture que Dieu et la nature avaient ouverte a jeté de nouveau du pus en quantité. On parle maintenant pour me consoler de jouer de nouveau des couteaux à quoi j'aurai bien de la peine de me résoudre, n'ayant plus ni la force ni le courage pour cela. » Auprès de lui, Mazarin veille, aidé de Chavigny et de Sublet de Noyers, lui aussi secrétaire d'Etat ; tous deux des fidèles du cardinal-duc. Mazarin reste le plus souvent avec son maître tandis que les deux secrétaires font la liaison entre Narbonne et le siège de Perpignan où se trouvent le roi et son favori.

Une étrange ambiance règne dans l'armée qui assiège la ville catalane. Le roi est de nouveau tombé gravement malade. D'épouvantables douleurs intestinales le clouent au lit. Cinq-Mars tente de profiter de la situation pour faire renvoyer le cardinal mais Louis XIII s'irrite. Il ne supporte plus ni son Premier ministre, ni son favori. Au maréchal Fabert, le roi dit, parlant du jeune homme : « Il n'y a pas d'homme plus perdu de vice, ni si peu complaisant ! C'est le plus grand ingrat du monde ! Il m'a fait attendre quelquefois des heures entières dans mon carrosse tandis qu'il crapulait ! Un royaume ne suffirait pas à ses dépenses. Il a, à l'heure actuelle que je vous parle, 300 paires de bottes. Il y a six mois que je le vomis. » Louis XIII et Cinq-Mars ont de nouveau des scènes très violentes. Le jeune homme fait toujours preuve d'autant de suffisance et de maladresse. Il s'en prend un jour au maréchal de La Meilleraye, le récent vainqueur de Collioure. On sait combien le roi apprécie la gloire des armes, que son favori s'avise de donner des leçons militaires ne peut que l'exaspérer : « C'est bien à vous, qui n'avez jamais rien vu, à disputer contre un homme qui fait la guerre depuis si longtemps ! » A quoi le jeune homme ne trouve rien d'autre à répondre que : « Sire, quand on a du sens et de la lumière, on sait les choses sans les avoir vues ! »

Le monarque prend ses distances avec le marquis qui n'a plus accès à la chambre royale à toute heure. Pour que personne ne s'en aperçoive, Henri d'Effiat, avec la complicité d'un huissier, passe des heures dans l'antichambre à lire des romans, espérant que tout le monde le croira avec le roi. Dans l'armée, on se divise et on se compte entre partisans du cardinal et partisans de Cinq-Mars qui, cependant, fait encore figure de favori. L'existence d'une conspiration contre Richelieu est maintenant connue de beaucoup de gens, au point que Marie de Gonzague écrit à Cinq-Mars pour lui conseiller la prudence : « Votre affaire est sue communément à Paris, comme on sait que la Seine passe sous le Pont-Neuf. » Henri Arnauld évoque dans une lettre le sujet de discussion général que sont les spéculations sur une victoire des « cardinalistes » ou « royalistes – les partisans de Cinq-Mars se nomment ainsi – et commente : « Il faut de nécessité que la nuée crève... »

A peine plus de soixante kilomètres, une journée de cheval, séparent Perpignan de Narbonne, et ces deux malades, presque agonisants, qui se craignent, s'aiment et se détestent. Leurs deux maladies rendent l'avenir imprévisible. Lequel précédera l'autre dans la tombe ? Autour d'eux, au-dessus des odeurs de purulence et de remèdes, plane l'étrange parfum d'un complot dont Richelieu est convaincu de l'existence sans en connaître les détails ni en avoir de preuves et dont le roi ne veut pas entendre parler. Plus que tout, c'est la peur qui règne. Fontrailles, revenu de Madrid avec un traité qu'il a rapidement montré à Cinq-Mars puis s'est empressé de faire parvenir à son signataire, Gaston d'Orléans, se rend très vite compte que Monsieur le Grand a perdu beaucoup de son crédit auprès du roi. Il estime qu'il y a de grands risques à poursuivre cette conspiration qui a de moins en moins de sens, en fait part à ceux qu'il peut joindre et conseille la plus grande discrétion et la plus grande méfiance. Lui-même préfère ne pas s'attarder et s'enfuit. Monsieur, lui, reste prudemment à l'abri dans ses terres du Val de Loire. De Thou découvre à ce moment-là l'existence du traité et probablement comprend que la situation est pourrie et dangereuse. La prudence commanderait de partir comme Fontrailles, peut-être de rejoindre le refuge de Sedan ou l'Italie où le duc de Bouillon se trouve, et attendre que la mort éclaircisse les choses, mais c'est un homme d'honneur : il reste auprès de son ami Cinq-Mars.

La reine s'affole

Anne d'Autriche aussi a peur. On veut encore l'éloigner de ses enfants. Richelieu a fait donner le gouvernement de Paris, pendant l'absence de Louis XIII, au prince de Condé, prince du sang dont le fils aîné, le duc d'Enghien, est depuis peu marié à une nièce du cardinal. Le roi se méfie : « Ce n'est pas la coutume de mettre les enfants de France entre les mains des princes de sang. »

Vers la mi-avril, la reine reçoit une lettre du roi dont le contenu l'affole. Louis XIII y exprime le « désir », en l'occurrence le mot n'est utilisé que pour la forme car il s'agit d'un ordre, de la voir quitter Saint-Germain, où elle se trouve avec ses enfants, pour Fontainebleau. Là, elle devra laisser le dauphin et son frère et rejoindre le roi devant Perpignan. En fait le roi ne se méfie pas de sa femme comme elle le croit, mais surtout de son frère, Gaston. Il a donné des ordres précis en ce sens. Si Gaston vient voir les enfants royaux, il ne doit en aucun cas rester seul avec eux ; au moins trois personnes doivent être présentes dans la pièce. Plus encore, le capitaine des gardes chargés de la surveillance de la reine et des princes a reçu l'ordre formel de ne jamais quitter les princes et de ne pas obéir à un ordre qui lui demanderait de les emmener dans un autre château ou de les confier à qui que ce soit. Le roi va même jusqu'à préciser que le capitaine des gardes n'obtempérera qu'à un ordre signé de lui-même et accompagné de la moitié d'une pièce de monnaie dont le capitaine détiendra l'autre moitié.

Si elle n'est pas suspecte, pourquoi la reine s'affole-t-elle ? Il faut sans doute y voir le résultat de l'ambiance qui règne à la tête du royaume, des bruits de conspiration, de maladie et de mort. Et ne pas oublier non plus qu'Anne d'Autriche est seule, totalement isolée au sein de la Cour. Son entourage est entièrement composé de gens qui sont au cardinal et lui rendent compte des moindres mots, faits ou gestes de la souveraine. Le seul avec qui l'étiquette l'autorise à parler en privé, hormis le roi, est son beau-frère, Gaston d'Orléans. On peut penser que c'est lui qui aura tenu la reine informée de la marche de la conspiration. Mais Monsieur a quitté la Cour depuis longtemps et ils sont rivaux quand il s'agit de régence. La reine se tourne vers l'homme qu'elle pense être le seul à pouvoir intervenir pour que le roi annule sa décision et avec qui ses rapports se sont amélioré ces derniers mois. Le 30 avril, elle écrit au cardinal « pour le prier de la faire, s'il est possible, exempter de ce voyage ». Car la reine, ne supportant pas l'idée d'être séparée de ses fils, est tombée malade : « Me séparer de mes enfants dans la tendresse de leur âge m'a fait une douleur si grande que je n'ai pas assez de force pour y résister. » Richelieu de répond pas. Peut-il vraiment agir auprès du roi dans les circonstances actuelles ? Cependant, le cardinal envoie sa nièce, la duchesse d'Aiguillon, dans un premier temps, puis le prince de Condé, pour convaincre la reine d'accéder au désir du roi... sans succès. La question se pose de savoir si Anne est vraiment malade ou si elle tente ainsi de retarder le départ. Mme de Motteville, dans ses *Mémoires* qui sont un monument de fidélité et de loyauté envers la reine, est convaincue qu'Anne souffre de « l'une des plus sensibles et des plus cuisantes [afflictions] qu'elle ait jamais reçues ». Le comte de Brassac, surintendant de la maison de la reine et homme du cardinal, écrit à Chavigny : « Nous ne nous trouvons pas assez forts quand il est question de combattre des inclinations et des tendresses de quoi une faible nature se laisse puissamment persuader [c'est de l'amour maternel de la reine qu'il est question !]. M. Seguin dit que son sang s'échauffe et que sa santé s'altère. On lui fait user force remèdes que l'on voit bien qu'elle prend plutôt par obéissance que par désir qu'ils lui fassent du bien. »

Finalement la reine ne partira jamais pour le sud de la France. En fait, l'essentiel de la partie ne se joue pas à Saint-Germain mais entre Narbonne et Perpignan.

« Je vous aime plus que jamais... »

Revenons au déroulement des événements en Roussillon. Fin avril, Richelieu, toujours alité à Narbonne, envoie son fidèle Sublet de Noyers auprès du roi pour « sentir » l'ambiance autour du monarque. Le 29 avril, Sublet écrit au cardinal : « J'arrivai ici hier où je trouvai que les brouillards des Pyrénées étaient descendus sur la cour. » Il s'agit bien sûr d'une métaphore pour décrire à son maître la confusion qui règne mais dans laquelle Sublet perçoit un élément important : le crédit de Cinq-Mars auprès du roi est quasiment éteint. Le secrétaire d'Etat est persuadé que le cardinal peut aisément retrouver son influence sur le roi et qu'il doit très vite venir à Perpignan : « Plût à Dieu que le soleil [Richelieu] de qui les clartés en ont dissipé tant d'autres fût en état de se montrer, il ferait bientôt renaître le serein. » Mais le cardinal ne suit pas l'avis de Sublet. Richelieu est trop fatigué, trop malade, découragé aussi, il semble qu'il ne croit plus trop en ses chances de vaincre. La crainte l'emporte. Il ne se sent plus en sécurité à Narbonne et décide de partir pour la Provence, dont le gouverneur est un fidèle, et de s'installer dans la ville de Tarascon qui lui semble une place plus solide.

Pendant les préparatifs de départ, la maladie du cardinal s'aggrave. Le 24 mai, Richelieu, dans d'atroces douleurs, dicte son testament à maître Pierre Falconis, notaire du roi. Seul Mazarin est auprès de lui. Richelieu n'a pas la force de signer le document, c'est Mazarin qui signe à sa place. Les médecins ne donnent plus que deux jours à vivre au cardinal-duc, mais après ce délai, son état de santé s'améliore brusquement. On parle évidemment de miracle. Le cardinal retrouve sa combativité. Il se remet à travailler nuit et jour. Il écrit au roi : « Si Dieu eût appelé le cardinal, Votre Majesté eût expérimenté ce qu'elle eût perdu. Ce serait bien pis si vous le perdiez vous-même, vu que, le perdant ainsi, Votre Majesté perdrait toute la créance qu'on a en elle », puis se met en route pour Tarascon. Protégés par une troupe impressionnante, Richelieu et Mazarin quittent Narbonne le 27 mai 1642. Pendant le voyage, le cardinal reçoit une lettre de Louis XIII : « Quelque faux bruit qu'on fasse courir, je vous aime plus que jamais... il y a si longtemps que nous sommes ensemble pour être jamais séparés. » Ces deux-là continuent, à l'article de la mort à se livrer à un extraordinaire jeu de dupes, fait de bluff, de mensonges et de dissimulations.

En même temps qu'il prend la route pour la Provence, Richelieu envoie Chavigny à Perpignan rejoindre Sublet de Noyers, avec mission de parler ouvertement au roi de la conspiration. Le cardinal n'a certes aucune preuve, mais il est convaincu de son existence.

Des découvertes merveilleuses

Enfin Richelieu entre en possession d'un document qui va lui permettre de faire entièrement basculer le cours des choses. Alors qu'il fait étape à Arles, le cardinal reçoit la copie du traité. Il a enfin la preuve qu'il espérait : « Dieu assiste le Roi par des découvertes merveilleuses », écrit Son Eminence à Sublet de Noyers. Il prévoit aussi les réticences du souverain et donne des instructions : « Le Roi vous dira d'abord que c'est une fausseté, mais proposez-lui d'arrêter M. le Grand et qu'après il sera facile de le délivrer si la chose est fausse... » Dès lors tout va très vite. C'est Chavigny, revenu auprès du cardinal, qui se charge de porter la copie au roi. Il retourne précipitamment à Narbonne où se trouvent Louis XIII et Sublet, resté dans l'entourage royal. Il y arrive le 12 juin au petit matin, retrouve Sublet, et les deux hommes se rendent immédiatement auprès du roi pour son lever. Ils parviennent sans difficulté à obtenir une entrevue sans témoin – ils font tous les deux partie du Conseil. Là, ils révèlent à Sa Majesté l'étendue de la conspiration et lui mettent en main propre la copie du traité. Sur le document quatre noms figurent, celui du roi d'Espagne, celui de l'autre signataire, Gaston d'Orléans, et ceux du duc de Bouillon et du marquis de Cinq-Mars. Le roi est effondré. Il ne parvient pas à croire que son favori ait pu en arriver à ce point de trahison : « Quel saut a fait Monsieur le Grand ! » murmure-t-il à plusieurs reprises, abasourdi. Il tente de suggérer qu'on a peut-être « mis un nom à la place d'un autre » ; après tout il ne s'agit que d'une copie. Mais les deux conseillers sont catégoriques. Le roi se résigne alors à signer l'ordre d'arrestation du marquis de Cinq-Mars et du duc de Bouillon.

Il semble que, pris d'un remords, Louis XIII ait tenté de faire passer un mot au marquis pour le prévenir. Celui-ci reçoit un billet anonyme où est écrit : « On en veut à votre personne. » Le jeune homme hésite puis décide de fuir mais ne trouve aucune porte ouverte pour sortir de Narbonne. Il est contraint de rester dans la ville, caché chez une de ses anciennes maîtresses, Mme de Siouzac. Plus tard dans la journée, avant de quitter Narbonne en direction de Béziers, le roi fait proclamer que Monsieur le Grand Ecuyer est un criminel et qu'il est interdit de le cacher. Mme de Siouzac prend peur. Elle avoue à son mari son infidélité et qu'elle dissimule au domicile conjugal la cause de ladite infidélité... le mari n'hésite pas : il dénonce. Le marquis est arrêté.

Le mois de juin 1642 est celui d'une intense activité pour le cardinal de Richelieu et son fidèle Mazarin. Le cardinal craint que Monsieur ne prenne la fuite. Il fait écrire au roi une lettre pour Gaston dans laquelle il lui annonce l'arrestation de son favori : « Les insolences extraordinaires qu'il a commises en mon endroit m'ont contraint d'en user de la sorte. » Dans le même temps, Louis XIII le nomme chef d'une armée qui se constitue en Champagne pour arrêter les Espagnols qui ont remporté une victoire à Honnecourt le 26 mai précédent. La lettre parvient à Gaston le 17 juin. Quatre jours après, la *Gazette de France* annonce officiellement la découverte du complot et l'arrestation de ses membres. C'est la consternation dans une population qui hait le cardinal et comprend que, loin d'en être débarrassée, son pouvoir est au contraire renforcé. Gaston tombe dans le piège tendu par Richelieu. Plus la ficelle est grosse et plus le piège fonctionne. L'orgueil de Monsieur l'aveugle, et admirons la manœuvre qui consiste à proposer à celui qui trahissait son roi d'en devenir le défenseur à la tête d'une armée. A la manipulation et au jeu de dupes, Richelieu et Mazarin sont des maîtres... et face à eux, en l'occurrence, il n'y a que des nains. Monsieur n'imagine pas que sa participation au complot est connue. Il répond à son frère pour le remercier de sa nomination et, pour se couvrir, croit bon d'en rajouter contre ce pauvre Henri d'Effiat : « Le roi mon Seigneur m'a fait l'honneur de m'écrire quel a été enfin l'effet de la conduite de ce méconnaissant Monsieur le Grand. C'est l'homme du monde le plus coupable de vous avoir déplu après tant d'obligations. Les grâces qu'il recevait de Sa Majesté m'ont toujours fait garder de lui et de tous ses artifices. » Etourdi par la perspective d'exploits glorieux, Gaston ne voit pas que l'étau se resserre autour de lui. Dans le même temps, le cardinal a envoyé des hommes se saisir du duc de Bouillon, commandant de l'armée d'Italie, qui est arrêté le 23 juin à Casal – il est retrouvé dans une grange où il s'était caché sous le foin – et reconduit en France.

Mazarin et Richelieu sont à Tarascon. Louis XIII, sur le chemin du retour vers l'Ile-de-France, y fait étape le 28 juin. Le roi et son Premier ministre ne se sont pas vus depuis plus de quatre mois. Ce sont deux hommes épuisés qui se retrouvent. Incapables de marcher, on les transporte en litière. Les serviteurs posent ces deux corps malades côte à côte et se retirent. On ferme les portes. Le roi est meurtri dans ses affections, car il était en dépit de tout très attaché à Cinq-Mars, et dans son orgueil aussi. Il se sent trahi par ce traité avec l'Espagne dans lequel il est écrit qu'il est un fantoche entre les mains du cardinal, ce traité qui fait fi des conquêtes militaires de la France qui sont sa plus grande fierté, ce traité signé par son frère qui, non content de trahir, prévoit sa mort. Mais le roi se sent également coupable d'avoir encouragé les folies du marquis et se rend compte, une fois de plus, que le seul sur qui il puisse compter, c'est le cardinal. Le lendemain, il lui écrira : « Je ne me trouve jamais bien que de vous voir. Je me porte beaucoup mieux depuis hier... j'espère qu'avec l'aide de Dieu tout ira bien ; et qu'il me donnera parfaite santé ; c'est de quoi je le prie de tout mon cœur. » Dans les semaines qui suivent, Louis XIII, honteux, en rajoute et donne des signes ostensibles d'affection envers le cardinal. Richelieu en est tenu au courant quotidiennement. Noyers lui écrit le 1er juillet : « Sa Majesté continue dans de très grandes démonstrations d'amour pour Monseigneur, et dans une exécration sans pareille pour ce malheureux perfide public [c'est ainsi que le cardinal surnomme Cinq-Mars]. »

Richelieu aussi est meurtri bien que victorieux. Il sait que le roi a joué un rôle détestable dans cette affaire. Il se sent trahi par l'homme dont il sert la gloire depuis dix-huit ans. Pourtant, le cardinal n'est pas au bout de ses mauvaises surprises. Les interrogatoires de Cinq-Mars et ses complices ne commenceront qu'en juillet et révéleront l'attitude de Louis XIII. Est-ce pendant l'entretien de Tarascon que Richelieu obtient la tête de Cinq-Mars ? Peut-être. Dans tous les cas, à partir de ce jour, le cardinal a repris la main et ne la lâchera que le jour de sa mort. Ont-ils parlé de la reine ? Sans doute, car l'attitude du roi vis-à-vis de sa femme s'adoucit considérablement au cours de l'été. Ils ont sans doute également réglé le sort de Gaston d'Orléans. Rien n'interdit de penser que Richelieu a obtenu tout ce qu'il voulait du roi, mais que pour lui, le prix à payer en déception et en amertume a été très lourd.

C'est peut-être au cours de ces semaines d'agonie à Narbonne que Richelieu a pris sa décision : il choisit la reine. Mazarin est auprès de lui durant ce temps. Mazarin, son plus proche collaborateur. Mazarin, son homme de confiance. Mazarin qu'il a fait cardinal comme lui. Comment ne pas penser qu'au moins pendant les moments de répit que la douleur laisse à Richelieu, les deux hommes ne parlent pas de la situation politique à venir, qu'ils n'en analysent pas les tenants et les aboutissants ? Comment ne pas imaginer qu'ils n'ont pas évoqué divers scénarios ? Réfléchi aux coups possibles avant la partie ? Comment ne pas penser que Richelieu n'a pas donné des conseils à Mazarin ? Qu'il ne l'a pas « entraîné », en quelque sorte, comme un coach entraîne aujourd'hui un homme politique ou un athlète avant la compétition ? N'oublions pas que c'est Mazarin qui a signé le testament de Richelieu. Certes, le cardinal avait le bras paralysé, mais quel symbole ! Le choix de la régence se résume à une difficile alternative. D'un côté, un homme coutumier, ambitieux, mais lâche, multirécidiviste de la trahison parce qu'il se sait protégé par son statut de frère du roi et longtemps d'héritier, uniquement guidé par ses intérêts, son goût du jeu et des plaisirs, sa fortune, et peu pourvu du sens de l'Etat. De l'autre côté, une femme dont le cardinal s'est toujours méfié, une Espagnole qui pour lui n'a jamais totalement épousé la France, une femme qu'il a combattue, humiliée même, au plus profond de son immense orgueil de princesse d'Espagne. Mais aussi une femme qui est la mère du futur roi, qui, depuis la naissance de ses enfants, se montre la plus attentionnée et la plus aimante des mères, dont la sincérité des sentiments pour ses fils ne fait aucun doute, et dont on pressent qu'elle n'aura qu'une seule volonté : défendre les intérêts du dauphin, donc de la Couronne, donc de la France. Mazarin a probablement joué un rôle dans le choix de Richelieu. L'Italien a un sens aigu de la psychologie, nous le verrons à l'œuvre pendant la Fronde. Lui a sans doute perçu avec justesse la transformation de la personnalité de la reine après la naissance du dauphin. Il a peut être senti aussi qu'elle avait « appris l'art de la dissimulation auprès de son mari », comme elle en fera confidence à Mme de Motteville ; or, dans cette Cour qui ressemble à s'y méprendre à la version classique du « panier de crabes », l'art de la dissimulation est indispensable pour survivre et gouverner. C'est aussi un grand signe d'intelligence.

Il faut maintenant s'occuper des conjurés. Tout d'abord de Gaston d'Orléans. Chavigny se charge, selon les instructions du cardinal, de faire comprendre au frère du roi que sa participation au complot est découverte.

Il retrouve le frère du roi à Moulins. Gaston, sous prétexte de prendre les eaux, était en route vers Bourbon-l'Archambault, en réalité pour se rapprocher des frontières de l'est. Le conseiller lui met sous les yeux la copie du traité. Monsieur est pris de panique. Il s'enfuit dans les monts d'Auvergne, terrorisé, puis accepte de signer des aveux très circonstanciés le 7 juillet. Il charge Cinq-Mars autant qu'il peut, un peu moins le duc de Bouillon, très peu de Thou et ne dit pas un mot de la reine. Il est généralement considéré qu'il a respecté un accord passé entre Anne et lui. À propos du complot, Mme de Motteville écrit que la reine avait fait jurer à son beau-frère « de ne point dire aux autres qu'elle le sût [et] il lui promit de le faire et il l'observa religieusement ».

Le résumé des aveux de Monsieur indique les intentions du cardinal quant à la résolution de cette affaire. Richelieu a décidé que le procès se déroulerait à Lyon, sous l'autorité du chancelier Séguier lui-même, c'est-à-dire l'homme qui préside à la bonne marche de toute la justice du royaume. C'est le signe de la solennité que Richelieu veut donner à sa victoire, et il faut prendre en compte aussi qu'il s'agira de juger un acte de haute trahison dans lequel est impliqué le frère du roi.

Le goût du sang

Pour l'heure, on interroge Cinq-Mars et de Thou. Ils ont commencé par tout nier mais les aveux de Gaston d'Orléans les ont obligés à changer de tactique. De Thou demeure l'homme intègre et loyal qu'il a toujours été. Il prend sa part de responsabilité et essaie de protéger tant qu'il peut le jeune Cinq-Mars. Il refuse obstinément de dénoncer les membres du complot. Le cardinal-duc lui en veut parce que c'est un homme intelligent, qu'il porte une responsabilité dans les velléités politiques du marquis d'Effiat. De Thou est un serviteur de l'Etat, ce qu'on appellerait aujourd'hui un haut fonctionnaire, ce qui ne fait qu'augmenter sa culpabilité aux yeux de Richelieu. Si Mazarin peut partager cette analyse, il considère qu'il est dommage de se priver des compétences d'un homme qui reste intègre et digne dans son erreur. Le chancelier Séguier tente lui aussi d'intervenir en faveur de François-Auguste de Thou. Il écrit au cardinal « qu'il sera difficile de le condamner à mort parce que, selon tout apparence, on ne trouverait aucune charge contre lui ». Peu importe, Richelieu reste inflexible : il veut la mort du conseiller.

Cinq-Mars lui non plus ne donne aucun nom. Il avait commencé par nier en bloc l'existence même du complot – après tout, Richelieu n'avait qu'une copie entre les mains – mais les aveux de Monsieur l'obligent à reconnaître qu'il a effectivement voulu agir contre le cardinal. Il déclare néanmoins que rien de ce qu'il a tenté n'a été fait sans « que le Roi y eût consenti », rien, y compris la tentative d'assassinat à Lyon. Apprenant cela, le cardinal est effondré. Le roi a pu laisser préparer sans intervenir son assassinat... l'homme dont il sert la couronne avec loyauté depuis dix-huit ans ! Pour Armand du Plessis, cardinal-duc de Richelieu, il n'y a pas pire trahison que celle-ci. Que le petit Cinq-Mars complote, que Monsieur trahisse, que la reine lui soit hostile, que toute l'Europe le craigne et que le peuple le haïsse... tout cela fait partie d'un jeu politique auquel il s'est depuis longtemps habitué et dont il est lui-même un champion. Mais il a, au fond de lui, toujours pensé que, malgré quelques brouilles d'amour-propre, le roi avait confiance en lui et qu'une ambition politique commune les réunissait. Cette confiance est désormais morte.

Le roi et son Premier ministre se rejoignent sur un point : la haine du marquis de Cinq-Mars. Car Louis XIII reçoit lui aussi son lot de désillusions. Il apprend en particulier que pendant sa dernière maladie, alors qu'on lui demandait des nouvelles de l'état de santé du roi presque à l'agonie, Monsieur le Grand avait négligemment lâché : « Il traîne ! » Cinq-Mars est devenu le symbole vivant du délitement des relations entre Louis XIII et Richelieu. Les deux hommes ne peuvent que vouloir le détruire : Louis XIII parce que les révélations qui sont faites renvoient l'image de son ambiguïté et de sa lâcheté, et le cardinal parce que la conspiration a révélé la désaffection profonde du roi envers lui et la fragilité du soutien royal à sa politique. Maintenant, le cardinal-duc a peur pour sa vie et la survie de son œuvre.

Entre le roi et le cardinal on assiste à une sorte d'escalade de la haine. Le goût du sang les habite. Cinq-Mars n'a aucune chance de s'en sortir. Dans cet imbroglio de sentiments et de passions, un seul homme garde la tête froide : Mazarin. La résolution de la conspiration de Cinq-Mars marque l'arrivée de Mazarin sur la scène politique intérieure française. Certes, il est encore dans l'ombre de Richelieu, mais c'est lui qui organise pour son maître, négocie, tempère... dépassionne. Autant le cardinal de Richelieu est un homme de fougue, d'énergie, de violence, autant le cardinal Mazarin est homme calme, doux, compréhensif, incapable de ces excès de haine ou de passion qui font partie de la personnalité du cardinal-duc. L'un est un politique visionnaire, l'autre est fondamentalement un diplomate qui sait manier tour à tour la séduction, la discussion et la fermeté, mais sans jamais donner à l'adversaire l'impression qu'il cherche à l'écraser ; au contraire, il lui montre qu'il le respecte. Jusqu'à l'été 1642, Mazarin s'était plutôt occupé de politique internationale. Il était le diplomate, le grand négociateur de Richelieu. L'affaire Cinq-Mars le fait entrer au cœur des intrigues de cour. Il en comprend vite les ressorts, et ce qu'il apprend là lui servira lors des manœuvres pour que la régence soit attribuée à Anne et, plus tard, au moment de la Fronde. Il est maintenant en contact direct avec Monsieur – c'est lui qui est le maître-d'œuvre des aveux –, avec le duc de Bouillon dont il sauve la tête, peut-être parce qu'il est ami du vicomte de Turenne, le frère de Bouillon, en qui Richelieu et lui ont pressenti le formidable capitaine qu'il allait devenir. Il protège la reine, et réussit même le tour de force d'apparaître aux yeux de De Thou et de Cinq-Mars comme un homme impartial, juste et bienveillant, auprès de qui on peut soulager ses peurs et rechercher un peu de compassion. Quant à Richelieu, il ne tarit pas d'éloges sur son ami « Coupechou » – un des surnoms dont le cardinal affuble Mazarin : « M. le cardinal a négocié si adroitement que M. de Bouillon en a dit assez pour rendre notre preuve complète. Son intervention est si nécessaire en toutes ces affaires que je l'ai prié de retourner demain [à Lyon] pour faire à Monsieur ce qu'il faut et audit sieur de Bouillon aussi. »

Mazarin fait sans cesse la navette entre Lyon et Tarascon où il restera jusqu'à la mi-août. Infatigable, omniprésent, il donne au cours de ces quelques semaines estivales la mesure de ses talents. Tout le monde s'en aperçoit et les plus clairvoyants se disent peut-être qu'il faudra apprendre à compter avec lui désormais.

Richelieu quitte Tarascon le 17 août. Il lui faudra quatorze jours, dans son rouge équipage fluvial, pour rejoindre Lyon. Le voyage se fait par courtes étapes pour ménager le cardinal très malade. Il veut être dans la ville pour peser, de l'ombre de sa terrible présence, sur la préparation du procès dont la date est fixée au 12 septembre. Cinq-Mars et de Thou seuls seront jugés. Les interrogatoires des deux hommes continuent mais il n'en sort rien. Ils ne donnent aucun nom et n'avouent rien. D'ailleurs souhaitait-on vraiment que les deux hommes parlent ? Avec les principaux membres du complot, tout était déjà réglé. Monsieur avait fait l'acte de contrition qu'on lui demandait. La sanction viendra plus tard, en décembre.

Richelieu a dégagé la voie de la régence pour Anne, prenant toutes les précautions pour que son nom n'apparaisse pas, l'habile Mazarin y a veillé. Bouillon sauve sa tête et la France récupère Sedan ; Marie-Louise de Gonzague s'est faite transparente, personne ne songe à lui demander des comptes. Elle essaie tout de même de se faire restituer sa correspondance avec Cinq-Mars et une mèche de cheveux qu'elle lui avait donnée, et pour cela demande à la duchesse d'Aiguillon d'intervenir auprès de son oncle Richelieu... le cardinal fait répondre qu'on a trouvé tant de lettres et de cheveux de femme différents dans les affaires du marquis qu'il est impossible de savoir ce qui appartient à la princesse. Elle se le tient pour dit. Fontrailles est en Angleterre et n'est pas près de revenir. Quant aux autres membres de la conspiration… on ne cherche pas trop à en savoir plus.

L'instruction relève d'un équilibre subtil : il faut des aveux, sinon pas de procès, car le cardinal n'a aucune preuve véritable : seulement une copie de traité authentifiée par Monsieur. Certes, c'est le frère du roi, mais on sait quoi penser de la fiabilité du personnage. Il faut donc des aveux mais il ne faut pas que ces aveux viennent détruire le montage politique échafaudé par Richelieu. Qui dit équilibre subtil pense « Mazarin ». L'Italien va réussir un tour de passe-passe : il suffit que l'un des deux hommes accuse l'autre et tout est joué. On agite alors la « question », comme on disait sous l'Ancien Régime, c'est-à-dire la torture. Le cardinal expliquera au roi : « M. le chancelier et moi avions résolu, deux jours avant le jugement de M. le Grand, qu'il serait condamné à la question mais qu'on ne la lui ferait que présenter. » Pour mener à bien ce numéro d'intimidation, on a choisi un expert : le conseiller Jean Martin de Laubardemont, qui avait mené avec un cynisme remarquable le procès des possédées de Loudun quelques années plus tôt. On suppose que le plus faible est le marquis d'Effiat. Laubardemont le menace de la torture et lui met le marché en main : s'il dénonce de Thou, il échappera à la question et aura la vie sauve. Et Laubardemont ajoute que tout scrupule ne sert à rien puisque de Thou a, lui, déjà parlé. C'est faux bien sûr. Le procédé est connu mais efficace. Le jeune homme s'effondre, reconnaît sa participation au complot et dénonce son ami.

Le 11 septembre, l'affaire est réglée. Richelieu, assuré du verdict, peut donner l'ordre de dresser l'échafaud avant de partir pour Paris.

2

La mort mène le bal

Mazarin apparaît maintenant comme un homme avec lequel il faut compter. Il a joué sur tous les tableaux pendant l'année 1642, et gagné sur tous. Les liens entre Richelieu et lui se sont resserrés de manière considérable, si bien qu'il pourra apparaître comme l'héritier plus ou moins désigné du cardinal. Sur ce point, Mazarin n'aura qu'un seul rival, son ami Chavigny, depuis très jeune un protégé du cardinal qui lui a toujours témoigné une affection telle que les mauvaises langues ont murmuré qu'il ne pouvait qu'être son fils naturel. Giulio et Chavigny, dont l'amitié mutuelle est sincère, auront l'élégance de ne pas sembler s'apercevoir de l'inéluctabilité de leur affrontement tant que Richelieu et le roi seront vivants.

Mazarin a sauvé la reine, évité l'exil à Gaston et le billot au duc de Bouilllon. Il lui reste un dernier travail à accomplir : récupérer la ville de Sedan que le duc a cédée à la France. La chose n'est pas si simple. Les abords de la ville sont tenus par les Espagnols qui ne veulent pas qu'elle leur échappe. La duchesse de Bouillon est retranchée à l'intérieur de la ville entourée d'une population en majorité protestante, se refusant à passer sous l'autorité du roi de France, un catholique. Mazarin va devoir user de tout son art de diplomate pour mener l'affaire à bien. Richelieu ne doute pas un instant de l'efficacité du nouveau cardinal. Il lui écrit des instructions dont le ton dithyrambique n'est pas employé innocemment. Il est destiné à montrer, au roi notamment, combien le cardinal-duc tient son ami italien en estime et entend lui voir jouer un rôle important dans l'avenir. Richelieu considère que l'affaire ne peut être menée à bien que « par une personne de grande adresse et capacité ; c'est ce qui a convié le roi à donner ordre à Monseigneur le cardinal Mazarin [...] de la poursuivre et d'y mettre la dernière main, espérant qu'il n'y sera pas moins heureux qu'en plusieurs autres de très grande importance qu'il a maniées par sa prudence et dextérité avec beaucoup de succès ».

L'Italien réussira sa mission grâce à la rapidité, à la persuasion et à la ruse. Informé que les Espagnols ont l'intention de le capturer dans une embuscade – pas moins de 1 200 hommes étaient prévus pour l'opération – et de se servir ensuite de lui comme monnaie d'échange contre le duc de Bouillon, Mazarin les prend de vitesse. Il entre dans Sedan le 29 septembre et, comme il est précisé dans les instructions de Richelieu, a recours « à l'adresse, force et puissance de son esprit pour obliger la duchesse de Bouillon à exécuter les promesses de son mari ». Il semble que Mazarin soit parvenu à faire entrer par ruse un peu plus d'hommes que ce qu'il était nécessaire pour de premières négociations. Le temps que les Espagnols s'aperçoivent qu'il était dans la place et que la duchesse se rende compte qu'il était « bien » accompagné, Sedan est aux mains des Français sans qu'une goutte de sang ait été versée.

Le maréchal Fabert prend le gouvernement de la ville

et le « sieur cardinal » retourne à bride abattue auprès de son maître qui peut, une fois encore, se louer des excellents services de son ami « Frère Coupechou ».

L'entente cordiale

La reine Anne d'Autriche sera aussi la grande bénéficiaire de la situation. Pour elle, tout change dès le début de l'été 1642, lorsque le roi renonce à la séparer de ses enfants.

Louis XIII arrive à Fontainebleau le 23 juillet. La reine y séjourne déjà et lui rend visite le lendemain. Tout d'abord, les choses ne se passent pas très bien. L'humeur du roi est très sombre. La Cour est en deuil. Marie de Médicis est morte en exil à Cologne quelques jours plus tôt. Le fils et la mère ne s'étaient pas vus depuis plusieurs années et Louis XIII éprouve de la tristesse, ce qui est assez fréquent, et du remords, ce dont il rend responsable Richelieu. La mort de la vieille reine a pourtant le mérite de simplifier un peu la conjoncture. Durant toutes ses années d'exil, elle a été de presque tous les complots. Elle a été le point de ralliement des ennemis du cardinal et des contestataires du pouvoir. Régente après la mort d'Henri IV, il ne fait pas de doute que si elle avait survécu à son fils – cela a plusieurs fois failli être le cas – elle aurait réclamé une part du pouvoir, ce qui n'aurait fait que compliquer les conditions d'une régence qui s'annonce délicate.

Louis XIII doit en même temps faire le deuil de Cinq-Mars et de sa mère. C'est beaucoup pour un homme d'une nature profondément mélancolique. Peut-être ces noirs chagrins, auxquels il faut ajouter l'état déplorable de ses relations avec son Premier ministre, ont-ils joué dans le rapprochement du couple royal. Vers qui le roi peut-il se tourner pour trouver un peu de quiétude sinon vers celle qui reste sa femme, la mère de ses enfants et donc du futur roi ? La reine, elle, durant ces semaines estivales, a de quoi être inquiète. A tout moment de Thou et Cinq-Mars peuvent prononcer son nom au cours d'un interrogatoire et avouer sa « bienveillance » vis-à-vis de la conspiration. Cela n'arrivera pas. Une incroyable chape de silence protège Anne d'Autriche concernant l'affaire Cinq-Mars. Richelieu l'a-t-il su ? On n'imagine pas qu'il ait pu l'ignorer, d'autant que la chose était quasiment de notoriété publique à la Cour. En revanche, Louis XIII n'a pas éprouvé le moindre soupçon. S'il a eu connaissance des sympathies de la reine pour la conspiration, Richelieu a choisi de protéger la mère du futur roi. Lourde décision, car il avait quand même été question de haute trahison avec la patrie natale d'Anne d'Autriche ! Décision politique par essence.

Richelieu rejoint le couple royal à Fontainebleau le 13 octobre 1642. Il ne loge pas au château mais à l'hôtel d'Albret car le cardinal se méfie encore. Bon nombre de ceux qui devaient participer à son assassinat à Lyon sont toujours dans l'entourage royal. Richelieu reste persuadé d'être à la merci d'un soupir de lassitude un peu trop appuyé de Louis XIII et mal interprété par d'autres. Le cardinal n'aura de cesse d'obtenir du roi leur éloignement. La Grande Mademoiselle insiste sur la rage du cardinal moribond à poursuivre ceux qui ont semblé, de près ou de loin, participer à la conspiration : « Le sacrifice qu'on venait de lui faire de la tête de MM. Cinq-Mars et de Thou ne parut pas lui suffire : pour se satisfaire, il voulut que tous ceux qui avaient été des amis de ces malheureux et qui lui faisaient ombrage se sentissent des effets de sa colère ; et il voulait relever son crédit avec plus d'éclat, parce qu'il savait qu'il avait été cru diminué. [...]... quoiqu'il ne vît le roi que dans les visites que Sa Majesté lui faisait l'honneur de lui rendre, il sut si bien se prévaloir de tendresses feintes ou véritables qu'il en recevait que, peu de jours avant sa mort, il fit chasser de la cour Troisville, capitaine des mousquetaires de la garde [le "Tréville" d'Alexandre Dumas dans *Les Trois Mousquetaires*] [...] et quelques autres quoique le roi eût une peine incroyable à s'y résoudre, et principalement à l'égard de Troisville. L'on croit même que la difficulté que le cardinal y reconnut le saisit tellement, par l'idée qu'il avait de la diminution de sa faveur, que la crainte et le dépit avancèrent sa mort de quelques jours. »

Entre la reine et le cardinal, en revanche, tout va pour le mieux. La Cour est même étonnée de la cordialité qu'ils affichent maintenant l'un vis-à-vis de l'autre. L'ambassadeur de Venise écrit en novembre : « Entre la Reine et le seigneur cardinal existe la plus étroite correspondance. L'on croit que le seigneur cardinal entend se servir de la Reine pour surveiller toutes les actions de Sa Majesté qui manifeste d'ailleurs à celle-ci une grande affection et de la bonne volonté. »

Le cardinal a toujours nourri des sentiments très ambigus vis-à-vis de la reine, ce qui n'a pas échappé à Mme de Motteville : « On veut... que le cardinal de Richelieu ait eu pour la Reine plus d'amour que de haine, et que, ne la voyant pas portée à lui vouloir du bien, il lui rendit de mauvais services auprès du Roi. La Reine m'a conté qu'un jour, il lui parla d'un air trop galant et qu'il lui fit un discours fort passionné ; mais qu'ayant voulu lui répondre avec colère et mépris, le Roi dans ce moment étant entré dans le cabinet où elle était interrompit sa réponse ; et qu'elle n'avait osé recommencer cette harangue, craignant lui faire trop de grâce en lui témoignant qu'elle s'en souvenait. Elle lui répondit tacitement par le refus continuel qu'elle fit de ses assistances... »

Le cardinal de Richelieu a maintenant fait la paix avec Anne. C'était sans doute le plus simple, car voulu par les deux parties. Et puis Mazarin avait fait ce qu'il fallait pendant l'instruction du procès Cinq-Mars. La souveraine avait compris que, pour une fois, les deux cardinaux avaient travaillé pour elle. Une anecdote circule, dont les historiens n'ont pas la confirmation absolue, qu'il est difficile de placer précisément dans cette période de l'année 1642. Racontée par Montglat, qui n'assistait pas à la scène et à qui on l'avait rapportée, elle est cependant significative de la manière dont les contemporains percevaient les nouvelles relations entre la reine et le cardinal. Anne rend visite à Richelieu qui est très souffrant et alité. Le cardinal ne se lève pas à l'entrée de la reine. Au lieu d'invoquer son état de santé, ce qui constituait une excuse tout à fait recevable vu les circonstances et les personnalités des deux protagonistes, Son Eminence invoque la tradition espagnole qui autorise les cardinaux à demeurer assis en présence d'une reine. C'est rendre hommage à ses origines de princesse royale d'Espagne et à sa condition de souveraine. A quoi Anne répond en souriant qu'elle a oublié les coutumes espagnoles, étant maintenant totalement française. Tout est dit !

Restait au Premier ministre à neutraliser Gaston d'Orléans et à s'assurer que le roi continuerait sa politique. Le « cas » Gaston est finalement assez simple à régler. Monsieur s'est prudemment retiré dans ses terres à Blois. Fin octobre, il envoie son homme de confiance, l'abbé La Rivière, auprès du cardinal pour humer l'atmosphère. Richelieu le fait attendre pendant sept heures dans son antichambre avant de le recevoir et de se montrer très cassant. L'abbé revient à Blois avec de mauvaises nouvelles : que Gaston s'attende à de solides représailles. La sentence tombe le 1er décembre, trois jours à peine avant la mort de Richelieu, comme le dernier coup de griffe d'un incroyable animal politique qui s'est battu jusqu'à la dernière seconde. Louis XIII fait enregistrer une déclaration dans laquelle il enlève à son frère son gouvernement de l'Auvergne, supprime ses compagnies de gendarmes et de chevau-légers et le prive « de toute sorte d'administration de cet Etat [la France] et nommément de la régence pendant la minorité de nos enfants, au cas où Dieu nous appelle à lui avant qu'ils soient en âge de majorité ». Gaston reconnut lui-même ne pas s'attendre à un coup aussi rude et particulièrement à se voir éjecter de la course à la régence. Il a compris cependant que son intérêt était de rester dans ses terres, d'attendre et de faire, pour la forme, amende honorable. Le 11 décembre, il écrit à son frère : « J'espère donner sujet à Votre Majesté de connaître très clairement par ma conduite présente quels ont été les véritables motifs de toutes les choses passées et comment, n'ayant plus à dépendre que de Votre Majesté seule, toutes ses volontés me seront désormais très sacrées. »

Cette régence est l'enjeu des manœuvres qui se déroulent à l'automne 1642. Il ne fait de doute pour personne que le roi ne survivra pas longtemps au cardinal.

Richelieu voit plus loin que sa mort et celle de Louis XIII et veut baliser l'avenir.

« Je n'ai jamais eu d'autres ennemis que ceux de l'Etat »

Jusqu'à son dernier souffle, le cardinal-duc est à la tâche. Il continue de donner des instructions et de diriger les campagnes en cours de manière à affermir les positions de la France avant les négociations de paix qui doivent s'ouvrir en Allemagne, à Münster et Osnabrück. Le jeudi 28 novembre, il est interrompu dans son travail par un violent accès de fièvre avec de très fortes douleurs au côté. La fin est proche. A la Cour certains commencent ouvertement à s'en réjouir. Le lundi suivant, 2 décembre, il se met à cracher du sang. Les médecins ne laissent plus grand espoir à son entourage. Le roi quitte Saint-Germain pour se rendre, en début d'après-midi, au chevet du cardinal. Depuis dix jours, les deux hommes n'ont pas échangé de courrier, à l'exception d'un court billet que Louis XIII a fait parvenir à son Premier ministre. Le ton est sec et sans aucune trace de compassion pour un homme avec qui il travaille depuis près de vingt ans et qui est en train de mourir : « Vous m'avez fait grand plaisir de m'envoyer la dépêche d'Angleterre (laquelle je vous renvoie). Je ne vois pas qu'il y ait beaucoup d'avantage de part ni d'autre. S'il y en a un, je le tiens du côté du roi. Je trouve très bon qu'on continue à Laffemas la commission de lieutenant civil, il s'est trop bien acquitté de cette tâche pour ne pas la continuer. Louis. »

Le roi pensait sans doute trouver le cardinal à l'agonie... c'est mal augurer de l'énergie de Richelieu. Son

Eminence a rassemblé toutes les pauvres forces qu'il lui reste. Il est parfaitement lucide et conscient de son état. Les premières minutes de l'entretien se déroulent devant témoins. Le cardinal parle : « Sire, voici le dernier adieu : en prenant congé de Votre Majesté, j'ai la consolation de laisser votre royaume dans le plus haut degré de gloire et de réputation où il ait jamais été, et tous vos ennemis abattus et humiliés. La seule récompense de mes peines et de mes services que j'ose demander à Votre Majesté, c'est qu'elle continue à honorer de sa protection et de sa bienveillance mes neveux et mes parents. Je ne leur donnerai ma bénédiction qu'à la charge qu'ils ne s'écarteront jamais de l'obéissance et de la fidélité qu'ils vous doivent et qu'ils vous ont vouée comme toujours. » Voilà pour la postérité, aux témoins de se charger de transmettre les paroles de Son Eminence. On leur demande de sortir et les deux hommes restent seuls. Ils évoquent la composition du Conseil après la disparition du cardinal. Richelieu suggère de conserver ses deux plus proches secrétaires d'Etat, Sublet de Noyers et Chavigny, et de confier sa succession à Mazarin. Le roi accepte. Avant de partir, le roi insiste pour donner lui-même au cardinal la collation composée de deux jaunes d'œufs que les médecins conseillent pour tenter de le nourrir. En repartant, Louis XIII s'intéresse aux tableaux qui ornent les murs des galeries du Palais-Cardinal et des témoins l'entendent rire bruyamment. Le roi va au Louvre attendre la mort de son Premier ministre.

Durant les dernières semaines de la vie du cardinal de Richelieu, l'ombre de son ami italien, Mazarin, est sans cesse présente. Giulio protège son maître et l'assiste. Avec la nièce du cardinal, Mlle de Combalet, duchesse d'Aiguillon, « tendrement attachée » à son oncle, il est le disciple le plus proche. Ce n'est pas exagéré de parler de profonde complicité entre les deux hommes, augmentée encore par l'imminence de la mort de Richelieu. Depuis plusieurs mois, ils passent chaque jour deux heures en tête à tête. C'était dans un premier temps pour parler des affaires courantes, Richelieu donnant ses ordres à Mazarin, mais plus la fin approche, plus les entretiens prennent la tournure d'une passation de pouvoir. Le 18 novembre, à sa nièce qui assistait à la représentation d'une pièce politique intitulée *Europe*, le cardinal écrit à propos de Mazarin : « Ma nièce, j'instruisais un ministre d'Etat pendant que vous étiez à la comédie. » Et dans ses derniers jours, Richelieu confiera plusieurs fois à ses proches : « Je ne sache qu'un homme qui me puisse succéder, encore est-il étranger. » En homme d'Etat responsable, Richelieu a choisi et préparé sa succession. Le roi a donné son accord. Mazarin est prêt.

« Combien de temps encore ? » a demandé Richelieu à ses médecins. « Dans vingt-quatre heures vous serez guéri ou vous serez mort », ont-ils répondu. « Bien parlé », ponctue le cardinal. Dans la nuit du 2 au 3 décembre, il se confesse et reçoit l'extrême-onction. Dans la journée du 3, le roi revient le voir et ils passent une heure ensemble. On ne sait pas ce qu'ils se sont dit mais, cette fois-ci, en sortant de la chambre du cardinal, Louis XIII montre des signes de tristesse. Une vive émotion se lit sur son visage. Peut-être comprend-il enfin qu'au-delà de la rancune qu'il lui voue depuis l'affaire Cinq-Mars, c'est l'homme qui l'a servi pendant dix-huit ans qui va mourir. Ils ont si longtemps travaillé ensemble et, certainement, le roi a admiré cet homme-là plus qu'aucun autre pour son immense intelligence politique et sa puissance d'homme d'Etat. À l'instant de la mort du cardinal, le roi mesure-t-il enfin la perte qu'elle représente pour lui-même et pour la France ? Laissons-nous aller à croire que cette visible émotion de Sa Majesté est l'oraison funèbre de Louis à Armand, réconciliés avant la mort.

Dans la soirée, Richelieu réclame les derniers sacrements qui lui sont apportés par le curé de Saint-Eustache. A la question : pardonnez-vous à vos ennemis, le cardinal répond : « Je n'ai jamais eu d'autres ennemis que ceux de l'Etat. »

Le Premier ministre vivra encore quelques heures. Le 4 décembre à midi, s'éteint dans sa cinquante-huitième année Armand-Jean du Plessis, cardinal-duc de Richelieu et de Fronsac, pair de France, commandeur du Saint-Esprit, Premier ministre d'Etat, proviseur de la Sorbonne, protecteur de l'Académie française.

Lorsque le peuple apprend la nouvelle, des scènes de liesse se déroulent partout en France. Le père Griffet, historiographe du règne de Louis XIII, se rappellera avoir « connu des vieillards qui se souvenaient encore des feux de joie que l'on fit dans les provinces quand on y reçut la nouvelle de sa mort ». Les pamphlétaires se déchaînent, soulagés par la disparition de celui que nombre de ses contemporains considéraient comme un tyran.

Pourquoi, Messieurs de Notre-Dame,
Priez-vous pour cet infâme
Qui n'aime que la cruauté ?
Pour apaiser l'ire divine
Ce démon avait mérité
Les funérailles de Concine.

Outre que la transformation de Concini en Concine ne fait que souligner la pauvreté de la rime, le rappel de la mort de Concini est lourd de signification. Après son assassinat commandité par le jeune Louis XIII, le corps de Concini avait été placé dans sa tombe dans l'église Saint-Germain-l'Auxerrois, puis très rapidement déterré par la foule parisienne. Dans une ambiance de liesse morbide et expiatoire, le corps avait été traîné dans les rues, battu à coups de bâtons et de pierres puis pendu la tête en bas à une potence du Pont-Neuf. Ensuite, pour faire bonne mesure, on lui creva les yeux, lui coupa le nez et les oreilles, la tête et les bras ; le tout fut dispersé dans Paris car chaque quartier voulait sa part du butin !

Gaston d'Orléans exulte : « Dieu soit loué, mon ennemi n'est plus de ce monde ! » Mathieu de Morgues, dans son *Abrégé de la vie du cardinal*, écrit quelques semaines après la mort de Richelieu, analyse : « Ses prospérités sont venues principalement de quatre causes. De l'action continuelle de son esprit. De son audace, qui entreprenait tout. De la sévérité qu'il exerçait contre toute sorte de personne. Et de l'amour que les Français ont pour leur Roi. » Et pour finir, on prête au pape Urbain VIII ce trait d'esprit en forme d'épitaphe : « Si Dieu existe il paiera ; si Dieu n'existe pas, quelle réussite ! »

Le coup d'éclat du jeune Mazarini

« Le temps fera raison à ce grand homme de toutes ces injures et ceux qui le blâment aujourd'hui connaîtront peut-être à l'avenir combien sa conduite a été nécessaire pour achever la félicité de cet Etat dont il a jeté tous les fondements. Laissons donc s'évaporer en liberté la malice des esprits ignorants ou passionnés, puisque l'opposition ne servirait qu'à l'irriter davantage, et consolons-nous par les sentiments qu'ont de sa vertu les étrangers, qui en jugent sans passion et avec lumière. » C'est Mazarin qui parle ainsi. Lui est triste, plus encore il est désespéré d'avoir perdu son mentor, et sa douleur est violente. Il la dit. Elle se voit. Toute la Cour en est consciente. Nombreux sont les biographes qui ont voulu voir en cette douleur affichée une exagération de comédien. Mazarin en rajoute et c'est bien dans son tempérament d'Italien hâbleur et démonstratif ! L'image du « faquin d'Italie » lui colle à la peau comme celle de roi fainéant à Louis XIII et de tyran froid et sanguinaire à Richelieu. Mais, comme souvent, les choses ne sont pas si simples et les personnalités de cette envergure sont beaucoup plus complexes qu'il n'y paraît. Mazarin, à ce moment-là, est réellement et profondément triste, et sa douleur est sincère. Bien sûr, il l'exprime, il ne peut pas faire autrement, c'est sa nature. Bien sûr, il est aussi capable d'en rajouter et d'utiliser ces manifestations excessives, il le montrera à plusieurs reprises dans les années qui viennent. Que cette exubérance ait surpris et déconcerté une Cour jusque-là dominée par un roi rigide et coincé et un cardinal froid et ascétique est compréhensible. En cela, le volubile Mazarin tranche et bouscule. Mais pourquoi ne pas lui faire crédit, à ce moment précis de sa vie, de la sincérité ? Il suffit de s'intéresser aux rapports entre Richelieu et Mazarin tels qu'ils transparaissent dans l'abondante correspondance qu'ils ont échangée pour admettre que ces deux-là se sont aimés comme un disciple peut aimer son maître et comme un maître peut aimer son disciple. Qu'ils se sont reconnus dans l'intelligence, la complémentarité et la complicité.

Les deux hommes se sont rencontrés en 1630. Dans la vie du cardinal Mazarin, cette année-là est essentielle pour deux raisons : sa rencontre avec Richelieu, auquel il donnera sa fidélité comme la donnaient jadis les chevaliers du Moyen Age, et parce que *il signor Giulio*, jusque-là obscur secrétaire du nonce de Bologne, sans rôle ni attributions particulières, se fait connaître de l'Europe entière pour son intervention lors du siège de Casal.

Ce coup d'éclat s'inscrit dans ce que les historiens appellent l'affaire de la succession de Mantoue.

Pour comprendre cette affaire, il faut avoir en tête quelques notions de géopolitique, une forme de « dessous des cartes » de l'époque. La France veut à toute force briser l'hégémonie des Habsbourg sur l'Europe, c'est le fondement même de la politique étrangère de Richelieu qui continue en cela une politique commencée par Henri IV. La famille des Habsbourg, à partir de sa capitale autrichienne, Vienne, tient tout le centre de l'Europe – c'est-à-dire le Saint Empire –, de la Hongrie à la mer du Nord et à la mer Baltique au nord et jusqu'à l'Alsace à l'ouest. Les Habsbourg espagnols tiennent la péninsule Ibérique, les Pays-Bas – cela correspond aujourd'hui au nord de la France et à la Belgique –, la Franche-Comté, le Roussillon, le sud de l'Italie avec la Sicile, la Corse et la Sardaigne. Au nord de l'Italie, les Espagnols contrôlent aussi le Milanais, les présides de Toscane – sept places fortes – et la république de Gênes. Dans cette configuration géopolitique, les vallées alpines ont une importance considérable, car c'est par elles que se font les liaisons entre les deux maisons de Habsbourg. Parmi ces vallées, la Valteline, appelée aussi haute vallée de l'Adda, est le plus court chemin entre le Milanais espagnol et le Tyrol autrichien. Le contrôle de la Valteline est donc un enjeu stratégique majeur, ce qui explique l'intérêt que les Français lui portent. Depuis quelques années, le Saint-Siège est intervenu et y maintient une sorte de neutralité. Mazarin, dans les années 1625, avait un temps détenu une charge de capitaine dans un régiment pontifical chargé de garantir la neutralité de cette vallée. Le futur cardinal connaissait donc bien la situation.

En décembre 1627, le duc de Mantoue, Vincent II, meurt. Il appartient à la grande famille des Gonzague et laisse pour héritier le duc de Nevers, chef de la branche française de cette famille. La situation se complique lorsqu'on sait que les ducs de Mantoue sont également comtes de Montferrat, que le Montferrat est contigu au Milanais et contrôle l'accès à la Valteline. Pour les Espagnols, il est hors de question qu'un Français détienne cette position. Et comme, par des jeux politiques complexes, le duché de Mantoue est également terre d'Empire, les deux Habsbourg ont toutes les raisons de s'allier et d'envahir les Etats de Mantoue. Ils mettent le siège devant Casal, principale place forte du Montferrat sur le Pô, tenue par une garnison française du duc de Nevers. Le duc de Savoie, voisin, en profite également pour s'emparer d'autres places, si bien que devant cette situation dramatique, le duc de Nevers appelle à l'aide son suzerain le roi de France. Considérant l'enjeu et le bénéfice politique et militaire énorme que les Français pourraient retirer d'une victoire, Louis XIII et Richelieu n'hésitent pas. Le roi prend le chemin de l'Italie à la tête d'une armée en janvier 1629. Pour la première fois, les Français et les Espagnols vont se trouver face à face.

Dix-huit mois plus tard, les troupes françaises se sont emparées de la forteresse de Pignerol, appartenant au duc de Savoie, dans le Piémont, et qui contrôle une porte d'entrée vers l'Italie. De leur côté, les Espagnols se sont emparés des passages des Grisons, dont les habitants sont alliés de la France. Plusieurs armées, espagnoles, autrichiennes, savoyardes, françaises, pataugent en Savoie et dans le nord de l'Italie et la peste a fait son apparition. Devant cet imbroglio, le pape est intervenu pour que de timides négociations s'amorcent entre les divers adversaires.

C'est à ce moment de très grande tension diplomatique, que le jeune Giulio Mazarini – il a vingt-sept ans –, n'écoutant que son ambition et convaincu de ses propres talents de diplomate, décide de tenter sa chance. L'ambassadeur de Venise auprès du pape a croisé Mazarin vers 1628. Il a pressenti ses qualités et nous a laissé le portrait d'un jeune homme à l'avenir prometteur : « Mazarini est agréable et bien fait de sa personne, il est civil, adroit, impassible, infatigable au travail, avisé, prévoyant, secret, dissimulé, éloquent, persuasif, et fécond en expédients : en un mot, il possède toutes les qualités qui font les habiles négociateurs. Comme il est fort jeune et d'une complexion robuste, il jouira longtemps, si je ne me trompe, des honneurs qu'on lui prépare ; il ne lui manque que du bien pour aller loin. »

Au cours de l'année 1629, Mazarin s'arrange donc pour se faire confier des missions auprès de tous les belligérants au cours des négociations de paix voulues par le pape. En fait, il sert essentiellement de messager, protégé par l'immunité pontificale, mais il ne se limite pas à sa fonction et s'impose comme négociateur.

La vie du jeune Mazarin bascule dans les premiers jours de l'année 1630. « La prodigieuse destinée de Mazarin naît à Lyon le 28 janvier 1630, quand le cardinal-duc et l'émissaire pontifical se rencontrent pour la première fois ; ils parlent pendant plus de deux heures, ce qui signifie que le jeune cavalier a réussi à intéresser l'impressionnant ministre », explique Pierre Goubert. Il est vrai que le Premier ministre de Louis XIII n'a pas la réputation d'être un homme à perdre son temps. Les entretiens qu'il accorde sont généralement expéditifs, alors, pour qu'il garde deux heures ce jeune Romain, il a bien fallu qu'il se passe quelque chose. Quoi exactement ? Nous n'en savons rien. Mazarin écrira plus tard à Chavigny : « J'avais vingt-deux ans, je revenais d'Espagne... Je n'avais absolument jamais fréquenté de Français, quand un serviteur du duc de Parme, qu'on nommait grand astrologue, me demanda pourquoi je m'efforçais tant de servir les Espagnols, alors que tous mes avantages et mes honneurs futurs je devais les recevoir de la France... » Et il précise : « Je ne fis alors aucun cas de ce présage. Mais j'avoue que la première fois que je vis l'Eminentissime cardinal-duc, à Lyon, je m'en souvins et je résolus de me sacrifier entièrement à lui. » Il dira aussi : « Je me suis attaché au cardinal par instinct [*per genio*] avant même de connaître par expérience ses grandes qualités. »

Pour Giulio, à l'évidence il s'agit d'un coup de foudre pour un homme et un esprit. Il transparaît dans une dépêche que Mazarin envoie à son « patron », le légat de Bologne. De Richelieu il vante la « parfaite bonne grâce jointe à tant de prudence et un génie si élevé. [...] Du caractère de ce personnage, je dirai seulement que les finesses les plus délicates dont un génie prudent et noble peut faire usage pour captiver les âmes, lui appartiennent et sont savamment employées par lui ; il a suffisamment conscience de ses talents pour être persuadé qu'il vous favorise et vous oblige alors même qu'il vous fait du mal ; il est en somme de ceux qui, en refusant, vous charment plus que d'autres en vous accordant ».

Le jeune homme est aussi surpris par la puissance militaire et financière de la France. C'est la première fois qu'il s'y trouve confronté. Jusque-là il n'avait d'expérience que des affaires pontificales ou espagnoles ; il avait séjourné deux ans en Espagne, de 1622 à 1624, à Alcala et à Madrid. Lorsqu'il rencontre Richelieu, on peut imaginer qu'il se sent plus proche de l'Espagne et ses alliés, le cardinal-duc en aura même l'intuition. Mazarin n'est pas seulement subjugué par l'homme Richelieu et le ministre, la puissance française l'impressionne également très vivement. Dans une lettre qu'il expédie à Rome, en février 1630, il décrit avec enthousiasme ce qu'il a vu : « Toute la France regorge de population... L'armée que conduit M. le cardinal en personne est de 25 000 fantassins et 4 000 cavaliers ; parmi eux s'en trouvent 10 000 ou 12 000 particulièrement choisis parmi les régiments de Champagne, Navarre, Piémont et Phalsbourg, avec huit compagnies de gardes... J'eus la bonne fortune de les voir dans mon passage de Chambéry à Lyon, gens d'élite, bien armés, remplis d'ardeur... M. d'Alincourt me dit qu'il avait ordre d'envoyer chaque mois en Italie, sitôt qu'y serait arrivé M. le cardinal, 5 000 fantassins et 2 000 cavaliers, et que Sa Seigneurie Illustrissime n'emportait avec lui guère moins de deux millions... »

Pour Richelieu, le coup de foudre n'a pas été immédiat : « Le sieur Mazarin a beaucoup de bons désirs mais si peu de pouvoir que je ne crois pas que sa négociation puisse produire le fruit qui en pourrait être attendu », écrit-il. Son Eminence a sans doute compris tout de suite que le jeune homme était d'une grande intelligence mais il s'en est méfié. En juillet, Richelieu écrit : « Je crois qu'il est du tout [entièrement] affectionné aux ennemis et qu'il est plutôt venu ici pour voir l'état des affaires que pour autre chose... Il est si espagnol et si savoyard que ce qu'il dit ne doit pas passer pour évangile. »

Tout au long de l'année 1630, Mazarin continue ses bons offices auprès des diverses factions en présence. C'est probablement vers la mi-mai qu'il est présenté au roi Louis XIII à Grenoble, autre rencontre décisive de sa vie.

Malgré les efforts du jeune homme, les tensions s'exacerbent entre les armées en présence. Fin juillet, en réponse à la prise de Pignerol en mars par les Français et à leurs récentes victoires sur le duc de Savoie, les troupes impériales s'emparent de Mantoue, qu'elles mettent à sac. Lorsque Mazarin et Richelieu se retrouvent une troisième fois, le 2 août, à Saint-Jean-de-Maurienne, le cardinal pique une de ses célèbres colères, allant même, si l'on en croit certains historiens, jusqu'à renverser son siège et piétiner sa calotte. Finalement l'Eminence se calme et demande au jeune Italien de reprendre les négociations et surtout de tenter d'éviter la chute de Casal qui préoccupe beaucoup le cardinal. Dans la place forte assiégée depuis deux ans par les impériaux, les troupes françaises du maréchal de Toiras sont près de capituler. Mazarin va déployer tout son savoir-faire au cours d'août pour négocier une trêve de quarante jours permettant à la garnison française enfermée de souffler un peu. C'est la première fois que Mazarin intervient en faveur de la France... commence-t-il à choisir son camp ?

Le 15 octobre, la trêve se termine et les hostilités reprennent. Une armée française arrive près de Casal. Le 26 octobre doit être jour de bataille. Pour la première fois, Espagnols et Français vont s'affronter directement. Cette guerre qu'Henri IV préparait déjà lorsqu'il fut assassiné en 1610, qui couve depuis, que certains à la cour de France redoutent plus que tout, commence ce jour-là. Les deux armées sont face à face. Un moment de silence précède la bataille. Les hommes prient. Puis quelques coups retentissent, canon du côté espagnol, mousqueton du côté français. Les hommes vont avancer les uns vers les autres... lorsqu'un cavalier surgissant comme un diable de nulle part, fonçant à bride abattue, agitant pour les uns son chapeau, pour d'autres un crucifix ou un papier blanc, et criant « Pace ! Pace ! Pace ! », s'interpose entre les deux armées. On se fige. L'intrépide cavalier n'est autre que Giulio Mazarini. Il réunit les chefs des armées. « Je parlai en public environ un quart d'heure, tous consentirent à ce que je dis et commencèrent à s'embrasser, si bien que l'on ne distinguait plus Français ni Espagnols, mais tous paraissaient frères selon la chair, à la stupéfaction des armées qui avaient cru devoir faire d'autres combats que d'embrassements et de courtoisies », écrira-t-il quelques années plus tard. Un jeune officier français témoin de l'événement, Du Plessis-Praslin, se souviendra : « Il est vrai qu'on n'a jamais rien vu de si extraordinaire ; deux armées n'ont jamais été aussi prêtes à se mêler et c'est une espèce de miracle que l'entremise d'un seul homme les ait arrêtées tout court. Il faut avoir vu la chose pour la croire. »

Ce coup d'éclat va marquer profondément les esprits. Dans l'Europe entière, on parle de Mazarin. Tous les almanachs de l'année 1631 reproduiront une mauvaise gravure montrant le cavalier s'interposant entre les armées. Mazarin entre dans la postérité avec l'image d'un homme prêt à risquer sa vie pour la paix. Et cette image, ô combien valorisante, lui sera à jamais accolée. Même aux pires moments de la Fronde, alors qu'il est l'homme le plus détesté de France, personne ne mettra en doute sa qualité d'homme de paix !

Qu'obtient Mazarin à Casal ? Français et Italiens abandonnent la ville qui reste au duc de Mantoue avec l'accord bienveillant du pape. Il a tiré les Français d'une affaire mal engagée. Il l'a fait en parfaite connaissance de cause. Ce jour-là, il a choisi la France. Et il l'écrit à Richelieu avec un certain excès qui le caractérise : « Eminentissime et révérendissime seigneur, mon très honoré Maître... il me suffira que les événements démontrent à Votre Eminence mon désir de la servir. »

Le « cher petit nonce » du cardinal-duc

Richelieu est lui aussi parfaitement conscient que l'Italien a « travaillé » pour lui. Il lui en est reconnaissant. A partir de ce moment, les préventions du cardinal-duc à l'égard de Giulio tombent. Commence le chemin qui fera des deux hommes un maître et un disciple profondément attachés l'un à l'autre, au service d'une seule cause : cette « idée de la France » qui anime Richelieu.

Les années qui suivent vont voir Richelieu et Mazarin se rencontrer de plus en plus souvent ; l'Italien séjourne à Paris dès qu'il le peut et les deux hommes nouent ces liens dont la douleur de Mazarin à la mort du cardinal-duc montrera l'intensité. Lorsqu'il est à Paris, Mazarin raconte : « Deux fois sur trois, Son Eminence me fait rester à dîner [notre déjeuner aujourd'hui]. Il ne fait pas de fêtes dans sa maison qu'il ne m'y invite et il insiste pour que je l'accompagne à celles du roi. Il use avec moi dans le privé de beaucoup de familiarité et en public d'un respect particulier. Quand il veut se divertir à jouer pour passer le temps, il m'oblige toujours à lui tenir compagnie. » Lorsqu'il est éloigné de Paris, Mazarin se languit : « Volontiers, je changerais mon sort avec celui du jardinier de Rueil [le château de Richelieu] et travaillerais toute la journée aux fontaines [...] pour recevoir enfin toute consolation en m'entendant appeler tantôt Colmarduccio, tantôt Nunzicardo par ce personnage auquel il faut s'abstenir de parler une seule fois pour ne pas l'adorer. » Car Richelieu le couvre de surnoms aussi ironiques qu'affectueux : *Nunzicardo* (cher petit nonce) *Rinzama* (anagramme de Mazarin), *Colmardo, Colmarduccio,* frère Coupechou... Richelieu fait montre d'esprit dans les rapports qu'il veut entretenir avec Mazarin : « Il faut avouer qu'il n'y a que les Italiens et particulièrement les Jules qui savent faire les choses comme il faut. En temps de paix, ils distribuent des poudres odoriférantes [allusion aux innombrables cadeaux dont Mazarin gratifiait ses amis, et notamment des poudres, des crèmes, des onguents...] et, en temps de guerre des fulminantes » ; et aussi d'une certaine tendresse : « Monsignore Colmardo connaîtra combien il fait bon s'attacher au service des grands princes et bons maîtres, comme est celui que nous servons. Il connaîtra ensuite qu'il fait bon avoir de bons amis et que je ne suis pas des moindres qu'il ait au monde. »

L'Italien apprend à connaître son maître : « Il y a des heures où le cardinal de Richelieu supporte toute chose, et d'autres où il s'offense de tout. Il faut négocier brièvement car il se lasse vite. Parfois on peut traiter avec lui vingt affaires en une heure, mais il arrive plus souvent que l'on en puisse traiter une seule en vingt jours ; comme il convient s'accommoder à son humeur, c'est un grand avantage de le voir souvent et il est très nécessaire de se valoir à cet effet toutes les occasions... » En même temps, Richelieu ne cesse de l'instruire : « Que Colmardo se souvienne que les puissances supérieures à la sienne [le cardinal parle évidemment de lui-même] ne font état que des exécutions et méprisent fort les esprits qui sont plus capables de propositions aériennes et de discours vaniteux que de pratiques salutaires. » Mazarin accepte les leçons, mieux même, il les recherche. Il n'a pas de conscience ombrageuse de son génie comme l'a Richelieu, au contraire c'est un homme modeste, toujours prêt à s'excuser, à s'humilier même. Peu importe. Seul le résultat compte. Des conseils et de l'amitié du cardinal, Mazarin sait se montrer reconnaissant : « Vous êtes mon bienfaiteur à tel point que c'en était fait de Colmardo s'il n'avait pas été relevé par l'affection de Votre Eminence. »

En plus de son intelligence, de son charme, de la sympathie naturelle qu'il inspire, l'Italien possède deux qualités essentielles pour Richelieu : la fermeté et l'ambition. L'ambition, c'est ce que remarquera en premier Christine de Suède qui insiste sur cette qualité dans une lettre qu'elle écrit en 1656 où elle brosse son portrait : « Mazarin est un homme prudent, adroit, fin mais [qui] fait profession d'être homme d'honneur, et le contrefait assez bien quelquefois, modéré dans toutes ses passions, ou plutôt l'on peut dire qu'il n'en a qu'une seule, qui est la plus belle et c'est l'ambition. Il fait servir toutes les autres à celles-là et n'a de l'amour ni de la haine qu'autant qu'il convient à son intérêt qui n'est autre qu'un immense désir de régner. » Concernant la fermeté du Signor Giulio, le cardinal de Richelieu l'éprouvera dès leurs premières rencontres, tous les biographes de Mazarin le reconnaissent. Le jeune homme, si ondoyant qu'il soit, sait résister au puissant ministre, lui tenir tête même, et si la spectaculaire colère de Richelieu lors de leur rencontre du début août eut réellement lieu, il n'est pas interdit de penser que c'est parce que en face de lui, le cardinal avait un homme ferme sur ses positions. En cela Mazarin est un vrai diplomate, un vrai négociateur qui sait marquer les limites d'une discussion. Dans la délicate partie d'échecs diplomatique que Richelieu a engagée quelques années plus tôt avec le reste de l'Europe, il ne fait pas de doute que le Premier ministre du roi de France ait considéré que disposer d'un homme comme ce jeune Italien serait un atout.

Et, plus de dix ans plus tard, c'est cet homme-là que le cardinal-duc de Richelieu choisit pour lui succéder. Un choix qui malgré tout a de quoi surprendre, si l'on y regarde de plus près, un choix « baroque, pour une époque baroque », comme l'a souligné François Bluche : « ... Richelieu tient beaucoup à sa noblesse ; le père de Giulio, bien que possédant fief en Sicile, est seulement majordome chez les Colonna. Richelieu a voué son existence à la promotion de la France ; Giulio est italien, Romain né dans les Abruzzes. Richelieu est prêtre ; Mazarin n'est que tonsuré, le minimum requis pour posséder un bénéfice d'Eglise. Richelieu sait que ses compatriotes n'aiment point être dirigés par des étrangers – on ose reprocher à la reine régnante d'être espagnole –, or il ne craint pas de prévoir l'impossible coalition d'une reine ibérique et d'un ministre italique. »

« Sire, employez-le »

Cette phrase, nul doute que Richelieu l'a prononcée, peut-être même à plusieurs reprises dans les dernières semaines de sa vie, lors des rares visites que Louis XIII a consenti à lui faire. En mourant, le cardinal-duc a légué la France à son ami italien. Le roi n'a fait qu'y consentir. Peut-être parce que, malgré l'aversion qu'il éprouvait pour Richelieu les derniers mois de sa vie, il n'avait pas d'alternative et que la culpabilité le poussait à accéder aux prières du mourant. Sans doute aussi était-il conscient des extraordinaires capacités de diplomate et d'homme d'Etat de Mazarin, car Louis XIII, si l'on excepte ses aveuglements affectifs dont la piteuse affaire Cinq-Mars a été le point d'orgue, sait jauger les hommes. Et il a éprouvé une réelle sympathie pour Mazarin dès leur première rencontre en mai 1630. Quoi qu'il en soit, c'est de Richelieu et de lui seul que Jules Mazarin tient sa légitimité à exercer le pouvoir en France.

C'est un point digne de l'histoire
De ce ministre plein de gloire
Que son roi estima si fort
Qu'il en trouva tout bon, même sa mort.

Ce libelle traduit bien l'ambiguïté des sentiments de Louis XIII à la mort de son Premier ministre. Ambiguïté de sentiment mais aussi ambiguïté d'action, car beaucoup de gens à la Cour s'attendaient à une sorte d'épuration, imaginaient que le roi allait se débarrasser des hommes du cardinal avec qui il gouvernait depuis près de vingt ans. A leur grande surprise, il n'en fut rien : « Quoique le Roi en [de la mort de Richelieu] eût une joie incroyable, il voulut conserver toutes les apparences ; il ratifia les legs que ce ministre avait faits des charges et des gouvernements ; il caressa tous ses proches, il maintint dans le ministère toutes ses créatures, et il affecta de recevoir assez mal tous ceux qui avaient été mal avec lui », nous dit le cardinal de Retz.

Au premier rang de ces « créatures » il y a le cardinal Mazarin. Le roi le nomme au Conseil dès le 5 décembre, une journée à peine après la mort de Richelieu. Sa Majesté envoie une lettre aux ambassadeurs, parlements et gouverneurs de province pour annoncer la mort du cardinal-duc : « ... continuant dans nos conseils les mêmes personnes qui nous y servent si dignement, nous avons voulu y appeler notre très cher cousin le cardinal Mazarin, de qui nous avons éprouvé la capacité et l'affection à notre service dans les divers emplois que nous lui avons donnés, et qui nous a rendu des services si fidèles et si considérables, que nous n'en sommes pas moins assurés, que s'il était né notre sujet... ». Et pour officialiser, en quelque sorte, cette nomination au Conseil, le 10 décembre, Mazarin est invité à dîner par le roi dans son pavillon de Versailles, le refuge préféré de Louis XIII au milieu des bois, que Louis XIV, par fidélité à la mémoire de son père, voudra conserver et qui sera englobé dans le grand Versailles que nous connaissons. C'est un signe d'intimité qui ne trompe pas. Personne ne peut plus ignorer que l'Italien va occuper une place de premier plan.

Encore affligé par la mort du cardinal de Richelieu, Mazarin accueille cette immense promotion avec humilité. Elle l'a peut-être même étonné ; c'est du moins ce qu'il a voulu que l'on pense. Dans une lettre que Jules envoie à la mi-décembre à un de ses amis amateur d'art, Fréart de Chantelou, il évoque son palais romain : « C'est la chère retraite que j'avais destinée pour la solitude que je méditais après la mort de Monsieur le cardinal-duc, et c'est où j'avais résolu d'aller chercher de l'allègement à la douleur que m'avait laissée la perte de ce grand homme. » La décision du roi aurait donc bousculé ses plans. A Maurice de Savoie, il explique en janvier 1643 : « Oui, je le dis hautement : j'ai tout perdu ; je n'aurai pas grand-peine à le persuader ; elles sont bien connues les grandes obligations que j'avais à Son Eminence qui, en mourant, voulut encore me témoigner son affection en priant le roi de m'accorder une de ses meilleures abbayes [Corbie] et a représenté à Sa Majesté que, outre ma fidélité et le zèle que j'avais pour son service, je n'étais pas incapable de La servir. Aussi, quand je croyais avoir la permission de m'en retourner à Rome, je reçus l'ordre de rester ici et je fus appelé au Conseil ; mais comme je ne suis pas assez fort pour porter un aussi grand fardeau, j'espère que Sa Majesté voudra bien m'employer ailleurs. Je ne cesse de l'en prier. »

Hypocrisie ? Pourquoi, en effet, ne pas accorder au cardinal un moment de doute ? Il connaît bien les servitudes et les dangers du pouvoir. Il les a côtoyés intimement auprès de Richelieu ces deux dernières années. Il sait la fragilité de la position de ministre dépendant du bon vouloir du roi et il se souvient que le tout-puissant cardinal-duc, celui-là même qui faisait trembler la France et une partie de l'Europe, tremblait, lui, qu'une phrase du roi, lancée négligemment, ne signe son arrêt de mort. Mazarin est sans conteste un ambitieux, mais ce n'est pas un homme assoiffé de pouvoir. En diplomate, il mesure avec justesse les enjeux. Qu'il ait douté un instant, en cette fin d'année 1642, n'est pas illogique.

La lettre à Maurice de Savoie mentionne l'attribution à Mazarin des revenus de l'abbaye de Corbie. Rappelons-nous la phrase de l'ambassadeur de Venise qui avait rencontré le jeune Mazarini en 1628 : « Il ne lui manque que du bien pour aller loin. » En lui donnant Corbie – 80 000 livres de rentes annuelles « les années de paix » –, tout comme il l'a fait cardinal – un choix politique, certes, mais cela rapporte à *Colmardo* 18 000 livres de rentes par an –, et comme il l'a toujours très bien rémunéré pour toutes les missions que Mazarin a menées pour la France, Richelieu lui a donné les moyens qui lui manquaient pour exercer le pouvoir. Dans les deux ou trois dernières années de la vie du cardinal-duc, l'Italien s'enrichit de manière importante. L'achat à crédit du palais Bentivoglio à Rome, en 1641, montre que Mazarin voit loin et qu'il est confiant en son avenir. Nous reviendrons sur la boulimie du cardinal qui le conduira à bâtir une des plus colossales fortunes européennes à l'époque, mais il ne faut jamais perdre de vue que, dans l'exercice du pouvoir tel qu'il est conçu au XVIIe siècle, l'argent est un moyen pour entretenir une clientèle, un « parti » qui de manière lointaine s'apparente à nos partis politiques d'aujourd'hui. Que Richelieu ait commencé à bâtir la fortune de Mazarin montre à quel point il souhaitait que son œuvre soit continuée par son ami *Rinzama*... Il ne s'agissait pas seulement de récompenser des services et une amitié, la finalité était beaucoup plus vaste.

Ambiance fin de règne

La Cour attendait, souhaitait pour beaucoup des courtisans, une épuration... elle en est pour ses frais. La Grande Mademoiselle se souvient de cette déception : « Je n'étais pas la seule à qui cette mort [de Richelieu] donna de la joie puisque, outre un nombre infini de particuliers, l'on peut juger que la reine et Monsieur en durent sentir beaucoup d'avoir perdu leur plus grand ennemi. Toutefois ils ne jouirent pas si tôt de la bonne fortune que cette perte semblait leur promettre. [...] Je pense qu'il n'y a jamais eu que lui au monde qui ait disposé, comme par testament, du bien qui dépendait de la pure grâce du roi ; cela ne se peut dire, puisqu'outre la substitution du cardinal Mazarin, il a laissé à la plupart de ses héritiers et de ses amis des charges et des gouvernements. »

Au Conseil, Mazarin prend la place de Richelieu – un membre disparaît, un autre le remplace – sans jouer le même rôle puisqu'il n'y a plus de Premier ministre, et les fameuses « créatures » du cardinal disparu restent : François Sublet de Noyers, secrétaire d'Etat à la Guerre, Claude Bouthillier, surintendant aux Finances, son fils Léon Bouthillier, comte de Chavigny – l'ami de Mazarin et son principal concurrent à la succession de Richelieu –, secrétaire d'Etat aux Affaires étrangères, enfin Pierre Séguier, chancelier et garde des Sceaux. On s'attendait également au retour massif des ennemis de Richelieu, là aussi, les choses ne se passent pas ainsi. Il y a néanmoins quelques exceptions, comme M. de Troisville, le capitaine des gardes du roi dont le cardinal avait arraché le limogeage en novembre et que Louis XIII rappelle dès le mois de décembre ; sa disgrâce aura été très courte ! Le roi fait aussi revenir son demi-frère bâtard, César de Vendôme, fils de Gabrielle d'Estrées et du « bon roi Henri », ainsi que ses deux fils, le duc de Beaufort et le duc de Mercœur, tous compromis dans des conspirations contre l'ancien Premier ministre. Mais le retour en grâce significatif est celui de Gaston d'Orléans. Tous les biographes s'accordent à penser que ce rappel de Gaston a été orchestré par Mazarin qui entretient depuis des années d'excellentes relations avec le frère du roi.

« Monsieur fut le premier qui eut la permission de revenir à la cour, où il fut bien reçu », se souvient Montglat. La scène se déroule à Saint-Germain-en-Laye le 13 janvier 1643. Il y a foule ce jour-là au château, si bien que Gaston éprouve quelque difficulté à entrer dans le cabinet royal où il s'agenouille devant son frère. A voix basse, il lui demande humblement d'annuler la déclaration du 1er décembre qui lui ôtait notamment ses droits à la régence. Louis XIII répond : « Cela se peut encore. Je vous ai déjà pardonné six fois. Je veux désormais voir des effets de ce que vous me promettez. Je ne croirai plus à vos paroles et, si vous faites votre devoir, je vous témoignerai que je vous aime. » Ensuite les deux hommes se parlent longuement en particulier. Gaston fait acte de contrition, se repentant d'avoir offensé son frère, lequel se montre attendri. Lorsqu'il sort du cabinet royal, le duc d'Orléans est entouré par la foule qui le félicite. C'est le grand retour de Gaston !

En résumé, Louis XIII pardonne aux membres de sa famille et les rapproche de lui. Sans doute Mazarin est-il derrière cette manœuvre, et on en perçoit aisément les raisons : la régence. Tous sont conscients, et Louis XIII le premier, que le roi vit ses dernières semaines, au mieux ses derniers mois. La Cour vit au rythme des hauts et des bas de l'état de santé de Sa Majesté. « Tout le monde était triste quand il se portait mieux, et dès qu'il empirait, la joie se marquait dans les yeux d'un chacun », ironise Montglat.

Mazarin peut être satisfait, le roi et son frère sont réconciliés au-delà de toute espérance. « Le roi et Monsieur paraissent dans la meilleure intelligence du monde », écrit Henri Arnauld. Et pour que cette entente soit manifeste, le roi offre à son frère un magnifique souper, le 15 février, à Versailles. Le sort veut que ce soit la dernière sortie publique du souverain. Rentré à Saint-Germain, Louis XIII s'alite le 21 février, il ne se relèvera plus. Son agonie commence, elle va durer presque trois mois.

Dès ce moment, la vie de la Cour est comme suspendue. Tous assistent en spectateurs inquiets aux manœuvres qui se déroulent pour préparer la succession de Louis XIII. Il ne fait pas de doute que c'est Mazarin qui est aux manettes. Tout d'abord, il consolide sa position au sein du Conseil. Sublet de Noyers démissionne en avril, remplacé par Michel Le Tellier, un protégé du cardinal. Le Tellier, père du marquis de Louvois, sera, jusqu'à sa mort en 1685, un fidèle soutien du pouvoir royal. Jean-Christian Petitfils souligne à propos de cette entrée de Le Tellier au Conseil : « L'appui de Mazarin [...] le propulsait au sommet de l'Etat et marquait le début des dynasties bourgeoises, celles des grands commis. Avec lui la fonction ministérielle connaîtra une mutation décisive, les anciens "scribes du roi, qui, encrier et plume à la ceinture, se tenaient à ses côtés prêts à accourir à son appel et à écrire sous sa dictée" [Carl Federn], deviendront des personnages omnipotents, chefs de clans et de réseau. »

Durant ces semaines d'agonie du roi, Mazarin joue une partie particulièrement délicate et lourde de conséquences. Il en va de son avenir, de l'avenir de la France et, par là même, de l'avenir de l'Europe puisque nous sommes en guerre... rien de moins ! L'enjeu, c'est l'évidence, est la régence. Qui va l'exercer ? La reine Anne ? Gaston d'Orléans ? Et dans ce cadre particulier d'une régence, qui détiendra la réalité du pouvoir, y aura-t-il un Premier ministre, et qui ? Nous savons que ce sera Mazarin, mais rien ne nous autorise à penser que la chose était jouée d'avance. Et tout d'abord, Mazarin lui-même le souhaitait-il ? Nous avons vu qu'il a hésité à entrer au Conseil, et selon toute probabilité cette hésitation était sincère. Ce qui le meut sans doute est son ambition et sa fidélité à Richelieu. Il a pour lui d'avoir été choisi par le cardinal-duc et nommé par Louis XIII, mais l'un est mort et l'autre mourant. Il a contre lui de n'être rien à la Cour, ni français, ni noble. Il a certes beaucoup d'amis dont il a entretenu l'affection par de délicates et fréquentes attentions – ces fameux petits cadeaux toujours judicieusement choisis selon les goûts du destinataire qui ont fait sa réputation de courtoisie et de délicatesse – mais les amis ne sont pas obligatoirement des partisans et l'attrait du pouvoir est tout sauf une garantie de constance amicale.

Pour l'instant, son principal « ami » est le roi. Ils se rencontrent quotidiennement avec un ou deux autres membres du Conseil. Une sorte de garde rapprochée. Mazarin doit soutenir un Louis XIII dans un état d'esprit très ambigu qui correspond bien à la personnalité trouble du monarque. Il a accepté de poursuivre la politique entreprise avec Richelieu mais il affiche de plus en plus de remords quant à ses conséquences. A qui veut l'entendre, il répète que si la volonté de Dieu pouvait être qu'il « revînt au monde », il ferait tout pour « donner la paix à toute l'Europe ». Il voulait, nous dit Mme de Motteville, « persuader que les cruautés passées n'avaient pas été faites par lui ». Pour cela il y eut quelques mesures de clémence, les prisons s'entrouvrirent et quelques exilés purent rentrer.

Suspens et tremblements...

Concernant sa succession, le roi hésite, il maintient le suspens : « ... il jugeait la reine incapable de toutes ses affaires et très passionnée pour sa patrie [l'Espagne], mais il n'avait guère plus d'inclination pour Monsieur », nous dit La Châtre dans ses *Mémoires*. Il faut pourtant décider. Le roi tergiverse. Mazarin s'inquiète. Le temps – celui qui reste à vivre à Louis XIII – joue contre lui.

Les usages de la royauté française veulent que la régence soit confiée à la reine. Ce fut toujours le cas. Les exemples remontent au Moyen Age, avec notamment la célèbre régence de Blanche de Castille, petite-fille de la grande Aliénor d'Aquitaine, et mère de Saint Louis. Au siècle précédent, Catherine de Médicis avait été régente. Plus près, la mère de Louis XIII, Marie de Médicis, avait assuré la régence durant la minorité du roi, mais celui-ci, et c'est le moins que l'on puisse dire, n'en avait pas gardé un bon souvenir ; il avait dû y mettre fin en faisant assassiner celui qui faisait office de Premier ministre, Concino Concini, favori de la reine mère. La tradition de la reine régente est profondément ancrée dans la mentalité des Français. Le peuple s'attend à ce qui est considéré comme un « droit naturel ». Ruth Kleinman rappelle à cet effet que lors des fêtes célébrant le mariage d'Anne et de Louis en 1612, les deux jeunes mariés étaient symboliquement représentés par le Soleil et la Lune et que des brochures précisaient : « La Lune pareillement représente les reines mieux qu'aucune autre planète et sur toutes les reines du monde, celle de France. Cet astre emprunte sa lumière du Soleil alors qu'il tombe en conjonction d'icelui, les reines de France tirent tout ce qu'elles ont d'autorité des rois leurs époux après leur mort si les successeurs de la couronne demeurent en bas âge et sont par une prérogative singulière déclarées régentes du royaume et de la personne des rois leurs enfants. » Mais le roi ne fait pas confiance à sa femme. Le contentieux est lourd entre eux. Il y a trente ans de méfiance, de soupçons, de rancœurs, de petites haines, d'humiliations que Louis et Anne se sont infligés mutuellement. Il y a surtout tellement d'incompréhension ! Les naissances du dauphin et de son frère ont sauvé la reine de la répudiation, mais les rabibochages affectifs qui ont suivi ne sont que façade.

La reine sait que son heure a sonné. Pour elle la chose est évidente : personne d'autre qu'elle ne peut exercer la régence. Tout l'y conduit. La tradition française, sa naissance royale, et l'on ne peut pas lui faire l'affront de lui refuser ce pouvoir exercé en son temps par sa belle-mère, Marie de Médicis, la « grosse banquière », comme on la qualifiait, pour rappeler les origines plébéiennes de sa famille. Et plus encore son rôle de mère, acharnée avant tout à défendre l'héritage de ses enfants. L'attitude et les atermoiements du roi la préoccupent. Elle multiplie les protestations de loyauté et se repent de toutes ses imprudentes attitudes du passé. Louis XIII n'est pas dupe : « En l'état où je suis, je lui dois pardonner, mais je ne suis pas obligé de la croire. » Pour plaider sa cause auprès du roi très pieux, Anne fait jouer les réseaux religieux et particulièrement les jésuites. C'est Sublet de Noyers, proche de cette congrégation, qui orchestre la manœuvre. Il en fera les frais et sera obligé de démissionner du Conseil. Autour de la reine, une sorte de parti s'organise. L'homme de confiance de la reine est son premier aumônier, Augustin Potier, évêque de Beauvais. Anne a une grande confiance en cet homme, à son service depuis 1624, qui l'impressionne par sa piété et lui a toujours apporté soutien et réconfort dans les moments les plus difficiles face au cardinal Richelieu et au roi. La longévité de l'aumônier dans son poste tenait, selon quelques mauvaises langues, à la médiocrité, voire à la bêtise de l'évêque que Richelieu considérait comme inoffensif. C'est lui, Potier, qui reçoit les solliciteurs, les quémandeurs et les autres candidats à toutes sortes de fonctions, qui se font de plus en plus nombreux. Il n'est pas impossible que la reine ait songé à lui pour occuper la charge de Premier ministre ; rien ne le confirme absolument mais beaucoup de monde à la Cour en était convaincu. Le parti de la reine a son hérault, Henri-Auguste de Loménie de Brienne, qui laissera des *Mémoires* audacieux et entrera au Conseil ; ses bras armés, avec en premier lieu le jeune duc d'Enghien, qui, à vingt-deux ans, vient de prendre la tête de l'armée de Flandres et ne va pas tarder à entrer dans l'histoire comme le « vainqueur de Rocroi » ; mais aussi toute une kyrielle d'hommes d'Eglise dont l'une des consciences morales du temps, Monsieur Vincent, le grand saint Vincent de Paul, le supérieur du couvent de la Visitation. Tous s'agitent pour contrer les prétendus « pernicieux desseins » – l'expression est de Brienne – formés contre la reine.

Autre possibilité qui s'offre à Louis XIII : Gaston d'Orléans. Quelques mois auparavant, aux plus grands moments de colère contre son frère, le roi proclamait « qu'il aimerait mieux égorger sa femme et ses enfants que de les laisser à la discrétion de son frère ». On sait combien Sa Majesté se méfie de son frère, éternel comploteur dont elle est persuadée qu'il n'a aucun sens de l'Etat et des devoirs qu'implique l'exercice du pouvoir.

Le roi ne parvient pas à se décider alors que son état de santé empire. Les quinze premiers jours d'avril sont passés. Pour sortir de cette impasse, Mazarin et Chavigny lui proposent une solution : instaurer un Conseil de régence.

Le 20 avril, le roi réunit autour de lui sa femme, Gaston d'Orléans, Henri de Condé, premier prince du sang, les ducs et pairs du royaume, les membres du Conseil et les grands officiers de la Couronne. L'atmosphère est empreinte à la fois de solennité et d'émotion car cette réunion souligne que la fin du roi est proche. Anne d'Autriche est assise au pied du lit de son époux. Le conseiller La Vrillière lit l'acte énonçant les décisions royales concernant la régence : « Nous avons tout sujet d'espérer de la vertu, de la piété et de la sage conduite de notre très chère et très aimée épouse et compagne la reine, mère de nos enfants, que son administration sera heureuse et avantageuse à l'Etat. Mais comme la charge est de si grand poids sur laquelle repose le salut et la conservation entière du royaume et qu'il est impossible qu'elle puisse avoir la connaissance parfaite et si nécessaire pour la résolution de si grandes et si difficiles affaires, qui ne s'acquiert que par une longue expérience, nous avons jugé à propos d'établir un conseil près d'elle pour la régence par l'avis duquel et sous son autorité les grandes et importantes affaires de l'Etat soient résolues selon la pluralité des voix. »

Sous tutelle

Autrement dit, Anne est régente – Mazarin a très probablement plaidé auprès du roi qu'il ne pouvait juridiquement en être autrement –, mais sous tutelle. Gaston d'Orléans est nommé lieutenant général du royaume et préside le Conseil de régence. En son absence, cette présidence est assurée par le prince de Condé ou, à défaut, par le cardinal Mazarin. Les autres membres du Conseil sont Séguier, Le Bouthillier et Chavigny. Le roi a décidé que les compétences du Conseil s'étendraient dans tous les domaines, aussi bien en politique extérieure – guerre et paix – qu'en politique intérieure – finances, attribution des grandes charges civiles et militaires. Concernant l'attribution des bénéfices ecclésiastiques, le cardinal

Mazarin en a seul la compétence, ce qui revient à lui donner un pouvoir considérable sur l'Eglise.

Ensuite le roi précise les motifs de ses décisions, remercie Dieu de sa protection dans les moments les plus difficiles de sa vie et pour « la naissance de deux enfants lorsque nous l'espérions le moins ». Puis le roi insiste sur la concorde qui doit régner entre les membres de la famille royale : « La France a bien fait voir qu'étant unie elle est invincible, et que de son union dépend sa grandeur comme sa ruine de sa division. »

Une fois la lecture de l'acte terminée, comme une ultime marque de volonté, le roi trace de sa main fébrile la phrase suivante : « Ce que dessus est ma très expresse et dernière volonté que je veux être exécutée », et signe. C'est ensuite à la reine et Monsieur d'apposer leurs signatures. Anne pleure. D'émotion ou de rage ?... sans doute un peu des deux. La reine et Monsieur jurent au roi mourant qu'ils resteront inséparables et Monsieur « versa mille larmes, voyant le roi si bas. La reine n'en fit pas moins et le roi n'en eut pas plus de tendresse pour l'un ou pour l'autre », raconte Goulas.

Pour Anne d'Autriche, ce Conseil est une injure. Elle ne peut faire autrement que de l'accepter mais dès le lendemain, elle fait déposer une protestation chez des notaires parisiens. Dans son esprit la chose est claire : elle fera casser cet acte qui l'empêche d'exercer librement son droit de régence. Le 21 avril, le parlement de Paris enregistre la déclaration du roi. Les parlementaires, qui voient ainsi rester en place les hommes de ce Richelieu qui avait tout fait pour diminuer leurs pouvoirs, nourrissent eux aussi les plus grandes préventions contre ces ultimes décisions de Louis XIII. Gaston peut, lui, se réjouir de voir annulée l'ordonnance du 1er décembre précédent et de se voir attribuer un rôle central dans le dispositif de régence. Mais celui qui apparaît comme l'homme clef de ce dispositif est le cardinal Mazarin.

La définition du Conseil de régence est un bel exemple d'équilibre politique où l'on reconnaît la patte du seigneur Jules et qui revient à lui donner les rênes du pouvoir. Tout d'abord, la reine est neutralisée. C'est la volonté de Louis XIII qui jusqu'à son dernier souffle s'est méfié de sa femme. On peut supposer que dans l'esprit du cardinal, ce n'était peut-être pas absolument nécessaire ; du moins ce n'est pas la reine elle-même qui inquiète mais plutôt le parti très religieux qui la soutient. Celui-ci, ouvertement, souhaite la fin de l'alliance avec les protestants du Nord contre les impériaux catholiques et une paix immédiate avec l'Espagne, autant dire à ce moment précis, renoncer à une grande partie des bénéfices de la politique menée avec énergie par Richelieu et qui a coûté tant de sacrifices au royaume. C'est donc particulièrement en termes de politique internationale que la reine, avec ses origines de princesse espagnole, peut poser un problème.

Dans le domaine de la politique intérieure, les difficultés peuvent venir des deux principales branches des Bourbons : les Orléans (la famille du frère du roi) et les Condé. Henri II, prince de Condé, et Louis XIII – et par conséquent son frère Gaston – forment la troisième génération des descendants de Charles de Bourbon-Vendôme. Les Condé sont donc les plus proches parents du roi après la famille de Monsieur, c'est pourquoi ils sont les seuls à porter le titre de princes du sang. Dans ces périodes délicates et de pouvoir affaibli que sont les régences, les Orléans et les Condé disposent de réelles capacités de nuisance, car ils constituent des clans puissants, riches, avec de nombreux partisans. Richelieu avait réussi à contenir les appétits de la haute noblesse, mais ceux-ci ne demandent qu'à s'ouvrir et à tirer un maximum de bénéfices de la faiblesse du nouveau pouvoir, et pourquoi pas à le contester, le renverser et l'exercer.

Faire entrer Gaston et Henri de Condé dans le Conseil de régence revient à leur faire reconnaître la légitimité de la reine Anne à exercer cette régence. C'est une position morale sur laquelle ils ne peuvent plus revenir, et c'est déjà une première réussite de Mazarin. De même, marquer très logiquement la prépondérance des Orléans en donnant la lieutenance générale du royaume à Gaston revient à lui conférer un rôle de protecteur et de défenseur militaire des intérêts de son neveu le petit roi contre, peut-être, les visées des grands dont, qui sait, les Condé.

Enfin, et ce n'est pas le moindre, Louis XIII stipule que les décisions du Conseil de régence seront prises à la « pluralité », c'est-à-dire la majorité. Il suffit d'un rapide décompte des voix pour saisir la manœuvre. Le Conseil est composé de sept membres. Trois appartiennent à la famille royale – Anne, Gaston et Henri de Condé –, trois sont des anciens ministres de Richelieu – Séguier, Le Bouthillier et Chavigny –, reste le septième, le cardinal Jules Mazarin – dont on sait les liens qui l'unissait à Son Eminence –, qui fait office d'arbitre et fait pencher la balance d'un côté ou de l'autre. Voilà comment, au moment où Anne et Gaston ratifient la création du Conseil de régence, ils confient en réalité le pouvoir à Mazarin. Un joli tour de passe-passe accompli par l'Italien pour le compte, *post mortem*, de son maître le cardinal-duc et selon ses directives.

Pourtant, cet habile dispositif n'est qu'une solution provisoire. Mazarin sait que la reine ne se laissera pas faire, et probablement il lui donne raison. Nous n'avons aucune preuve tangible des contacts qui ont existé entre Anne et Jules au cours des dernières semaines de la vie de Louis XIII, mais il est impossible qu'ils n'aient pas existé. Tous les biographes s'accordent à reconnaître que Mazarin a joué sur tous les tableaux et que, comme les bons joueurs d'échecs, il a au moins un coup d'avance sur les autres. Claude Dulong remarque : « Pendant les cinq mois qui séparent la mort de Richelieu de celle de Louis XIII, la tactique de Mazarin peut se résumer ainsi : au roi, faites-moi confiance, j'empêcherai la reine de nuire ; à la reine, faites-moi confiance, je vous sauverai l'essentiel. Les témoins, et ils sont nombreux, tant cette affaire intrigua les contemporains, diffèrent un peu sur les péripéties, mais ils sont unanimes sur la tactique : le travail souterrain fut admirablement mené. »

L'immense fierté de Jules

Le Conseil de régence reconnu, il reste au roi mourant une dernière tâche à accomplir : faire baptiser son héritier. L'enfant Louis n'avait été qu'ondoyé à sa naissance. Son père voulait que le pape accepte d'être son parrain, mais les relations entre Sa Majesté Très Chrétienne et le Saint-Père n'étaient pas au mieux ; autrement dit, Urbain VIII se faisait prier. Maintenant, il n'est plus possible d'attendre. Le 21 avril, le jour même de l'enregistrement du testament politique du roi par le Parlement, le baptême a lieu dans la chapelle gothique du château-vieux de Saint-Germain vers la fin de l'après-midi. Etant donné l'état de santé de Louis XIII, la cérémonie est courte et simple. Il semble même que le roi n'ait pas été présent. On ne prend pas la peine de revêtir le petit prince des somptueux habits qui sont d'usage ; une robe de gaze argentée est juste passée par-dessus ses habits ordinaires. Le dauphin est placé sur le couvercle des fonts baptismaux recouvert d'un drap blanc. L'évêque de Meaux, grand aumônier de France, officie en présence de nombreux prélats et d'un grand nombre de personnes de la famille royale et de la Cour. Le parrain et la marraine entourent l'enfant. Pour marraine, Louis XIII a choisi Charlotte de Montmorency, princesse de Condé, qui, à quatorze ans, avait enflammé le vieil Henri IV. La dernière passion du Vert Galant avait été mariée ensuite rapidement au prince de Condé qui, selon Brienne « n'aimait guère les dames ». Pour parrain, le roi a pris une décision surprenante. Puisqu'il ne peut pas avoir le pape, il choisit un autre homme d'Eglise : le cardinal Jules Mazarin. « Inestimable honneur », dira l'Italien. Le choix est si inattendu et paraissait si inconcevable que de nombreux contemporains ont cru que le pape avait accepté et que Mazarin représentait en fait le souverain pontife. Nul doute que sans l'urgence imposée par la santé du roi, jamais il n'eût reçu cette haute fonction symbolique – ne perdons pas de vue que le parrain est l'homme qui doit servir de père à l'enfant si son père naturel vient à disparaître... ce n'est pas rien. Un parrain dont le père n'était que majordome dans une grande famille de la noblesse romaine. Nous pouvons imaginer aisément les pressions, les intimidations, les intrigues qui auraient empêché cette nomination, ces intrigues de cour où on n'hésitait pas à faire couler le sang. Mais si l'on songe à la volonté de Richelieu de voir Colmarduccio lui succéder et si l'on admet que le roi Louis XIII n'avait pas d'autre solution, et de plus a toujours éprouvé sympathie et estime pour l'Italien, ce qui reste malgré tout une incroyable marque d'honneur s'inscrit dans une stratégie cohérente. Au-delà de son caractère honorifique qui flatte le cardinal par-dessus tout, ce rôle de parrain sera le fondement de la relation entre le futur roi Louis XIV et Mazarin. Entre eux un lien profond se développera, précise Pierre Goubert, qui « explique en grande partie l'attitude toujours respectueuse de Louis XIV grandissant envers un ministre dont il n'approuvait pas toujours la politique... ». Et Georges Dethan parle d'une « parenté mystique », dès cet instant, entre la monarchie française et le cardinal ; du moins c'est ainsi que, selon lui, Jules concevait et vivait cet honneur.

L'enfant est baptisé Louis Dieudonné. La cérémonie se passe dans un grand recueillement et le petit Louis fait l'admiration de tous par son maintien et le sérieux dont il fait preuve. Ensuite, accompagné de son parrain, il va embrasser son père. Là se situe une anecdote dont la véracité n'est pas totalement établie. Le roi demande à son fils : « Mon fils, comment avez-vous nom à présent ? » L'enfant répond clairement : « Louis quatorze. » Alors le roi : « Pas encore, pas encore, mon fils, mais ce sera peut-être bientôt si c'est la volonté de Dieu. »

Le parrain, lui, est gonflé de fierté. Il exulte. Deux jours plus tard, il écrit au maréchal de Guiche : « Aussi Sa Majesté a une telle satisfaction que, demeurant comblé des témoignages de son amitié et de son estime, entre ceux-là je ne feindrais point de vous dire l'honneur qu'elle m'a fait de trouver bon que je tinsse de mon chef au baptême Monseigneur le dauphin m'est si sensible, et pour être grand en lui-même et pour être sans exemple, que je ne me souhaiterais que plusieurs vies pour les pouvoir employer à son service. »

« Voilà où je demeurerai longtemps »

Depuis qu'il n'a plus la force de se lever, Louis XIII s'est installé dans le cabinet de la reine au premier étage du château-neuf de Saint-Germain car il y trouve l'air meilleur. Ce château, construit au siècle précédent sous le règne d'Henri II et détruit à la fin du règne de Louis XIV, était l'une des demeures favorites des Bourbons. Il était bâti sur la droite du château qui subsiste aujourd'hui, appelé alors le château-vieux et qui ne servait que pour les cérémonies d'apparat. Face à la Seine, le château-neuf surplombait un magnifique jardin en espaliers de cinq niveaux, construit d'après les plans de la villa d'Este à Tivoli, et réputé pour ses quatre grottes recelant chacune un automate animé par des mécanismes hydrauliques.

De la pièce où il se trouve, Louis XIII aperçoit les tours de la basilique de Saint-Denis où sont enterrés ses ancêtres rois de France : « Voilà où je demeurerai longtemps », dit le roi.

Une fois son fils baptisé, tout se passe comme si Sa Majesté considérait son devoir accompli et qu'elle pouvait s'en aller. Le roi entre dans la mort et, comme souvent à l'époque, il veut que cette mort soit édifiante. Elle le sera. La Grande Mademoiselle, alors âgée de quinze ans, lui rend plusieurs fois visite au cours de ses dernières semaines : « Le roi prenait plaisir à mes visites et me faisait toujours fort bonne mine ; aussi n'en revenais-je jamais que vivement touchée de son mal, dont chacun augurait que la nuit serait funeste. [...] Si le pitoyable état où sa maladie avait réduit son corps donnait de la compassion, les pieux et généreux sentiments de son âme donnaient de l'édification. Il s'entretenait de la mort avec une résolution toute chrétienne. [...]

« J'ai même ouï dire que, durant sa maladie, il avait mis en musique le *De profundis* qui fut chanté dans sa mort et incontinent après sa mort, comme c'est la coutume de faire aussitôt que les rois sont décédés. Il ordonna avec la même tranquillité d'esprit ce qui serait à faire pour le bien de l'administration de son royaume quand il serait mort. » Monsieur Vincent, qu'il reçoit à deux reprises sera lui aussi touché par la piété du roi : « Depuis que je suis sur la terre, je n'ai vu mourir personne plus chrétiennement. »

Le lendemain du baptême, 22 avril, le roi a une syncope. On fait appeler la reine, installée avec ses enfants dans le château-vieux, pour qu'elle vienne rapidement avec les deux petits princes que le roi veut bénir une dernière fois. Au château-neuf, c'est la cohue. Il fait un temps épouvantable avec de fréquentes giboulées glaciales. Quand la reine arrive en carrosse avec les enfants, ces derniers sont pris par la foule et passent de main en main. La reine est seule ; affolée, elle crie « N'y a-t-il personne qui m'aide ? Me laissera-t-on seule ? » Enfin elle parvient dans la pièce où se trouve son époux. Elle s'agenouille au pied du lit et échange quelques mots avec lui. Ensuite, le roi bénit ses enfants. La salle est maintenant remplie de monde, si bien que le roi, brûlant de fièvre, suffoque. Il fait des signes pour qu'on s'écarte de son lit et des fenêtres : « Hé, messieurs, donnez-moi la vie ! »

Le 23, Louis XIII a une nouvelle crise. Cette fois-ci on lui donne l'extrême-onction. Sa famille est autour de lui. Monsieur et le prince de Condé tiennent la nappe de communion. Il est évident que la fin approche et que la reine doit demeurer auprès de son époux. Cela veut dire se séparer des petits princes qui restent dans le château-vieux avec leur gouvernante. Anne s'inquiète de cette séparation. Tout peut arriver. D'autant que les esprits s'échauffent. La confusion gagne. Anne ne sait à qui se fier pour protéger les enfants... Gaston ? Condé ?

Le premier qui montre des signes d'agitation est le maréchal de La Meilleraye, grand-maître de l'artillerie, un neveu par alliance de feu le cardinal de Richelieu. L'ambiance à Saint-Germain l'inquiète. Il craint cette épuration que beaucoup avaient souhaitée à la mort du cardinal-duc et se sent menacé. Il fait venir autour de lui des officiers armés pour le protéger, trente ou quarante selon les uns, trois ou quatre cents selon les autres. Peu importe le nombre réel, mais cette manœuvre crée la panique et fait boule de neige. Gaston d'Orléans et les Condé se sentent à leur tour menacés ; ils battent le rappel de leurs partisans, de sorte que l'on voit partout des hommes armés. Dans le même temps, le bruit court que le maréchal de La Meilleraye aurait l'intention d'enlever les enfants royaux... pour le compte de Monsieur ! Estimant ne pouvoir se fier ni à son beau-frère ni à son cousin, le premier prince du sang, Anne choisit de faire assurer la protection de ses enfants par le duc de Beaufort. C'est à proprement parler sa première décision de régente, puisque à ce moment-là le roi est inconscient, victime d'une syncope, et donné pour mort dans les heures qui suivent, mais la décision est habile : Beaufort est un membre de la famille royale mais par une branche bâtarde ; il ne peut prétendre à rien en termes de légitimité dans le dispositif de régence qui doit se mettre en place et donc ne dépend que du bon vouloir de la reine. Du coup, le duc de Beaufort, très bel homme blond, athlétique et jovial, d'une intelligence rien de moins que limitée, imagine son heure venue. Il se voit en arbitre de la régence, en chevalier protecteur de la reine. Et il en rajoute ! Il fait venir des centaines d'hommes là où quelques dizaines auraient suffi. Le château-vieux est ceinturé de soldats, les enfants en sécurité sous haute protection... On entend, comme un bruit de fond terrible, le martèlement des pas et le cliquètement des armes, mais tout cela apparaît à la plupart des gens de la Cour comme disproportionné, et à Gaston et Condé comme insultant. Heureusement, en quelques heures les tensions s'apaisent car le roi revient à lui. Il retrouve ses esprits et donne raison à sa femme. Dans la foulée, il ordonne que la garde soit également doublée autour du château-neuf. Cet épisode d'énervement collectif aura au moins permis à Anne de montrer sa fermeté, une certaine habileté, et qu'elle n'était peut-être pas si isolée que d'aucuns pouvaient le croire. Et avec le recul, on peut trouver très symbolique que cette première décision de la reine régente ait eu pour objet la protection de ses enfants.

Le 7 mai, la reine, qui s'est fait aménager une chambre dans une pièce attenante à celle où le roi agonise, s'installe dans le château-neuf auprès de son mari. Toute la journée, elle prie et pleure.

Elle a choisi de rester le plus longtemps possible auprès de lui. Elle assure une partie des gardes de la nuit et, lorsqu'elle n'est pas près de son époux, elle envoie sans cesse du monde pour savoir comment il se porte. Anne semble être entièrement et exclusivement préoccupée de Louis. Goulas en est le témoin : « La reine se comporta merveilleusement bien en cette occasion et fit tout ce que doit faire une honnête femme. Elle écartait tout le monde et ne répondait que rarement, témoignant peu de sentiment des choses de la terre en l'état où se trouvait son mari. »

Entre les deux châteaux, la tension s'est calmée. L'attente de la mort impose un lourd silence rendu plus sombre par le temps gris et sale. Monsieur est à Paris, où il soigne un accès de goutte. Les autres membres de la famille royale sont apparemment tranquilles.

Le roi est de plus en plus mal. Il tousse beaucoup. Il souffre. Seule la musique semble l'apaiser un peu. Le roi pue atrocement. Les ulcères, les « humeurs » comme on disait à l'époque, et surtout de permanentes diarrhées, rendent l'atmosphère de la pièce presque irrespirable. A la surprise et à l'admiration de tous, la reine, au fur et à mesure que les jours passent, reste de plus en plus longtemps auprès de roi malgré cette épouvantable odeur. Elle, si raffinée et délicate, n'aimant que les parfums et les onguents, ne semble pas incommodée par l'odeur que dégage la couche de Louis. Et le roi, lui aussi très soigneux de sa personne, est gêné, pour lui-même et surtout pour sa femme ; à plusieurs reprises, il lui demande de ne pas s'approcher. La reine ne l'écoute pas et reste à son chevet.

« Dignité » est le mot qui semble le mieux s'appliquer à l'agonie de Louis XIII. Il en vivra chaque seconde. L'inconscience ne lui sera pas offerte, au contraire, il restera parfaitement lucide jusqu'à la fin. Avec quelques moments d'exaspération, comme par exemple le 9 mai, quand il s'en prend à ses médecins de l'avoir « accablé de remèdes qui m'ont ruiné la santé ! ». Il faut dire que ce jour-là le roi s'était endormi mais que ses médecins, jugeant ce sommeil mauvais, l'avaient réveillé en faisant un boucan de tous les diables. Mme de Motteville écrit, avec la justesse et la précision qui la caractérisent, que le roi « mourait tous les jours sans pouvoir achever de mourir ».

Le 10 mai, le roi est au plus mal. Il semble être entré

dans le coma. La reine fait venir les enfants pour voir une dernière fois leur père endormi. « Avez-vous bien regardé ? » demande-t-on au petit dauphin. « Oui, j'ai bien remarqué qu'il tient la bouche et les yeux ouverts et tout tournés », répond l'enfant. Et un huissier croit bon d'ajouter : « Monseigneur, si Dieu disposait de votre bon papa, voudriez-vous bien être roi à sa place ? » Alors le petit Louis en larmes : « Non, je ne veux pas être roi. S'il meurt je me jetterai dans les fossés du château. »

Le 11, l'état de santé du roi est stationnaire.

Le 12, Louis reçoit l'extrême-onction. On a fait revenir Gaston en vitesse de Paris. Quand il voit sa femme et son frère à son chevet, Louis leur prend les mains, les réunit et leur demande de toujours bien s'entendre pour le bien de ses enfants et du royaume ; l'émotion est intense. Le roi, la reine, Monsieur, tout le monde pleure. Autour il y a foule car les rois meurent en public, comme ils sont nés, comme ils ont vécu. Dans cette foule, proche du lit, il y a le prince de Condé. Le roi lui fait signe de s'approcher : « Je viens de rêver que M. le duc d'Enghien, votre fils, en était venu aux mains avec les ennemis, que le combat avait été bien rude et opiniâtre et que la victoire avait été longtemps balancée. Cependant elle nous est demeurée avec le champ de bataille. » Condé pense qu'il divague. En fait, Louis XIII a le pressentiment de la victoire de Rocroi contre les Espagnols, une semaine plus tard.

Les heures passent.

Dans la journée du 13 mai, Louis demande à son confesseur quand se fait le jugement de l'âme : « Nous serons jugés au moment de la séparation du corps et de l'âme », lui répond-il. Plus tard, le roi lui dit : « Il me vient des pensées qui me tourmentent. » Puis le silence.

Personne ne saura jamais quel est cet ultime remords qui assaillit le roi à la veille de sa mort.

Une longue nuit commence au soir du 13. Le roi demande l'heure à tout instant. Au matin du 14, il entend la messe puis appelle son médecin, Bouvard. Il lui demande la vérité sur son état : « Je crois, sire, que ce sera dans bientôt que Dieu délivrera Votre Majesté des peines de ce monde. » Le roi demande sa femme, ses enfants, et les bénit une dernière fois. La pièce est pleine de gens, tous silencieux devant cet édifiant spectacle. Car c'en est un. Voulu par le principal intéressé et dans lequel chacun tient son rôle comme il le doit.

Le roi boit encore un peu de lait. Il récite les litanies. « Mon Dieu, je vous prie de me recevoir à miséricorde. » Avec l'évêque de Meaux, il récite la prière des agonisants. Il prononce une dernière fois le nom de « Jésus ». Et il meurt.

La reine n'assiste pas à la mort de son époux. Elle attend dans une pièce à côté. A l'instant où elle apprend la nouvelle, elle éprouve une tristesse profonde et douloureuse. Anne a l'impression qu'on lui « arrache le cœur », dira-t-elle à Mme de Motteville. La reine est surprise par cette émotion comme, on peut le supposer, elle avait été surprise par la peine qu'elle avait ressentie tout au long de l'agonie de roi. Elle découvrait qu'il y avait plus d'amour entre elle et Louis qu'elle ne l'avait cru.

Mais maintenant c'est fini. Anne a quarante ans. Elle est la mère de deux enfants superbes qu'elle aime pardessus tout. Elle est la régente du royaume de France, comme cela est normal, malgré la volonté affichée de son époux de l'écarter. Et elle a la ferme intention d'exercer le pouvoir comme elle l'entend.

3

La reine et son cardinal

Sitôt l'annonce de la mort de Louis XIII, la reine se rend auprès de ses enfants qui sont restés dans le château-vieux. Elle est la première à s'agenouiller devant le nouveau roi, Louis XIV. Après elle, la foule se précipite vers ce jeune soleil qui commence à briller. Les courtisans sont les courtisans. La reine fait alors sortir tout le monde. Y compris Monsieur. Y compris Condé. Y compris Beaufort. Contre les usages qui veulent que tous les moments de la vie d'un souverain, et celui-là est ô combien important, se passent en public, Anne d'Autriche reste seule avec ses enfants. Elle agit en femme et en mère. Elle veut vivre avec eux, en communion dans ce que nous appelons aujourd'hui la « cellule » familiale, ce moment profondément douloureux qu'est la mort du mari et du père. Cette décision de la reine, qui *a priori* semble dictée uniquement par la peine et la tristesse, est beaucoup plus symbolique qu'il n'y paraît. Dès les premières minutes, elle s'affranchit des usages pour vivre les choses comme elle l'entend. Anne a changé. Ce n'est plus la même femme. Richelieu l'avait senti. Mazarin l'a compris. Les autres vont le découvrir à leur grand étonnement. Car cet isolement de la reine avec ses enfants est vécu comme une marque de défiance, une insulte, par Monsieur, et les membres de la famille royale. Ils ne comprennent pas. Et déjà, Anne provoque des ressentiments dont ceux qui les éprouvent à cet instant sauront se souvenir.

Le visible et l'invisible

La reine et les enfants royaux ne restent pas à Saint-Germain. Dès le lendemain de la mort de Louis XIII, ils se rendent à Paris pour séjourner au Louvre. C'est apparemment une décision d'Anne mais certains biographes y ont vu aussi la patte d'un Mazarin estimant que, étant donné les événements qui se préparent, le pouvoir doit regagner le cœur de sa capitale de manière à contrebalancer les manœuvres des courtisans par la présence du peuple tout naturellement affectionné et protecteur de son nouveau et si jeune petit roi. La reine et celui qui va devenir « son » cardinal jouent sur le lien mystique qui existe entre le roi et son peuple. Un lien direct, personnel, qui passe au-dessus des hommes politiques entourant le souverain. Même au plus fort de la détestation de Richelieu par les Français, jamais la popularité du roi, l'affection du peuple pour son roi n'avaient été entamées.

Aux premières heures de l'aube du 15 mai 1643, un long cortège commence à s'ébranler au départ de Saint-Germain en direction de Paris. Toute la matinée, c'est une file continue de lourds chariots transportant les meubles et les bagages de la Cour. A midi, le cortège de la famille royale démarre : la reine, les enfants royaux, les Orléans, les Condé, les Vendôme, tout le monde est du voyage. L'organisateur est le duc de Beaufort, qui selon son habitude n'a pas ménagé ses effets. Le carrosse de la reine dans lequel elle a pris place avec ses deux fils, Gaston d'Orléans et la princesse de Condé, est encadré par les hommes de la maison militaire du roi. Ouvrent la marche un demi-régiment des gardes français, les gardes suisses commandés par leur général le marquis de La Châtre, les mousquetaires gris et les mousquetaires noirs avec à leur tête M. de Tréville puis les chevau-légers sous les ordres du maréchal de Schomberg, les écuyers de la reine, les gardes de la porte, les gardes du corps français. Enfin, les Cent-Suisses à pied, avec leurs anciens uniformes espagnols très colorés et leurs hallebardes, précèdent directement le carrosse de la famille royale. Celui-ci est accompagné par le capitaine des gardes et le duc de Saint-Simon, premier écuyer, et les domestiques du roi, suivis par les gendarmes, la garde écossaise, et à nouveau des Suisses et des gardes français. Viennent ensuite les nombreux carrosses des membres de la Cour et parmi eux, un carrosse vide : celui du roi mort, tiré par six de ses chevaux préférés. Le cortège est fermé par une armée de serviteurs : valets, cuisiniers, femmes de chambre, palefreniers...

Bien que ce déplacement n'ait pas été annoncé, une foule énorme se presse sur le passage du carrosse du petit roi. Du coup, on assoit l'enfant sur un empilement de coussins pour qu'il soit bien visible. La foule est si nombreuse que le cortège avance très lentement. Il faudra près de sept heures à la reine pour parcourir les douze kilomètres séparant Saint-Germain du Louvre. Une fois entré dans Paris par le faubourg du Roule, le cortège avance au pas. On n'a pas vu une telle foule dans la ville depuis 1617, année de l'entrée officielle dans Paris d'une jeune princesse espagnole de seize ans, tout juste mariée : Anne d'Autriche. Cette spontanéité populaire indique combien le nouveau règne était attendu et donne du crédit à l'analyse que l'on prête au cardinal. Mme de Motteville se souvient de ce voyage : « La reine, arrivant à Paris, y trouva une aussi grande foule de peuple et de gens de qualité qu'il y en a dans les Entrées pour lesquelles on fait les plus grands préparatifs. Depuis Nanterre jusqu'aux portes de cette grande ville, toute la campagne était remplie de carrosses ; et ce n'étaient partout qu'applaudissements et bénédictions. Elle fut saluée à l'ordinaire de toutes les compagnies souveraines de la ville, qui toutes la regardaient comme celle qui, par sa pitié et sa bonté naturelle, allait rendre à la France le bonheur après lequel il y avait longtemps qu'elle soupirait, et dont elle avait grand besoin. Ils voyaient entre les bras de cette princesse, qu'ils avaient vue souffrir de grandes persécutions avec beaucoup de fermeté, leur jeune roi enfant, comme un présent du ciel donné à leurs vœux : ce qui augmentait en eux l'amour et la fidélité que les Français ont naturellement pour leurs princes et l'affection qu'ils avaient pour elle ; si bien qu'on peut dire que jamais Régence n'a eu de si heureux commencement. » Et l'ambassadeur de Venise se fait l'écho, auprès de son gouvernement de l'espoir incarné par le dauphin : « Bien qu'il n'ait pas cinq ans, Sa Majesté est un prince de noble aspect avec un air de grandeur : il promet à ce royaume – tous les augures s'accordent sur ce point – une ère de bonheur et de prospérité. »

Le château-neuf de Saint-Germain est maintenant totalement vide. Il n'y règne plus que le silence et l'odeur nauséeuse d'un cadavre squelettique recouvert, selon son désir, d'un simple drap blanc, veillé par quelques officiers.

C'est à Paris que le premier acte du gouvernement d'Anne et Jules va se dérouler. Pour décor, un Louvre en chantier, ce qui peut paraître en harmonie avec un règne à son commencement. Depuis cinq ans, c'est-à-dire depuis l'année de naissance du dauphin, 1638, les travaux d'amélioration et de transformation du vieux palais ont commencé. Richelieu en avait donné l'ordre avec l'accord de Louis XIII. On est en train de bâtir la Cour carrée que nous connaissons aujourd'hui en fermant l'édifice en fer à cheval construit par Lescot un siècle plus tôt. L'édification de la tour de l'Horloge est terminée, une nouvelle aile est en construction ainsi qu'un pavillon symétrique au pavillon du roi. La Cour va vivre, en ce début d'été historique, dans un va-et-vient incessant d'ouvriers qui provoque des encombrements permanents. Mais ces travaux sont peu aux yeux de la régente.

L'édifiante image offerte par l'agonie de Louis XIII, entouré de sa femme, de ses enfants, de ses nobles et de ses prélats, tous communiant dans la douleur et le recueillement, n'était que la partie visible d'un jeu d'intrigues cachées dont le résultat en surprit plus d'un. A ce jeu, Mazarin est un maître – ce dont tout le monde est persuadé – mais la reine Anne se révèle une bonne joueuse, et cela est une surprise. Elle fait montre de beaucoup de dissimulation et d'habileté, usant naturellement du visible et de l'invisible, les deux principaux ressorts de la communication en temps de négociations, et utilisant les hommes et les femmes comme les cartes d'une partie de poker où le plus fort n'est peut-être pas celui qui le semble. Apparemment la reine prie et assiste avec dévouement son mari dans la mort, mais dès qu'elle a quitté la pièce où Louis agonise, elle s'active. Est-elle seule ou conseillée par Mazarin ? Rien ne nous permet de le savoir. Aucun document, aucune trace n'existe des contacts qu'ils auraient pu avoir à cette période. Mais après tout, n'est-ce pas logique de la part d'un cardinal si fin diplomate de savoir jouer du secret comme personne et de si bien dissimuler les choses que l'histoire en est encore à chercher des preuves ? Comment peut-on croire que cette femme qui a montré, pendant trente ans, beaucoup de futilité, d'indolence et de désintérêt pour les affaires de l'Etat puisse tout à coup se transformer en une tête politique ? Difficile ! En revanche, soyons sûrs que son instinct lui disait où était son intérêt et surtout qui travaillait pour cet intérêt. Et cet instinct lui murmure avec de plus en plus d'insistance le nom de Jules Mazarin.

L'objectif de la reine est désormais de faire casser le testament de son mari de manière à exercer pleinement la régence sans le contrôle d'un quelconque conseil qu'elle estime outrageant. Il lui faut pour cela neutraliser Monsieur et les Condé, c'est-à-dire les amener à accepter la cassation du testament, ce qui les prive *ipso facto* du rôle important que leur confiait le roi mourant. Cela, Anne le négocie elle-même. Au premier rideau de fumée que constituent ses veilles du malade, elle en installe un second : son confesseur, l'évêque de Beauvais. Lui, avec Beaufort quand le duc entre dans la danse, se charge de tous les quémandeurs. Apparemment les deux hommes vont tenir un rôle important dans la régence, c'est du moins ce que la Cour pense, et on les courtise beaucoup, ce qu'en fats ils apprécient. Ils font les paons, étalent leur suffisance et leur stupidité sans se rendre compte qu'ils sont manipulés. En privé la reine dit de Beaufort : « Il fait le fier, mais ce n'est qu'un laquais insolent. » De ces deux personnages, le cardinal de Retz fait un portrait cinglant : Beaufort « ... se mit en tête de gouverner, dont il était moins capable que son valet de chambre ». Quant à Augustin Potier, évêque de Beauvais qu'il qualifie de « bête mitrée », « plus idiot que tous les idiots de votre connaissance, [il] prit figure de Premier ministre et il demanda dès le premier jour aux Hollandais qu'ils se convertissent à la religion catholique, si ils voulaient demeurer dans l'alliance de France. La reine eut honte de cette mômerie de ministère ».

Anne et Jules doivent convaincre Monsieur et Condé, les ministres du Conseil et les membres du Parlement qui ont enregistré dans un premier temps le testament et, dans un deuxième temps, vont devoir le casser. Il n'est pas inutile non plus de rassurer les héritiers de Richelieu qui tiennent encore des positions importantes et craignent, comme l'agitation du maréchal de La Meilleraye l'a montré, pour leur avenir et leur sécurité. Sur ce point nous ne savons pas grand-chose, mais il est très probable que Mazarin, en tant qu'ami et principal disciple du cardinal-duc, disposait de solides arguments pour les rassurer. D'autant qu'il a compris qu'ils pouvaient représenter un appui important pour la régence : comme ils s'attendent à tout perdre, il sera aisé de leur laisser quelques positions et de s'assurer ainsi de leur fidélité. C'est sans doute Mazarin qui se charge de la manœuvre, de même qu'il convainc les ministres, tous du clan Richelieu.

Pour Monsieur, c'est apparemment Anne qui est en première ligne. L'entourage de Gaston le pousse avec insistance à profiter de l'inexpérience de la reine pour exiger une corégence. Les intrigues se nouent dans ce sens fort de l'appui que Monsieur a dans la bourgeoisie et auprès des parlementaires. En revanche, le frère du roi n'a pas beaucoup de soutien à la Cour et dans la noblesse, en grande partie à cause de son attitude au moment de l'affaire Cinq-Mars. Monsieur est très « démonétisé » et il en est lui-même plus conscient que son entourage. De plus, il a toujours entretenu de très bonnes relations avec la reine. Il y a de l'affection entre eux. Il faut se souvenir qu'ils s'étaient à un moment donné entendus tous les deux pour se marier en cas de décès prématuré de Louis XIII, ce que le roi avait découvert et ce dont il leur en avait beaucoup voulu. Gaston et Anne avaient eu beau nier et nier encore avec la dernière énergie, le roi en avait conservé jusqu'à sa mort beaucoup d'amertume, surtout vis-à-vis de sa femme. Contre l'avis de son entourage, Gaston ne veut pas entrer en conflit avec sa belle-sœur. Montglat nous dit qu'il était résolu à « s'unir entièrement avec [la reine] et à conserver la bonne intelligence qui avait été de tout temps entre eux ». Gaston accepte donc assez facilement le projet d'Anne. La seule chose qu'il demande est de conserver la lieutenance du royaume, ce que la reine s'engage à lui laisser, et aussi de le nommer à la tête du Conseil de guerre. Elle lui promet également de lui donner le gouvernement d'une province ; on se souvient qu'en décembre 1642, en même temps qu'il lui retirait ses droits à la régence, Louis XIII avait enlevé à son frère le gouvernement de l'Auvergne.

Le cas des Condé est plus délicat. Le personnage le plus influent de la famille n'est pas, contrairement à la logique, le père, Henri de Bourbon, prince de Condé, mais son fils Louis, ce tout jeune duc d'Enghien que Louis XIII vient de nommer à la tête des armées des

Flandres. C'est lui qu'Anne doit convaincre. Pour ce faire, elle va utiliser le réseau des femmes. Au fil des années, elle est devenue l'amie de la princesse de Condé – tout comme elle l'est d'ailleurs de la duchesse de Vendôme, la mère de Beaufort. C'est donc la princesse, que nous avons vue dans son rôle de marraine au baptême du dauphin, qui s'entremet. Ce que la reine craint avant tout, c'est une entente entre Condé et Orléans sur son dos. Elle réussit à persuader – ce ne fut pas très difficile – le jeune duc que la seule voie possible pour sa famille était de constituer une force d'opposition face à Monsieur. Anne s'engageait à marquer aux Condé, et à Enghien en particulier, plus de considération qu'aux Orléans et à les favoriser dans l'attribution de charges, sans néanmoins provoquer de rupture franche avec Gaston. De leur côté, les Condé, eux, s'engagent à défendre exclusivement les intérêts de la reine dont ils dépendent, uniquement pour obtenir toutes les gratifications qu'ils souhaiteraient. Cela s'appelle « acheter » un adversaire et aussi diviser pour régner... dans son acception la plus littérale ! Reste à leur faire admettre la cassation du testament de Louis XIII et la dissolution du Conseil de régence. Pour cela, Anne rencontre Henri de Condé, le père. Il accepte, contre la promesse d'un gouvernement de province pour le duc d'Enghien.

Forte de l'accord des principaux membres du Conseil, la reine envoie le 9 mai un de ses émissaires ecclésiastiques rencontrer un membre du Parlement de Paris, Omer Talon, avocat général du roi. La manœuvre d'Anne avait toutes les chances d'être acceptée. Elle entretient depuis longtemps de bons rapports avec certains parlementaires qui ont fait partie de sa maison à un moment donné de leur carrière. D'un autre côté, la tradition politique du royaume veut que la reine exerce seule la régence et les parlementaires sont légalistes. Enfin, réduits à un simple rôle d'enregistrement des décisions royales par Richelieu, ils ne peuvent que voir d'un œil très favorable une manœuvre dont ils sont les indispensables garants, ce qui leur permet de nouveau de peser sur le gouvernement de l'Etat.

On voit très nettement qui a intérêt à cette manœuvre. Les perdants sont Monsieur et les « créatures » de Richelieu ; concernant ces dernières, ce n'est pour déplaire ni au Parlement, ni à la noblesse, ni à la population. Tout le monde aspire à un changement de régime et la reine a l'intelligence – était-ce délibéré ? – d'incarner ce changement. Apparemment le cardinal Mazarin, héritier moral de Richelieu, est aussi un des grands perdants de l'affaire. On parle de plus en plus pour lui d'un poste d'ambassadeur à Rome, manière peu dissimulée de l'éloigner définitivement de la Cour, du royaume et d'enterrer une nouvelle fois, et cette fois-ci définitivement, le cardinal-duc.

Pour l'heure, Son Eminence italienne se fait d'une discrétion absolue. Il se montre le moins possible, semble totalement absent des tractations qui s'opèrent. Pour tous les spectateurs de la Cour, l'évêque de Beauvais est le porte-parole de la reine.

Vers le 10 mai, tout est réglé. La reine est assurée de parvenir à ses fins. Il ne reste plus qu'à attendre la mort de Louis XIII qui survient quatre jours plus tard.

Agitation à la Cour

Revenons au 15 mai 1643. En arrivant au Louvre en fin d'après-midi, la reine est épuisée. Que dire des petits princes qui ont subi cet interminable voyage de sept heures ? Sa Majesté annonce qu'elle annule toutes les réceptions prévues pour la soirée. Les solennités sont remises au lendemain !

Le 16, Anne d'Autriche reçoit les visites protocolaires des corps constitués dont une députation du parlement de Paris avec à sa tête son premier président, Mathieu Molé. Il assure Sa Majesté de l'entière dévotion des parlementaires à la personne du roi Louis XIV et invite la reine à venir avec l'enfant roi au Parlement pour y tenir un « lit de justice ». On appelle ainsi une séance du Parlement qui se tient en la présence du roi. Il était d'usage qu'un nouveau roi, succédant à son prédécesseur, vienne tenir un lit de justice dit « inaugural » au parlement de Paris. C'était un événement distinct, dans une certaine mesure plus administratif, du couronnement, qui lui revêtait un caractère religieux. En ce sens, l'invitation du premier président était naturelle et ne présentait pas de caractère particulier, mais derrière cet usage d'apparence anodine, il y a la cassation du testament de Louis XIII pour remettre l'intégralité du pouvoir à une femme que tout le monde pense à même de contrôler.

Les intentions des grandes familles – le terme « clan » serait à mon sens plus approprié –, Orléans, Condé, Vendôme et autres, sont aisément prévisibles ; nous savons, quelque trois cent cinquante ans plus tard, qu'elles en seront pour leurs frais et que le seigneur Jules va leur damer le pion. Le Parlement n'a pas moins d'intentions cachées dans cette affaire. Se joue une partie qui entre dans l'histoire de plusieurs siècles de relations chaotiques entre le pouvoir royal et les parlementaires. C'est le fondement moral et politique de la monarchie qui est en cause. La question fondamentale est de savoir si le roi est le « possesseur » de son royaume, ou seulement un super-administrateur – pour employer une terminologie moderne –, lieutenant de Dieu sur la France, incarnant la dimension religieuse de sa fonction mais gouvernant avec les parlements – il y en a un par province – qui ont ainsi un rôle de coadministrateurs. Bien sûr, les parlementaires revendiquent depuis toujours ce rôle de coadministrateurs que leur conteste le pouvoir monarchique. Le gouvernement de Richelieu avait marqué incontestablement un recul du rôle des parlements au profit du pouvoir royal, préparant ce que les historiens qualifieront de monarchie absolue.

Les parlementaires, les hommes de robe comme on les appelle aussi, désirent par-dessus tout reprendre la main. Eux aussi sont persuadés de pouvoir jouer de la faiblesse et de l'inexpérience de la reine. Paradoxalement, c'est en acceptant de se livrer à l'exercice du lit de justice qui est un mécanisme mis en place par la monarchie pour passer outre à d'éventuelles oppositions parlementaires, qu'ils pensent y parvenir. En effet, ce principe du lit de justice, qui est un des grands cérémonials d'Etat, permet au roi de « passer en force » contre l'avis des hommes de robe. La seule présence de Sa Majesté à l'intérieur de la Grand-Chambre du Parlement réduit le rôle des parlementaires à celui de simples conseillers. Elle indique par une symbolique très forte que la justice et la loi émanent de la personne royale : le roi seul « dit la loi ». En sa présence, les parlementaires peuvent discuter les ordonnances que le roi présente mais les avis ne sont qu'à titre indicatif, de simples conseils, que Sa Majesté peut suivre ou ne pas suivre selon son bon plaisir. Malgré cela, pour qu'une ordonnance royale soit valide, elle doit être enregistrée par le Parlement. Les deux parties se tiennent. En l'occurrence, Anne a besoin des hommes de robe pour faire casser le testament de son époux, ils le savent et ont bien l'intention de recevoir les dividendes de leur participation aux manœuvres de la régente.

Ces journées de mai, dans un Paris où l'été ne veut pas encore s'installer et un Louvre envahi par les maçons et les charpentiers dans un indescriptible brouhaha, voient la Cour vivre des moments d'intense excitation. Mme de Motteville a donné en quelques mots l'essence de ce microcosme où personne ne peut être heureux. Il faut garder, dans un coin de la mémoire, ces mots qui disent l'ambiance dans laquelle toute la vie d'Anne et de Jules va se dérouler jusqu'à leur mort : « Nous allons voir [...] de quelle nature est le climat de ce pays qu'on appelle la cour [...]. L'air n'y est jamais doux ni serein pour personne. Ceux mêmes qui, dans l'apparence d'un bonheur tout entier, y sont adorés comme des dieux, sont les plus menacés de l'orage. Le tonnerre y gronde incessamment, soit pour les grands, soit pour les petits ; et ceux-mêmes que leurs compatriotes regardent avec envie ne connaissent point le calme. C'est une région venteuse, sombre et pleine de tempêtes continuelles. Les hommes y vivent peu ; et le temps que la fortune les y laisse, ils sont toujours malades de cette contagieuse maladie de l'ambition, qui leur ôte le repos, leur ronge le cœur et leur envoie des vapeurs à la tête, qui souvent leur ôte la raison... »

Les 17 et 18 mai sont deux journées particulières dans la vie de la Cour. Un temps apparemment vide entre la mort de Louis XIII et le lit de justice dont on peut dire sans prendre de grands risques que chacun en connaît déjà la teneur et le résultat. En réalité, tout le monde s'agite. Les places sont à prendre. A qui ira le pouvoir ? Qui « contrôlera » cette régente qui ne connaît rien aux affaires d'Etat et n'aime rien tant que se prélasser dans son lit jusqu'à fort tard dans la matinée ? Il ne faut pas se tromper, choisir le bon candidat !... Les alliances se forment et se défont, les loyautés fluctuent, les allégeances s'additionnent. Certains jouent Monsieur, malgré l'affaire Cinq-Mars et sa lâcheté proverbiale... c'est aussi un homme sympathique, bon vivant... certains biographes vont même jusqu'à le qualifier de « dépravé ». Il aime le vin et la fête. Il paraît qu'il connaît par cœur plus d'une centaine de chansons à boire. Il n'a que trente-cinq ans, mais est déjà perclus de goutte, ce qui, compte tenue de ce qui précède, n'est pas surprenant.

Le prince de Condé se verrait aussi dans le rôle de l'homme fort du régime, mais là, il se leurre franchement. Tout le monde le déteste. Il est riche et puissant, certes, c'est le premier prince du sang, mais c'est un avare éhonté, au physique négligé, sale, et au caractère odieux. C'est un homme qui au fond craint plus le pouvoir qu'il n'a envie de l'exercer. Contrairement à Monsieur, aux Vendôme et à nombre de membres de la grande noblesse, il s'est toujours montré d'un soutien obséquieux à Richelieu, au point d'obliger son fils, le duc d'Enghien, à épouser une nièce du cardinal. La seule chose qui l'intéresse est de bâtir sa fortune, et il le fait comme un administrateur talentueux, achetant ici, revendant là, faisant un procès dès qu'il peut faire valoir des droits sur une terre ou un héritage. Tout cela avec une honnêteté et un sens du devoir qui sont tout à fait remarquables face aux pratiques en usage à la Cour. Il aura la satisfaction de mourir en laissant un solide patrimoine à sa famille... que son fils n'aura de cesse de dépenser !

Il y a aussi les princes non légitimés : César de Vendôme, le père, et les deux fils : Beaufort et Mercœur.

On sait quoi penser de Beaufort, Mercœur ne vaut pas mieux, quant au père, c'est un vieux débauché. Mme de Motteville les épingle : « Le père avait beaucoup d'esprit et c'était tout le bien qu'on en disait. Pour les deux princes ses enfants, ils n'en avaient pas tant que lui ; mais ils étaient tous deux bien plus estimés par la profession qu'ils faisaient l'un de l'autre d'être fort hommes d'honneur, quoique d'une manière fort différente : le duc de Mercœur ayant une douceur naturelle, qui faisait croire qu'il avait pour tout le monde quelque bonté ; le duc de Beaufort ayant une mine plus haute, ou pour mieux dire plus fière, qui faisait imaginer qu'il avait quelque chose de grand dans l'âme, quoiqu'au fond il y eût bien autant d'ostentation que de générosité ; car il n'eut aucune éminente qualité capable de le soutenir dans un premier degré de faveur. »

Le moins que l'on puisse dire est que la famille royale n'est pas à la hauteur de son rôle. Et n'oublions pas ceux de l'entourage de la reine, l'évêque de Beauvais en particulier qui brosse avec contentement son pelage tout neuf de futur Premier ministre, et puis le prince de Marillac – La Rochefoucauld – qui avec élégance, loyauté et discrétion a toujours servi Anne, même aux pires moments. C'est un homme modeste et spirituel, mais il se sent soudain des envies de pouvoir... Pourquoi pas ! Ils sont entourés de leurs partisans dont les esprits s'échauffent ; ils s'observent, se jaugent, s'excitent. Tous s'accordent sur un point : la détestation de Richelieu qui les a obligés à ravaler leur morgue et leur appétit pendant près de vingt ans. C'est l'heure de la vengeance, les places sont à prendre... On va dresser le grand banquet des voraces ! Et commencer par se débarrasser de tous les hommes du cardinal-duc, les Bouthillier, Chavigny, Séguier... et Mazarin. C'est acquis, leurs carrières sont finies. Les victimes de Richelieu sortent de prison, il y a des places dans les geôles. Quant aux membres de la famille du cardinal, qui avaient hérité d'une fortune de près de quinze millions – Son Eminence avait en outre légué l'équivalent de sept millions à la Couronne –, qu'ils s'estiment heureux d'un simple exil... on les dépossédera de leurs charges, titres et prébendes, et on se partagera les dépouilles !

L'enfant roi sur son trône

Le lit de justice inaugural du règne de Louis XIV se tient un lundi, le 18 mai 1643. La séance commence tôt. A huit heures la Grand-Chambre du parlement de Paris est pleine de monde. Les plus hauts dignitaires de l'Etat sont présents : princes, ducs et pairs, maréchaux et grands officiers, et bien sûr les présidents et conseillers du Parlement – y compris ceux que Richelieu avait exilés, revenus pour la circonstance –, revêtus de leurs superbes robes rouges et coiffés de leurs chaperons fourrés, siégeant « sur les lys » selon l'expression qui rappelait que les bancs sur lesquels s'asseyaient les conseillers étaient garnis de fleurs de lys. Ils sont près de deux cents auxquels viennent s'ajouter trois hommes vêtus de noir, les trois seuls maîtres des Requêtes autorisés à assister à la séance ; parmi eux, le jeune Nicolas Fouquet, futur surintendant des Finances, l'homme de Vaux-le-Vicomte. Assistent également à ce lit de justice inaugural les princesses et duchesses des grandes familles de France, toutes vêtues de sombre et le visage recouvert d'un voile noir.

Dans un angle de la salle se trouve le trône royal, tendu d'un velours violet, couleur qui marque le deuil de feu le roi Louis XIII, et surélevé de trois marches en raison de la petite taille du roi. A la droite du trône se tiennent les ducs portant pour l'occasion leur manteau d'hermine, et à gauche, sur le banc des ecclésiastiques, le seul prélat et pair de France présent est Auguste Potier, l'évêque de Beauvais. Alors qu'on attend la venue du roi, le prince de Condé vient lui parler à trois reprises, ce que l'assistance ne manque pas de remarquer. Cette attitude du premier prince du sang semble confirmer la rumeur qui fait du confesseur de la reine son prochain Premier ministre.

A neuf heures trente, on annonce que le roi et la reine sa mère sont à la Sainte-Chapelle. Une délégation va les chercher. Quelques minutes plus tard, ils font leur entrée dans la Grand-Chambre. Sa Majesté est aussi habillée en violet et portée par le duc de Chevreuse. La reine est juste derrière, en grand deuil.

Le petit roi est placé sur le trône. Anne s'assied à sa droite avec à côté d'elle, au même niveau, Gaston d'Orléans, Henri de Condé et le fils cadet de ce dernier, le prince de Conti. La gouvernante du roi se tient debout à la gauche du trône.

Lorsque tout le monde est placé selon les usages, le capitaine des gardes demande le silence. Le petit roi est mis debout par sa mère aidée de la gouvernante. Il balbutie alors la phrase qu'on lui a apprise : « Je suis venu pour témoigner au Parlement ma bonne volonté. Monsieur le Chancelier dira le reste. » Selon un témoin, le parlementaire Olivier Lefèvre d'Ormesson qui laissa des *Mémoires*, le petit roi n'aurait même rien prononcé du tout, refusant de rester debout : il faut dire qu'il n'a pas cinq ans et qu'il n'est pas impossible qu'il ait été impressionné par la noble et belle assemblée réunie en ce jour solennel.

C'est maintenant à la reine Anne de parler. Elle semble très émue. Elle rappelle d'abord combien la mort de son époux l'a « surchargée de douleur » et continue : « Mon affliction a été si grande qu'elle m'a ôté toutes sortes de pensées de ce que j'avais à faire, jusqu'à ce qu'au dernier jour vos députés ayant salué le roi, monsieur mon fils, ils le supplièrent de venir tenir son lit de justice et prendre la place de ses ancêtres, laquelle il considérera comme l'une des marques de la royauté. Ce que j'ai voulu faire ce jour d'hui pour témoigner à cette compagnie qu'en toutes sortes d'occasions je serai bien aise de me servir de vos conseils, que je vous prie de donner au roi, monsieur mon fils, et à moi, tels que vous les jugerez en vos consciences pour le bien de l'Etat. »

Puis c'est au tour de Monsieur et du prince de Condé de prendre la parole pour demander que les pleins pouvoirs soient confiés à la reine jusqu'à la majorité du roi, non sans omettre de vanter les grandes qualités d'Anne et de préciser que eux n'attendent rien d'autre de sa régence que de pouvoir la servir et servir le roi pour le bien du royaume. On constate cependant que le prince de Condé semble moins à l'aise que son cousin... plus hésitant.

Les princes s'étant exprimés, c'est au garde des Sceaux, le chancelier Séguier, de parler. Il est le seul, dans cette imposante assemblée, à ne pas porter le deuil du roi défunt. C'est la tradition qui symbolise la pérennité de la justice qu'il représente et qui n'est pas attachée à la personne du roi mais à la Couronne. À lui revient l'exercice le plus difficile : se déjuger. Il doit expliquer le contraire de ce qu'il a dit quatre semaines plus tôt lorsqu'il a appelé le Parlement à entériner le testament du feu roi instituant un Conseil de régence. Le moins que l'on puisse dire, c'est que le chancelier n'est pas à l'aise.

Il a beau arborer son grand cordon bleu de l'ordre du Saint-Esprit, son pas est mal assuré quand il se lève pour aller s'agenouiller devant le roi. Il se relève et prononce sa harangue d'une voix blanche. Il commence par rendre hommage au roi défunt avant de vanter les qualités de la reine régente et de conclure : « En mettant tous ses soins à élever dignement le jeune roi, cette grande princesse saura cultiver la semence des vertus que la nature a mises en lui pour que ce règne, inauguré par l'innocence de son âge, soit une ère de piété, de justice et de paix. Nous avons donc tout sujet à désirer que Sa Majesté la reine prenne la régence en main pour la conduite et le gouvernement de cette monarchie avec puissance et liberté entière. »

De l'avis général son discours est très mauvais. Pouvait-il en être autrement ? Autour du chancelier, il n'y a que des gens qui le détestent. La reine éprouve sans doute une grande satisfaction d'amour-propre de voir ce serviteur zélé de Richelieu, qui l'a humiliée, demander qu'on lui confie les pleins pouvoirs. La noblesse le hait parce que c'est un homme du cardinal-duc qui n'a jamais hésité à cautionner juridiquement ses basses œuvres politiques et les parlementaires lui en veulent d'avoir prononcé la mort de De Thou, un des leurs, lors du procès Cinq-Mars. Enfin, pour faire bonne mesure, à l'extérieur même de cette noble assemblée, dans tout le pays, la population hait ce chancelier, bras séculier du cardinal défunt qui depuis des années réprime durement et sans état d'âme les révoltes paysannes, les « émotions », comme on avait coutume de les qualifier à l'époque, qui sont autant de cris de désespoir d'une population exsangue, rendue misérable par la pression fiscale que la politique guerrière de Richelieu imposait. Au cours des cinq années qui viennent de s'écouler, Séguier a donné la pleine mesure de son talent, contre la révolte des Nu-pieds en Normandie de 1639 à 1642, et les jacqueries dans le Maine et l'Anjou en 1639, en Auvergne en 1640 et dans le Poitou en 1641. Séguier est le premier sur la liste des hommes de l'ancien régime à abattre, et en demandant de confier la pleine régence à la reine, il pense sans doute demander son propre arrêt de mort politique.

Après le chancelier, les conseillers donnent leur avis, puis c'est au tour de l'avocat général Omer Talon de présenter ses conclusions, celui-là même par qui la reine avait « sondé » le Parlement sur la question du testament de Louis XIII. Il est réputé pour son emphase et se montre à la hauteur de cette réputation. Il s'adresse au roi et ne plaint pas souhaits et compliments, sans craindre d'aligner des contradictions : « ... Nous souhaitons, sire, à Votre Majesté, la couronne de ses ancêtres, l'héritage de leurs vertus, la clémence et la débonnaireté du roi Henri le Grand, votre illustre aïeul, avec la piété, la justice et la religion du défunt roi votre auguste père. Nous souhaitons que vos armes étant victorieuses et invincibles, vous méritiez le nom de conquérant. Mais nonobstant ce titre magnifique, soyez, sire, dans vos jeunes années, le père de vos peuples. Qu'ils trouvent en vous quelque soulagement dans l'extrémité de leur misère et, donnant à la France ce qui vaut mieux que des victoires, puissiez-vous être un prince de paix. » Il n'oublie pas non plus de placer un couplet sur le rôle du Parlement – cela s'appelle prêcher pour sa chapelle –, en recommandant à la reine « de nourrir et élever sans entraves Sa Majesté dans l'observation des lois fondamentales et dans le rétablissement de l'autorité que doit avoir cette compagnie [le Parlement], anéantie et comme dissipée depuis quelques années, sous le ministère du cardinal Richelieu ». Il en vient ensuite au vif du sujet et demande solennellement aux dignes parlementaires de donner la régence pleine et entière à la reine Anne d'Autriche. La fausse note de cette représentation vient des deux conseillers tout juste revenus d'exil, M. Gayant et le très respecté M. Barillon, qui, au lieu de simplement donner leur avis, en profitent pour placer quelques mots d'une manière plus directe que l'avocat général sur la « tyrannie passée » qui avait considérablement bridé les libertés parlementaires et demandent que le Parlement puisse exercer librement son droit de remontrance. La grand-chambre du Parlement est traversée de quelques murmures...

On procède alors au vote dont le résultat est sans surprise et unanime. Il revient alors au chancelier Séguier de lire l'arrêt préalablement rédigé : « Le roi, séant dans son lit de justice, a déclaré et déclare la reine sa mère régente de France conformément à la volonté du défunt roi, son très honoré seigneur et père, pour avoir soin de l'éducation et de la nourriture de sa personne, et l'administration libre, absolue et entière des affaires de son royaume pendant sa minorité. Veut et entend Sa Majesté que Monseigneur le duc d'Orléans, son oncle, soit lieutenant général en toutes ses provinces et chef de ses conseils sous l'autorité de la dite dame, demeurant au pouvoir d'icelle de faire choix de personnes de probité et d'expérience en tel nombre qu'elle jugera à propos pour délibérer aux dits conseils à donner leur avis sans qu'elle soit néanmoins tenue de le suivre si bon ne lui semble. »

Voilà qui est fait. La reine est régente et libre de tout contrôle, elle dispose des pleins pouvoirs.

Trois personnes n'assistaient pas à la cérémonie : Bouthillier, son fils Chavigny et le cardinal Jules Mazarin qui pourtant en avait été la cheville ouvrière secrète. Pour lui, les dés semblent jetés, il ira à Rome comme ambassadeur – après tout son magnifique palais Bentivoglio qu'il n'a jamais vu l'attend – ou à Münster défendre les intérêts français à la conférence de la paix qui s'annonce. D'ailleurs, le cardinal n'est-il pas en train de préparer ses malles, comme chacun à la Cour peut s'en rendre compte ? Le marquis de Chouppes lui rend visite dans l'après-midi et le trouve très nerveux alors qu'il surveille l'emballage de ses meubles. Comme le marquis essaie de le calmer et de le rassurer sur les intentions de la reine, le cardinal répond : « Si j'ai à demeurer en France je veux que ce soit de la belle manière et qu'on me prie de rester. » Il craint peut-être encore une faiblesse d'Anne, qui a la réputation d'être une femme influençable. Jules a la certitude qu'elle ne l'est pas autant qu'on le pense... il est bien placé pour le savoir ! Et compte tenu de l'enjeu, comment le cardinal pourrait-il ne pas être nerveux ? Il s'apprête, si la reine y consent, à prendre en main la destinée du plus grand pays d'Europe... Lui, Giulio Mazarini, le fils d'un d'intendant romain... Jeune et plein d'ambition, il n'a sans doute jamais imaginé, dans ses plus grands délires d'avenir, en arriver là... Alors qu'il soit un peu fébrile, notre Italien, on peut le comprendre !

Un bon présage

La régente, elle, en cet après-midi de mai 1643, se repose dans ses appartements. Sitôt la séance parlementaire achevée, elle a regagné le Louvre et, fatiguée, s'est mise au lit. Pendant un long moment, elle s'entretient avec M. Arnaud d'Andilly, un membre du parti dévot qui la soutient. Dans les couloirs du palais, on s'impatiente. Tous les ennemis de l'ancien régime sont là, revenus de leur exil. On attend le signal de la curée, autrement dit la plus que probable nomination de l'évêque de Beauvais... Pourtant une rumeur commence à courir : la reine garderait les ministres de Richelieu et nommerait Mazarin... Impossible ! Personne ne veut y croire ! Alors quels mots peuvent décrire les sentiments éprouvés le soir même, quand tombe cette nouvelle étonnante : la reine nomme le cardinal Mazarin Principal ministre, et c'est lui qui, en l'absence de Monsieur et du prince de Condé – c'est-à-dire la plupart du temps –, présidera le Conseil royal !

C'est un curieux moment de l'histoire de France que celui où le royaume de Saint Louis est confié aux mains d'une d'Espagnole et d'un Italien, qui tous les deux vont devoir le maintenir dans la tourmente de la Fronde, et face aux puissances d'Europe qui le menacent. Certes, d'autres étrangères avaient exercé la régence, mais elles gouvernaient en s'appuyant sur les grandes familles de la noblesse et n'avaient pas auprès d'elles ce personnage nouveau dans le gouvernement du royaume : le Premier ministre. Richelieu avait inauguré la fonction, mais il était français, de vieille noblesse bien que pauvre. Et si le roi Louis XIII avait une moitié de sang italien par sa mère, l'autre moitié venait du Béarn natal de son père. La France s'est imposée différemment à la reine et à son cardinal. Malgré elle et pour cause de politique internationale pour Anne, mais c'était son rôle, elle avait été élevée pour cela. Elle n'a vraiment choisi la France qu'à la naissance de son fils, parce qu'elle est mère avant tout et que cette cour de France qu'elle avait subie pendant trente ans devenait maintenant celle de son enfant. Pour Jules Mazarin, c'est le hasard qu'il faut d'abord évoquer pour expliquer son choix, celui de sa rencontre avec

Richelieu. Ensuite, il a choisi ce pays parce qu'il était gouverné par l'homme qu'il admirait le plus au monde et qu'il lui semblait que là pourrait s'épanouir sa grande ambition. Dans une certaine mesure, on peut considérer que le cardinal fut plus actif dans son choix. Mais c'est la seule différence entre la reine et lui.

Comme pour marquer d'un présage heureux la première journée de la régence, le 19 mai, le jeune duc d'Enghien, Louis de Condé – que l'histoire connaît sous le nom de Grand Condé –, remporte à Rocroi, dans les Ardennes, une victoire éclatante et décisive contre les troupes espagnoles commandées par le gouverneur don Francisco de Melo. Grâce à une manœuvre audacieuse d'encerclement réalisée par sa cavalerie, Enghien met en pièces la cavalerie espagnole. Ensuite, les Français anéantissent l'infanterie espagnole, les invincibles *Tercios*, et mettent fin à des décennies d'hégémonie de cette infanterie sur les champs de bataille. En quelques heures à peine, au prix de plus de dix mille morts, et malgré une infériorité numérique, Enghien offre au nouveau pouvoir une victoire qui marque un tournant dans la guerre franco-espagnole. Préparant l'assaut pour délivrer Rocroi tombée aux mains des Espagnols, Condé avait affirmé à ses généraux que ce n'était pas seulement le sort de la ville qui était en jeu mais celui de l'Etat et de la royauté. « La fameuse victoire de Rocroi donna autant de sûreté au royaume qu'elle lui apporta de gloire ; et ses lauriers couvrirent [...] le roi dans son berceau », résume le cardinal de Retz. Par une étrange coïncidence de l'histoire, le jour même où l'étoile du cardinal Mazarin atteint son apogée, à Rocroi commence à briller l'étoile d'un jeune homme, Louis de Condé, qui se révéla quelques années plus tard un redoutable adversaire du cardinal.

Un faux air de Buckingham

« Vous l'aimerez bien, Madame il a l'air de Buckingham ! » aurait dit le cardinal de Richelieu avant que le roi ne présente à Anne d'Autriche celui qui n'était que le capitaine Giulio Mazarini, diplomate du Saint-Siège. Si cette anecdote est vraie, elle montre la perversité et la grossièreté du cardinal qui n'hésitait pas à rappeler à la reine un souvenir particulièrement douloureux pour elle : la passion subite qu'elle avait ressentie pour le duc de Buckingham – passion partagée – et le scandale diplomatique qui s'en était suivi ; elle montre aussi la liberté de ton que s'accordait Son Eminence vis-à-vis de sa souveraine, et par là le mépris dans lequel il la tenait. Cette phrase du cardinal est rapportée par Tallemant des Réaux dans ses *Historiettes* qui précise : « Je ne sais pas si cela a servi, mais on croit que la reine avait de l'inclination pour Mazarin de longue main et que le cardinal de Richelieu s'en était aperçu ou que cette ressemblance lui donnait lieu de l'espérer. » Il est peu probable que Richelieu ait jamais pensé utiliser un Mazarin séducteur pour « contrôler » Anne. Comme souvent avec Tallemant, il interprète un témoignage de seconde ou troisième main et ne fait pas bien la différence entre le ragot et la vérité historique. Quoi qu'il en soit la ressemblance entre Mazarin et Buckingham est avérée. On trouve dans quelques biographies de l'Italien les portraits placés côte à côte du duc anglais peint par Rubens et d'une gravure montrant Mazarin dans les années 1635. Tous les deux ont le nez fin et long, les yeux sombres, des cheveux longs et ondulés – châtains pour l'Italien et plus fauves pour l'Anglais – et une barbiche « à la royale » presque identique. Certes l'ensemble des traits montre plus de finesse et d'élégance chez Buckingham. C'est le parfait exemple de la virilité telle qu'on la concevait à l'époque : un homme fait pour porter dentelles et bijoux, se battre en duel et séduire les femmes. Il n'est donc pas improbable qu'en rencontrant pour la première fois Mazarin, Anne d'Autriche ait pu penser avec émotion à son amoureux anglais, mort assassiné quelques années plus tôt.

La première notable rencontre entre la reine et celui qui allait devenir son cardinal a lieu en avril 1632. Ils se sont vus probablement l'année précédente en janvier mais, à ce moment-là, Mazarin n'est qu'un diplomate romain parmi d'autres pour lequel la reine a pu avoir un peu plus de curiosité en raison de l'affaire de Casal. Lorsqu'il arrive à Paris en avril 1632, pour un séjour qui durera jusqu'en juillet, Mazarin est cette fois-ci en mission officielle, envoyé par le pape pour convaincre le roi de France de négocier avec le roi d'Espagne afin d'éviter une guerre que tout le monde en Europe redoute. C'est donc en homme de paix qu'il a son premier entretien avec la reine. Comment ne pourrait-elle pas prêter une attention bienveillante à ce bel homme affable de trente ans qui vient pour tenter d'empêcher une guerre entre le pays de son enfance et celui sur lequel elle règne ? Je crois qu'il est utile pour la suite d'insister sur le contexte de ce premier entretien. Mazarin n'est pas à l'époque une « créature » de ce Richelieu que la reine ne cessera de haïr et il est auréolé d'un parfum de paix qui embaume sa mission et que la reine ne peut que respirer avec espoir. On dit que la première impression que l'on a d'une personne marque profondément les relations que l'on aura par la suite avec elle ; pour Anne, Jules apparaît comme un diplomate romain porteur de paix.

Elle a besoin de croire en l'action de l'Italien. Dans ces conditions et à cet instant précis, l'immense fossé qui sépare à l'origine la reine et son futur cardinal est, de manière substantielle, comblé.

Pourrait-on imaginer rencontre entre deux personnes aussi éloignées socialement l'une de l'autre à l'époque ?

Une princesse d'Espagne, un roturier italien

Anne d'Autriche est sans doute la princesse d'Europe au sang noble le plus pur, issu de mélanges à très forte consanguinité. Deux de ses arrière-grands-pères ont été empereurs : Charles Quint et Ferdinand Ier ; son grand-père, Philippe II d'Espagne, a épousé sa nièce Marguerite, fille de sa sœur et de leur cousin germain l'empereur Maximilien II. Son père, Philippe III a convolé avec une de ses cousines, Marguerite d'Autriche, elle-même petite-fille de l'empereur Ferdinand Ier. Autrement dit, dans les veines de la reine Anne coule un sang presque totalement Habsbourg. Son nom, Anne d'Autriche, vient de ce que les Habsbourg d'Espagne ont conservé la marque de leur origine autrichienne. Malgré ce nom, Anne est totalement une princesse d'Espagne, elle en a la culture, l'esprit, la sensibilité et bien sûr la langue et des habitudes de vie comme se coucher tard et se lever tout aussi tard dans la matinée. Le sentiment de cette filiation royale et impériale est profondément ancré dans l'âme de la reine et constitue ce que les psychanalystes aujourd'hui appelleraient un « surmoi » puissant. Si aimable et compréhensive que la reine puisse apparaître, notamment dans les souvenirs de Mme de Motteville qui lui fut très proche, Anne est une princesse d'Espagne, un être à part, supérieur par essence et plus que supérieur :

différent. Au point même qu'elle a pu quelquefois considérer avoir fait une mésalliance en épousant un roi de France Bourbon, mais dont la mère n'était que le rejeton d'une famille de banquiers italiens... des parvenus !

La princesse doña Ana Maria Mauricia, née à Valladolid le 22 septembre 1601, est tout ; Giulio Mazarini, né le 14 juillet 1602 à l'abbaye de Pescina dans les Abruzzes, à l'est de Rome, où sa mère a fui la chaleur de l'été romain, n'est rien ! Son père, Pietro Mazarini, est intendant de Philippo, chef de l'une des plus illustres familles de la noblesse de Rome, les Colonna, prince de Balliano et de Tagliacotti, connétable du royaume de Naples. Le jeune Pietro était un homme habile et zélé qui a su rapidement obtenir la confiance de son maître, au point que celui-ci l'emploie à résoudre ses affaires les plus délicates. Voilà comment naissent les réputations. Celle de Pietro grandit, et pour manifester l'estime dans laquelle il tient son intendant, le prince Philippo lui donne en mariage sa nièce, la belle Hortensia Bufalini, accompagnée d'une jolie dot. Ainsi commence l'ascension des Mazarini. Hortensia est de petite mais solide noblesse. Un de ses frères est abbé de Pescina, l'autre est commandeur dans l'ordre de Malte, ce qui suppose seize quartiers de noblesse authentifiés.

Une année sépare donc la reine de son cardinal, une culture et une langue aussi, mais surtout un abîme social. Pourtant, dès leur enfance une chose les rapproche : ils grandissent tous les deux dans une famille unie où l'amour est largement dispensé, ce qui n'est pas si courant à l'époque.

En 1599, à l'âge de vingt et un ans, Philippe III épouse sa cousine Marguerite. Il est roi depuis un an, mais ne gouverne pas ; il a confié le pouvoir au duc de Lerma. La jolie Marguerite a seize ans. C'est un mariage d'amour. La jeune reine est charmante, enjouée, énergique et d'une grande piété. Philippe III est un homme indolent, plus porté sur la chasse, les arts et la fête que sur le gouvernement de son royaume. On retrouvera dans le caractère de leur fille aînée, Anne, des traits hérités de ses deux parents, et particulièrement la piété de sa mère et, de son père, l'amour de la fête et des spectacles auquel elle s'adonnera dans ses premières années en France, ce qui ne manquera pas de provoquer des critiques à la Cour ; sa légèreté et son insouciance lui seront souvent reprochées. La prolifique reine Marguerite donnera à sa fille Anne sept frères et sœurs avant de mourir, jeune, en 1611. Elle laissera un mari inconsolable qui refusera toujours de se remarier, et des enfants qui garderont la nostalgie d'un bonheur familial d'une dizaine d'années, pendant lesquelles ils ont été élevés par leurs parents et non par les traditionnelles et rigides gouvernantes, les célèbres « duègnes » espagnoles.

Dans la famille Mazarini, le petit Giulio est l'aîné d'une fratrie de six. Lui aussi est tendrement élevé par ses parents, l'habile et industrieux Pietro et surtout sa mère, Hortensia, intelligente, cultivée et très pieuse. Très vite, ils prendront conscience du potentiel intellectuel de l'enfant et décideront de le « pousser ». A l'âge de sept ans, il entre au Collège Romain des jésuites où étudient, parmi les deux mille élèves que compte l'établissement, les enfants du prince Colonna. Dans ce collège, Giulio côtoie bon nombre des futurs notables de la Ville éternelle. C'est sans doute une raison du choix de ce collège par ses parents. Mais ce choix est aussi judicieux pour l'avenir du jeune garçon car il le fait entrer dans la congrégation la plus en vue de l'époque. L'ordre des Jésuites, créé par Ignace de Loyola au XVIe siècle, a prospéré dans la lutte contre la Réforme. Certains historiens considèrent même que ce sont eux qui ont sauvé l'Eglise catholique menacée par le protestantisme. L'arme des jésuites dans ce combat a été l'éducation. Ils ont compris que, dès le plus jeune âge, il fallait former les élites, et les former dans la doctrine catholique. Ils ont donc créé dans toute l'Europe des collèges où se sont rapidement retrouvées les élites catholiques locales, à l'instar du Collège Romain.

De si belles jeunesses

Pendant que le jeune Italien poursuit ses études, l'avenir de la petite princesse d'Espagne se joue. Au tournant des années 1610, son mariage avec l'héritier du trône de France se négocie. Il avait été évoqué au cours des derniers mois de la vie du roi Henri IV qui ne se montrait pas empressé à donner son assentiment ; son assassinat change la donne. La reine régente Marie de Médicis est opposée au conflit avec les Espagnols que son époux défunt considérait comme inévitable. Politiquement catholique, elle ne peut imaginer une guerre entre les deux plus puissants royaumes catholiques. Le mariage de son fils avec une princesse espagnole lui apparaît comme le meilleur gage de paix, et pour faire bonne mesure, ce n'est pas un mariage que l'on négocie mais deux : le futur Louis XIII épousera la princesse Anne tandis que l'infant Philippe, prince des Asturies et futur souverain d'Espagne, épousera la princesse Elisabeth, sœur de Louis. Au début de 1612, les cours de Paris et Madrid annoncent que l'accord est conclu. Il faudra attendre encore un peu pour les mariages, Louis et Anne ont à peine onze ans – ils sont nés tous les deux en 1601, la même semaine –, quant à Philippe et Elisabeth, ils sont encore plus jeunes, nés en 1605 pour l'infant et en 1602 pour la princesse française.

En 1613, la famille royale est très inquiète pour la santé de la petite princesse Anne. Elle a contracté la variole, cette fameuse « petite vérole ». L'enfant souffre de fièvre, puis de ces éruptions cutanées qui risquent de la défigurer. On craint pour sa vie d'abord, et pour sa beauté ensuite. Heureusement, elle guérit et ne conserve aucune séquelle de la maladie. Anne sera l'une des plus belles princesses d'Europe et pour quelques historiens la plus belle ; si les biographes et les hagiographes avaient tendance, souvent, à parer les riches princesses d'une grande beauté, pour une fois, c'était vrai ! La petite fille est préparée à son futur rôle de reine en étudiant les mœurs de son pays d'adoption et en apprenant quelques mots de français. Elle poursuivra l'étude de sa nouvelle langue au point que, devenue adulte, elle parviendra à la parler presque sans accent. Ce n'était pas le cas de Marie de Médicis, à qui on reprochait de ne faire aucun effort dans la langue de ses sujets et de conserver un accent italien à couper au couteau.

La première étape vers le mariage franco-espagnol est la majorité de Louis XIII. En France, un roi est majeur à treize ans – en 1614 pour le jeune Louis. Finaliser les conditions du mariage prendra encore une bonne année : accords sur la dot, sur le nombre de personnes de la suite espagnole que la jeune reine pourra conserver auprès d'elle, sur les détails de la cérémonie, etc.

Le 25 novembre 1615, le mariage de Louis XIII et de l'infante Anne d'Autriche est célébré dans la cathédrale de Bordeaux. Ils ont quatorze ans tous les deux. Ils sont attendrissants de jeunesse... de très grande jeunesse peut-on dire. En réalité ce ne sont encore que des enfants. Contre les usages, le roi Philippe III a tenu à accompagner sa fille aînée jusqu'à Fontarabie, dernière étape avant la frontière, ce qui montre bien l'affection qui unissait le souverain espagnol à ses enfants. Le père et la fille, qui savent qu'ils ne se reverront jamais, se promettent de s'écrire très souvent et s'embrassent dans une sincère et profonde émotion. Le roi dit à Anne : « Ma fille, je t'ai procuré dans la Chrétienté le meilleur établissement que j'ai pu. Va, que Dieu te bénisse. »

Qui dit mariage, dit consommation du mariage. Sinon, il y a risque d'annulation. Pour rendre cette union irréversible, compte tenu des enjeux politiques, la reine Marie veut qu'elle soit consommée au plus vite. Ce qui nous apparaît aujourd'hui comme un âge beaucoup trop jeune pour commencer une vie de couple épanouie ne pose à l'époque aucun problème moral ou religieux. Au siècle précédent, Henri II et Catherine de Médicis avaient commencé au même âge une vie conjugale « normale ».

Nous ne savons pas dans le détail, malgré la présence des nourrices qui selon les usages assistaient à la chose, comment s'est passée la nuit de noces entre les deux enfants. Louis XIII, bien plus tard, avouera à son confesseur qu'elle ne fut pas un succès. Le jeune roi reste deux heures auprès de sa femme, après quoi il regagne sa chambre où l'attend son médecin, Hérouard, qui lui trouve « le guilleti rouge » et à qui Louis confiera l'avoir « fait deux fois ». De ce que la jeune fille a ressenti nous ne saurons rien. Il semble qu'elle ait accompli son devoir comme on l'attendait d'elle. A Hérouard, Louis dit simplement : « Je lui ai demandé si elle le voulait bien, et elle m'a dit qu'elle le voulait bien. » La tâche est désormais accomplie, la reine mère Marie peut annoncer avec fierté que le mariage est consommé... et les deux enfants, après ce qui fut probablement une épreuve, peuvent entamer une vie « comme frère et sœur » qui va durer plus de trois ans.

Pendant ces années, le jeune Giulio étudie consciencieusement au Collège Romain des jésuites. Il a la chance d'être dans ce que nous appellerions aujourd'hui un « établissement pilote ». Le collège de Rome servira de modèle pour la plupart des collèges jésuites d'Espagne, de France et d'Allemagne dans lesquels les pères jésuites inventeront « l'honnête homme » du XVIIIe siècle, un mélange équilibré de volonté et de souplesse, d'allégresse et de ferme ambition, le tout uni par une parfaite adaptabilité sociale. L'homme du monde de l'âge classique naît dans ces collèges ; il remplace l'humaniste de la Renaissance. Entre ces deux grandes époques de la culture occidentale, il faudra une période charnière, ce sera l'ère baroque et sa flamboyance, dont le cardinal Jules Mazarin fut l'un des plus parfaits représentants.

Avec les pères jésuites, Giulio étudie les lettres, le latin, mais aussi l'hébreu, l'éthique, la métaphysique, la géométrie, l'astronomie et la mathématique. L'enfant est à l'évidence d'une grande intelligence, avec en plus beaucoup de charme et de séduction ; en un mot, il est brillant. Il aura même son heure de gloire, en mai 1622, lors de la canonisation des deux premiers saints jésuites, Ignace de Loyola et François-Xavier. Trois jours de fête au collège marquent le triomphe des jésuites, et comme il n'est de bonne fête à Rome sans théâtre, on joue deux drames dont l'un a pour thème la conversion d'Ignace de Loyola à Montserrat. L'acteur qui doit jouer Ignace fait faux bond à la dernière minute et c'est Giulio qui, au pied levé, reprend le rôle. Il donnera pour l'occasion la pleine mesure de son talent de comédien devant la bonne société romaine. On ne peut que remarquer ce jeune homme de vingt ans qui a décidément tous les dons.

Les jésuites veulent en faire un des leurs. Pour un jeune Romain sans fortune, la carrière ecclésiastique est une chance ; Pietro et Hortensia voient déjà leur fils évêque... il n'en sera rien. Giulio ne veut pas se mettre une corde religieuse au cou. Le jeune homme commence à s'émanciper de l'influence des pères. Il participe à la vie romaine, une vie très coûteuse pour un Giulio qui n'a pas de fortune et qui comprend très vite que les « petits cadeaux » entretiennent l'amitié. Il a besoin d'argent, et pour en avoir, se lance dans une activité fort répandue à l'époque : le jeu. Dans toute l'Europe, la bonne société – et la moins bonne également – trompe son ennui dans le jeu ; c'est la drogue du siècle. On joue partout, dans les tavernes, dans les échoppes, chez soi. Partout on trouve des cercles de jeu qui sont souvent aussi des maisons de beuverie et de débauche. On joue aussi dans les palais entre gens du monde. Les joueurs riches s'efforcent de perdre avec nonchalance de petites fortunes qui quelquefois atterrissent dans les escarcelles de joueurs moins riches. Pour les plus doués, le jeu est un moyen d'existence. Giulio en fait partie. Sa réputation est vite installée, il est l'une des coqueluches des cercles de jeu romains. On l'y voit gagner de grosses sommes, en perdre quelquefois au point d'être un jour obligé, si l'on en croit la légende, n'ayant plus un sou vaillant, de mettre en gage jusqu'à ses habits pour trouver de quoi jouer de nouveau... et de nouveau gagner.

Comédien et joueur... des défauts pour beaucoup, mais des défauts qui apprennent la psychologie, à se connaître soi et à connaître l'autre, le comprendre pour mieux le vaincre, dissimuler, mentir pour mieux parvenir à son but. Pour un diplomate de la trempe de Mazarin, ces défauts sont aussi des atouts et des armes.

Dans le même temps, il suit des cours de droit, sans grand enthousiasme. Pietro et Hortensia s'inquiètent de cette vie dissolue. Le prince Colonna s'inquiète lui aussi pour son fils cadet, Girolamo. Il décide de l'éloigner de Rome et de l'envoyer en Espagne. Le jeune homme ne part pas seul, Giulio, son camarade depuis l'enfance, l'accompagne. A la fin de l'année 1622, les deux jeunes hommes arrivent dans la péninsule Ibérique alors que la couronne vient de quitter la tête de Philippe III, le père d'Anne, mort l'année précédente, pour se poser sur celle de Philippe IV, frère cadet de la reine de France, âgé de seize ans.

Pour Anne, à la triste année 1621 qui a vu mourir son père, son principal soutien affectif, avec lequel elle n'avait pas cessé d'échanger une abondante correspondance, succède une année 1622 tout aussi triste. En mars, elle fait une fausse couche qui ruine son premier sérieux espoir de mettre au monde un héritier, ce qui est, ne l'oublions pas, sa principale fonction.

Le roi et la reine sont mariés depuis maintenant sept ans. Après leur nuit de noces, il ne s'est plus rien passé entre eux jusqu'en 1619. Il faut dire que le jeune souverain ne montrait aucun empressement à développer des liens intimes, sensuels ou même de simple affection, avec sa jeune épouse. La situation inquiétait, autant à la cour de France qu'à celle de Madrid, sans oublier le Saint-Siège dont l'ambassadeur observait les choses avec beaucoup d'intérêt, car ce mariage, et l'enfant qui devait en naître, apparaissait comme le meilleur garant de la paix entre les deux principaux soutiens du trône pontifical. La consommation du mariage royal est pratiquement devenue une affaire d'Etat. On loue la patience de la jeune reine et on insinue que le jeune roi est impuissant, peut-être homosexuel, qu'il est rebuté par les duègnes vêtues de noir et venues d'Espagne entourant sa jeune épouse : on renvoie les duègnes... L'inquiétude et les pressions s'accentuaient au point que celui qui faisait figure de Premier ministre, le duc de Luynes, alors favori de Louis XIII, prit les choses en main – au sens littéral du terme. Le 25 janvier 1619 au soir, le duc entre dans la chambre du roi qui s'apprête à se coucher seul comme il en a l'habitude et, malgré ses protestations, le prend par le bras, l'emmène dans la chambre de sa femme, le roi proteste toujours, alors Luynes le déshabille entièrement, le pousse dans le lit de la reine et sort en refermant la porte.

De nouveau, le lendemain, le bon docteur Hérouard peut constater que le roi a eu des relations sexuelles avec la reine. Soulagement général ! On publie même l'information dans le *Mercure de France*.

Dans les jours qui suivent, les époux dorment toutes les nuits ensemble. S'ouvre alors pour eux une période heureuse, la seule de leurs vingt-huit ans d'union. Cette période dure quelques mois. Après la nuit de retrouvailles, si l'on en croit les biographes, le roi aurait promis amour et fidélité à sa femme ; il tient parole. Il dit à qui veut l'entendre qu'il aime sa femme plus que tout.

Un roi très amoureux...

Le couple traverse au début de l'année 1620 une terrible épreuve. Anne tombe gravement malade. Dans les premiers jours de janvier la reine ne se sent pas bien ; tout le monde retient son souffle, espérant une grossesse mais il faut vite déchanter. A la fin du mois, elle est prise de fortes fièvres, et c'est de grave maladie qu'il faut parler. Pendant quelques jours, elle est entre la vie et la mort. Pour la première et la seule fois de sa vie, Louis suspend l'étiquette de la Cour et reste auprès de sa femme jour et nuit. Il la veille tendrement, l'aide à prendre les traitements décidés par les médecins, et fait dire des prières et faire des processions pour la guérison d'Anne. Et, chose étonnante chez cet homme froid et distant, on voit le roi pleurer. Finalement la reine se remet et la « lune de miel » entre les deux époux se poursuit. Le roi semble toujours très amoureux de sa femme. Une preuve de ces sentiments nous est parvenue avec ce petit poème, *Amaryllis*, que Louis écrit et met en musique pour Anne :

Tu crois, ô beau soleil,
Qu'à ton éclat rien n'est pareil
En cet aimable temps
Que tu fais le printemps.
Mais quoi ! tu pâlis
Auprès d'Amaryllis.

Il ne s'agit pas d'une œuvre d'une grande originalité, mais elle est touchante et laisse entrevoir, dans la personnalité complexe du roi, un moment de tendresse pour sa femme, lui qui en eut si peu. C'est aussi une période où il fait preuve de confiance en elle : lorsqu'il est obligé de partir en campagne pour calmer les ardeurs frondeuses de sa mère, il confie officiellement la régence à Anne. Certes ne n'est que de pure forme, la reine ne peut pas être amenée à prendre des décisions importantes, mais c'est un geste qui symbolise lui aussi cette période d'entente dans le couple, surtout si l'on songe aux hésitations du roi, plus tard, à l'article de la mort, pour confier le pouvoir à la reine.

Les problèmes vont venir d'une femme. En l'occurrence, Marie de Rohan, duchesse de Luynes, qui deviendra la célèbre duchesse de Chevreuse, nom sous lequel l'Histoire se souviendra d'elle. Elle a tout juste un an de différence avec Anne, alors que son mari, Luynes, a le double de son âge. Marie est un des plus beaux personnages d'aventurières que l'histoire de France nous ait offerts. Terriblement séduisante et intelligente, elle est douée pour l'intrigue et pour l'amour, et les pratiquera tous deux sans modération. Pour l'heure, elle est depuis trois ans surintendante de la maison de la reine et comme elle est femme de celui qui fait office de Premier ministre du roi, Anne se sent doublement contrôlée, ce qu'elle n'apprécie pas. Elle n'aime ni Luynes ni sa femme.

Marie de Rohan est une jolie brune gaie, vive, à laquelle les hommes ne résistent pas. Vers l'été de 1620, le roi semble tomber sous son charme. Ayant découvert tardivement le chemin des dames, le jeune Louis XIII serait-il tenté par une carrière de séducteur, comme l'avait été son père et comme le sera son fils ? Nous savons que non, mais cette année-là, on s'inquiète. L'ambassadeur d'Espagne envoie une lettre à son maître Philippe III qui résume bien la situation : « Après les nombreuses preuves d'amour que lui a manifestées son mari pendant sa maladie, un grand froid est apparu ; et chaque jour voit se multiplier les [...] conversations et visites du roi à la duchesse de Luynes. Bien que la reine le ressente de manière aiguë, elle le dissimule avec une grande prudence et prodigue à la duchesse comme à son mari toutes sortes de faveurs et de caresses. » Hélas, le roi n'a pas de chance avec les femmes. Il ennuie la duchesse de Luynes qui préfère des amants plus entreprenants et se sent plus proche de la reine. Et Anne commence à apprécier cette jeune femme pétillante et insouciante qui la divertit, la fait rire et ne songe qu'à s'amuser. Les deux femmes deviennent amies, complices. Autour de la reine l'ambiance change, elle est maintenant entourée par une petite compagnie de jeunes femmes proches de son âge qui partagent ses goûts et sa légèreté. Protégée par l'amitié de la reine, Marie de Luynes affiche sa liaison avec le duc de Chevreuse qui scandalise une partie de la Cour. En décembre 1621, le duc de Luynes meurt de la fièvre scarlatine. Le roi se réconcilie avec sa mère, Marie de Médicis, qui revient à la Cour. Il est maintenant tiraillé entre sa femme et sa mère, qui ne s'apprécient guère, et prend en grippe la veuve de Luynes qu'il voudrait voir quitter la Cour. Anne ne veut pas se séparer de son amie. Heureusement, avant que les choses ne s'enveniment, la reine tombe enfin enceinte. Une brise d'allégresse souffle sur le Louvre. Louis ne peut rien lui refuser. Tout se passe sans anicroche jusqu'à la mi-mars.

Le soir du 14, la princesse de Conti, qui fait partie de la compagnie de jeunes femmes entourant Anne, donne une grande soirée dans ses appartements du Louvre. La reine y assiste avec ses amies dont bien évidemment la plus intime, la belle Marie de Rohan, toute jeune veuve de Luynes. Quand la reine décide de regagner ses appartements dans une autre aile du château, Marie l'accompagne avec Mlle de Verneuil. Au moment de passer la grande salle du trône, Marie, très enjouée ce soir-là, suggère de la traverser en courant. Mlle de Verneuil est enthousiaste, Anne beaucoup moins. Qu'à cela ne tienne ! Les deux jeunes femmes la prennent chacune par un bras et l'entraînent dans leur course. La salle est peu éclairée, la reine ne voit pas le bout de l'estrade sur laquelle est installé le trône, elle trébuche et tombe. Rien ne permet d'affirmer que la chute en est responsable, il ne s'agit peut-être que d'une coïncidence, mais deux jours après cet accident, la reine fait une fausse couche. Le docteur Hérouard note dans son *Journal* que l'embryon de sexe masculin avait une quarantaine de jours. La déception est à la hauteur des espoirs que cette grossesse avait provoqués.

Louis XIII apprend la nouvelle à Orléans. Il entre dans une colère violente. Il chasse de la Cour les amies de la reine, et tout particulièrement Marie de Rohan. Jamais il ne pardonnera à Anne et à Marie cet accident. Si on avait pu croire qu'un semblant d'intimité pouvait exister entre Louis et Anne, il n'en sera plus jamais question. Mars 1622 marque un tournant dans la vie du couple royal : Louis XIII n'aura plus jamais confiance en sa femme !

Les dames d'Espagne

Giulio, de son côté, manque de succomber au charme des belles Espagnoles. Pendant les années 1623 et 1624, il séjourne dans la patrie natale d'Anne. Il est censé y parfaire ses études de droit avec son ami Girolamo Colonna, futur cardinal lui aussi, à la célèbre université d'Alacalá de Henares, tout près de Madrid. Dans le sillage du fils du prince Colonna, connu et respecté à Madrid comme le connétable du royaume de Naples, qui fait partie des possessions espagnoles, le jeune et beau Mazarin côtoie cette cour de Madrid dans laquelle Anne a été élevée, une ambiance mêlée d'austérité religieuse et de violence contenue, de foi et de sang qui imprègne la vie espagnole. Il y découvre aussi la politique, car la cour de Madrid est l'une des plus importantes d'Europe, le sort du continent s'y joue ; c'est autre chose que les petites intrigues entre familles romaines. Probablement, cette confrontation avec la cour de Madrid lui permettra de mieux comprendre, plus tard, les réactions d'Anne, son orgueil de princesse d'Espagne, sa raideur politique quelquefois et aussi cette indolence – Mme de Motteville parlera de paresse – que les femmes de la cour de Madrid cultivent puisqu'elles ont si peu de rôle à jouer. Plus encore que l'Italie ou la France, l'Espagne est une société d'hommes. Pour Anne, seule la hauteur de sa naissance compense cette position de la femme espagnole. Tout cela, l'Italien l'observe, le mémorise sans doute. Il est né diplomate mais il ne le sait pas encore. Naturellement il sait regarder, observer, comprendre pour mieux agir ensuite. Ce qui est très important dans ce séjour espagnol de Giulio, dont les biographes ont quelquefois négligé l'importance, c'est qu'il y apprend le castillan, la langue maternelle de la reine, qu'il saura parler avec elle par la suite. C'est un élément d'intimité non négligeable sur lequel pourra, entre autres, se bâtir une véritable complicité entre eux.

A Madrid, Giulio découvre aussi les femmes espagnoles. Il écrira plus tard avoir été « très affectionné aux dames de ce pays ». Cette période madrilène est la seule de la vie de Giulio où il manifeste un penchant pour le beau sexe ; ensuite ce sera sa vie avec la reine. Entre les deux, nulle trace d'une affection quelconque du futur cardinal pour une femme ou un homme puisque, à défaut de trouver autre chose, on lui reprochera pendant la Fronde d'avoir le « vice italien » sans que jamais l'ombre d'un commencement de preuve ait pu en être apportée.

Giulio avait été envoyé en Espagne pour l'éloigner des tripots, peine perdue. Le jeu et les femmes vont souvent ensemble, le jeune homme ne se prive ni de l'un ni des autres. Il est de nouveau à court d'argent mais trouve une aide auprès d'un notaire madrilène chez qui il loge. L'homme a, en plus de revenus qu'il met généreusement à disposition de son hôte, une fille de seize ans, belle à faire tourner les têtes. Celle de Giulio ne résiste pas, elle tourne et retourne... elle virevolte même ! Il s'éprend follement de la jeune fille au point de désirer le mariage, en accord avec le notaire de père. Il en parle à Girolamo. Il le supplie d'intervenir auprès de son père le prince – les Mazarini sont de la maison des Colonna, il faut l'autorisation du *padrone* pour se marier. Girolamo a quelques années de plus que Giulio, peu, trois, mais c'est suffisant pour y voir clair. Il comprend le danger, que le jeune homme va ruiner tous les espoirs que ses talents lui permettent. Finement, le jeune Colonna monte une sorte de comédie à l'italienne. Il invente une missive diplomatique secrète importante qu'il doit faire porter à son père, et demande à Giulio de se charger du courrier, lui affirmant que, devant un tel service, le prince ne pourra pas lui refuser l'autorisation de se marier. Mazarin tombe dans le piège. Il se précipite à Rome. Evidemment, la lettre informe le prince de la mésaventure de Giulio et suggère de l'empêcher de retourner en Espagne.

Dépité, triste d'un profond chagrin d'amour, notre futur cardinal reste à Rome, où, pour se consoler, il termine son doctorat de droit. Il lui faudra quelques mois pour se remettre, rire de son aventure espagnole et du tour que son ami Girolamo lui a joué. Pourtant, de cette Espagne il conserve un goût d'Europe. Il a compris que

Rome était petite et la vaste Europe plus à la dimension de ses ambitions naissantes.

Et pour nous, ce séjour espagnol, assez banal en apparence, nous donne quelques clefs pour mieux entrevoir ce qui unira Anne et Jules.

Ses études de droit terminées, une vie d'avocat se profile pour Giulio. Les places ne manquent pas à la curie romaine. Ses parents l'y poussent. Il prend un chemin différent et entre dans la carrière militaire à laquelle il n'est absolument pas préparé. Pourquoi ? Attrait du prestige de l'uniforme pour un jeune homme qui a pris goût à séduire les femmes ? Envie de voyager ? Goût de l'aventure ? On n'en sait rien. Pourtant, cette décision en apparence incohérente se révélera déterminante pour sa vie.

Le pape Grégoire XV vient de garantir la neutralité de la Valteline. Il lui faut des hommes d'armes. Il taxe les grandes familles romaines, les obligeant à financer des compagnies à la hauteur de leurs fortunes respectives. Sur les recommandations du prince Colonna, Giulio, devenu le capitaine Mazarini, intègre le régiment d'infanterie du prince de Palestrina.

La folle passion de Buckingham

Au printemps 1625, la cour de France s'apprête à recevoir les envoyés du roi d'Angleterre venus chercher leur future reine, Henriette, la sœur de Louis XIII. Le mariage par procuration – la coutume veut que les souverains ne sortent jamais de leur territoire sauf en cas de guerre pour conduire les armées... ou en cas d'exil, mais alors ils ne sont plus rois ! – doit avoir lieu au début du mois de mai, juste après les fiançailles. Anne adore la fête et la danse, elle prépare un ballet pour l'occasion. Ce qu'elle ne peut savoir, c'est qu'elle s'apprête à vivre un des moments d'émotion les plus intenses de sa vie mais qui achèvera de détériorer les rapports au sein du couple royal.

Depuis la fausse couche de la reine en 1622, les relations sont tendues et distantes entre Louis et Anne. Lorsque le roi, quelques jours après cet accident, se mêle de renvoyer de la Cour une partie des amies qui entourent Anne, celle-ci proteste. Ils échangent des lettres à ce sujet, Anne reste ferme un temps et puis elle cède. Mais elle est profondément vexée. Elle sait qu'au travers de ses amies, c'est elle que le roi veut blesser et punir. Elle ne le comprend ni ne l'admet. Anne est une jeune femme douce et aimante. Elle ne souhaite que le bonheur de Louis. « ... la reine était née pour rendre par son amitié le [...] roi son mari le plus heureux des maris du monde : et certainement il l'aurait été s'il avait voulu l'être... [...] Son malheur fut de n'avoir point été assez aimée de son mari, et d'avoir été comme forcée d'amuser son cœur ailleurs, en le donnant à des dames qui en avaient fait un mauvais usage », nous dit Mme de Motteville. Et pourquoi la punit-on ? A cause d'une fausse couche ? C'est la réduire au rôle de « ventre » pour la Couronne. Elle n'a pas été élevée que pour cela. Elle a aussi été élevée pour régner, et son père lui a donné mission d'obtenir la confiance du roi pour être le porte-parole de Madrid à la cour de France. Or jamais ils ne parlent politique. Louis ne cherche pas à l'instruire des affaires de l'Etat comme le font souvent les souverains. Il évitera même soigneusement, à partir de cette année 1622, les tête-à-tête et jamais il ne lui parlera franchement d'un quelconque malaise dans leurs relations. Louis est ainsi. Quant à la politique, il la fait avec d'autres, sa mère, revenue à la Cour et, à partir de 1623 puis de 1624, année où il entre au Conseil, avec l'ancien évêque de Luçon, cardinal de Richelieu depuis 1622, qui, dans le sillage de Marie de Médicis, joue un rôle de plus en plus important. Dans ce trio, Anne n'a pas sa place. Et puisque ni le roi ni sa famille ne l'aiment, elle se tourne vers ses amies qui lui donnent l'affection qui lui est indispensable. Dans le portrait qu'elle fait de son amie Anne, Françoise de Motteville souligne que la reine aime peu de personnes mais qu'elle les aime « fortement » : « Notre sexe a eu cet avantage de lui avoir donné, dans sa jeunesse, des favorites qui ont occupé son cœur par un attachement fort grand et fort sensible. » Son attachement à ses amies peut donner l'impression que la reine, au fond, ne se sent bien qu'entourée et guidée. Anne manque-t-elle de caractère ? Les historiens et les biographes l'ont souvent dit, se fondant sur sa relation avec Marie de Rohan, la duchesse de Chevreuse, et plus tard sur les liens qui unissaient l'étrange couple qu'elle formait avec Jules Mazarin. Et puis il y a cette paresse, le seul grand défaut que lui reconnaisse Mme de Motteville, qui pourtant l'aime, ô combien !

Se sentant délaissée par un mari qui ne vient la voir que pour accomplir le « devoir conjugal » – rarement l'expression n'a autant reflété la réalité –, la jeune femme étourdit son ennui et son amertume dans des amusements stupides, on l'a vu lors de la fausse couche, en attendant de faire la « grosse bêtise » que sera l'histoire avec Buckingham. En fait, cette histoire n'a pas provoqué le détachement du roi, au contraire, elle en est la conséquence. La reine est, comme nous dirions aujourd'hui, une jeune femme romantique. Elle se sait très belle et aime qu'on lui en fasse hommage, « ... un tribut qu'elle croyait devoir être dû par tout le monde à sa beauté », dit La Rochefoucauld, l'auteur des *Maximes* et le mémorialiste, et il précise que la reine « n'avait rien de faux dans l'humeur ni dans l'esprit ; et, avec beaucoup de vertu, elle ne s'offensait pas d'être aimée ».

Venons-en à l'affaire Buckingham. Elle n'aurait probablement jamais existé sans Marie de Rohan qui fut le mauvais génie de la reine dans cette histoire. La belle et rusée Marie n'était pas restée longtemps en disgrâce après la fausse couche d'Anne. Eloignée de la Cour en tant que veuve du connétable de Luynes, elle y revient quelques mois plus tard duchesse de Chevreuse, ayant épousé son amant. C'est un retour par la grande porte, car Chevreuse est d'un autre calibre que ce parvenu de Luynes, monté en grâce et en titre par la faveur admirative d'un roi adolescent. Claude de Lorraine, duc de Chevreuse, est apparenté à la très puissante famille des Guise. Il est le fils d'Henri de Guise, le Balafré, chef du parti catholique pendant les guerres de Religion et assassiné sur ordre d'Henri III en 1588. Claude de Lorraine s'est toujours montré d'une fidélité et d'une loyauté totales à Louis XIII, autant dire qu'il est intouchable, et du coup sa femme l'est aussi ! Et comme le duc est deux fois plus âgé que Marie et lui-même de mœurs assez relâchées, les nouveaux mariés vont vivre dans une grande liberté l'un envers l'autre.

En mars 1623, deux visiteurs de marque passent incognito par Paris, il s'agit de Charles, prince de Galles, et de son meilleur ami : George Villiers, duc de Buckingham, favori de son père Jacques Ier, roi d'Angleterre. Leur voyage est secret, même l'ambassadeur d'Angleterre en France n'est pas au courant. Ils sont en route pour l'Espagne, car il y a un projet de mariage entre l'infante Maria, sœur d'Anne, et le prince de Galles. Contre tous les usages, le prince veut aller à Madrid voir sa promise ; en fait l'idée est de Buckingham qui pense que les Espagnols ne pourront qu'être séduits par tant de romanesque. Les deux hommes restent deux jours à Paris où ils logent dans une hôtellerie de la rue Saint-Jacques sous les noms de Mr Smith et Mr Brown. Pourtant, ils ne résistent pas au désir de voir le roi et la famille royale. Ils achètent des perruques mais sont obligés de mettre le gouverneur du roi au courant pour entrer dans le palais. Charles écrit à son père : « Nous sommes retournés à la cour (et que ceci ne vous chagrine pas, nous vous assurons que nous n'avons pas été reconnus), nous avons vu la jeune reine, Petit Monsieur [le frère du roi est encore un enfant] et Madame [Henriette de France] répétant un ballet destiné à être présenté au roi par la reine [le thème est les fêtes de Junon et c'est Anne qui tient le rôle de la déesse] ; dans ce ballet dansaient la reine et Madame et au moins dix-neuf belles dames danseuses... La reine est vraiment belle, ce qui augmente mon désir de voir sa sœur... »

A Madrid, la mission de Charles et de Buckingham se soldera par un retentissant échec. Ils y séjournent six mois. Les semaines passant sans qu'ils parviennent à un accord de mariage, en grande partie du fait des conditions posées par les Espagnols. Du côté anglais, on décide de tenter un coup d'éclat pour débloquer la situation. Se déroule alors une scène invraisemblable : le prince de Galles escalade les murs du verger de la *casa del campo*, pavillon d'été de la famille royale, où se promène l'infante Maria. Il tombe à ses pieds et lui déclare sa flamme. Seule avec un homme ! Quelle indignation pour une princesse d'Espagne ! Elle s'enfuit en poussant les hauts cris... le vieux marquis chargé de la surveiller accourt et supplie le prince de ressortir au plus vite... par la porte. La rigide cour de Madrid n'étant pas sensible au romantisme britannique... les pourparlers capotent et les deux Anglais quittent le continent pour rejoindre leur île.

Il est temps de relancer un ancien projet de mariage entre le prince de Galles et Henriette-Marie de France.

En février 1624, arrive à Paris un noble anglais, envoyé du roi Jacques, chargé de demander officiellement la main de la princesse Henriette. Il s'appelle Henri Rich, baron de Kensington et bientôt comte de Holland, très bel homme de trente-quatre ans, soldat pour le panache et courtisan pour la séduction... toutes les dames en sont folles et particulièrement la duchesse de Chevreuse qui devient sa maîtresse. Marie est la femme d'un seul homme à la fois, c'est peut-être pour cela qu'elle en change souvent. Amoureuse, elle épouse les causes de ses amants. Le cardinal de Retz ne manque pas de l'épingler : « Si le prieur des Chartreux lui eût plu, elle eût été solitaire de bonne foi... elle s'abandonnait à tout ce qui plaisait à celui qu'elle aimait. Elle aimait sans choix et purement parce qu'il fallait qu'elle aimât quelqu'un. [...]... dès qu'elle l'avait pris, elle l'aimait uniquement et fidèlement... Jamais personne n'a fait moins d'attention sur les périls et jamais femme n'a eu plus de mépris pour les scrupules et pour les devoirs : elle ne reconnaissait que celui de plaire à son amant. » Et à ce moment-là, ce qui plaît à son amant britannique, c'est que les relations soient au mieux entre les cours de Paris et de Londres et que sa mission réussisse. Comme ce serait bien si on pouvait provoquer une idylle entre la reine Anne et le duc de Buckingham, qui a été charmé par la beauté de la souveraine il y a un an ! L'idée a-t-elle germé dans l'esprit de Marie, tellement triste de voir son amie Anne se languir, délaissée par son mari, ou dans celle de Holland qui y avait tout intérêt ? Penchons pour la deuxième proposition. Quoi qu'il en soit, à la reine on ne cesse de parler de la beauté, de l'élégance, du charme du beau George, et au duc on laisse entendre que la reine de France ne serait pas insensible à sa séduction. Pour un homme prêt à tous les défis amoureux, quel triomphe de séduire une reine aussi belle et aussi vertueuse – toute l'Europe vante la piété sincère d'Anne –, ce serait comme un apogée dans son exceptionnelle carrière de séducteur ; laquelle carrière avait commencé dans le lit du roi Jacques car le duc était bisexuel. Bref, les esprits s'échauffent et se laissent aller à rêver...

Il faudra plusieurs mois pour conclure le traité de mariage. Les pourparlers traînent, d'autant que c'est maintenant Richelieu qui négocie pour la France et il se montre intraitable. Il exige notamment la liberté de culte pour les catholiques romains et la libération de ceux qui ont été emprisonnés pour cette raison. Le cardinal finira par obtenir gain de cause. A la fin de l'année 1624, un nouvel émissaire remplace Holland dans les négociations ; c'est avec lui que le traité sera conclu. C'est un ami personnel de Buckingham : lord Walter Montagu. Durant ce premier séjour en France, il deviendra l'ami fidèle de la princesse Henriette, sa future reine, plus tard il sera l'ami et le confident d'Anne, qu'il accompagnera dans ses derniers instants, et aussi l'ami de Jules Mazarin.

Les fiançailles ont lieu le 8 mai 1625. La veille, se sont déroulées à Londres les funérailles officielles du roi Jacques, mort quelques semaines plus tôt, le 27 mars. Malgré ce triste événement, le nouveau roi, Charles Ier, n'a pas voulu retarder son mariage. « Cette cérémonie eût été suivie d'un ballet que la reine avait étudié sans la mort du roi d'Angleterre qui changea toute cette cérémonie en deuil », se souvient La Porte, premier valet de chambre d'Anne d'Autriche. Comme c'est l'usage, le fiancé est représenté par un membre de sa famille, le duc de Chevreuse, car les Guise sont cousins de la famille royale anglaise par Marie Stuart dont la mère était une Guise. C'est également lui qui prendra la place du marié lors de la cérémonie de mariage à Notre-Dame de Paris, trois jours plus tard.

La cérémonie est à peine terminée qu'on apprend que le duc de Buckingham est en route pour venir lui-même chercher la jeune reine d'Angleterre. Il avait réussi le tour de force d'être le favori et amant du père et le meilleur ami du fils – ce qui en dit long sur la capacité de séduction du monsieur – et conserver sa place à la cour anglaise. Et pour marquer officiellement son amitié, c'est à lui que Charles Ier confie la mission de ramener Henriette dans son nouveau pays.

Le duc entre dans Paris le 24 mai. Derrière la mission officielle, il y a l'entreprise de séduction de la reine de France. Car le stratagème imaginé par milord Holland et Marie de Chevreuse a fonctionné. Buckingham s'est pris au jeu comme un sportif relevant un défi, et Anne n'a cessé de rêver à ce si bel homme, si galant, qui en secret soupire pour elle... que c'est romanesque !

Buckingham s'est donné les moyens de séduire. Il arrive avec vingt-sept habits et a puisé sans modération dans les pierreries de la Couronne. Lorsqu'il apparaît aux fêtes du Louvre, ce n'est pas un homme, c'est une œuvre d'art, il est enluminé comme une châsse, il ruisselle de diamants. Le duc prend soin de ne faire attacher que légèrement les pierres sur ses habits de sorte que les diamants tombent littéralement de sa personne et que les courtisans se précipitent pour les ramasser. La Porte se souvient de Buckingham comme de « l'homme du monde le mieux fait et de la meilleure mine » et qu'il « parut à la cour avec tant d'agrément et de magnificence qu'il donna de l'admiration au peuple, de la joie et quelque chose de plus aux dames, de la jalousie aux galants, et encore plus aux maris ». Milord « Bouchinchan » – on prononce ainsi à l'époque – ne laisse personne indifférent.

Enfin Anne et le duc sont face à face. Ce qui advient dépasse toutes les espérances de Marie et de son amant anglais. Lorsque Buckingham approcha la reine, elle « lui parut encore plus aimable que son imagination ne lui avait pu représenter, et il parut à la reine l'homme du monde le plus digne de l'aimer. Ils employèrent la première audience de cérémonie à parler d'affaires qui les touchaient plus vivement que celle des deux couronnes et ils ne furent occupés que des intérêts de leur passion », se souvient La Rochefoucauld. Quant aux sentiments de la reine, écoutons Mme de Motteville qui résume assez bien les choses : « Le duc de Buckingham fut le seul qui eut l'audace d'attaquer son cœur. [...] Il était bien fait, beau de visage ; il avait l'âme grande ; il était magnifique, libéral, favori d'un grand roi. Il avait tous ses trésors à dépenser et toutes les pierreries de la couronne d'Angleterre pour se parer. Il ne faut pas s'étonner si avec tant d'aimables qualités il eut de si hautes pensées, de si nobles mais dangereux et blâmables désirs, et s'il eut le bonheur de persuader à ceux qui en ont été les témoins que ses respects ne furent point importuns... » L'historienne Simone Bertière précise qu'il s'agit là de la version des *Mémoires* de Mme de Motteville tels qu'ils furent imprimés mais que le manuscrit comporte aussi le passage suivant : « ... s'il eut le bonheur de faire avouer à cette belle reine que si une honnête femme avait pu en aimer un autre que son mari, celui-là aurait été le seul qui aurait pu lui plaire ».

En résumé, la rencontre est un coup de foudre. Il faut dire que le duc a tous les atouts pour réussir : il parle parfaitement le français, il habite à l'hôtel de Chevreuse, dont la maîtresse de maison est son alliée la plus enthousiaste, toujours prête à transmettre à la reine tous les messages secrets, et, en sa qualité d'ambassadeur extraordinaire, il peut voir Sa Majesté autant de fois qu'il le veut. Et les amoureux ne se privent pas de le faire, mais toujours en public. Toute la Cour s'aperçoit qu'il se passe quelque chose entre eux. On jase ! La jalousie naturelle de Louis XIII peut s'en donner à cœur joie. Il est d'autant plus impuissant à « contrôler » la situation qu'il est malade et ne peut pas assister à la plupart des fêtes données à l'occasion du mariage de sa sœur. Sa maladie est-elle diplomatique pour éviter de se trouver face au duc de Buckingham, comme le murmurent certains ? Impossible de savoir. Et pour couronner le tout, Richelieu, avec qui Anne ne s'entend pas dès le début, met de l'huile sur le feu et informe le roi de tout ce qui se passe entre la reine et le duc... c'est facile puisqu'ils ne sont jamais seuls, il y a toujours des courtisans qui les observent et constatent, qu'il y a « des attitudes et des regards qui ne trompent pas ».

Avant que la situation ne devienne franchement scabreuse, le duc doit partir. On l'en presse. Il prend la route le 2 juin avec la reine Henriette qui va rejoindre son nouveau pays. La tradition veut que les reines de la famille accompagnent la jeune mariée jusqu'à son point d'embarquement : Boulogne-sur-Mer. Par précaution, elles ne voyagent pas ensemble mais empruntent trois voies différentes : une pour la reine mère Marie de Médicis, une pour Anne et une troisième pour Henriette et son flamboyant escorteur. Quelques âmes sages, dont le secrétaire d'Etat Brienne, tentent de dissuader Anne de faire le voyage, suggérant qu'il serait mieux qu'elle reste auprès de son mari souffrant. Elle ne les écoute pas et, selon sa bonne habitude, Louis ne dit rien mais arrange les itinéraires avec Richelieu pour que les deux « amoureux », se croisent le moins possible. Premières retrouvailles le 5 juin à Montdidier pour une étape de deux jours. Le 7, les cortèges se retrouvent à Amiens et, cette fois-ci, y séjournent neuf jours car la reine mère est souffrante. C'est l'occasion pour les amoureux de roucouler tant qu'ils peuvent, tout en maintenant une apparence de convenances. Buckingham a décidé de porter l'estocade. Il sait qu'il n'aura plus d'autre occasion de voir Anne longuement.

Amiens est sous le commandement du duc de Chaulmes, lieutenant général de Picardie. Il est le frère du défunt connétable de Luynes, et par conséquent ancien beau-frère de Marie de Chevreuse, autant dire que la duchesse est chez elle. Pour égayer le séjour des reines, Chaulmes organise bals et fêtes où les dames rivalisent de parures et de beauté, Anne la première qui n'a jamais été si resplendissante. Au couchant, on se promène dans la fraîcheur des jardins ; les soirées de juin sont si douces ! Si propices aux conversations intimes, aux chuchotements amoureux... aux incidents diplomatiques ! Voici comment les mémorialistes racontent l'affaire. Françoise de Motteville tout d'abord ; elle n'était pas présente mais a recueilli des témoignages : « On a fort parlé d'une promenade qu'elle [la reine] fit [...] : elle se fit en présence de toute la suite qui d'ordinaire accompagnait cette princesse, et j'ai vu des personnes qui s'y trouvèrent qui m'ont instruite de la vérité. Le duc de Buckingham, qui y fut, la voulant entretenir, Putange, écuyer de la reine, la quitta pour quelques moments, croyant que le respect l'obligeait de ne pas écouter ce que ce seigneur anglais lui voulait dire. Le hasard alors les ayant menés dans un détour d'allées, où une palissade les pouvait cacher au public, la reine dans cet instant, surprise de se voir seule et apparemment importunée par quelque sentiment trop passionné du duc de Buckingham, elle s'écria, et appelant son écuyer, le blâma de l'avoir quittée. » Et la chère Motteville, si « affectionnée » à la souveraine, ne peut s'empêcher de la dédouaner : « Par ce cri elle fit voir sa sagesse et sa vertu, préférant la conservation de son innocence intérieure à la crainte qu'elle devait avoir d'être blâmée, et que ce cri, allant aux oreilles du roi, ne lui coûtât beaucoup d'embarras. »

La Rochefoucauld raconte aussi la scène, mais lui, comme le souligne Claude Dulong, rapporte les propos de la duchesse de Chevreuse qui en était témoin. La scène est un peu différente, il ne s'agit plus d'allées et de palissades mais d'un pavillon où la reine s'est retirée seule après la promenade : « L'occasion était favorable et il [Buckingham] essaya d'en profiter avec si peu de respect que la reine fut contrainte d'appeler ses femmes et de leur laisser voir une partie du trouble et du désordre où elle était. » Le cardinal de Retz lui aussi rapporte la scène à partir du récit que lui aurait également fait la duchesse de Chevreuse. La belle Marie suit la promenade de la reine au bras du comte de Holland – des historiens avancent même qu'elle était complice du duc et qu'elle avait ralenti le pas de manière à freiner le cortège et à ménager un moment de solitude au couple hors des regards des promeneurs – et « s'étant un peu éloignée, elle entendit le bruit comme de deux personnes qui luttaient : que s'étant rapprochée de la reine, elle la trouva fort émue, M. de Buchinchan à genoux devant elle ; que la reine qui s'était contentée, ce soir, de lui dire, en remontant dans ses appartements, que tous les hommes étaient brutaux et insolents... ».

La Porte, également témoin, monte encore d'un cran, écrivant que le duc « s'émancipa fort insolemment jusqu'à vouloir caresser la reine ». Enfin, celui qui va le plus loin, mais cela n'étonnera personne, est ce ragoteur de Tallemant des Réaux : « Le galant culbuta la reine et lui écorcha les cuisses avec ses chausses en broderie ; mais ce fut en vain... »

Quelles que soient les versions, elles convergent toutes sur un point : la vertu de la reine est sauve. La princesse de Conti, qui accompagnait la souveraine dans ce voyage, pourra dire par la suite à Louis XIII qu'elle se portait garante de sa vertu de la ceinture jusqu'aux pieds « mais qu'elle n'en ferai[t] pas autant de sa cruauté » ; manière d'insinuer que le cœur d'Anne était pris et que si Buckingham avait dépassé les bornes, la jeune femme, par sa coquetterie, l'y avait sans doute incité... il y a des regards qui suggèrent un peu trop !

A la suite de l'incident, on estime qu'il est grand temps de faire cesser cette « romanesquerie » – le mot est de Retz. Il est décidé qu'Henriette poursuivra seule la route vers Boulogne avec son escorte. Anne et Marie de Médicis accompagnent la reine d'Angleterre aux portes d'Amiens et s'arrêtent là. A la dernière minute, debout sur le marchepied du carrosse, Buckingham tente une nouvelle fois de déclarer sa flamme à Anne. La reine semble troublée mais on en reste là. Du moins le croit-on. Trois jours plus tard, alors que les deux reines de France s'apprêtent à partir pour rejoindre le roi à Fontainebleau, le duc de Buckingham revient à bride abattue. Il a prétexté une dépêche urgente pour quitter le cortège de la reine Henriette et revenir sur ses pas vers Amiens. Il arrive dans la soirée accompagné du comte de Holland, les deux reines sont couchées dans leurs chambres. Il va d'abord saluer la reine mère ; on a beau être un fougueux amoureux britannique, on n'en respecte pas moins les convenances et la bienséance. Puis se rend dans la chambre d'Anne qui se fait saigner – peut-être est-elle souffrante ? –, et malgré cela le duc entre dans la pièce, au grand affolement de Mme de Lannoy, la remplaçante de Marie de Chevreuse au poste de surintendante de la maison de la reine. Elle ne sait comment faire pour repousser le duc qui, selon Mme de Motteville, « ... vint se mettre devant son lit, baisant son drap avec des transports si extraordinaires qu'il était aisé de voir que sa passion était violente et de celles qui ne laissent aucun usage de la raison à ceux qui en sont touchés... S'adressant à la reine il lui dit tout haut les choses les plus tendres, mais elle ne lui répondit que par des plaintes de sa hardiesse sans être peut-être très en colère ». La reine réussit néanmoins à lui faire entendre raison et Mme de Lannoy à le faire sortir. Le duc repart vers sa nouvelle reine et l'Angleterre. Les deux amoureux ne se reverront plus. Pendant plusieurs mois, ils échangeront des lettres « officielles ». Buckingham essayera un an plus tard de revenir en France pour proposer une alliance franco-anglaise contre les Habsbourg ; il enverra à nouveau le comte de Holland pour sonder les intentions de Louis XIII et de Richelieu, à la fois sur le projet d'alliance et sur une visite du duc. Holland en reviendra très circonspect sur les chances de réussite de l'un et de l'autre. Buckingham préféra abandonner.

Cette aventure avec Buckingham nous permet de mieux comprendre la personnalité d'Anne et la manière dont elle conçoit ses relations avec les hommes, et éclaire un peu le couple qu'elle formera avec Jules. La reine est une jeune femme romanesque, nourrie, avec son petit cercle d'amies, de la lecture des romans ; le genre connaît un grand engouement depuis le début du siècle, ceux de Mlle de Scudéry en particulier, et c'est aussi le grand retour de la chevalerie, des romans champêtres... Tout cela entretient la jeune femme dans un état d'esprit très éloigné des sentiments qui animent son mariage avec Louis. Pourtant, bien qu'unie à un homme qui la délaisse et fait preuve d'une méfiance irrépressible, il reste « son mari ». Son éducation et sa foi profonde, sincère, reconnue par tous, y compris ses pires détracteurs, interdisent à la reine ne serait-ce que d'imaginer une demi-seconde la possibilité de tromper son mari. Rien ne nous empêche de penser que, étant donné la manière dont le couple royal pratique le « devoir conjugal », l'amour physique présente peu d'intérêt pour Anne. Elle ne connaît pas le plaisir charnel et sans doute ne l'imagine même pas ; peut-être est-ce complètement refoulé chez elle, pour employer un terme psychanalytique. Anne a vécu avec Buckingham une romance de jeune fille oisive, heureuse de comploter avec son amie Marie de Chevreuse, d'échanger des confidences sur leurs amants respectifs ; pour Marie le terme d'« amant » a le sens que nous lui donnons aujourd'hui, pour Anne, il faudrait plutôt employer le mot d'« amoureux ». Une nouvelle fois, faisons appel à l'acuité psychologique de Mme de Motteville qui définit ainsi la manière dont Anne concevait les rapports entre les hommes et les femmes : « La Reine était persuadée que les hommes pouvaient sans crime avoir des sentiments tendres pour les femmes ; que le désir de leur plaire les portait aux plus grandes et aux plus belles actions, leur donnait de l'esprit et leur inspirait de la libéralité, et toutes sortes de vertus ; mais que d'un autre côté, les femmes, qui étaient l'ornement du monde et étaient faites pour être servies et adorées des hommes, ne devaient souffrir que leurs respects. [...] La reine n'a pas fait difficulté de me conter depuis (fort détrompée de ces dangereuses illusions) qu'étant jeune, elle ne comprenait pas que la belle conversation qui s'appelle ordinairement l'honnête galanterie, où on ne prend aucun engagement particulier, pût jamais être blâmable, non plus que celle que les dames espagnoles pratiquent dans le palais, où, vivant comme des religieuses, et ne parlant des hommes que devant le roi et la reine d'Espagne, elles ne laissent pas de se vanter de leurs conquêtes, et d'en parler comme d'une chose qui, bien loin de leur ôter leur réputation, leur en donne beaucoup. » Tout est dit et explique cette romance avec Buckingham, incarnant pour elle une sorte de prince charmant, de beau chevalier prêt à servir sa dame comme au temps des troubadours. Gageons que George Villiers avait sans doute sur la dame des visées moins romantiques et plus concrètes ; après tout c'était dans sa nature. A-t-il véritablement aimé la reine ou ne s'est-il pas plutôt pris au jeu d'un challenge tant personnel que politique ? Nombre d'historiens anglais se sont posé la question et penchent pour une réponse beaucoup plus politique que sentimentale. Anne a-t-elle aimé l'homme Buckingham ou l'idée qu'elle s'en est faite, confortée par l'intrigante Marie ? Nous ne le saurons jamais. Elle dira un jour que si elle avait dû aimer un autre homme que son mari, c'eût été le duc... mais c'était avant de rencontrer Jules Mazarin. L'aurait-elle dit après ?

Les conséquences immédiates de l'affaire Buckingham se présentent pour Anne sous la forme de sanctions vexatoires de la même nature que celles appliquées par son mari lors de la fausse couche, trois ans plus tôt. Sa Majesté entre dans une colère noire, la jalousie de Louis ne faisant qu'un tour, et même un double tour tant elle est exacerbée sournoisement par la reine mère qui officiellement excuse sa belle-fille, mais en profite pour saper le peu de crédit qui lui reste dans l'esprit du roi, et par le cardinal de Richelieu. Comme d'habitude, Louis s'en prend à l'entourage de sa femme, et, comme d'habitude, il n'a aucune discussion avec elle sur le sujet. Le 20 juillet, au petit matin – on sait que la reine se lève tard –, Louis envoie son propre confesseur annoncer à la reine ceux qu'il écarte et ceux qu'il chasse ; il s'agit de la plupart des serviteurs qui se trouvaient dans le jardin à Amiens au moment du fameux aparté entre Anne et son duc. Le procédé est doublement vexatoire. Anne ne dit rien. Le lendemain, même scénario, pour lui annoncer cette fois que c'est La Porte qui est chassé. Cette sanction touche la reine profondément. Elle est très attachée à son « portemanteau » – un des mots utilisés pour nommer le premier valet de la reine car il était traditionnellement chargé de porter la queue du manteau de la reine –, qui lui est loyal et fidèle. Elle retient ses larmes et a l'esprit de faire répondre à son époux qu'elle le supplie de lui donner d'un seul coup la liste complète de ceux et celles qu'il veut chasser « afin que ce ne fût plus à recommencer ». Prudemment, Marie de Chevreuse a choisi de rester auprès de son mari qui a accompagné à Londres la reine Henriette. Elle passera quelques longues semaines à la cour de Londres, le temps d'y poursuivre son aventure amoureuse avec milord Holland et sans doute d'en avoir une avec le duc de Buckingham. On ne se refait pas !

Pour la littérature historique et romanesque française, l'idylle entre Anne et le duc aura de belles conséquences.

Dans le récit qu'il fait de l'affaire, La Rochefoucauld évoque des ferrets que la reine aurait offerts en secret à son amoureux qui les aurait portés de retour à Londres. Une lady anglaise, espionne du cardinal de Richelieu, les aurait reconnus, et aurait averti Son Eminence qui aurait essayé de discréditer la reine... Alexandre Dumas s'est emparé de ce court passage, il en a fait *Les Trois Mousquetaires.* La jeune reine romanesque est devenue, deux siècles après sa mort, un personnage de roman...

A la suite de cet incident, la reine commence, en cet été 1625, une période de sa vie qui dut lui paraître très longue, car elle est isolée à la Cour – en butte à l'hostilité patente du triumvirat qui dirige la France : Louis, la reine mère et le cardinal de Richelieu, puis du duumvirat quand les liens seront définitivement rompus entre le roi et Marie de Médicis. Elle apprend à survivre. Sa situation en émeut malgré tout quelques-uns qui resteront ses amis, dont La Rochefoucauld : « Elle était malheureuse et persécutée, et le cardinal était plus un tyran que son amant. » Elle sortira renforcée de ces épreuves. Mme de Motteville l'a perçu : « ... la longue expérience des affaires et des intrigues de la cour, où elle a toujours eu une grande part, ont tout à fait réparé ce qui pouvait lui avoir manqué du côté des livres ; et si elle ignore l'histoire de Pharamond [un chef franc qui était censé descendre du roi de Troie, Priam] et de Charlemagne, en récompense elle sait fort bien celle de son temps. »

Il signor Giulio, *joueur et séducteur*

En 1625, Giulio commence, sans le savoir encore, une ascension qui, à son terme, le rapprochera définitivement de la reine. Il est en garnison à Ancône. Rien ne s'y passe et l'oisiveté lui pèse. Il se dit que la vie militaire n'est peut-être pas pour lui, qu'elle est trop aléatoire et ne correspond pas à son tempérament et à son ambition. Au fond ce qui l'attire, c'est tirer les ficelles. Avant de trouver les moyens de satisfaire son ambition, le capitaine Mazarini continue à faire ce qu'il fait le mieux : il joue. Beaucoup. Il parle aussi. Distrait les assistances qui ont la chance de l'avoir : il est si brillant, si séduisant. Parmi ces jeunes Romains qui s'estiment le centre du monde, Giulio fait figure de grand intellectuel puisqu'il parle trois langues (l'espagnol et le français en plus de l'italien), a voyagé et possède un doctorat en droit. Mais le capitaine a la bougeotte. Il cherche à se rendre utile, il est volontaire pour compléter les effectifs des régiments qui manquent d'officiers ; le voilà recruteur, accomplissant cette tâche avec zèle et efficacité. Ses *padroni* n'ont que des éloges à son endroit.

Dans une lettre datée de 1636, Mazarin donne à son ami très proche Zongo Ondedei, futur évêque de Fréjus, quelques conseils qui nous dévoilent les méthodes employées par le futur cardinal : « Lorsque les Patrons commencèrent à m'employer en affaires, je me suis efforcé de me rendre plus considérable par la pratique de celles-ci que par le poste qui me fut donné, qui ne consistait qu'à informer les Patrons de ce qui se passait alors...

« En conclusion, tâchez d'avoir tous les honneurs que vous pourrez obtenir afin de ne pas avoir une situation inférieure aux autres [...] mais si vous rencontrez des difficultés considérables, ne vous arrêtez pas longtemps à les surmonter. Tâchez alors, avec force de savoir-faire et d'esprit, de trouver moyen, en accommodant les différends qui naîtront dans les affaires, de vous avantager par rapport aux autres. [...] vous améliorerez extrêmement votre condition, ce en quoi consiste la vraie gloire.

« Ayez pour but dans vos actions de gagner l'estime de tous et, si vous êtes encore malheureux dans d'autres affaires, cela importe peu, car la bonne renommée est la vraie richesse et le vrai avantage pour une âme noble. Je dis peut-être des sottises, mais je crois de mon devoir de vous indiquer les règles et maximes que je voudrais observer moi-même... »

A l'automne 1625, Mazarin est à Rome. Son père est accusé de meurtre et c'est Giulio, fort de son diplôme d'avocat, qui le défend. Nous n'avons pas plus de détails sur cette affaire qui s'est très probablement bien terminée. Le capitaine Mazarini, dans le courant de l'année 1626, va pouvoir mettre en pratique les conseils qu'il donnera plus tard à son ami Zongo. L'armée du pape est accompagnée d'un commissaire apostolique, Gian Francesco Sacchetti, lui-même flanqué d'un sous-commissaire particulièrement incompétent. Ce sera la chance de Giulo. Il rencontre le commissaire apostolique, lui propose bénévolement de lui rendre toutes sortes de menus services et très vite il fera merveille dans ce panier de crabes diplomatique que va devenir la Valteline. Il supplantera totalement le sous-commissaire, officieusement d'abord, puis officiellement. Sacchetti devient un *padrone* pour celui qui cesse bientôt d'être le capitaine Mazarini. Nommé en 1628 légat pontifical à Milan, à l'époque possession espagnole, Sacchetti emmène avec lui Giulio qui devient officiellement son secrétaire. La carrière diplomatique du cardinal commence. Quand, en 1629, Sacchetti doit repartir pour Rome, il laisse à Milan son secrétaire, qui s'occupe des affaires de la légation. Giulio est légat du pape de fait, s'il ne l'est pas en titre. Il saura user avec grande habileté de cette position pour servir, nous l'avons vu, d'entremetteur entre les Français et les Espagnols, et se fera connaître de l'Europe entière par son coup d'éclat de Casal.

Légat de fait, il dépend de l'homme qui dirige la politique du Saint-Siège, le cardinal Francesco Barberini, neveu du pape Urbain VIII. Dès avant l'exploit de Casal, on parle de plus en plus à Rome de ce jeune Mazarini qui fait preuve de beaucoup d'habileté dans sa participation à la mission pontificale de neutralité de la Valteline. Il paraît logique de pourvoir Giulio d'un poste officiel. Il ne faut pas priver la diplomatie du Saint-Siège d'un talent aussi prometteur. Pourtant, malgré la protection de Colonna, et maintenant des Sacchetti, le pape et son neveu se font prier. Ces deux-là n'aiment pas beaucoup Giulio. Ce ne sera pas le cas d'un autre Barberini, frère cadet du précédent, Antonio, qui deviendra un ami du futur cardinal. En fait, ce que veut le pape, c'est « tenir » le jeune homme et pour cela le faire entrer dans les ordres. Giulio, devenu prêtre, appartiendrait totalement à l'Eglise. Une brillante carrière dans la diplomatie pontificale s'offre à lui à cette condition. Il hésite, atermoie, ne dit pas vraiment non mais ne s'exécute pas. Pourquoi Mazarin refuse-t-il cette voie royale de la cléricature qui lui permettrait de grimper quatre à quatre les échelons d'une carrière que ses talents et son ambition lui promettent brillante ? Est-ce par amour de cette liberté qui lui permet de passer ses nuits à jouer et à lutiner les dames... ? Certes, on n'est plus au temps des Borgia et Urbain VIII est assez tatillon sur les mœurs de ses prêtres, mais avec un peu de discrétion – et Mazarin pratiquait la dissimulation comme un maître ! – et un peu d'organisation..., une vie « agréable » n'était pas difficile à conserver sous la soutane. Est-ce, en accord avec ses parents qui pourtant ne rêvent que de gloire ecclésiastique pour leur si brillant fils, pour se réserver la possibilité d'un mariage et donc d'une postérité du nom, le second fils Michele étant entré dans les ordres ? Les historiens en sont réduits aux hypothèses. Alors pourquoi ne pas évoquer la « très grande » ambition du futur cardinal telle que la ressentira quelques années plus tard la reine Christine de Suède ? Sur le terrain, ces vallées alpines, la Savoie, Milan, ses bons offices entre les Espagnols et les Français, Mazarin est bien placé pour mesurer le pouvoir du Saint-Siège, mais aussi ses limites. Ce n'est qu'un arbitre, avec assez peu de moyens tout compte fait. Et Mazarin veut jouer dans la partie qui se déroule à ce moment-là et qui a pour terrain l'Europe entière. N'oublions pas cette guerre commencée quelques années plus tôt et qui durera trente ans. Ce sont les Habsbourg d'Autriche ou d'Espagne, les Suédois, les princes allemands, les Français, les Provinces-Unies – les Pays-Bas d'aujourd'hui – qui sont les acteurs de cette fantastique partie d'échecs militaire et diplomatique dont sortira l'Europe dont nous sommes les héritiers. Cette Europe, c'est Mazarin qui la fera... mais nous n'en sommes pas encore là. Dans cette partie, c'est avant tout la force, les armes qui parlent... le Vatican, combien de divisions ? Jusqu'à la Réforme, le pape a disposé d'un magister moral unique qui lui a permis de peser sur l'histoire du Moyen Age occidental. Les protestants ont entamé ce leadership, profondément et durablement. Les cartes sont en train de se redistribuer, et le pape perd des points. Une partie de l'Europe centrale et de l'Europe du Nord bascule dans le camp de la Réforme et ne reviendra jamais dans celui de l'Eglise catholique. Il faudra désormais compter avec les protestants. Agissant sur le terrain pour le compte du Saint-Siège dans un conflit qui cristallise une des lignes de fracture politique majeures de l'époque, l'opposition entre les Français et les Espagnols, Mazarin a tout le loisir d'entrevoir que la partie décisive va sans doute se jouer entre ces deux puissances. Peut-être Giulio comprend-il à ce moment-là que s'il entre dans la carrière diplomatique par la porte du Saint-Siège, il s'enferme lui-même dans un cadre trop étroit pour lui. Quels autres choix lui reste-t-il ? L'Autriche et le Saint Empire ?... le terrain est miné par la violence et la complexité du conflit entre les princes catholiques et les princes protestants, et il n'en parle pas la langue. L'Espagne, il a compris son importance lors de son séjour à Madrid, mais il a aussi pu mesurer la fierté des Espagnols qui jamais ne feront totalement confiance à un Italien, sans compter, et c'est peut-être le plus déterminant, que son premier *padrone*, le prince Colonna, est considéré comme noble espagnol à la cour de Madrid puisqu'il est connétable du royaume de Naples, possession espagnole. Jamais, auprès des Habsbourg d'Espagne, Giulio ne pourra se détacher des Colonna et des petites intrigues entre familles romaines. La seule possibilité qu'il lui reste est la France. Personne n'a jamais démenti une certaine superstition chez l'Italien, peut-être la prédiction à son retour de Madrid est-elle toujours restée consciemment ou inconsciemment dans son esprit. Parmi les milliers de lettres qu'il a écrites au long de sa vie, jamais Mazarin n'a donné d'autres explications de son choix de la France que sa rencontre avec Richelieu et cette prédiction. Comme si tout était joué d'avance ; il était dit que Richelieu était le *padrone* dont il avait toujours rêvé. Mais à y regarder de près, si l'irraisonné le poussa vers Richelieu et la France, le raisonné pouvait l'y pousser aussi. Nous ne saurons sans doute jamais si Giulio a fait l'analyse que je suggère ici, mais tous les historiens reconnaissent leur impuissance à connaître les raisons qui ont incité le futur cardinal à refuser d'entrer dans les ordres et à épouser une carrière de diplomate pontifical. Alors pourquoi pas cette piste-là ?... Giulio est un joueur, et même un excellent joueur. Il sait qu'on n'invente pas une partie mais qu'il faut la comprendre et utiliser au mieux les cartes que le hasard procure.

Inexorablement, Giulio prend la route de France qui va le mener auprès de la reine Anne. Après sa spectaculaire action à Casal, l'Italien va s'attacher de plus en plus à servir les intérêts de Richelieu et du roi de France. Toujours diplomate pontifical, il se montre efficace à démêler les affaires de Savoie. A Paris les bons offices de Giulio sont appréciés. On parle de lui au Louvre dans les meilleurs termes. Petit à petit, on se prend à l'amitié de ce diplomate du Saint-Siège si attaché aux affaires du royaume.

Le pape se décide à lui donner quelques moyens d'existence sous forme de bénéfices ecclésiastiques. En mai, il le nomme chanoine de Saint-Jean-de-Latran, à Rome, canonicat qui rapporte 500 ducats par mois. Pour cela, il n'est pas nécessaire d'avoir prononcé ses vœux mais simplement de recevoir le « caractère clérical », c'est-à-dire être tonsuré et porter le vêtement ecclésiastique. En réalité, cette tonsure se résumera à la coupe symbolique d'une mèche de cheveux. Giulio n'ira pas plus loin dans la cléricature. La cérémonie a lieu le 18 juin 1632. Giulio reçoit la tonsure des mains du nonce Bichi à Sainte-Menehould, dans l'est de la France, où le nonce était allé prendre possession d'une abbaye que Louis XIII lui avait donnée. C'est pendant ce séjour en France, entre avril et juillet, que le Signor Giulio et la reine Anne se rencontrent, comme nous l'avons vu.

Giulio rentre à Rome. Il lui faut maintenant prendre l'habit ecclésiastique, l'*habito longo ;* c'est officiel le 20 novembre. En cette même fin d'année, Urbain VIII colore son nouvel habit de violet. Il l'élève au rang de protonotaire apostolique qui lui donne le titre de *monsignore* et le place presque au même rang que les évêques sans leurs charges. Mazarin n'en reste pas moins le plus zélé défenseur des intérêts français. Il l'expliquera en 1634 dans une lettre à Abel Servien, ambassadeur de France à Turin : « ... il sera toujours avantageux à Sa Majesté que Sa Sainteté se serve de moi, car, dans toute affaire que j'aurais à traiter, je ferai apparaître, en tant que cela me sera possible, le dévouement et la partialité qu'avec tant de raison je professe envers Sa Majesté et l'Eminentissime cardinal-duc. » A Rome, il est d'usage que chaque grande puissance soit représentée par un « protecteur » de ses intérêts. Le cardinal Maurice de Savoie, qui défend les intérêts français, se montre assez léger dans l'exercice ; il ne séjourne presque jamais dans la Ville éternelle. Mazarin se met à la manœuvre pour qu'il soit remplacé par le cardinal Antonio Barberini, neveu du pape. Cela rétablirait l'équilibre entre Madrid et Paris car l'autre neveu du souverain pontife, le cardinal Francesco Barberini, est protecteur des intérêts de l'Espagne. Mais les Espagnols se méfient de Mazarin. Ils éventent ses agissements. Officiellement, Antonio Barberini ne sera pas protecteur de la France – il le deviendra plus tard –, mais officieusement il veille désormais de très près aux intérêts de Paris. C'est un atout important dans le jeu des Français auprès du Saint-Siège. Mazarin, dans l'histoire, a gagné un ami puissant à Rome.

Giulio, qui sait entretenir l'amitié, ne cesse d'envoyer des cadeaux à ses amis de la cour de France. Au cardinal-duc tout d'abord pour qui il achète tableaux, sculptures, etc., des plus grands artistes italiens, mais aussi à de nombreux autres *amici* qui reçoivent parfums, onguents, camées, pièces de broderie. Parmi les destinataires des cadeaux de Mazarin, il y a bien sûr la reine, qui apprécie tout particulièrement les gants parfumés que Giulio lui envoie pour protéger ses merveilleuses mains dont la beauté est célébrée dans toute l'Europe.

Nonobstant une antipathie certaine d'Urbain VIII et de son neveu préféré, Francesco Barberini, la faveur de Giulio monte dans le sillage de l'autre neveu, Antonio – qu'on nomme à Paris le cardinal Antoine –, dont il devient l'ami et le confident... et qui est maintenant le *padrone* le plus important du nouveau monsignor.

En 1633, Giulio monte un échelon de plus et devient « référendaire en l'une et l'autre signature », titre aussi joli que vague qui lui permet, entre autres, de bénéficier de revenus en nature et en espèces non négligeables. C'est à cette période que monsignor Mazarini marie deux de ses sœurs : Laura épouse le comte Martinozzi et Geronima, le baron Mancini. Il dote chacune d'elles d'une somme de 40 000 livres, ce qui tendrait à montrer que Giulio commence à jouir d'une certaine aisance.

En mai 1634, Giulio avance un peu plus sur la route de France en devenant vice-légat d'Avignon. La cité et le comtat Venaissin appartiennent au pape et sont administrés par un légat, en l'occurrence le cardinal Antoine. C'est une promotion, certes, mais qui ne fait pas véritablement avancer la carrière du jeune monsignor de trente-deux ans. Cette même année, la nonciature se trouve vacante à Paris. Richelieu et Louis XIII insistent auprès d'Urbain VIII pour que Giulio soit nommé à ce poste. Le souverain pontife refuse et, derrière ce refus, il faut voir l'influence de l'Espagne. Giulio ronge son frein dans l'ambiance chaleureuse et festive du palais Barberini où il est la plupart du temps auprès de son ami le cardinal Antoine, amoureux à l'époque d'une cantatrice ; amour platonique semble-t-il, dont Giulio est le complice et le confident. Autour du cardinal Antoine, homme bon, timide et sans grand rayonnement, s'épanouit une petite cour agréable dans la douceur de la vie romaine. C'est trop calme pour Giulio qui ne se sent pas l'âme d'un courtisan. De nouveau, il ronge son frein, en butte à la sourde hostilité du clan espagnol.

La route de France

Enfin, le pape se décide à confier une mission au jeune monsignor ; une mission en France, et une mission d'importance. Urbain VIII ne souhaite rien de moins que faire rendre au duc de Lorraine son duché occupé militairement par les troupes du roi de France, réconcilier Louis XIII avec son frère qui, en fuite et en rébellion contre Richelieu, a épousé une princesse de Lorraine, Marguerite, contre l'avis de son frère et enfin, pour faire bonne mesure, empêcher Sa Majesté et son cardinal de Premier ministre d'entrer en « guerre ouverte » contre les Habsbourg avec les protestants suédois et hollandais comme alliés. En homme lucide, Giulio ne croit pas à la possibilité de réussite de cette mission : « ... je n'ai pas désiré m'occuper d'une négociation qui ne peut réussir... et que j'ai fait tout mon possible sous divers prétextes pour m'y soustraire », écrit-il à Abel Servien. Doit-on le croire quand il dit qu'il a tout fait pour éviter une mission qui l'envoyait en France ?... Il ne rêve que de cela, justement, aller en France pour revoir le cardinal-duc qu'il souhaite ardemment servir.

Le 25 août 1634, monsignor Mazarini, promu au rang de nonce extraordinaire, quitte Rome dans un somptueux carrosse offert très généreusement par le cardinal Antoine. Il passe par la Toscane et le Piémont, et arrive à Paris en novembre, fidèle à sa réputation, les bras chargés de cadeaux auxquels le cardinal Antoine a largement participé : tableaux de Titien, de Pierre de Cortone, de Jules Romain, objets d'art de toutes sortes, y compris des « antiques » ; ainsi nommait-on les vestiges artistiques de la Rome des empereurs. A Paris, Giulio fait aussi office de courtier d'art pour le cardinal Antoine qu'il conseille et pour qui il achète des œuvres pour son palais romain. Mazarini aura toute sa vie la passion des objets d'art dont il sera un grand connaisseur, et saura s'en servir pour entretenir les relations utiles... et au passage faire quelques bénéfices de courtage.

Comme il l'avait prévu, sa mission est un échec. Il aura beau plaider honnêtement pour les idées du pape, rien n'y fera et la guerre sera déclarée en mars 1635. Pouvait-il réellement changer le cours des choses ? Certainement non ! La décision de Louis XIII et de Richelieu est prise depuis longtemps.

En revanche, quant à sa carrière personnelle, les choses se passent au mieux pour l'Italien avec la bénédiction de son *padrone*, le cardinal Antoine, qui avait écrit à Richelieu : « Il n'y a personne en qui je me fie plus que Mazarini... Je n'ai pas manqué de l'observer et je l'ai toujours trouvé le plus grand serviteur que Sa Majesté et vous-même puissiez avoir. » Giulio réussit à entrer dans l'intimité du cardinal de Richelieu. Il est sans cesse auprès de lui, à Paris ou dans son château de Rueil. C'est l'époque où les deux hommes se découvrent mutuellement et où naît leur amitié. Ils se reconnaissent une passion commune pour le théâtre et l'opéra – tous les deux au cours de leur vie commettront des pièces ou des livrets d'opéra – et ils jouent aux cartes, car cette activité distrait le cardinal, et l'on sait combien Giulio y est passé maître. Pour lui maintenant, il ne s'agit plus de jouer pour gagner sa vie, mais « plus par politique que par vice, un bon diplomate devant se prévaloir des moyens qui peuvent lui faciliter l'accès auprès de ceux dont dépend la bonne issue de ses négociations ».

Giulio est si bien à Paris qu'il s'y attarde toute l'année 1635, même après la déclaration de guerre de mars qui de toute évidence rendait caduque sa mission. C'est à cette période également qu'il se lie d'amitié avec le comte de Chavigny, Gaston d'Orléans, tous les principaux personnages de la Cour et la reine Anne. Sur sa relation avec la reine, une anecdote court, invérifiable comme souvent : un jour où il aurait été particulièrement chanceux au jeu, monsignor Mazarini aurait offert à la reine 5 000 écus sous le galant prétexte que sa seule présence lui aurait porté chance. La reine aurait d'abord refusé, puis se serait fait prier et enfin aurait accepté ; il est vrai qu'Anne avait sans cesse besoin d'argent et que la somme n'était pas négligeable. C'est aussi au cours de cette année 1635 qu'il rencontre Walter Montagu, dont on peut affirmer qu'il a joué un rôle déterminant dans la relation entre la reine et son cardinal, ce milord Montagu dont la vie riche et passionnante mériterait un livre.

L'ami anglais

Arrêtons-nous un instant sur ce personnage hors du commun. Fils cadet du comte de Manchester, Walter Montagu – Wat pour ses amis – commença, à vingt-deux ans, comme une sorte d'espion anglais. Son « terrain » de prédilection était la France, dont il parlait parfaitement la langue et connaissait les mœurs politiques. Il entre dans l'histoire, nous l'avons vu, en participant à la délégation venue négocier le mariage de la princesse Henriette et du prince de Galles. Naît alors entre la future reine et Wat une indéfectible amitié dont les mauvaises langues diront qu'elle était plus que de l'amitié et dont les historiens admettront que, bien que platoniques, les sentiments de Walter étaient très forts et pas loin d'être partagés par sa souveraine. En 1627, Richelieu le fait embastiller pour avoir aidé la duchesse de Chevreuse – dont il était l'amant ; mais à part le roi et Richelieu, qui ne l'a pas été ! – dans un complot européen contre la France. La reine Anne était au courant et approuvait en secret. Elle craint que cela ne se sache. Montagu réussit à lui faire savoir par La Porte que son nom n'apparaît pas dans les papiers saisis et ne sera jamais cité. Elle lui en sera reconnaissante. Libéré quelques mois plus tard, il retourne en Angleterre et se trouve à Portsmouth, le 2 septembre 1628, auprès de Buckingham, lorsque celui-ci est assassiné par un fanatique puritain au moment de prendre la mer avec sa flotte pour secourir les protestants de La Rochelle assiégés par l'armée du cardinal de Richelieu. Walter revient très vite en France, officiellement en tant que négociateur pour un échange de prisonniers, et y séjournera sans discontinuer jusqu'en 1633 comme attaché à l'ambassade britannique. La reine Anne le rencontre souvent à la Cour mais aussi dans son cher Val-de-Grâce, ce qui indique la confiance qui naît entre eux. Nouveau complot dans lequel Mme de Chevreuse est impliquée : Walter préfère prudemment regagner l'Angleterre. Nous sommes en 1634. Milord délaisse la politique et se consacre à l'art dramatique. Comme le remarque Georges Dethan, dans le même moment où Giulio dirige à Rome les répétitions d'un opéra au palais Barberini, Walter fait jouer à la cour de Londres une de ses pièces, *La Complainte du berger*, dans laquelle il a écrit pour la reine Henriette le rôle de Bellezza. La passion des deux hommes pour les arts et le théâtre sera un des fils qui tisseront leur amitié. Dans les profondeurs de l'âme de Montagu se fait depuis longtemps un cheminement spirituel qui le conduit, en 1635, à évoquer clairement sa conversion au catholicisme. Le représentant du pape s'en réjouit auprès de la reine Henriette, persuadé que c'est grâce à son « bon exemple » que milord Montaigu prend le chemin de la foi catholique. Vers la fin de l'année 1635, Walter est en France, sans doute sur le chemin de Rome *via* le Piémont, chargé d'une mission de la reine Henriette auprès de sa sœur, la duchesse Chrétienne. C'est lors de ce voyage, passant par Paris, qu'il rencontre le nonce extraordinaire, monsignor Giulio Mazarini. Les deux hommes sympathisent immédiatement et échangent des cadeaux : Walter offre des chevaux et Giulio une croix en diamants. Continuant sa route, Milord passe par Loudun où se déroule l'affaire des possédées. Par chance, le diable choisit précisément le jour où un grand seigneur anglais est de passage pour sortir du corps de la mère prieure Jeanne des Anges, en laissant gravé en lettres de sang sur sa main le mot « Joseph ». Walter assiste fasciné à ce prodige – saluons au passage le talent des exorcistes qui connaissaient admirablement leur métier ! – qui achève de le déterminer à se convertir. Montagu séjourne à nouveau en France en 1638 puis s'y installera définitivement à partir de 1641, chassé d'Angleterre par la révolution qui amènera la condamnation à mort et l'exécution de Jacques Ier et l'exil de la reine Henriette. Walter sera toujours un ambassadeur zélé de la cause de sa reine et fera de fréquents séjours à la Cour. Devenant une sorte de sage, il sera de plus en plus aimé et écouté de la reine Anne.

La route du pouvoir

1635 est une année charnière dans la vie de Giulio. Il était venu à Paris avec l'envie de prendre la route de France. A la fin de cette année, il est convaincu que c'est pour lui le seul chemin. Richelieu est le « *padrone* de sa vie » et c'est en France que brillera son étoile.

Hélas, début 1636, les choses se présentent plutôt mal. Urbain VIII, qui ne comprend pas pourquoi monsignor Mazarini s'attarde à Paris, s'impatiente. Il le rappelle à l'ordre. Sa place est à Avignon dont il est vice-légat. En janvier, le pape lui donne l'ordre de quitter Paris : il s'exécute. Giulio n'a aucun doute sur les raisons de ce départ. Ce sont à nouveau les Espagnols qui veulent l'écarter. Il l'écrit très précisément en avril à un ami romain : « Que personne ne se creuse la cervelle pour trouver les raisons de mon rappel de la cour de France ! Il n'est dû absolument qu'aux instances vives et réitérées des Espagnols pour m'exclure de cette manière... »

Giulio va passer huit longs mois en Avignon. C'est à nouveau l'inaction, ce qu'il redoute le plus. Pour lui, cette légation est une relégation, ainsi que ses ennemis l'en plaisantent à Rome. Il ne cesse d'envoyer lettre sur lettre à ses amis français pour leur expliquer combien il se morfond loin du cardinal de Richelieu et qu'il serait prêt à endosser n'importe quel habit pour le seul plaisir de le servir... même jardinier dans ses jardins de Rueil ! A Chavigny il écrit : « La vie que je passe en ce pays est la plus mélancolique du monde. J'ai converti un des salons antiques [du palais des Papes] en un tripot, mais après avoir joué une heure, je m'ennuie plus que jamais. » Il voudrait rentrer à Rome, s'expliquer devant le pape qui lui refuse cette permission. Et il craint que son ami le cardinal Antoine ne l'ait laissé tomber. Il écrit à un ami à Rome : « Si pour quelque raison je pouvais craindre d'avoir perdu la grâce de Son Eminence [le cardinal Antoine], je perdrais la tête et en deviendrais fou car quelle résolution pourrais-je prendre, étant persécuté des Espagnols, abandonné de Son Eminence et sans assurance d'être bien reçu en France, où la situation change à vue d'œil ? » Le seul moment agréable est la visite de lord Montagu qui séjourne quelques semaines auprès du vice-légat. C'est l'occasion de longues conversations en tête à tête qui cimenteront une amitié qui ne verra son terme qu'avec la mort de Mazarin, vingt-cinq ans plus tard.

Le cardinal Antoine n'a pas cessé de travailler au retour de son ami Giulio. Enfin, en septembre, le pape rappelle le vice-légat d'Avignon. Il se met en route début octobre, accompagné par Walter jusqu'à Turin, et arrive le 6 novembre au matin à Rome ; il se précipite aux pieds du cardinal Antoine. Il lui est d'autant plus reconnaissant qu'il a compris que le cadet des Barberini était désormais son seul ami et protecteur dans la Ville éternelle. Pendant son voyage de retour, il proteste de sa fidélité au cardinal Antoine et au pape : « Je n'ai d'autre ambition en ce monde, après celle de la grâce de Dieu, que d'un peu de gloire que j'acquerrai en me sacrifiant pour le bien public et pour l'excellente maison Barberini... Je désire le bien et le repos de la chrétienté avec celui de Sa Sainteté sans me soucier du reste. »

Giulio a senti passer le vent de la relégation. Il sait courber l'échine et faire allégeance quand il le faut.

Commence alors pour monsignor Mazarini une période de trois ans : son dernier séjour à Rome. Il fait preuve durant ces années d'une activité débordante. En 1637, une conférence de la paix s'ouvre à Cologne. Mazarin veut en être de quelque manière que ce soit. Il ne parvient pas à se faire nommer dans la délégation pontificale, mais accepte de rédiger la plus grande part des instructions données aux nonces chargés de se rendre à Madrid et à Paris pour obtenir une trêve générale. Dès son retour à Rome, le cardinal Antoine l'a nommé son *maestro di casa ;* Giulio est en quelque sorte un intendant qui a tous pouvoirs dans la maison de son maître. Jamais l'influence de Giulio sur le cadet des Barberini n'a été aussi forte. La question du protectorat de la France auprès du Saint-Siège se pose à nouveau. Le cardinal Maurice de Savoie abandonne la charge et « passe à l'ennemi », c'est-à-dire dans le clan des cardinaux espagnols deux fois plus nombreux que les français. Le pape s'oppose à ce que son neveu prenne la charge mais, guidé par Giulio, le cardinal Antoine passe outre. Début 1638, il est officiellement reconnu par le roi Louis XIII et peut désormais arborer les armes de France sur son palais. En remerciement, le cardinal Antoine fait tomber une pluie de cadeaux somptueux sur la cour française ; bien évidemment, c'est Giulio qui s'est chargé avec habilité du choix de ces présents. Georges Dethan en donne quelques exemples : « ... des reliques pour le pieux Louis XIII, un miroir sculpté et des éventails pour la reine, des médailles pour Gaston d'Orléans qui se pique d'être numismate, et pour Richelieu une masse d'objets d'art : statues antiques et modernes, tableaux de Raphaël et de Paris Bordone... ».

Mazarini est maintenant ouvertement considéré comme le meilleur « agent » des Français à Rome. Il emploie tous ses efforts pour faire obtenir le chapeau de cardinal au père Joseph, la célèbre « éminence grise » de Richelieu, tout en essayant d'obtenir pour lui-même la pourpre cardinalice sur le quota de la Pologne. En décembre 1638, le père Joseph meurt. Richelieu change alors le nom de l'homme à qui il voudrait voir attribuer le chapeau : monsignor Giulio Mazarini. Giulio en est éperdu de gratitude mais il sait que la demande a peu de chances d'aboutir pour l'instant. Il est aussi convaincu désormais que son avenir est compromis en restant à Rome au seul service du cardinal Antoine. A tout moment, il peut être renvoyé en Avignon et y rester définitivement. Il attend un signe de la France. A Walter Montagu, il écrit : « Ma seule consolation est de savoir qu'au galant homme tout pays est patrie », et à Chavigny : « Je ne suis pas né sujet du roi, mais je crois pouvoir vraiment dire que les déclarations des Espagnols m'ont canonisé français, de sorte qu'avec justice on peut me permettre d'appeler la France ma patrie. »

En avril 1639, le roi Louis XIII accorde à Mazarin des « lettres de naturalité » ; il ne s'agit pas à proprement parler de naturalisation mais plutôt d'une situation intermédiaire lui permettant de recevoir des bénéfices ecclésiastiques dispensés par la Couronne. La nationalité de Mazarin a longtemps posé question aux historiens. Comme le résume George Dethan, « ... il y a peu de raisons de douter que ce personnage paradoxal, qui fut cardinal sans être prêtre, devint Premier ministre de Louis XIV sans avoir jamais été français ».

L'attribution de ces lettres de naturalité montrait clairement l'intention du roi de France de s'attacher les services de monsignore Mazarini et enfin, à la fin novembre

1639, il l'appelle officiellement à Paris. Giulio ne perd pas une minute, juste le temps de saluer le pape et le cardinal Antoine, et le 14 décembre il quitte Rome. Les Espagnols lui refusent le passage par le Piémont, qu'à cela ne tienne, il trouve un bateau français bien armé qui cingle vers Marseille : « Nous nous y rendîmes en trois jours, et je rencontrais dans les vents cette sécurité que me disputaient les Espagnols. »

Giulio Mazarini ne reverra jamais la Ville éternelle. Il y laisse quelques amis sincèrement tristes, dont le cardinal Antoine qui a compris et accepté ce départ mais ne peut s'empêcher d'écrire à Giulio : « De vous se fait continuellement, matin et soir, commémoration très affectueuse... tellement vous êtes resté dans le cœur de tous. [...] Je n'exagère pas, croyez-moi, je ne puis tolérer votre absence... la considération de votre bien devrait me faire trouver en elle tout contentement... mais mon bon sens et ma force d'âme doivent céder quelque place au sentiment causé par le fait de ne plus vous voir et qui témoigne de ma faiblesse... »

Le 5 janvier 1640, Giulio peut enfin se jeter aux pieds du roi et de Richelieu. Il est heureux. L'accueil à la Cour est chaleureux. Louis XIII et le cardinal-duc font montre de beaucoup d'affection tout comme la reine Anne, enceinte de son deuxième enfant et qui lui est si reconnaissante de toutes les « galanteries » qu'il lui a toujours généreusement envoyées, et plus encore depuis la naissance du dauphin en 1638. Giulio ne peut que se féliciter d'avoir su entretenir des liens avec la souveraine. Elle a connu des années difficiles, méprisée par Richelieu et en butte aux mesquineries de son mari. Mère du dauphin, elle est maintenant intouchable et, mieux encore, les santés déclinantes du roi et de son Premier ministre vont peut-être la conduire à la régence.

Elle s'est encore aguerrie, mais reste une femme coquette et sensible ; jamais elle n'oubliera que lorsqu'elle subissait toutes sortes d'humiliations, monsignor Mazarini lui marquait son respect et son soutien avec « de ces petits cadeaux qui entretiennent l'amitié ».

La reine bafouée, maltraitée

Durant ces années où Giulio se rapproche de la cour de France et donc de la reine, Anne apprend à survivre, avec cette impression de « naviguer à l'estime » et de parer les coups comme ils viennent. Elle essaie aussi de se raccrocher à la moindre lueur d'espoir de voir tomber le tyran, Richelieu, et à cause de cela commet des erreurs. Plus le cardinal assoit son pouvoir, plus il cristallise contre lui les haines. Homme lige de la reine Marie de Médicis, quand celle-ci s'oppose à son fils, il passe dans le camp du roi ; c'est la fameuse journée des Dupes, en novembre 1630, où le cardinal s'attire définitivement la haine de la reine mère. Dès ce jour, la Cour se divise : les partisans de Richelieu et ses ennemis. Dans la famille royale, hormis le prince de Condé, tout le monde hait le cardinal. Anne partage totalement cette haine et, comme le cardinal n'est parvenu ni à se faire une alliée de la reine ni à la contrôler, le sentiment est devenu réciproque. Anne regarde avec bienveillance tous les complots ourdis dans le but de se débarrasser du cardinal politiquement ou physiquement. Autour d'Anne se retrouvent des ennemis du cardinal, et notamment de nombreux membres du parti dévot, farouchement contre une guerre entre l'Espagne et la France, dont Richelieu est considéré comme le seul responsable ; les dévots lui en veulent d'autant plus que pour faire la guerre à l'Espagne, le cardinal s'est allié avec des Etats protestants, ennemis de la papauté. Pour ces gens, le cardinal-duc, l'homme en rouge, est rien de moins que l'incarnation du diable.

Sans l'avoir cherché, la reine attire autour d'elle des opposants au cardinal ; du moins ceux qu'il n'a pas exilés, mis en prison ou qui ne se sont pas enfuis. Bien évidemment, ce ne sont pas les ennemis les plus virulents de Son Eminence qui ont choisi de rester à la Cour mais cela entretient un petit « foyer ». Ce ne sont pas des gens qu'Anne a choisis mais plutôt des compagnons de circonstance ; illustration du vieil adage : « Les ennemis de mes ennemis sont mes amis. » Cela aura des conséquences fâcheuses lorsque la reine et son cardinal auront pris le pouvoir : ces compagnons estimeront avoir des droits, au nom de leur appui en des temps difficiles. Ils attendront des récompenses qui ne viendront pas.

Outre sa grande piété qui la soutient dans l'adversité, la reine a toujours puisé un réconfort profond dans les liens épistolaires qu'elle entretient avec sa famille : avec son père jusqu'à la mort de ce dernier, mais aussi avec ses sœurs et son frère, même après que celui-ci fut devenu roi. Cette correspondance est, somme toute, très anodine. La reine se plaint surtout des humiliations du roi et du cardinal, de sa tristesse de se sentir si mal aimée, elle qui le fut si bien dans son enfance. Elle a besoin de ces lettres et attend avec impatience chacune des réponses. A partir de 1635, une fois la guerre déclarée entre les deux pays, une correspondance entre la reine de France et le roi d'Espagne peut légitimement paraître suspecte. D'autant que la reine déplore cette guerre, et c'est compréhensible. Le roi interdit à sa femme d'écrire à sa famille. La Porte relate dans ses *Mémoires* un épisode très significatif du climat entre les deux époux : « Il [le roi] s'amusa à lire sept ou huit lettres, puis après les avoir lues, il les mit à terre, prit lui-même un flambeau et y mit le feu disant tout haut : "Voilà le beau feu de joie de la défaite des Espagnols contre le gré de la reine", puis s'en alla sans la voir. »

La reine passe outre à l'interdiction de son mari et continue en secret d'écrire à son frère. On a quelquefois voulu voir en elle une espionne des Espagnols à la Cour, c'est très exagéré. La seule faute que l'on puisse vraiment lui imputer est d'avoir continué cette correspondance contre l'avis de son mari, et surtout contre une logique qui l'obligeait à cesser tout contact avec un ennemi, fût-il son frère. En théorie, c'est de la haute trahison. Un siècle et demi plus tard, un des chefs d'accusation qui conduiront Louis XVI sur l'échafaud est précisément d'avoir entretenu une correspondance secrète avec l'ennemi et comploté contre la nation. Concernant Anne, la faute est dans la forme, pas dans le contenu de ces lettres. Mais la faute est réelle.

Parmi ses correspondances secrètes, en plus de sa famille, elle communique avec la duchesse de Chevreuse, exilée de la Cour depuis plusieurs années, et avec l'ancien ambassadeur d'Espagne à Paris, le comte de Mirabel, qui s'était montré d'un grand soutien pour la reine pendant les années de son ambassade. Pour tout cela, la reine a besoin d'un complice, ou plutôt d'un factotum. C'est La Porte qui tient ce rôle. Bien que Louis XIII se méfie de lui à cause de sa trop grande fidélité à la reine, Anne a réussi à le faire revenir auprès d'elle. En l'absence de Mme de Chevreuse, il est son confident. La reine a une absolue confiance en lui. Entre autres qualités, La Porte est un très bon « chiffreur », car qui dit correspondance secrète dit chiffre – c'est-à-dire code –, qui permet de dissimuler le contenu des lettres à toute personne n'ayant pas le manuel de décodage, et dit organisation pour faire passer les lettres aux destinataires par des voies détournées.

On s'est donc organisé. La reine écrit en espagnol. La Porte traduit ensuite en code et les recopie au moyen d'une sorte d'encre sympathique : « ... une eau en l'entre-ligne d'un discours indifférent, et en lavant le papier d'une autre eau, l'écriture paraissait », précise-t-il dans ses *Mémoires*. Puis le même La Porte contacte un « passeur » qui change selon les circonstances ou la destination. Certaines fois, les lettres transitent par la Flandre et les réponses reviennent par l'Angleterre. On imagine bien que l'acheminement est très long, de sorte que si la reine transmettait des secrets concernant les opérations de guerre en cours, lesdites opérations auraient des chances d'être effectuées avant que l'information ne parvienne au roi d'Espagne.

Ce petit manège dure pendant deux ans avec la bénédiction silencieuse du cardinal de Richelieu, dont les espions ont éventé le stratagème et lui procurent une copie de bon nombre des lettres expédiées par la reine et des réponses qu'elle reçoit. Il semble qu'il n'en ait pas averti le roi, préférant sans doute garder le dossier pour le moment où il aurait besoin de faire pression sur la reine pour une quelconque manœuvre dont son esprit retors avait le secret. Louis XIII en est informé, sans doute par une indiscrétion ; il faut dire que toutes ces allées et venues ne passaient pas inaperçues, et que la reine et ses complices accumulaient les imprudences. Le roi, lui, décide de ne pas garder le silence, au contraire !

Le 10 août 1637, Anne est au Louvre. Elle reçoit l'ordre du roi, installé à Saint-Germain, de se rendre immédiatement à Chantilly où il la rejoindra deux jours plus tard. Elle prend à peine le temps de terminer une lettre qu'elle écrivait pour Marie de Chevreuse, alors en exil à Tours, confie la lettre à La Porte et part pour Chantilly. La Porte applique à la lettre le traitement habituel et contacte un passeur pour la lui remettre, lequel, sous un prétexte quelconque, repousse le rendez-vous au lendemain. La Porte ne se méfie pas et rentre chez lui avec la lettre. C'est bien évidemment un piège. A l'angle de la rue Coquillière et de la rue des Augustins, il est attaqué par des inconnus qui lui bandent les yeux et l'emmènent à la Bastille. Sur lui, on trouve sans difficulté la lettre. Des enquêteurs sont déjà en train de fouiller son appartement de fond en comble, et, au même moment, l'évêque de Paris et le chancelier Séguier perquisitionnent les appartements privés de la reine dans le couvent du Val-de-Grâce où Anne a pris l'habitude, depuis quelques années, de séjourner régulièrement. C'est son havre de paix, l'endroit où elle se sent protégée, entourée de l'affection des sœurs et de l'abbesse, la mère Saint-Etienne, qui est devenue une amie.

Chez La Porte, on découvre une liasse de lettres de la duchesse de Chevreuse mais rien d'autre. Dissimulé dans une cache du mur, les « visiteurs » ne trouvent pas le manuel de décodage. Au Val-de-Grâce, ils font chou blanc également. On interroge l'abbesse, une Franc-Comtoise dont le frère est gouverneur de Besançon, alors ville espagnole – cela provoque, il faut le reconnaître, quelques soupçons –, qui nie avoir jamais vu la reine écrire une lettre dans son couvent, la défend avec la dernière énergie, rappelant combien elle est vertueuse et pieuse, et se déclare convaincue qu'elle est victime d'une fausse accusation. Afin de la rendre plus docile, on la destitue et on la place en résidence surveillée dans un château aux environs de Paris. Elle finira par reconnaître qu'elle a vu la reine écrire, mais elle n'a jamais su à qui. On ne parviendra pas à tirer autre chose d'elle.

En ce qui concerne La Porte, les interrogatoires sont plus musclés. On le menace, on le moleste... il tient bon et fait preuve d'un réel courage. Il n'a jamais fait que son travail, effectué des courses pour la reine, et n'en sait pas plus.

Anne est à Chantilly, morte d'inquiétude. Elle sait que La Porte a été arrêté. Elle craint le pire. Toutes sortes de bruits courent : qu'elle va être répudiée... enfermée dans un couvent... dans une forteresse au Havre... Selon son habitude, le roi évite toute confrontation avec sa femme : il ne lui parle pas, ni ne la voit. Elle aussi est interrogée. Sur les conditions de cet interrogatoire, les témoignages divergent. Selon les uns, il aurait eu lieu en présence du cardinal de Richelieu et du chancelier Séguier, ou de Richelieu seul, et La Porte dit dans ses *Mémoires* que le chancelier aurait approché sa main du corsage de la reine pour vérifier qu'elle n'y dissimulait rien. On ne saura jamais si l'anecdote est vraie, bien que de nombreux historiens la reprennent, mais on imagine le sentiment d'humiliation qu'Anne a pu ressentir. Elle nie avoir jamais écrit, ni en Espagne, ni à Mme de Chevreuse, ni à Mirabel ; on lui montre la preuve qu'elle mentait, elle est alors obligée de le reconnaître. L'« interrogatoire » en reste là. Anne s'attend maintenant à de sévères représailles de son mari.

A la Bastille, La Porte tient toujours bon, il gagne du temps et s'en tient à la version d'une correspondance avec la seule duchesse de Chevreuse. Quand il comprend que la reine en a avoué un peu plus... il est très embarrassé. Que dire ? Il ne voudrait pas en dire plus que la reine et ainsi la charger. Il faudrait qu'il sache ce qu'elle a révélé, or il est au secret dans une geôle. Comment faire ?

Les ennemis de mes ennemis sont mes amis

Jusqu'ici, avec la correspondance secrète, le chiffre, le piège, les interrogatoires, cette histoire approche du roman d'aventures et de cape et d'épée. Avec l'épisode suivant, nous y tombons complètement ; tous les historiens font référence à l'ambiance des romans d'Alexandre Dumas et on comprend pourquoi.

La Porte raconte qu'à la verticale de sa cellule, deux étages au-dessus, est emprisonné le commandeur de Jars, compromis quatre ans plus tôt dans un complot contre Richelieu et qui purge une peine d'emprisonnement à vie. Il a le droit de recevoir des visites au parloir et déteste le cardinal-duc. Nous retrouvons l'adage : les ennemis de mes ennemis sont mes amis... et en plus on s'entraide ! Marie de Hautefort s'entend avec une amie du commandeur qui lui rend visite et l'accompagne, déguisée en servante. Elle persuade facilement le commandeur d'entrer en contact avec La Porte. Pour cela, pendant une promenade, il prend langue avec les locataires de la cellule intermédiaire entre celle du porte-manteau et la sienne ; ils sont emprisonnés pour avoir participé à une révolte dans le Sud-Ouest contre Richelieu. L'adage joue à nouveau. Le sol de la cellule du commandeur est percé d'un trou qui aboutit à la cellule du dessous, dont les occupants creusent à leur tour un trou qui débouche dans le plafond de la cellule de La Porte. On enfile une corde qui passe d'un trou à l'autre et on peut ainsi acheminer des lettres. En quelques allers et retours, La Porte est informé de ce que la reine a reconnu. Il a l'intelligence de résister encore à quelques interrogatoires, de manière à ne pas donner l'impression de se « coucher » trop rapidement, et quand on lui présente la question, qui n'est rien moins que de la torture, il cède et... avoue tout ce qu'Anne a déjà dit. Pour lui, l'affaire se terminera par un séjour de neuf mois à la Bastille.

Pour Anne, c'est plus délicat. Elle doit sortir de cette impasse. Elle a juré d'abord, puis est revenue sur ses serments, a avoué, un peu, puis un peu plus... Elle sait que seul le cardinal peut débloquer l'affaire. Elle demande à le voir. Ils se rencontrent en tête à tête et, si l'on en croit le récit que le cardinal en fait dans ses *Mémoires*, elle reconnaît tout ce qu'on lui reproche, mais affirme qu'il ne s'agissait que de correspondance anodine où rien de ce qui peut ressembler à un secret d'Etat n'a été évoqué. Richelieu lui dit la croire... bien évidemment, puisqu'il a une partie des copies de ces lettres. Il a pu se rendre compte de l'innocence des propos échangés. Il promet à la reine de s'entremettre auprès du roi. Pour la reine, c'est une nouvelle épreuve : elle doit promettre, supplier, remercier... s'humilier devant son ennemi.

Pourquoi Richelieu n'en profite-t-il pas pour faire répudier ou du moins éloigner la reine ? Nous n'en savons rien. Peut-être préférait-il la ménager pour d'éventuelles négociations – l'année précédente, 1636, a été particulièrement mauvaise pour la France, attaquée de toutes parts, et l'issue des guerres est, à ce moment-là, rien de moins qu'incertaine –, peut-être le cardinal préférait-il garder Anne « sous la main », comme point de fixation du parti dévot qui lui est très hostile mais qu'il peut ainsi surveiller facilement ; peut-être sait-il que la très grande piété du roi l'empêchera toujours d'aller au bout d'une action qu'une partie de lui-même doit désirer...

Le cardinal amadoué, Anne doit maintenant affronter son mari. La scène se déroule le 17 août. C'est encore plus pénible, plus humiliant pour Anne qu'avec le cardinal. Car Louis ne se contente pas de paroles. Il veut des traces. Que la repentance et l'humiliation soient écrites. Il a fait préparer un document de la main d'un secrétaire : « Sur l'assurance que notre cousin, le cardinal-duc de Richelieu, qui nous est venu trouver à notre prière, nous a donné que le roi lui avait commandé de nous dire qu'ainsi qu'il avait déjà oublié diverses fois quelques-unes de nos actions qui lui avaient été désagréables [...], il était encore disposé à faire de même, pourvu que nous déclarassions franchement les intelligences que nous pouvons avoir eues depuis à l'insu et contre l'intention de Sa Majesté, tant au-dedans qu'au-dehors du royaume, les personnes que nous y avons employées et les choses principales que nous avons, ou qui nous ont été mandées. » Le document se poursuit avec les détails des noms, faits, etc. Puis la reine ajoute de sa propre main : « Nous avouons ingénument ce que dessus comme chose que nous reconnaissons franchement et volontairement être véritable : nous promettons de ne retourner jamais à pareilles fautes et vivre avec le roi, Monseigneur, comme une femme qui ne veut avoir autres intérêts que ceux de sa personne et de son état. » Anne signe et le roi ajoute de sa main : « Après avoir vu la franche confession de la reine, que notre très chère épouse, a faite de ce qui nous pu déplaire en sa conduite depuis quelque temps et l'assurance qu'elle nous donne de se conduire à l'avenir selon son devoir envers nous et notre état, nous déclarons que nous oublions entièrement tout ce qui s'est passé, n'en voulons jamais avoir souvenance, ainsi voulons vivre avec elle comme un bon roi, et bon mari doit faire avec sa femme. » Cette forme de traité de paix fait penser au pacte de bonne entente signé quelques mois plus tard entre Louis et Cinq-Mars au plus fort d'une fâcherie. Décidément, curieux personnage que ce Louis XIII qui fuit les conversations franches, refuse de parler des problèmes en face, fait faire la sale besogne par son ministre et ensuite se rassure en faisant consigner les choses sur un bout de papier !... Et Anne signe... peut-elle faire autrement ?

Il semble que le roi ait respecté les termes du contrat et qu'il ait continué à faire son devoir conjugal puisqu'un an plus tard, en septembre 1638, la reine met au monde le dauphin tant attendu ; l'enfant du miracle ! Dès cet instant, le cardinal et Sa Majesté la méprisent toujours autant, mais elle est devenue intouchable. Et autour d'elle flotte comme un effluve de régence à venir.

En janvier 1640, Anne et Jules sont à la cour de France d'où l'Italien ne repartira jamais. Se prépare « géographiquement » le rapprochement d'une Espagnole coquette, faite pour les hommages galants et les sentiments sincères, mais bafouée, humiliée et cependant mère du futur roi, et d'un Romain que sa ville rejette, fasciné par l'un des plus grands hommes politiques de l'histoire mais ennemi juré de l'Espagnole, et qui a choisi la France comme le seul pays capable d'être à la mesure de son immense ambition. Qui aurait pu imaginer que trois ans plus tard, ensemble, ils prendraient le pouvoir ? Personne, et surtout pas eux !

Comment ce rapprochement s'est-il fait ? Nous ne pouvons que l'imaginer. Tout s'est déroulé dans le plus grand secret. Quelques traces demeurent, comme l'intercession de l'évêque de Beauvais et du nonce apostolique auprès d'Anne en faveur du cardinal Mazarin, à laquelle la reine répond : « Je suis persuadée que le cardinal Mazarin est mon serviteur. Je serai bien aise de conserver quelqu'un qui puisse m'informer des intentions que pourra avoir le roi à sa mort pour les suivre. Je veux me servir pour cela d'une personne qui ne soit point dans la dépendance de Monsieur ni du Prince de Condé » ; et ce mot que Jules fait parvenir à la reine *in extremis* dans les heures qui suivent le lit de justice ayant donné la régence pleine et entière à Anne : « Je n'aurai jamais de volonté que celle de la reine. Je me désiste dès maintenant de tout mon cœur des avantages que me promet la déclaration que j'abandonne sans réserve, avec tous les autres intérêts, à la volonté sans exemple de Sa Majesté. Ecrit et signé de ma main ; de Sa Majesté le très humble, très obéissant et très fidèle sujet, et la très reconnaissante créature. » Dans la hâte, le mot est écrit au crayon, Jules promet de le refaire à l'encre... il oubliera.

Un homme, très probablement, a su exactement comment les choses se sont passées car il en a sans douté été la cheville ouvrière, c'est milord Walter Montagu. Il est le seul à être à la fois un homme intègre et un ami sincère des deux protagonistes ; celui qui assure la reine être « la seule personne désintéressée » auprès de qui elle peut prendre conseil. Mazarin écrit dans ses carnets dans les semaines qui suivent sa nomination : « On insinue pour me mettre à dos le peuple que la Reine est étrangère et que je n'introduis dans ma confiance d'autre que Montagu qui est aussi étranger... » Cela tendrait à montrer que les contemporains ont senti que quelque chose se passait autour de l'Anglais sans parvenir à en percevoir la réalité. Il y a de grandes chances pour que nous restions à jamais dans l'ignorance du rôle exact de Montagu, et ce n'est pas le moindre des paradoxes que ce soit un Anglais qui ait été le principal artisan du rapprochement d'une Espagnole et d'un Italien pour gouverner la France au nom d'un enfant roi qui deviendra le « Soleil » de son histoire.

4

L'été des dangers

En mai 1643, quand le pouvoir parvient entre les mains de la reine régente et qu'elle le confie au cardinal Mazarin, on peut sans risque avancer qu'il n'est pas question d'amour entre eux. Il s'agit tout au plus d'une union d'intérêts. Compte tenu de la situation politique au moment de la mort de Louis XIII, la reine a peu de choix si elle veut conserver l'héritage de son fils. A y regarder de près, Mazarin est la solution la plus logique, du moins provisoirement. Car rien de définitif entre eux en ces premiers temps de régence. L'historienne Simone Bertière parle d'un « ministre à l'essai ». Se sont-ils entendus sur un délai précis : trois mois, six mois ?... Nous n'en savons rien mais ce n'est pas impossible. Jules n'aurait jamais imaginé accéder un jour à un tel niveau de pouvoir et d'honneur ; en homme pragmatique, il a joué la partie qui se présentait. Mais il connaît trop bien la fragilité de ses positions. Il n'est d'aucun clan et n'a aucun appui à la Cour ; il ne peut compter que sur le soutien de la reine et sur son propre talent pour durer. Faisons-lui crédit de la lucidité, c'est un diplomate qui sait analyser parfaitement les situations. Il ne se fait peut-être pas d'illusions sur le temps qu'il a devant lui, mais le cardinal Jules Mazarin est un homme d'honneur. Etre fidèle à Richelieu et poursuivre la politique de son maître, protéger la couronne de son filleul l'enfant roi sont des devoirs pour lui. Brienne se souvient de la reine à cette époque : « Elle n'avait rien plus à cœur que la grandeur du roi son fils et de procurer la paix à la France pourvu que ces deux choses pussent s'accorder ensemble. » Mazarin incarne ces deux volontés. Il est essentiellement un homme de paix et le parrain de son fils. La reine va vite s'apercevoir qu'il prend ce rôle très au sérieux. Ce sera pour elle une « divine surprise ». Si Anne et Jules se connaissaient depuis longtemps, dans les premiers mois de la régence ils se sont reconnus. Ce n'est pas un amour naissant qui les a conduits à partager le pouvoir, mais c'est le partage de ce pouvoir qui a fait naître l'amour. Ceux qui ont voulu croire qu'Anne s'offrait avec Jules un *remake* de sa passion romantique pour Buckingham se sont trompés. Il n'y a pas de passion entre la reine et le cardinal, mais un sentiment profond, solidement et tendrement construit, qui s'est affermi dans la tourmente et pour cette raison même a perduré.

D'un cardinal, l'autre

La nomination de Mazarin à la tête effective du Conseil – il le présidait en l'absence de Condé et d'Orléans – est une immense surprise. Le bruit en avait simplement couru quelques heures avant qu'elle ne soit officielle. Il n'y avait probablement que trois personnes à être au courant, en dehors du cardinal et de la reine : le secrétaire d'Etat Loménie de Brienne, le valet de chambre du roi Pierre de Beringhen, un homme de toute confiance, et Montagu. Autre surprise de taille, la composition du Conseil demeure quasiment la même, c'est-à-dire que les hommes de Richelieu restent en place. Tout le monde était persuadé que la reine allait se livrer à une épuration sans merci. Il était impensable qu'elle garde auprès d'elle les créatures de celui qui l'avait humiliée pendant des années ; elle ne le pouvait pas ! Eh bien, elle l'a fait. Sur le conseil de Mazarin ?... très certainement. Il lui avait fait valoir que, dans la situation délicate où se trouvait le pays, notamment en raison de la guerre, elle devait se ménager une période de transition. Comme il a accepté d'être un ministre à l'essai, il a suggéré un Conseil à l'essai, le temps qu'elle se familiarise avec l'exercice du pouvoir. Dans la manière dont les choses se passent à partir du 18 mai, Anne fait montre de prudence, d'une conscience de ses propres limites qui va à l'encontre de l'image de la femme peu intelligente à laquelle les historiens ont longtemps voulu faire croire.

Dans la composition du Conseil, les seules victimes sont les Bouthillier, le père – qui doit céder sa charge à Brienne – et le fils, le comte de Chavigny. La reine veut absolument l'en exclure. Personne ne lui rappelle de plus mauvais souvenirs. Il a contresigné la déclaration humiliante que Louis XIII lui a fait signer en 1637 ; il a été témoin des angoisses d'Anne au moment de l'affaire Cinq-Mars. Mazarin s'entremet pour défendre celui qui fut son ami et chez qui il a séjourné un an en 1635... le cardinal obtient le maintien de Chavigny au Conseil mais sans poste défini. Le comte y restera cinq ans avant d'en être exclu à la suite de sa participation à un complot. Au contraire, le chancelier Séguier est maintenu dans ses fonctions. Pourtant la reine le déteste, mais Mazarin fait valoir sa compétence en matière de justice ; c'est un grand professionnel. Et sa sœur est abbesse d'un couvent à Pontoise et une amie intime de Wat Montagu qui va souvent faire retraite chez elle ; cela aussi a sans doute joué.

A la Cour, on pense que si la reine a conservé Mazarin, ce n'est que pour expédier les affaires courantes, le temps d'une transition ; en effet, elle a aussi fait entrer au Conseil l'évêque de Beauvais, Potier, sans fonction précise. Cela confirme la rumeur faisant de lui le prochain Premier ministre ; pour l'instant il observe, s'instruit, et progressivement l'Italien va lui passer les rênes du pouvoir. Anne l'a-t-elle souhaité un moment ? Probablement pas. Elle a conscience de la bêtise du bonhomme. Pourtant elle en a laissé planer le doute en annonçant qu'il était le prochain candidat défendu par la France pour le cardinalat. Et puis, pourquoi ne pas envisager qu'elle se sert de Potier comme leurre, comme paravent, de la même manière qu'elle s'en était servie alors qu'elle négociait en secret la cassation du testament de Louis XIII ? Pour l'instant, le cardinal et la reine s'observent. Jules se fait discret. Il laisse à Orléans ou à Condé la première place au Conseil, se montre aimable, affable avec tout le monde. Retz persifle à propos de l'attitude du cardinal : « L'on voyait sur les degrés du trône, d'où l'âpre et redoutable Richelieu avait foudroyé plutôt que gouverné les humains, un successeur doux, bénin, qui ne voulait rien, qui était au désespoir que sa dignité de cardinal ne lui permettait pas de s'humilier autant qu'il l'eût souhaité devant tout le monde, qui marchait dans les rues avec deux petits laquais derrière son carrosse. » On se souvient que le cardinal-duc s'entourait d'un cortège sinistre et terrifiant. Jules se fait modeste. Retz ajoute : « L'on se croyait bien obligé au ministre de ce que, toutes les semaines, il ne faisait pas mettre quelqu'un en prison, et l'on attribuait à la douceur de son naturel les occasions qu'il n'avait pas de mal faire. Il faut avouer qu'il seconda fort habilement son bonheur. [...] L'accès était tout à fait libre, les audiences étaient aisées, l'on dînait avec lui comme avec un particulier ; il relâcha même beaucoup de la morgue des cardinaux les plus ordinaires. Enfin il fit si bien qu'il se trouva sur la tête de tout le monde, dans le temps que tout le monde croyait l'avoir à ses côtés. » Et Retz poursuit par un état des lieux et des esprits décrit avec une plume trempée dans le plus profond cynisme et la plus grande méchanceté : « Ce qui me surprend, est que les princes et les grands du royaume, qui pour leur propres intérêts devaient être plus clairvoyants que le vulgaire, furent le plus aveuglés. » Et puis Mazarin, pendant l'été 1643, fait des ducs à tour de bras : Estrées, Mortemart, Liancourt, Vitry, Châtillon, etc., il s'achète une clientèle... du moins veut-il le croire !

Très vite cependant le cardinal accumule contre lui les rancœurs. Tous ceux qui s'attendaient au grand chassé-croisé de la régence, que Richelieu avait humiliés, exilés, emprisonnés, reviennent à la Cour persuadés que des récompenses les attendent. Or, ils trouvent un Mazarin resté en place et avec lui les hommes du cardinal-duc. On ne veut pas s'en prendre à la reine, alors ce ne peut être que Mazarin le responsable. Et on a beau se persuader que la situation n'est que temporaire, à peine quelques semaines ou quelques mois, c'est déjà trop pour des assoiffés de vengeance. Très vite, on complote et on ne voit de Mazarin que les travers. Oublié le temps où toute l'Europe vantait le courage du capitaine Mazarini à Casal, les portraits que les mémorialistes dressent du cardinal lui font une réputation de lâche, de fourbe et d'avaricieux qu'il va longtemps traîner derrière la pourpre de sa soutane. En voici quelques exemples.

La duchesse de Nemours : « ... également avare et faible, il ne pouvait se résoudre à faire du bien qu'à ceux qui lui avaient fait ou lui pouvaient faire du mal ; enfin, pour pouvoir obtenir quelque chose de lui, il fallait s'en faire craindre, puisqu'on le menaçait rarement sans succès. » Retz aussi s'en donne à cœur joie : « Il ne fut ni doux ni cruel, parce qu'il ne se ressouvenait ni des bienfaits ni des injures. Il s'aimait trop, ce qui est le naturel des âmes lâches ; il se craignait trop peu, ce qui est le caractère de ceux qui n'ont pas de soin de leur réputation. » La Rochefoucauld, pourtant mesuré et un ami sincère de la reine pendant les pires moments, ne peut pas se résoudre à entretenir avec Mazarin les rapports d'amitié que la souveraine lui demande : « Son esprit était grand, laborieux, insinuant et plein d'artifices ; son humeur était souple ; on peut dire même qu'il n'en avait point, et que, selon son utilité, il savait feindre toutes sortes de personnages. Il savait éluder les prétentions de ceux qui lui demandaient des grâces, en leur en faisant espérer de plus grandes [...], le cardinal Mazarin avait plus de hardiesse dans le cœur que dans l'esprit. Il cachait son ambition et son avarice sous une modération affectée : il déclarait qu'il ne désirait rien pour lui, et que toute sa famille étant en Italie, il voulait adopter pour ses parents tous les serviteurs de la reine, et chercher également sa sûreté et sa grandeur à les combler de biens. »

Pour l'heure, Jules a deux préoccupations : la paix et la guerre ! Il lui faut en premier lieu sauver l'héritage de Richelieu en politique étrangère. Une régence exercée par une princesse d'origine espagnole, dont personne en Europe n'ignore qu'elle a longtemps conservé des liens étroits avec les membres de sa famille, a de quoi inquiéter les alliés de la France aussi bien ceux qui négocient dans les pourparlers de paix qui vont commencer en Westphalie dans le but de régler la situation dans l'Empire que ceux qui combattent à nos côtés contre les Espagnols. Que se passerait-il si tout à coup Anne d'Autriche décidait de faire une paix séparée avec son frère et son oncle ? La France va-t-elle abandonner le fruit de dix ans d'une guerre chèrement payée : l'Artois, la Lorraine, l'Alsace, la Savoie, le Roussillon, les ponts du haut Rhin ? Sans oublier de solides positions en Italie du Nord, le contrôle de la Catalogne, dont Louis XIII est devenu le comte, et qui s'étend de part et d'autre des Pyrénées ; une marine que Richelieu a créée de toutes pièces et qui en quelques années a conquis la suprématie sur la Méditerranée et égale la marine anglaise sur l'Atlantique... En vingt ans, Richelieu a fait la France plus grande et plus puissante qu'elle n'a jamais été ; tout cela va-t-il disparaître ?

Certes, il y a eu un signe quasi miraculeux avec la victoire de Rocroi, emportée à l'arraché, comme un symbole flamboyant d'un règne commençant, par un jeune général dont Retz écrit qu'il « est né capitaine, ce qui n'est jamais arrivé qu'à lui, à César et à Spinola ». Mais cette victoire peut vite devenir un piège pour la régence. Mazarin le comprend immédiatement. Sa réflexion apparaît dans une lettre qu'il envoie à son ami le cardinal Bichi : « Les raisons les plus fortes furent que la victoire remportée à Rocroi serait attribuée aux ordres du feu roi ou à l'ardeur d'un prince jeune avide de gloire qui commandait les armées, mais que, si l'on ne tirait aucun fruit de ce grand succès, on l'imputerait à la faiblesse de la régence et l'on dirait que dans la tombe du feu roi avait été ensevelie toute vigoureuse résolution. » Mazarin veut marquer les esprits et montrer que la France reste ferme dans sa détermination. Le jeune duc d'Enghien, qui prend goût à la gloire, propose de pousser l'avantage donné par Rocroi en s'emparant de Thionville, redoutable place qui verrouille le passage de la Moselle en aval de Metz, ce qui ouvrirait aux Français les portes de l'Allemagne. Thionville est une des places les plus importantes des Pays-Bas espagnols ; à ne pas confondre avec les Provinces-Unies, plus au nord, qui sont nos actuels Pays-Bas, et alors nos alliées contre les Espagnols.

Mazarin est convaincu que c'est une bonne stratégie, que la prise de Thionville confortera la victoire de Rocroi et rassurera nos alliés. Ne nous méprenons pas, il est et restera toujours un homme de paix, mais il sait qu'on ne peut obtenir une bonne paix qu'en position de force. Il doit amener à ces vues la reine et le Conseil, et le plus vite possible. Il a peut-être pensé que l'un serait plus facile à convaincre que l'autre. Pourtant, c'est la reine qui le suivra.

A Madrid, on est persuadé que la venue d'Anne au pouvoir est une bénédiction. « Indubitablement la dame reine de France possède encore le cœur avec lequel elle est née », écrit le comte de Chinchon. Dès l'annonce de la mort de Louis XIII, le roi Philippe IV et son Conseil décident de reprendre contact avec Anne que la cour espagnole n'a jamais cessé de considérer comme une sorte d'agent infiltré. Le prétexte en est les condoléances et l'homme choisi, un habile diplomate, don Diego de Saavedra Fajardo, délégué de l'Espagne au congrès de Westphalie, a un sauf-conduit pour traverser la France et se rendre à Bruxelles... il passera par Paris. En arrivant à Bordeaux, il demande à faire un détour par la Cour pour porter les condoléances de Philippe à sa sœur. On s'étonne de son équipage réduit alors qu'une telle ambassade devrait se faire avec la plus grande solennité.

Mazarin se méfie, il fait traîner l'autorisation et finalement le Conseil décide que, pour préserver la confiance des alliés, la reine ne recevra plus ni lettres ni visites d'Espagne. Saavedra écrit à Philippe IV que la reine « avait renoncé à toute manifestation de dévouement pour l'Espagne, au point que [votre Majesté], plutôt que de la considérer comme sa sœur, ferait mieux d'y voir une étrangère ».

Mazarin a marqué un point. Dans le même temps, il explique, argumente sur la poursuite de la guerre. Pour appuyer son discours, il fait donner deux généraux : Turenne, le frère du duc de Bouillon, et Rantzau. La reine ne sait rien des affaires de l'Etat, mais elle a du bon sens et de l'instinct. Elle comprend que Mazarin est dans le vrai, que la défense des intérêts de son fils passe par une France durablement victorieuse. Il faut donc poursuivre la guerre, mais jusqu'où...

Au milieu de ses soldats, Enghien s'impatiente. En bon stratège il sait qu'il faut exploiter une victoire très vite. Le 25 mai, Mazarin lui écrit pour le couvrir de louanges en espérant que cela le calmera : « Nous connaissons de plus en plus les conséquences de la victoire et nous voyons sensiblement les avantages que les affaires du Roi en recevront de tous côtés. Comme, après Dieu, vous avez été le principe d'un si bon commencement, j'espère que vous aurez la meilleure part de bonheur qui le suivra et que ce sera pour moi une suite incroyable de contentements puisque je suis plus que personne au monde, Monsieur, votre très humble serviteur. » La décision est prise dans les premiers jours de juin. Le 8, Le Tellier, secrétaire d'Etat, peut écrire à Enghien : « ... la reine a déféré à vos avis touchant le siège de Thionville »

Dès lors, les choses vont vite. Le jeune et bouillant capitaine met le siège devant la ville. Elle résistera cinquante-six jours et tombera le 8 août. Pendant ce temps, Jules écrit lettre sur lettre pour rassurer nos alliés sur les intentions de la régente. A notre ambassadeur à Venise M. des Hameaux : « Vous aurez su les courageuses résolutions qu'on a prises ici depuis la mort du feu roi et comme, après le gain de la plus fameuse bataille de ce siècle, la reine a voulu de son mouvement qu'on assiégeât la plus importante ville des Pays-Bas [...]. Il ne fut jamais princesse d'inclination plus française qu'elle, ni de mère qui eût plus de passion pour la gloire de son fils et pour le bien de ses affaires. Quelque grandes qu'elles soient, je vous puis assurer qu'elles ne surpassent pas ses forces et qu'elle fait voir tant de lumières et de vigueur en sa conduite qu'il ne nous est rien arrivé de si éclatant par le passé qu'on ne puisse avec raison attendre du nouveau règne. »

Aux Etats Généraux des Provinces-Unies, qui sont très inquiets : « ... encore que cette princesse soit du sang d'Autriche, elle n'en a retenu que la noblesse, et que toutes ses passions sont pour le roi et le bien de ses affaires ». Et pour rassurer et rassurer encore, à l'ambassadeur auprès des Etats Généraux le 15 août : « [...] le procédé de la reine envers ses alliés est si net et si hors d'ombrage, le soin qu'elle a apporté jusqu'au scrupule à éviter tout ce qui leur en eût pu donner la moindre impression du monde, le refus qu'elle a fait de voir des personnes et de recevoir des lettres qui leur pouvaient être suspectes, la franche et prompte communication qu'elle a donnée à leurs ministres de toutes ces petites occurrences, à mesure qu'elles sont arrivées, ne les doivent pas seulement avoir guéris de toute sorte de défiance, mais de la disposition même d'en recevoir l'avenir. »

En quelques jours, nous assistons à un renversement de personnalité chez Anne d'Autriche. Cette femme accepte de continuer de faire la guerre à son frère, de prendre elle-même la décision – là ce n'est plus son mari ou un cardinal-duc qui le lui impose –, de se couper définitivement de son pays natal et de sa famille, ce que jusque-là elle n'avait jamais fait, bien qu'ayant quitté l'Espagne depuis près de trente ans ! Plus encore, Mazarin lui explique que c'est précisément parce qu'elle est espagnole et que son frère est roi d'Espagne qu'elle doit continuer la guerre. Et ce raisonnement, la reine le comprend et l'accepte. Il a fallu beaucoup d'intelligence et de persuasion à Jules, beaucoup d'intelligence et de confiance à Anne, pour qu'ils se rejoignent sur cette question. Indubitablement la reine a changé, mais ses anciens amis ne veulent pas s'en apercevoir.

En cet été 1643, pendant que le cardinal Mazarin est préoccupé par les affaires extérieures, la reine est empêtrée dans des affaires intérieures, ou plus exactement des affaires de cour.

« La reine est si bonne »

Très vite, Anne prend la mesure de son nouveau rôle. C'est comme si elle se sentait enfin à la place où elle aurait toujours dû être, pour laquelle on l'avait élevée, éduquée : la première. Mme de Motteville l'a senti : « La régence donnait un air plus grand et plus majestueux à la reine que celui qu'elle avait étant malheureuse : mais elle me parut plus aimable qu'elle n'était autrefois... » Anne est pieuse et bonne. Sa nature profonde l'incite à l'amitié, à une certaine forme de légèreté, et à la fidélité à ses amis. Dans les premières semaines de la régence, on sent chez elle une envie de faire plaisir, de distribuer du bonheur autour d'elle. Mazarin la soutient car il a grande conscience de la fragilité de leur position à tous deux : lui n'a aucun appui, n'appartient à aucun clan, et sans lui la reine ne peut survivre que soutenue par un parti : Orléans, Condé ou Vendôme. Et puis il y a les amis de longue date, les fidèles : la duchesse de Chevreuse, Marie de Hautefort, La Rochefoucauld, La Porte, Mme de Motteville, déjà abondamment cités, mais aussi tous les autres. C'est d'ailleurs un trait marquant de la personnalité d'Anne : malgré une position très marginalisée à la Cour pendant de nombreuses années, une menace permanente de répudiation pour cause de stérilité, la reine a su s'attacher des amitiés sincères, jusque-là désintéressées. Anne a véritablement le sens de l'amitié. D'aucuns le savent et pensent pouvoir la « gouverner » au nom de leur amitié et grâce à la faiblesse de caractère qu'on lui prête. Le portrait que Retz trace de la souveraine est à l'unisson de ce que beaucoup pensent à la Cour : « La reine avait, plus que personne que j'aie jamais vu, de cette sorte d'esprit qui lui était nécessaire pour ne pas paraître sotte à ceux qui ne la connaissaient pas. Elle avait plus d'aigreur que de hauteur, plus de hauteur que de grandeur, plus de manières que de fond, plus d'application à l'argent que de libéralité, plus de libéralité que d'intérêt, plus d'intérêt que de désintéressement, plus d'attachement que de passion, plus de dureté que de fierté, plus de mémoire des injures que des bienfaits, plus d'intention de piété que de piété, plus d'opiniâtreté que de fermeté, et plus d'incapacité que de tout ce que dessus. »

« ... plus d'application à l'argent que de libéralité »,

tout à son nouveau statut, Anne distribue largement l'argent d'un Etat pauvre. A la Cour, on se frotte les mains. Retz nous dit qu'il n'y a plus « que quatre mots dans la langue française : La reine est si bonne ». Mais on s'inquiète dans la population : « Nous avons une régente très libérale qui ne refuse rien. On dit ici que, depuis un mois, elle a donné la valeur de six millions. Je souhaite qu'il lui en prenne mieux qu'à la feue reine mère, laquelle, au commencement de la régence, donna prodigieusement à tous les grands, la plupart desquels l'abandonnèrent quand elle n'eut plus rien. Elle a à faire à d'étranges gens qui sont les courtisans », écrit le bourgeois Guy Patin. La somme de six millions est peut-être exagérée ; en tous les cas elle est invérifiable. On se souvient de la vitesse à laquelle, trente ans plus tôt, Marie de Médicis avait dilapidé avec son ministre favori, Concino Concini, le trésor amassé patiemment par Henri IV et Sully, en partie destiné à financer la guerre contre l'Espagne. Les mêmes causes étant censées produire les mêmes effets, des libelles commencent à circuler :

La reine donne tout,
Monsieur joue tout,
M. le Prince prend tout,
Le chancelier scelle tout.

D'autant que le cardinal lui aussi distribue, moins certes, mais il a besoin de s'acheter une sûreté politique. Et puis, « plaie d'argent n'est pas mortelle », se dit-il sans doute.

Anne veut revoir certains de ses amis exilés par Richelieu, La Porte reprend du service ; Mme de Motteville qui avait été bannie par le cardinal-duc à l'âge de dix ans parce que la reine s'attachait trop à cette enfant dont la mère était espagnole. L'ancien médecin de Marie de

Médicis, Vautier, sort de la Bastille et est nommé auprès du jeune roi. Le marquis de Châteauneuf, qui avait occupé la fonction de garde des Sceaux avant Séguier, et accessoirement un des nombreux amants de Mme de Chevreuse, sort de la forteresse où il croupit depuis dix ans. L'abbesse du Val-de-Grâce retrouve son couvent et on voit revenir les La Rochefoucauld, La Châtre, les ducs de Bouillon, d'Elbeuf, d'Epernon, de Guise. On voit même dans Paris rôder les silhouettes de « rescapés » de l'affaire Cinq-Mars comme le marquis de Fontrailles.

Anne rappelle Marie de Hautefort qui lui manque beaucoup. L'appel de la reine est pressant et affectueux : « Madame, je ne puis demeurer plus longtemps sans envoyer de Cussy vous conjurer de me venir trouver aussitôt qu'il vous aura donné celle-ci ; Je ne vous dirai pas autre chose, l'état où je suis de la perte que j'ai faite ne me le permettant pas, que de vous assurer de mon affection, laquelle je vous témoignerai toute ma vie, et que je suis votre bonne amie et maîtresse. » Et pour que son amie la retrouve encore plus vite, elle lui envoie sa propre litière.

La reine renvoie Mme de Lansac, nommée gouvernante des enfants royaux par Richelieu. Les deux femmes ne s'étaient jamais entendues. Elle est remplacée par la marquise de Senecey, née Marie-Catherine de La Rochefoucauld et lointaine tante de l'auteur des *Maximes* qui avait été longtemps dame d'honneur de la reine avant d'être exilée par le roi en 1639. Mme de Senecey revient en conquérante à la Cour, persuadée elle aussi qu'elle gouvernera son amie Anne. Elle exige en plus du gouvernement des enfants de retrouver sa place de dame d'honneur. C'est la comtesse de Brassac qui occupe la fonction. Elle est une créature de Richelieu, mais elle a su plaire à la reine qui a de l'affection pour elle. Prise entre ses deux amies, Anne se sent obligée de redonner la charge de dame d'honneur à la marquise de Senecey, mais conserve au mari de Mme de Brassac sa charge de surintendant de la maison de la reine. Les courtisans acharnés à la vengeance, persuadés que la régente se débarrassera systématiquement de tous les partisans de Richelieu, ne mesurent pas la portée symbolique de cet arbitrage. Dans l'euphorie des retours en grâce espérés, personne ne comprend que la reine a l'intention de se déterminer par elle-même, selon ses sentiments, et qu'il n'y aura au contraire rien de systématique.

Le cas de la duchesse de Chevreuse est lui aussi significatif des rapports qui sont en train de s'installer au sein de la Cour. La belle Marie est à Bruxelles. Elle piaffe d'impatience, convaincue qu'Anne et elle vont renouer leurs liens de complicité comme aux plus beaux jours de leur amitié. Autrement dit, la « chevrette » n'imagine rien de moins que gouverner la France au travers de son amie. Anne hésite. Sans doute Jules lui rappelle-t-il les nombreuses conspirations auxquelles la duchesse a participé. Peut-être se souviennent-ils ensemble de la haine que Louis XIII portait à Marie de Chevreuse et combien il la considérait comme dangereuse ? Dans son testament, il avait expressément interdit son retour en France et à la Cour, et, lors de la lecture publique du document, alors que le roi semblait dormir, accablé par la maladie, le seul moment où il s'était réveillé avait été en entendant prononcer le nom de la duchesse de Chevreuse et il s'était écrié : « Voilà le diable ! » La reine veut-elle vraiment faire revenir son ancienne amie qui, il faut bien le reconnaître, est une sorte d'aimant à conspirations ? Jules et Anne le savent : une fois la duchesse à la Cour, ils ne parviendront pas à la contrôler et elle entrera inévitablement en conflit avec le cardinal. D'un autre côté, rien ne justifie de ne pas la rappeler, sinon cette inquiétude. Marie a incontestablement pâti de son amitié avec la reine, ce qui lui a valu – ce n'est certes pas la seule raison, son goût de l'intrigue y est aussi pour beaucoup – d'être une victime de la vindicte de Richelieu et du feu roi. Anne est loyale. Elle ne veut pas passer pour ingrate.

Le duc de La Rochefoucauld, ami et ancien amant de Marie, ami fidèle de la reine, se charge de faire l'intermédiaire entre les deux femmes. Il croit trouver là un rôle à sa mesure. Il va s'y fourvoyer. Dans ses *Mémoires*, il reconnaît avoir senti que la reine n'éprouvait pas un grand enthousiasme à l'idée du retour de Marie. Il en a lui-même informé la duchesse.

Quand La Rochefoucauld se rend auprès de la reine pour plaider la cause de Marie de Chevreuse, il se trouve en face d'une Anne perplexe et hésitante. Elle lui explique qu'elle n'a plus « de goût pour les amusements qui avaient fait leur liaison dans leur jeunesse... », qu'elle se sent vieillie, qu'elle a peur de décevoir son ancienne amie... Autant d'excuses qui ne sont que des prétextes. Elle finit par donner à La Rochefoucauld les véritables raisons de son hésitation : elle redoute le goût inextinguible pour l'intrigue de la duchesse et d'en être cette fois-ci la victime, elle se souvient de la promesse faite au roi Louis XIII sur son lit de mort et elle sait que jamais Marie de Chevreuse ne pourra tolérer la place prise par le cardinal Mazarin. La Rochefoucauld défend la duchesse, argumente, parle de fidélité, d'attachement, agite le risque de voir la Cour interpréter très négativement que la reine préfère le cardinal à son ancienne meilleure amie ; autrement dit, il lui fait le coup de la réputation, comme d'autres s'y risqueront aussi : La Porte, Mme de Brienne... La discussion se fait plus vive : « Cette conversation fut longue et agitée ; je vis bien que je l'aigrissais quelquefois ; mais comme il restait encore beaucoup de pouvoir sur son esprit, j'obtins ce que je désirais. »

Anne cède. Le cardinal aussi se méfie beaucoup de la « chevrette » dont il sait, entre autres, qu'elle est un agent du roi d'Espagne. Alors qu'elle est en route pour Paris, Mazarin lui envoie un messager de confiance, Walter Montagu, chargé de lui transmettre toutes les protestations d'amitié du cardinal, de lui proposer toute l'aide financière dont elle pourra avoir besoin mais surtout de lui délivrer le même message que La Rochefoucauld : qu'elle s'attende à trouver la reine changée et ne s'imagine pas qu'il lui sera aisé de reprendre son influence sur la souveraine. Mais la duchesse de Chevreuse n'entend pas ce message. Après son retour à la Cour, il est évident pour tout le monde que quelque chose s'est cassé entre les deux femmes. « La duchesse de Chevreuse ne trouva plus en la reine ce qu'elle y avait laissé, et ce changement fit aussi que la reine de son côté, ne trouva plus en elle les mêmes agréments qui l'avaient autrefois charmée », résume avec son sens habituel de la psychologie Mme de Motteville. La duchesse est bien obligée de s'en apercevoir et met cela sur le compte de l'influence du cardinal Mazarin sur la reine. Une raison supplémentaire de détester cet Italien qui n'est qu'un usurpateur. « ... elle témoignait souvent sa mauvaise satisfaction à la reine, et dans ses plaintes elle mêlait toujours quelque chose de piquant et de moqueur contre les défauts personnels du cardinal Mazarin », se souviendra La Rochefoucauld. Décidément la « chevrette » ne veut pas voir la réalité de la situation. Et comme elle n'est pas la seule, l'été ne passera pas sans qu'une grande partie de la Cour se ligue pour se débarrasser du « faquin d'Italie ». Tous ces « exilés » sont trop impatients pour attendre de voir évoluer une situation qui, au départ, n'était que transitoire. Ils ont cru qu'il serait facile de séparer la reine et son cardinal ; c'est le résultat inverse qu'ils vont obtenir.

La cabale des « Importants »

« Les premiers mois de la régence furent les plus beaux que l'on pût souhaiter. Celui à qui, dans les commencements, il semblait qu'elle devait apporter plus de bonheur, je veux dire M. de Beaufort, fut le premier qui en ressentit la disgrâce. Aussitôt que la reine fut la maîtresse, il parut que toute la faveur ne regardait que lui, et le seul qui lui faisait ombrage était le cardinal Mazarin. Cela mit bientôt de la haine entre eux deux : l'intrigue du cardinal l'emporta sur l'autre... », résume la Grande Mademoiselle dans ses *Mémoires*.

C'est en effet autour de la famille de Vendôme et de son membre le plus emblématique, François, duc de Beaufort, que les mécontents vont se réunir, et à y regarder de près, c'est assez logique. Beaufort est le grand laissé-pour-compte du dispositif mis en place par Anne et Jules. Aucun Vendôme ne siège au Conseil, et après avoir cru jouer les chevaliers servants de la reine, comme elle lui en avait laissé entrevoir la possibilité pendant l'agonie de Louis XIII, Beaufort est maintenant ignoré par la régente. Henri de Campion se souvient qu'après la mort du roi, le duc « ... fut encore deux mois sans perdre espérance, pendant lesquels il vivait avec la reine d'une manière qui acheva de le ruiner auprès d'elle, témoignant trouver à redire à toutes ses actions, et lui faisant de continuelles attaques de son changement, d'autant qu'ayant toujours été dans ses intérêts et des mieux auprès d'elle, il ne le pouvait supporter ».

Le duc s'attendait à toutes les faveurs, la reine lui offre le poste de grand écuyer, que le duc refuse dans un premier temps avec mépris, attendant mieux, puis réclame ensuite faute d'avoir ce mieux. Beaufort est furieux. Et quand un bagarreur aussi sanguin que lui est furieux, cela se voit et s'entend. Il se répand en avanies contre Mazarin, ralliant autour de lui tous ceux qui partagent les mêmes rancœurs. Le beau François s'en prend aussi aux Condé. La rivalité des deux familles n'est pas nouvelle. Elle se nourrit d'hérédité, de préséance et d'étiquette. Les Condé arborent fièrement et avec morgue leur titre de premiers princes du sang alors qu'ils n'étaient que cousins du feu roi Louis XIII. César de Vendôme, lui, était le demi-frère du roi, mais bâtard reconnu et non légitimé ; la loi lui interdit de prétendre au trône, quand bien même le hasard le placerait en position de ceindre la couronne. Les Vendôme occupent donc à la Cour une position « bâtarde », comme nous dirions aujourd'hui, et le terme s'applique doublement à eux. Ils sont de sang royal et riches, Henri IV les ayant largement dotés, au point qu'ils constituent un clan puissant presque au même titre que les Orléans ou les Condé, mais ils ne peuvent rien espérer politiquement, sinon une faveur du pouvoir en place.

Beaufort a déchanté dès juin. D'autant que la victoire de Rocroi remportée par l'héritier des Condé n'a fait qu'ajouter au lustre des premiers princes du sang et augmenter la jalousie des Vendôme. Ajoutons à cela un Mazarin que personne n'attendait et qui s'insinue, des retours en grâce, mitigés des anciens amis de la reine, et très vite une sorte de parti des déçus se crée. A sa tête un Beaufort qui plastronne et joue les matamores. Dans ses *Mémoires* La Rochefoucauld trace un portrait du duc qui ne laisse aucun doute sur le peu d'estime qu'il lui porte : « Le duc de Beaufort était bien fait de sa personne, grand, adroit aux exercices et infatigable ; il avait de l'audace et de l'élévation mais il était artificieux en tout, et peu véritable ; son esprit était pesant et mal poli ; il allait néanmoins assez habilement à ses fins par des manières grossières ; il avait beaucoup d'envie et de malignité ; sa valeur était grande mais inégale ; [...] nul homme que lui, avec si peu de qualités aimables, n'a jamais été si généralement aimé qu'il le fut dans le commencement de la régence... » Mazarin lui non plus ne se fait pas d'illusions sur les capacités intellectuelles de celui qui va se proclamer au cours de l'été son ennemi juré. Sur Beaufort, le cardinal écrit : « Mgr de Beaufort est persuadé être un Mars et un Adonis et quand il se montre, il trouble le repos des plus belles dames. Il est toujours en affairé ; il croit que tout ce qui remue c'est par ses ressorts et veut qu'on le plaigne de tant de négociations qu'il a sur les bras. Ce que je crois de lui, c'est qu'il n'est pas trop fin, qu'il est très vain, très intéressé, mal intentionné ; grand trompeur ; qu'il a son peuple dans la tête et se figure des occupations qu'il n'a point. Pour le reste, s'il savait parler, il dirait de belles choses. » Enfin, pour faire bonne mesure et compléter le portrait, dans la rue, pourtant sensible aux manières populaires du duc de Beaufort, circulent des libelles comme ceux-ci :

Dans un combat il brille, il tonne !
On le redoute avec raison ;
Mais de la façon qu'il raisonne,
On le prendrait pour un oison.

Ou encore :

> *Gaston, pour faire une harangue,*
> *Eprouve bien moins d'embarras ;*
> *Pourquoi Beaufort n'a-t-il la langue !*
> *Pourquoi Gaston n'a-t-il le bras ?*

C'est contre cet homme-là qu'Anne et Jules vont devoir livrer leur premier combat ensemble. Il n'est pas impossible qu'au début le cardinal ait sous-estimé la capacité de nuisance de Beaufort. Il est tellement idiot ! Jules n'a peut-être pas mesuré le degré d'avancement de la cabale et pas cru que ses membres oseraient envisager son assassinat. Nous savons maintenant, notamment par le témoignage du marquis de Campion, que le danger fut réel. Mais dans l'histoire du couple formé par Anne d'Autriche et Jules Mazarin, cette cabale est un moment clé. Leur complicité, qui se transformera ensuite en amour, naît véritablement pendant cet été 1643 contre une Cour qui cherche désormais, et par tous les moyens, à se débarrasser de l'Italien.

Et l'opposition au cardinal croît en même temps que son rôle apparaît de plus en plus important auprès de la régente. Cette ascension se mesure à quelques cérémonies qui ont suivi la mort de Louis XIII. Lors du lit de justice du 18 mai, le cardinal est absent, il prépare ostensiblement ses bagages pour prendre la route de Rome. C'est un leurre, le jour même il est nommé Principal ministre. Il se fait officiellement discret jusqu'au 27 juin, jour de la messe de requiem à la cathédrale Notre-Dame à Paris marquant la fin des quarante premiers jours de deuil après la mort du roi. Le cardinal apparaît alors comme l'un des deux maîtres de cérémonie qui présentent l'eau bénite à la reine lors de son arrivée et l'accompagnent à sa place. Le 18 août, lors du *Te Deum* pour la prise de Thionville, le cardinal Mazarin est placé près de la reine, ce qui indique clairement à toute l'assistance que sa faveur est croissante. Enfin, le 25 août, une semaine plus tard, se dit une messe de vêpres en l'église Saint-Louis des jésuites fondée par Louis XIII et qui est une cérémonie annuelle importante pour la famille royale. La Cour y assiste et, cette fois-ci, Anne et Jules arrivent ensemble ; le cardinal accompagne officiellement la reine, qui plus est à une sorte de rendez-vous symbolique et familial... Les dents grincent !

La reine n'a pas le temps de savourer – si tant est que cela ait été dans ses intentions – son nouveau statut. Ignorante des affaires de l'Etat, elle est très vite « plongée dans le bain ». Elle doit affronter toutes sortes de solliciteurs, et les arbitrages qu'elle est obligée de faire, conseillée par Jules Mazarin, lui servent d'exercices pratiques. A ce titre, le cas du duc de Bouillon est exemplaire. Il avait perdu sa principauté de Sedan au moment de l'affaire Cinq-Mars. On se souvient que c'est Mazarin qui avait négocié contre la vie du duc et avait été jusqu'à prendre lui-même possession de la ville au nom du roi. Bouillon avait toujours considéré qu'il était entré dans la conspiration parce que la reine y était favorable et qu'ainsi, grâce à Sedan, il lui assurait une base de repli si les choses tournaient mal pour elle à la Cour. Il ne veut qu'une chose : récupérer Sedan, convaincu que la régente le lui doit et qu'elle ne peut le lui refuser. Il se considère comme une victime de Richelieu, sanctionné pour sa fidélité et son attitude chevaleresque vis-à-vis d'Anne d'Autriche. Pour mettre toutes les chances de son côté, il envoie sa femme plaider sa cause auprès de la reine. Nul n'ignore que la reine est sensible à une certaine complicité féminine ; Mme de Motteville l'a justement souligné. Anne est près de céder. C'est Jules qui l'en dissuade, faisant valoir que ce serait un grand signe de faiblesse. Bouillon a conspiré contre le roi et contre l'Etat. Le duc est un très grand seigneur, sa famille remonte aux croisades et il est prince du Saint Empire. Le blanchir maintenant reviendrait à encourager les autres grands seigneurs à comploter. Combien de fois Louis XIII a-t-il pardonné à son frère avant que ce dernier ne se lance dans une nouvelle conspiration ? Anne ne peut se permettre aucune faiblesse. Elle considère que « ce n'était pas à une princesse qui disposait de tout à payer ce qu'on avait fait pour une princesse qui ne pouvait rien », comme le remarque La Rochefoucauld, qui constate avec amertume que la reine est très distante avec lui alors qu'il y « avait dix ans qu'elle me tenait particulièrement pour son serviteur, et six ou sept qu'elle me nommait tout publiquement son martyr... ». La position de la reine a changé, elle gouverne maintenant au nom de son fils, et c'est devant lui qu'elle sera moralement un jour comptable de sa gestion.

Face à d'autres solliciteurs comme Bouillon, Anne opposera la même fermeté. Le duc de Lorraine veut également retrouver le gouvernement de sa principauté qui, à la suite de péripéties guerrières, est maintenant administrée par le roi de France ; malgré l'appui de Gaston d'Orléans, devenu son beau-frère, et celui de la duchesse de Chevreuse, il n'obtiendra pas gain de cause. César de Vendôme veut à toute force récupérer son gouvernement de Bretagne que Louis XIII et Richelieu lui avaient retiré pour cause de déloyauté et avaient donné à un cousin du cardinal-duc, le maréchal de La Meilleraye. La famille lorgne aussi sur la charge de grand amiral tenue par un neveu de Richelieu, le duc de Brézé, en même temps que le gouvernement du port fortifié du Havre et celui des Trois-Evêchés – Metz, Toul et Verdun –, qui sont des positions stratégiques à l'est. Mazarin réussit à persuader la reine de ne céder sur aucun point. Il lui montre qu'il n'y a que des avantages à cela. Renforcer la position de la famille Vendôme en lui attribuant une partie des dépouilles des Richelieu créerait un troisième clan aussi puissant que les Orléans et les Condé. Est-ce utile ? Non... et c'est même dangereux tant les membres de cette famille sont stupides et incontrôlables. En revanche, la famille Richelieu comprend des hommes de valeur, en poste depuis longtemps, et qui remplissent leur charge avec compétence. Et comme la famille s'attend à tout perdre, elle ne peut qu'être reconnaissante de la mansuétude de la reine. Voilà comment on se crée des alliés à peu de frais, et des alliés solides ! Cette grande habileté tactique de Mazarin, la reine la comprend et y acquiesce.

Dans l'urgence, au cours de ces premières semaines de régence, Jules commence l'éducation politique d'Anne. Il prend l'habitude de la retrouver tous les jours en fin d'après-midi pour un entretien en tête à tête. Pour faire taire les mauvaises langues, les portes du cabinet de travail de la reine restent ouvertes, de sorte que tout le monde peut les voir, mais personne n'entend ce qu'ils se disent.

Dépités, amers, éprouvant le sentiment d'être bafoués par une ingrate qui refuse de leur rendre justice, les Vendôme et leurs amis vont tenter d'exploiter, jouant sur la piété et le sentiment de dignité de la reine cette promiscuité, cette intimité d'un homme et d'une femme. Ces déçus de la régence seront vite surnommés avec ironie dans les salons littéraires en vogue, « les Importants », tant il est vrai qu'ils bombent le torse, au sens propre comme au sens figuré, persuadés de parvenir à se débarrasser du cardinal et à se rendre maîtres du royaume.

Difficile d'imaginer une coalition d'individus plus hétéroclites. Un seul point les unit, leur haine du cardinal. Autour de Beaufort, de sa maîtresse, la duchesse de Montbazon, et de ses proches, on trouvait des « politiques », dont inévitablement la duchesse de Chevreuse, qui pousse autant qu'elle peut au retour de son ancien amant Châteauneuf, et Marie de Hautefort. Se lient à eux une grande partie des religieux qui entourent la reine... et ils sont nombreux. Au premier rang, Vincent de Paul, à qui Anne a donné la première place dans une sorte de conseil moral qu'elle a créé ; l'ineffable évêque de Beauvais, Potier ; celui de Lisieux, Philippe de Cospéan, auréolé d'une réputation de saint homme et qui appelle la reine « ma bonne fille » ; celui de Limoges, François Motier de La Fayette ; Emmanuel de Gondi, prêtre de l'Oratoire et ancien général des galères ; sans oublier toutes les religieuses qui font partie de la vie d'Anne depuis des années, et tout particulièrement les carmélites du Val-de-Grâce. Tous et toutes se mettent à chanter la même antienne à la reine, où il est question de son honneur, des ragots auxquels elle prête le flanc par les moments d'intimité passés avec le Mazarin, et que résume cette phrase que Marie de Hautefort ne cesse de murmurer aux oreilles de Sa Majesté : « Veillez à votre réputation Madame. Soyez prudente. » Il est amusant de noter que Marie de Chevreuse participe à la cabale, qu'elle s'érige en donneuse de conseils de vertu à la reine au même titre que la supérieure du Val-de-Grâce, l'évêque de Beauvais ou le futur saint Vincent de Paul... improbable alliance entre le sexe et le goupillon ! Il n'y avait qu'un personnage aussi baroque que le cardinal Mazarin pour parvenir... à la créer, hélas contre lui-même !

Il faut dire que les apparences sont en quelque sorte

contre Anne et Jules. Ils ont quarante ans tous les deux et ils sont beaux tous les deux ; du moins selon les canons de l'époque. Olivier Lefèvre d'Ormesson, qui rencontre le cardinal Mazarin en 1643, nous en trace le portrait suivant : « Il est grand, de bonne mine, bel homme, le poil châtain, un œil vif et d'esprit, avec une grande douceur dans le visage. » Quant à la reine, Mme de Motteville, comme beaucoup d'autres, ne tarit pas d'éloges sur sa beauté : « Elle est grande et bien faite, elle a une mine douce et majestueuse qui ne manque jamais d'inspirer dans l'âme de ceux qui la voient l'amour et le respect. [...] Ses yeux sont parfaitement beaux ; le doux et le grave s'y mêlent agréablement ; leur puissance a été fatale à beaucoup d'illustres particuliers, et des nations entières ont senti à leur dommage quel pouvoir ils ont eu sur les hommes. Sa bouche [...] est petite et vermeille, et la nature lui a été libérale de toutes les grâces dont elle avait besoin pour être parfaite ; par un de ses sourires, elle peut acquérir mille cœurs ; ses ennemis même ne peuvent résister à ses charmes ; [...]. Ses cheveux sont beaux et leur couleur est d'un beau châtain clair ; elle en a beaucoup, et il n'est rien de plus agréable que de la voir peigner. Ses mains qui ont reçu des louanges de toute l'Europe, qui sont faites pour le plaisir des yeux, pour porter un sceptre et pour être admirées, joignent l'adresse à une extrême blancheur : si bien que l'on peut dire que les spectateurs sont toujours ravis quand cette grande reine se fait voir, où à sa toilette en s'habillant, ou à table quand elle prend ses repas. » Comment les choses se seraient-elles passées si Anne et Jules avaient été laids et vieux ? A coup sûr, ils n'auraient pas inquiété la Cour sur les liens qui pouvaient se tisser entre eux, ou du moins n'auraient pas prêté le flanc à l'argument de la possibilité de « liens illicites ».

Mais ce qui apparaît clairement dans ces deux portraits faits par leurs contemporains, c'est que nous avons affaire à des séducteurs, l'un comme l'autre. C'est-à-dire que la persuasion par une séduction intellectuelle et par le charme est leur mode de communication premier ; ils ne sont pas dans l'autorité comme l'était Richelieu. Naturellement, ils cherchent plus à persuader qu'à imposer. Nous pouvons aussi nous interroger : n'ont-ils pas cherché à se séduire mutuellement pendant ces semaines de l'été 1643 ? Ils ont tellement besoin l'un de l'autre ! Peut-être se sont-ils tous les deux pris à leur propre piège ?

Alors le cardinal observe les alliances autour des Vendôme non sans une certaine inquiétude. Beaufort seul ne l'inquiète pas, mais associé à Marie de Chevreuse, à tous ces religieux... voilà qui est différent ! Il note dans ses carnets : « Hautefort, Senecey et toute la suite de la reine sont contre moi et pour Châteauneuf, et on dit que, avec toute l'affection de la reine, j'aurai fait assez si je me maintiens jusqu'à la fin de l'année. »

Dans les carnets du cardinal, perce son inquiétude face aux manœuvres de la duchesse de Chevreuse. Elle est un agent de l'Espagne, il le sait et ne sous-estime pas son efficacité, donc le danger : « Mme de Chevreuse fait dire de tous côtés à la reine que je ne veux pas de paix, que j'ai les mêmes maximes que le cardinal de Richelieu, qu'il est nécessaire et qu'il est facile de faire une paix particulière...

« Mme de Chevreuse les anime tous. Elle dit que, si on ne prend pas la résolution de se défaire de moi, les affaires n'iront pas bien, que les grands seigneurs seront toujours aussi asservis qu'auparavant, que mon pouvoir auprès de la reine s'accroîtra toujours...

« Mme de Chevreuse et ses amis publient que bientôt

la reine appellera Châteauneuf... On excuse la reine du retard qu'elle met à lui donner ma place, en disant qu'elle a encore besoin de moi pendant quelque temps. »

Jules sait que la reine est sensible aux arguments touchant à son honneur ; elle est une princesse d'Espagne. Elle est très pieuse aussi et les remontrances de ses amis religieux la touchent profondément ; on dit qu'elle a pleuré le jour où la supérieure du Val-de-Grâce lui a parlé un peu trop durement de sa réputation entachée par son intimité avec le cardinal. De même, Mme de Brienne profite un jour d'un moment de solitude avec la reine dans sa chapelle privée pour lui demander la permission de s'exprimer franchement. Anne la lui accorde, et la comtesse se livre à une charge en règle contre le cardinal et lui fait la liste de tous les ragots que l'on colporte sur elle, au point de faire rougir la régente. Malgré ces charges répétées, Anne fait front sans rien céder, ce qui exaspère encore plus les Importants.

Puisque le harcèlement ne produit pas de résultat, ils décident d'une autre tactique. C'est La Porte, lui aussi de la cabale, qui s'y essaye. Il raconte dans ses *Mémoires* comment il lui parla des rumeurs sur ses relations avec le cardinal, de sa vertu mise en doute, qu'elle donnait : « ... sujet à ses ennemis de la décrier, elle verrait bientôt un grand changement, non seulement dans les esprits, mais dans les affaires. Elle me demanda qui m'avait dit cela. Je lui dis : "Tout le monde." [...] Elle devint rouge et se mit fort en colère [...] elle repartit que quand on ne faisait point de mal, on ne devait rien craindre. Je lui répondis que ce n'était pas assez et qu'il fallait garder les apparences, parce que le public ne s'arrête pas à ce qui est mais à ce qu'on dit. » Le ton monte, et bien que la reine ait confiance en son portemanteau, il ne parvient pas à la convaincre, alors il essaie une autre méthode.

« J'écrivis une lettre où je marquais généralement tous les bruits qu'on faisait courir d'elle, ce qu'elle devait faire pour les détruire, et les choses que je prévoyais devoir arriver si elle n'y donnait ordre. L'ayant fait copier d'une autre main, je la mis dans son lit, où elle la trouva en se couchant. Elle se mit fort en colère après l'avoir lue... » Et cette colère étonne La Porte ! Ce procédé de la lettre anonyme fait florès, quelque temps après la reine en trouve une autre – La Porte ne s'est jamais vanté de l'avoir écrite ! – disant : « Si vous ne vous défaites du nouveau cardinal, on vous en défera. » Si ce n'est pas de la menace, cela y ressemble furieusement ! Jules et Anne l'ont-ils prise au sérieux ?... Rien n'indique qu'ils aient cru à ce moment-là que la vie du cardinal était menacée.

Querelle de femmes et tentative d'assassinat...

La situation va s'envenimer et c'est une stupide histoire de lettres qui va précipiter la fin de la cabale des Importants, histoire qui se place dans le cadre de l'antagonisme entre les Vendôme et les Condé. Car dans la bagarre contre Beaufort, sa famille et ses amis, la reine et le cardinal ont pour allié objectif le clan Condé. Plusieurs raisons à cela. Le duc d'Enghien, le jeune vainqueur de Rocroi, a épousé une nièce du cardinal de Richelieu ; mariage « très » forcé par son père, mais qui fait néanmoins des Condé les parents des Richelieu. D'autre part, ils sont violemment opposés à voir la puissance des Vendôme s'accroître et comme cet accroissement ne peut se faire, en grande partie, que sur les dépouilles des Richelieu, Monsieur le Prince met tout son poids dans la balance pour l'empêcher. Il dispose pour cela d'une arme efficace, sa femme, Madame la Princesse, amie de longue date de la reine qui l'apprécie beaucoup. Autre raison, beaucoup plus mesquine celle-là, mais qui va précipiter les choses, la querelle des familles se double d'une querelle de femmes. Geneviève de Bourbon, fille du prince de Condé, est une jeune femme de vingt-quatre ans qui passe pour la plus belle de la Cour, dont Mme de Motteville dit qu'il « était impossible de la voir sans l'aimer et sans désirer lui plaire ». Par son charme, elle éclipse la précédente reine de beauté, Marie d'Avaugour de Bretagne, duchesse de Montbazon, qui, avec ses trente-cinq ans et malgré une plantureuse beauté toujours louée, voit son étoile pâlir. La Montbazon, dont le cardinal de Retz nous dit qu'il n'a « jamais vu une personne qui ait conservé dans le vice si peu de respect pour la vertu », avait pour amant le duc de Longueville, très riche seigneur normand, descendant de l'un des compagnons de Jeanne d'Arc, le fameux bâtard d'Orléans Dunois. Mme de Montbazon tirait de confortables revenus de cette liaison, lesquels se trouvent taris lorsque le duc épouse Geneviève de Bourbon, de plus de vingt ans sa cadette. Dépitée et furieuse, la Montbazon ne trouve rien de mieux à faire que de se précipiter dans les bras du duc de Beaufort qui en tombe éperdument amoureux. Elle n'a qu'une obsession : se venger de Longueville, et donc des Condé. Si on ajoute à cela que Beaufort lui-même avait un temps voulu épouser Geneviève de Bourbon et avait été vertement éconduit, que le mari officiel de Mme de Montbazon est Hercule de Rohan, le père de la duchesse de Chevreuse... tout semble réuni pour une querelle magistrale de femmes, de celles qui ébranlent les cours pour des vétilles et dont on ne mesure que longtemps après, hélas, toute la fatuité !

Nous sommes au début d'août 1643 ; La Rochefoucauld

raconte : « Un jour que Mme de Montbazon gardait la chambre, et que beaucoup de personnes de qualité l'allèrent voir, dont Coligny était du nombre, quelqu'un, sans y penser, laissa tomber deux lettres bien écrites, passionnées, et d'un beau caractère de femme. Mme de Montbazon qui haïssait Mme de Longueville, se servit de cette occasion pour lui faire une méchanceté. Elle crut que le style et l'écriture, pourraient convenir à Mme de Longueville, bien qu'il y eût peu de rapport et qu'elle n'y eût aucune part. Elle prévint le duc de Beaufort, pour le faire entrer dans ses sentiments ; et tous deux, de concert, firent dessein de répandre dans le monde que Coligny avait perdu des lettres de Mme de Longueville qui prouvaient leur intelligence. » Le comte de Coligny n'est pas choisi au hasard, c'est un ami proche du duc d'Enghien. Les insinuations de Marie de Montbazon et de son amant étaient rien de moins qu'insultantes, d'autant qu'à ce moment-là, la duchesse de Longueville – c'est sous ce nom que Geneviève de Bourbon entrera dans l'histoire au moment de la Fronde – est d'une fidélité irréprochable à son vieux mari ; elle ne deviendra la maîtresse de La Rochefoucauld que plus tard. Drame ! La Cour ne parle plus que de ces lettres, et les Condé se drapent dans leur dignité, clamant que la famille est offensée... les deux lettres d'amour trouvées par hasard sur le plancher du salon de la Montbazon se transforment en affaire d'Etat !

Quelles que soient les insinuations et les fausses attributions de Beaufort et Montbazon, ces lettres ont un auteur, en l'occurrence « une » auteure et un destinataire : Mme de Fouquerolles et le marquis de Maulévrier. Ce dernier est un ami de La Rochefoucauld et c'est à lui qu'il s'adresse pour essayer d'arranger les choses, affolé par l'ampleur qu'elles sont en train de prendre. « Il me parla de sa douleur, et me pria de tenter quelque chose pour le tirer de l'extrémité où il se trouvait. Je le servis heureusement ; je portai les lettres à la reine, à Monsieur le Prince et à Madame la Princesse ; je les fis voir à Mme de Rambouillet et à Mme de Sablé et à quelques amies particulières de Mme de Longueville ; et aussitôt que la vérité fut pleinement connue, je les brûlai devant la reine. » Si cela sauve l'honneur de Mme de Fouquerolles et de son marquis, cela ne calme pas les choses entre les duchesses de Montbazon et de Longueville ; la famille de cette dernière réclame des excuses publiques à la hauteur de l'offense, faute de quoi la princesse de Condé menace de se retirer de la Cour avec toute sa famille. La Montbazon se fait prier sur le fond et la manière de ces excuses. La Rochefoucauld nous dit que « ... les conditions en furent longuement disputées, et tous ces retardements augmentaient l'aigreur. »

A ce point, c'est à la reine et au cardinal d'intervenir. Anne et Jules, qui n'ont, on s'en doute, que cela à faire – rappelons que nous sommes en guerre et que d'importantes négociations diplomatiques commencent, sans oublier les préoccupants problèmes de finance que connaît le pays –, vont passer des semaines à régler cette querelle. Enfin, on en arrive à la rédaction des excuses. La scène se déroule au Louvre, dans le grand cabinet de la reine. Mazarin est dans une pièce avec la duchesse de Chevreuse ; la reine dans une autre avec la princesse de Condé. On fait des allers et retours d'une pièce à l'autre pour un mot, une virgule : « Sur chaque mot il y avait un pourparler d'une heure. Le cardinal, faisant l'affairé, allait d'un côté et d'autre pour accommoder leur différend, comme si cette paix eût été nécessaire au bonheur de la France et au sien en particulier », nous dit Mme de Motteville. Giulio est sans doute très à l'aise dans ce rôle d'arbitre et de diplomate dans cette petite scène de comédie à l'italienne, bien qu'il en mesure tout le ridicule, mais les petites causes peuvent parfois produire de grands effets, surtout en matière d'orgueil.

Il faut maintenant que la Montbazon « prononce » ses excuses. Cela se passe le 8 août 1643 en l'hôtel particulier des Condé en présence du cardinal Mazarin, témoin officiel de la reine : la duchesse de Montbazon s'agenouille devant la princesse de Condé et s'apprête à lire le texte qu'on a fixé à l'intérieur de son éventail pour être sûr qu'elle ne changera pas un mot. Comme elle a oublié de commencer sa lecture en disant « Madame », la princesse la fait recommencer. La Montbazon lit son texte d'une voix atone, avec « l'air de je me moque de ce que je dis », selon Mme de Motteville : « Madame, je viens vous prononcer que je suis très innocente de la méchanceté dont on a voulu m'accuser ; il n'y a aucune personne d'honneur qui puisse dire une calomnie pareille. Si j'avais fait une faute de cette nature, j'aurais subi les peines que la Reine m'aurait imposées ; je ne me serais jamais montrée dans le monde et vous aurais demandé pardon. Je vous supplie de croire que je ne manquerais jamais au respect que je vous dois et à l'opinion que j'ai de votre vertu et de votre mérite. » La duchesse de Longueville répond : « Madame, je crois très volontiers à l'assurance que vous me donnez de n'avoir nulle part à la méchanceté que l'on a publiée ; je défère trop au commandement que la reine m'en a fait. » Il va sans dire qu'aucune des protagonistes n'est satisfaite de l'issue de la querelle et que, de son côté, Beaufort est furieux de ce qu'il considère comme un camouflet des Condé à sa personne à travers sa maîtresse.

On ne va donc pas en rester là.

Le second acte de cette comédie se déroule dans le

Jardin de Renard, du nom du traiteur qui a installé son établissement au bout du jardin des Tuileries, côté Seine de ce qui est notre actuelle place de la Concorde. Il existe aujourd'hui dans le jardin des Tuileries un *Café Renard*, dont le nom est peut-être un lointain souvenir de l'établissement du XVIIe siècle. Le *Jardin de Renard* est un endroit agréable, très à la mode à l'époque, où l'on prend des rafraîchissements en écoutant des sérénades. Toute la « bonne société » s'y retrouve et la reine apprécie de s'y rendre régulièrement. Quelques jours à peine après la scène des excuses, Mme de Chevreuse donne une collation au *Jardin de Renard* où la reine est invitée. Elle s'y rend en compagnie de la princesse de Condé ; il a été convenu que la duchesse de Montbazon ne serait pas présente. Lorsque Anne arrive, non seulement la Montbazon est là avec Beaufort et des Importants, mais elle se comporte en hôtesse arguant de ce qu'elle est la belle-mère de la duchesse de Chevreuse. La reine exige que la Montbazon se retire mais celle-ci, encouragée par les Importants, refuse... et c'est Sa Majesté qui doit quitter la place ! Inutile de dire que la réaction ne se fait pas attendre, mais c'est dans la forme qu'elle surprend Beaufort et sa maîtresse. Ils pensaient sans doute que la reine et le cardinal réagiraient personnellement, ce qui les dispenserait d'obtempérer. Mais c'est de la main du jeune roi lui-même que la duchesse de Montbazon reçoit une lettre, ce qui marque la force et le caractère sans appel de son contenu : « Ma cousine, le mécontentement que la reine, madame ma mère, a du peu de respect que vous fîtes paraître ces jours passés [...] m'oblige d'envoyer partout où vous serez le sieur de Neuilly, un de mes gentilshommes ordinaires, avec cette lettre que je fais pour vous dire que vous vous rendiez en votre maison de Rochefort et que vous y demeuriez jusques à ce que vous ayez autre ordre de ma part ; ce que me promettant de votre obéissance, je ne vous ferai de commandement plus exprès, et prie Dieu cependant qu'il vous ait, ma cousine, en sa sainte garde. » La duchesse est obligée d'obéir et Beaufort reste sans elle à Paris, plus en colère que jamais. Il ne voit pas d'autre issue que de mener à bien un projet qu'il a formé quelques semaines plus tôt : l'assassinat du cardinal Mazarin.

Quelques gentilshommes amis du duc de Beaufort sont mis dans le coup et on décide de la manière de procéder. Le cardinal se déplaçant alors à peine accompagné par « quelques bénéficiers, et cinq ou six pages ou laquais », le plus simple apparaît d'arrêter son carrosse et de procéder immédiatement à la mise à mort. Henri de Campion était un des organisateurs du complot, dont il a fait une relation détaillée dans ses *Mémoires*. Il nous donne le détail précis des préparatifs avec les noms des gentilshommes et chacune des tâches dont ils sont chargés ; il est clair qu'il s'agissait d'une véritable tentative d'assassinat, et non pas d'une sorte de bruit qui courut alors, comme les historiens ont longtemps voulu le considérer. Une fois l'équipe constituée, il faut connaître les déplacements du cardinal et choisir le bon moment. Le duc est trop reconnaissable pour participer à ce travail préparatoire qui consiste à attendre dans un estaminet voisin de l'hôtel de Clèves où Mazarin réside à ce moment-là. Ce sont des domestiques de la maison de Beaufort qui s'en chargent ; Campion fait la liaison. Mais Henri, soldat loyal et honnête, a des scrupules : « Le premier jour [...] je passai devant le logis du cardinal, et le vis sortir en carrosse avec l'abbé Bentivoglio, plusieurs autres ecclésiastiques et quatre ou cinq valets à sa suite. Je demandai à l'un d'eux où il allait, et l'on me répondit, chez le maréchal d'Estrées. Je vis que si je voulais donner cet avis, sa mort était infaillible ; mais je crus que je serais si coupable devant Dieu et devant les hommes, que je n'eus pas la moindre tentation de le faire ; au contraire j'allai dire au duc que l'on m'avait assuré chez le cardinal qu'il ne sortirait pas ce jour-là. » Campion n'a pas de chance. Beaufort est de sortie ce soir-là et croise le cardinal. Il interroge le brave Henri qui s'en sort en disant qu'on lui avait menti. Ce benêt de Beaufort le croit. Campion décide alors de changer de stratégie : « Ma pensée fut, lorsque je vis que je ne pourrais rompre ce dessein de le retarder le plus que je pourrais, afin que le temps fournît quelque occasion de le changer ; [...] je priais continuellement Dieu de faire naître quelque conjecture qui fît avorter le complot sans qu'il en arrivât mal au duc. » Deux autres occasions se présentent mais à chacune d'elles le cardinal est accompagné, notamment par le duc d'Orléans, et dans ces conditions il n'est pas question d'agir ; Henri de Campion ne cache pas son soulagement. Mais Beaufort s'impatiente. On décide que si cela ne peut se faire de jour, il faut le faire de nuit puisque le cardinal se rend au Louvre chaque soir et en ressort pour aller chez lui. Le duc veut que l'on poste des hommes sur le chemin et que « sitôt qu'il sortirait, nous nous avancerions pour faire venir les autres, qui, attendant, se tiendraient à cheval sur le quai, le long de la rivière et tout auprès du Louvre : que cela se pouvait la nuit sans soupçon, que tout ce que l'on avait à craindre étant les gardes qui s'opposeraient peut-être à l'entreprise, qui ne pourrait s'exécuter qu'en leur présence, à cause du peu de distance du logis du cardinal au Louvre, il se résolvait à mettre dans la confidence le sieur des Essarts, capitaine du régiment des gardes... ». Le capitaine entre dans le complot, comme le duc d'Epernon contacté par Marie de Chevreuse, et quelques autres au fur et à mesure que les jours passent... bref, de plus en plus de monde est dans l'affaire, et le bruit commence sérieusement à courir à la Cour que Beaufort veut s'en prendre à la personne du cardinal. Un nouveau guet-apens est tendu mais, comme par hasard, et alors qu'il y vient régulièrement chaque jour, le cardinal ne se rend pas au Louvre ce soir-là. Il est clair qu'il est au courant et a éventé le piège. Campion essaie de faire comprendre le danger : « ... l'on dit hautement à la cour que le duc de Beaufort avait voulu tuer le cardinal ; et il persévéra toujours dans la même pensée, quoique je lui conseillasse d'aller faire un tour à la campagne. » Beaufort considère qu'il suffit simplement d'attendre quelques jours, que les bruits de complot cesseront et qu'on pourra alors à nouveau agir. Les craintes de Campion vont vite se révéler justifiées car « ... la reine ayant assemblé le duc d'Orléans, le prince de Condé et tous les ministres, leur apprit les soupçons qu'il y avait contre le duc de Beaufort, lesquels furent trouvés si graves, qu'ils opinèrent tous d'une voix qu'il le fallait arrêter, tant pour juger si l'accusation était bien fondée, que pour la haine qu'ils avaient contre lui ».

Ce qui devait arriver arriva. Le duc de Beaufort, dans sa grande forfanterie, se croit intouchable. Il refuse de quitter la Cour et continue de paraître au Louvre. « Vous verrez comme je me vengerai des tours que ces méchants amis me font », confie la reine à Mme de Motteville, laquelle poursuit : « Je vis en ce moment, par le feu qui brillait dans les yeux de la reine et par les choses qui, en effet, arrivèrent le lendemain et le soir même ce qu'est une personne souveraine. » Le 2 septembre, le duc de Beaufort revient de la chasse en fin d'après-midi et le soir va au Louvre présenter ses hommages à la reine comme presque chaque jour. La reine est avec la duchesse de

Chevreuse et Marie de Hautefort. Elle reçoit le duc avec aménité et lui fait raconter sa chasse. Le cardinal de Mazarin arrive. Il salue l'assemblée, et rapidement la reine et lui quittent la pièce pour tenir leur entretien quotidien en tête à tête dans une pièce voisine. Le capitaine des gardes, Guitaut, récemment nommé par Anne, s'approche alors de Beaufort et lui glisse à l'oreille de bien vouloir le suivre au nom du roi et de la reine. Le duc fait preuve du panache dont il a la réputation et répond à Guitaut sans manifester le moindre signe de panique ou la moindre volonté de fuir : « Oui, je le veux, mais cela, je l'avoue, est assez étrange. » Puis il se tourne vers Mmes de Chevreuse et de Hautefort : « Mesdames, vous voyez, la reine me fait arrêter. Qui l'aurait cru il y a trois mois ? » Beaufort passe la nuit au Louvre sous bonne garde, et le lendemain matin, entouré d'une escorte impressionnante, il est emmené au château de Vincennes. Il y restera emprisonné cinq années et n'en sortira que grâce une évasion.

Dans la foulée, Anne et Jules se débarrassent des Importants. Les Vendôme au complet sont priés de regagner leur château d'Anet, d'où ils étaient sortis à peine quelques mois plus tôt, après la mort de Richelieu. César de Vendôme n'y restera pas longtemps, il préférera s'exiler en Italie pour attendre la chute – qu'il considère comme imminente – de Mazarin... mauvaise pioche ! Montrésor est envoyé à la Bastille, le marquis de Châteauneuf retourne en Berry et La Châtre doit quitter ses fonctions de colonel général des Suisses. Les religieux ne sont pas épargnés. On se rappelle fort opportunément qu'il est de bon ton pour les évêques de séjourner dans leur diocèse : Potier retourne à Beauvais, Cospéan à Lisieux et La Fayette à Limoges. Quant à Vincent de Paul, on lui explique gentiment qu'il a certainement beaucoup de travail avec ses pauvres et qu'il ferait mieux de s'occuper un peu moins de politique. Il conserve sa place au Conseil des consciences de la reine, mais le cardinal gardera désormais un œil sur lui. Enfin, la victime la plus emblématique avec Beaufort est la duchesse de Chevreuse. Dix semaines à peine après le retour de son exil bruxellois, elle est priée, dès le 3 septembre, de se retirer à Tours... pourvue néanmoins d'un viatique de 900 000 livres qui lui permet de régler ses nombreuses dettes.

Sans conteste, le cardinal Mazarin est le grand vainqueur de cette affaire. D'un seul coup, il se débarrasse d'une partie de ses ennemis et montre qu'il n'a pas peur de s'attaquer, avec le soutien sans faille de la reine, à des membres de la famille royale, fussent-ils bâtards d'Henri IV. Personne ne l'attendait là. Sa fermeté surprend tout le monde. Retz ne peut qu'admirer la manœuvre : « Ce coup de rigueur fait dans un temps où l'autorité était si douce qu'elle était comme imperceptible, fit un grand effet. Il n'y a rien de si facile que ce coup par toutes les circonstances que vous avez vues, mais il paraissait grand ; et tout ce qui est de cette nature est heureux, parce qu'il a de la dignité et n'a rien d'odieux. [...] Quand l'on vit que le cardinal avait arrêté celui qui, cinq ou six semaines devant, avait amené le roi à Paris avec un faste inconcevable, l'imagination de tous les hommes fut saisie d'un "étonnement respectueux". » Jules, lui, songe avant tout à dédouaner la reine : « Vous pouvez songer combien cette princesse se doit être fait violence en quittant les mouvements de la bonté qui lui est naturelle, pour entrer dans ceux de la justice... », écrit-il à l'un de ses correspondants. On remarquera aussi au passage qu'Anne a fait montre une nouvelle fois de sa capacité de dissimulation et d'agissement secret... la reine est bonne, certes, mais elle est loin d'être une oie blanche !

Les Importants ne comprirent pas ce paradoxe, assez courant en amour, que plus ils essayaient de détruire le crédit du cardinal auprès de la reine et de l'éloigner de lui, plus ils les rapprochaient. L'intuition de la régente et aussi son expérience de la Cour lui disent les dangers qu'il y a à céder à un parti plutôt qu'à un autre et devenir ainsi un otage. Il faut insister aussi sur le danger que représentait la duchesse de Chevreuse, car elle est un agent très expert de l'Espagne, si les Importants avaient réussi et s'ils avaient pu prendre l'ascendant sur Sa Majesté, c'est l'Espagne en réalité qui aurait gouverné. Tout le monde l'a compris et l'on en trouve des traces dans les correspondances diplomatiques des ambassadeurs de nos alliés. Encore une fois, pour Anne, le seul qui n'est d'aucun parti, c'est le cardinal. Les Importants obtiennent l'effet contraire de ce qu'ils souhaitent et peut-être ont-ils été, à leur corps défendant, parmi les plus efficaces à transformer sentimentalement une relation créée par les circonstances politiques.

Hormis les conséquences que je viens d'évoquer sur la relation personnelle d'Anne et Jules, cette cabale des Importants illustre parfaitement la position de la reine et du cardinal à la Cour, face à la Cour et au sein de la famille royale. On y observe leur extrême solitude à chacun et, par un mouvement naturel, leur rapprochement. L'un et l'autre sont méprisés : on considère que la reine est une gentille idiote que l'on peut mener par les sentiments et tout le monde a l'intention de s'y essayer ; on considère que le cardinal n'est rien, seulement un petit personnage de transition qui n'est là que par la volonté de la reine – qui en a si peu ! –, et si on comprend bien les raisons que cette pauvre régente peut avoir de s'appuyer un temps sur l'Italien, ce temps doit être le plus court possible. Cela nous est confirmé par le cardinal de Retz lorsqu'il écrit que la reine était aimée à cause de ses malheurs ; persécutée par Richelieu et Louis XIII, n'ayant pas donné d'héritier à la Couronne, elle n'était qu'une reine en sursis, sans grand danger, et si elle avait pris de l'assurance après la naissance du dauphin, ses amis de détresse n'avaient pas pu s'en rendre compte puisqu'ils étaient tous exilés ; en revanche, régente, elle dérange les appétits réveillés et commet la faute – quelle chose impensable ! – de vouloir gouverner elle-même avec Mazarin... elle est alors nettement moins aimable ! On est frappé aussi par la familiarité des domestiques – La Porte en particulier – et des proches de la reine qui se permettent de lui faire des remontrances et des menaces, ce qui montre le peu de crainte qu'ils ont de son autorité. Une scène se déroule à cette période et semble incroyable. Une femme de chambre demande à la reine une faveur que celle-ci lui refuse. La servante se met alors en colère contre la souveraine et lui lance qu'il vaut mieux servir les femmes de la bourgeoisie que les reines. Marie de Hautefort assiste à la scène et rit de l'insolence de la femme de chambre. Anne lui dit alors : « Ce n'est pas d'aujourd'hui Madame, que je sais que vous vous moquez de moi ! » Au fond, Marie de Hautefort n'a pas plus de respect pour Anne que la domestique...

Et que dire de la scène qui se déroule au *Jardin de Renard*, lorsque la duchesse de Montbazon refuse d'obéir à un ordre de la régente ! Il faut une lettre du roi pour la faire céder. C'est dire que lui seul est « investi » de l'autorité en ce qu'elle a de sacré. Il incarne au sens littéral l'Etat, même s'il n'est qu'un enfant. Nous touchons là les limites et la précarité du pouvoir détenu par Anne et Jules. D'autant plus précaire que celui-ci ne s'appuie pas sur un clan ou sur un parti, et que le couple ne voudra jamais utiliser la terreur et le billot comme en usait Richelieu, soutenu par Louis XIII. Cela n'empêchait d'ailleurs pas les nombreux complots. Le règne suivant nous laissera l'image d'un Louis XIV monarque tout-puissant, protégé par une distance qu'il a voulue et fait préciser avec la fameuse étiquette. Dans quelle mesure n'a-t-il pas installé cette distance en partie parce qu'il a vu la faiblesse de sa mère face aux grands et à ses oncles, si puissants, si légers aussi, et si rapaces ?... Dans quelle mesure n'est-ce pas Mazarin qui l'a éduqué à cela ?...

Cette cabale des Importants porte en elle, à l'état embryonnaire, quelques-uns des germes qui se développeront au moment de la Fronde, où nous retrouverons les mêmes protagonistes. Ils iront plus loin alors, jusqu'à ébranler la Couronne, mais perdront pour les mêmes raisons : leur suffisance et leur insuffisance que le remarquable sens tactique du cardinal aura su contrer et retourner contre eux.

Ainsi, aux derniers jours de l'été, en ce mois de septembre 1643, après tout juste trois mois d'exercice du pouvoir, le cardinal Mazarin apparaît comme le grand vainqueur de cette cabale des Importants. Hors la confiance de la reine, Jules avait peu de cartes en main, mais le maître joueur a su tirer le meilleur atout de son jeu... et gagner la partie ! Lefèvre d'Ormesson nous dit que « la noblesse de cour se pressait servilement autour du vainqueur » et précise que désormais on ne dit plus « le cardinal Mazarin » mais « Monsieur le cardinal », tout comme on nommait Richelieu.

Et dans la rue on chante :

Il n'est pas mort ; il a changé d'âge,
ce cardinal, dont chacun enrage...

5

Les plaisirs et les jours

Avec la déroute des Importants, commence pour Anne et Jules une période caractérisée par un certain calme qui va durer cinq années avant que la Fronde n'éclate. C'est pendant cette période que naît véritablement et se consolide le couple formé par la reine et son cardinal. Ils n'auraient sans doute pu rester soudés et sauver la couronne de l'enfant roi lors de la Fronde, s'ils n'avaient appris à se connaître l'un l'autre, si une confiance mutuelle inébranlable ne s'était installée entre eux pendant ces années.

Il professore Giulio

Les « petits Conseils » ont eu un rôle déterminant. C'est ainsi que les courtisans ont rapidement pris l'habitude de nommer les tête-à-tête quotidiens d'Anne et de Jules. Personne n'a jamais su avec précision ce qu'ils se disaient ni en quelle langue ils se parlaient. Sans doute il était avant tout question d'éducation politique de la reine. Jules lui explique la situation du pays à l'intérieur et à l'extérieur, le fonctionnement de l'Etat, ses rouages administratifs, judiciaires, politiques ; autant de points sur lesquels il a lui-même été instruit par Richelieu. Ainsi la reine, qui détestait le cardinal-duc, devient par l'enseignement de Mazarin la continuatrice de sa politique. Cet enseignement du Premier ministre au souverain n'est pas exceptionnel : Richelieu procédait souvent ainsi avec Louis XIII et avait l'habitude de lui écrire de longues lettres ou des mémorandums où il expliquait les raisons de sa politique afin que le roi puisse y adhérer en toute conscience. En Espagne, par exemple, le père et le frère d'Anne entretenaient ce même type de rapports avec leurs Premiers ministres. La régente n'est pas complètement ignorante des choses du gouvernement. Du temps de son mariage avec Louis XIII, elle était membre de droit du Conseil et y assistait, mais sans participer aux décisions. Tout ce qu'Anne sait, elle l'a appris de manière empirique, en particulier à la Cour, qui a toujours été une formidable école de survie politique, ou auprès des parlementaires qui ont fait partie de sa maison, mais aussi au cours de voyages qu'elle a faits à la rencontre des notables locaux du pays. Mazarin va recadrer tout cela, combler les manques, préciser les enjeux. Anne, pour la première fois, se trouve en face d'un homme qui la considère. Il ne la traite pas comme une ravissante idiote bonne à faire des enfants et qui ne s'intéresse qu'aux bondieuseries et au chocolat dont elle est très friande, mais en femme intelligente, capable d'apprendre, de comprendre et de décider. Jules ne met en doute ni son intelligence ni son intuition, au contraire, il l'encourage à se « faire plus confiance », pour employer une formule du XXIe siècle. Comment la reine ne pourrait-elle pas lui en être reconnaissante et éprouver un sentiment d'affection envers un tel homme ?

Dans cette relation, les enfants de la reine, et surtout

l'enfant roi, objet d'une véritable passion maternelle, ont joué un rôle fondamental ; plus précisément encore, la relation que le cardinal saura instaurer entre lui et les petits princes. Dans les premiers mois de la régence, nous n'avons pas d'éléments sur la manière dont Jules se comporte avec les enfants... ce ne sont encore que de petits enfants. Mais il ne fait aucun doute que la reine a dû, dès avant même le lit de justice, chercher à savoir si l'homme auquel « elle a été obligée de donner son amitié, [...] dont la capacité la pût soutenir, et dans [lequel] elle pût rencontrer le conseil avec la fidélité, et les services avec la douceur de la confiance », écrit Mme de Motteville, allait l'aider à élever ses enfants avec tendresse et loyauté. La reine n'aurait jamais pu aimer un homme qui n'aime pas ses enfants. Ils sont le point central de sa vie, sa raison d'être. Si elle n'avait pas été persuadée que le cardinal éprouvait une véritable tendresse paternelle pour les princes, surtout pour son filleul l'enfant roi, jamais des liens personnels et profonds n'auraient pu se créer entre Anne et Jules.

Tous les historiens sont unanimes : il y a chez Jules un intérêt à tisser des liens très intimes avec la souveraine et également un sentiment pour la reine. Dans quel ordre et dans quelles proportions ? Seul le cardinal lui-même pourrait répondre. On dit souvent que dans un couple, il y en a un qui aime plus que l'autre... Si cette loi doit s'appliquer à la reine et au cardinal, soyons convaincus que c'est Anne qui aime plus que Jules. Mais que Mazarin ait intérêt à se faire aimer de la reine et à faire lui-même son éducation politique afin qu'elle entre dans ses vues ne veut pas dire que les conseils et les enseignements de Jules ne soient ni judicieux et ni avisés. Il y a du génie politique chez Mazarin. Il s'exprime sous des dehors différents que chez Richelieu, mais il est réel. Comme est réelle l'admiration que la reine a pour son génie. En résumé, c'est un bel homme, charmant et séducteur, qui s'intéresse à elle, essaie de la rendre plus intelligente, et qu'elle admire pour son génie. Comment ne tomberait-elle pas amoureuse ? Beaucoup auraient succombé pour moins que cela !

Les seuls éléments dont nous disposons pour entrevoir ce qu'ils se disaient pendant les petits Conseils sont les Carnets laissés par Mazarin. Le cardinal avait pour habitude de noter les idées qui lui passaient par la tête, les constatations, les informations, les réflexions, les pensées, ses arguments avant une réunion ou une audience, etc. Il avait en permanence un carnet sur lui qu'il noircissait, tantôt à l'encre, tantôt au crayon – ce qui laisse supposer qu'il écrivait en carrosse pendant ses déplacements – d'une écriture en pattes de mouches difficile à déchiffrer, beaucoup en italien, un peu en espagnol et, plus tard, de plus en plus en français. Quinze carnets nous sont parvenus, remplis de phrases elliptiques, de mots, de formules ; toute la pensée d'un homme en action dans ce qu'elle a de plus synthétique et de plus personnel. On y entrevoit la manière dont il préparait les petits Conseils, du moins dans les premiers mois de son ministériat. Il y notait les arguments qu'il avait l'intention de développer devant la reine.

La « stratégie de séduction » du cardinal est évidente : il ne cesse de répéter à la reine que sans elle il n'est rien, qu'il a besoin d'elle, que son sort est entre ses mains et qu'elle doit être convaincue de sa loyauté et de sa fidélité. Il agite l'idée de son départ à Rome tout en en montrant l'inutilité. Il souffle le chaud et le froid, s'appuyant sur l'argument essentiel qu'il a tout sacrifié pour elle : « Au nom du Ciel, que Sa Majesté déclare ce qu'elle veut [...]. Si S.M. estime ma capacité, qu'Elle me croie : les faits lui apprendront si je l'ai bien conseillée. Si Elle n'a pas confiance en moi, qu'Elle en choisisse un autre et suive ses conseils ; cela vaut mieux que de chanceler sur toutes ses résolutions. Quand j'ai l'honneur de lui dire mon sentiment, Elle doit au moins être bien sûre que c'est toujours sans passion et avec un vrai zèle. » Ces carnets trahissent ses inquiétudes au début de la régence. Il ne se sent pas sûr de sa place ni de pouvoir prendre l'ascendant qu'il souhaite sur la reine. Même si la manière dont il a orchestré les choses pendant l'agonie de Louis XIII a incontestablement servi Sa Majesté, rien n'est encore acquis. Jules Mazarin est conscient de porter encore la « marque » de Richelieu dont il a été le plus proche collaborateur et il sait que la reine peut en conserver de la méfiance : « Je suis au désespoir de n'avoir pas toujours été à Elle ; on doit me le pardonner, étant bien résolu d'être à Elle éternellement à l'avenir, sans demander d'autre permission que de la servir à son gré. [...] Elle fait plus d'une chose sans moi. Cela est contraire à l'amitié. [L'amitié] oblige à communiquer toutes choses, et c'est ainsi que je pourrais croire avoir gagné son cœur ; cependant, S.M. ne me communique que les affaires d'Etat. » On voit que c'est Jules qui a délibérément essayé de placer leur relation sur un terrain plus personnel et sentimental : « Si je croyais que S.M. se sert de moi par nécessité, sans avoir d'inclination pour ma personne, je ne m'arrêterais pas ici trois jours. » La démarche de Mazarin n'est pas celle d'un séducteur impénitent cherchant à profiter d'une quelconque faiblesse sentimentale d'une souveraine jusque-là malheureuse dans sa vie de femme. C'est plus complexe que cela. La position politique de Mazarin, son rôle de Premier ministre rendent inévitables des liens de confiance et d'amitié avec la reine. Tout son ministériat, Richelieu aura souffert de ne pas avoir réussi à installer ce type de relation avec Louis XIII. Certes, le cardinal-duc a réussi à durer, mais à quel prix ! Mazarin a compris la leçon. Dans le duumvirat gouvernemental qu'il forme avec Anne, une relation d'amitié est indispensable, consubstantielle. Et c'est cela qu'il va chercher à obtenir. Jamais il n'a voulu provoquer chez la reine un sentiment amoureux, mais plutôt faire naître une amitié sincère. En ce sens, il est responsable du premier mouvement auquel elle a répondu par l'amour, et en retour il a fini par aimer celle qui l'aimait.

Tout cela s'est passé très vite, en quelques semaines, pendant l'été 1643. Le 2 septembre tout est joué. Nous pouvons aisément deviner les enseignements politiques que Jules a donnés à la reine : les Importants lui ont permis un terrain d'expérimentation « grandeur nature ». Mais dans les carnets du cardinal, on ne trouve pas seulement des pensées liées aux actions qu'il est obligé de mener dans l'instant, on trouve aussi des réflexions générales sur la France. Je ne peux m'empêcher d'en citer deux qui résonnent encore aujourd'hui. La France, écrit Mazarin « bien que représentant l'apparence d'une monarchie, est, en fait, une république »... Il est amusant de constater qu'à l'aube du XXIe siècle, on reproche à la république d'avoir des fondements de monarchie... De même, le cardinal note cette phrase : « Pour porter les affaires de la France au plus haut point de prospérité qu'elles aient jamais atteint, une seule chose est nécessaire, c'est que les Français soient pour la France. » On notera la justesse de l'analyse de ce cardinal venu d'Italie seulement quelques années plus tôt, et qui a saisi un certain nombre des ressorts essentiels de « l'âme française », selon l'expression de Max Gallo. Mais il faut dire que le signor Giulio avait eu en la personne du cardinal de Richelieu un formidable professeur.

Dans certains passages des Carnets rédigés au cours de l'année 1643, on sent pointer l'agacement du cardinal pour un trait fondamental du caractère d'Anne : sa piété qui confine à ce que l'on appelait, il n'y pas si longtemps encore, la « bondieuserie ». La reine est très pieuse, tout le monde le sait, et, après la scène des lettres de 1637, la répression voulue par le roi et Richelieu s'était aussi étendue à sa fréquentation des lieux de culte. Sitôt régente, Anne reprend ses bonnes habitudes et rattrape le temps perdu : elle visite les couvents, assiste à toutes les messes possibles... chaque cérémonie religieuse dans Paris ou aux alentours est honorée de la présence de Sa Majesté. La reine entend faire ce qu'elle veut, ce que ses anciens amis, nous l'avons vu, ne veulent pas comprendre. Pourtant dans ses actes, dès le début de sa régence, Anne donne le ton. Elle refuse de s'habiller en blanc comme c'est l'usage à l'époque pour les veuves pendant la période de deuil mais préfère le noir ; choix qui n'est pas exempt d'une certaine coquetterie, car la reine, dans la plénitude de ses quarante-deux ans, affiche un embonpoint très à la mode du temps mais que, néanmoins, le noir affine. Sur le même registre, la reine, passionnée de théâtre, n'attend pas la fin officielle du deuil et assiste, masquée, à des comédies. Tout le monde est au courant et fait mine de l'ignorer.

Ces manifestations d'indépendance et de personnalité, inquiètent un peu le cardinal. Surtout dans le domaine de la foi car il sait qu'il y a là un véritable danger. Les dévots ne sont pas loin, qui ne font pas mystère de chercher à « gouverner » la reine. Pour Mazarin, la régente a là une faiblesse qu'il doit à tout prix contrer. Constatons par parenthèse que c'est l'homme d'Eglise – Jules l'est, bien qu'il ne soit pas prêtre – qui se montre agacé par la piété d'Anne. Sur les rapports de Mazarin avec la religion, Mme de Motteville dit : « Il semblait n'estimer aucune vertu et ne haïr aucun vice. Il paraissait n'en avoir pas un : il passait pour un homme habitué à l'usage des vertus chrétiennes, et ne témoignait point en désirer la pratique. » Dans les Carnets de Son Eminence, on trouve des phrases comme : « Dieu est partout et la reine peut le prier dans son oratoire privé » ; ou encore, il rappelle que Dieu a confié à la reine : « ... le gouvernement du royaume et l'éducation du roi [...] ; un moment donné par elle à ce devoir suprême est plus agréable à Dieu que des heures entières de prières, de visites aux églises, de sermons et de vêpres ». Ainsi pour le cardinal, le devoir suprême est de gouverner et d'éduquer le roi. Ce passage n'est pas si anodin qu'il y paraît. Gouverner, cela va de soi pour un homme politique de la stature de Jules, mais mettre au même rang l'éducation du roi rappelle cette réflexion sur la « parenté mystique » avec l'enfant roi et la monarchie que Mazarin noue en tant que parrain. On a trop voulu ne voir dans la relation entre la reine et son cardinal qu'une forme de subordination affective à un homme cherchant à maintenir une femme sous sa sujétion pour mieux conserver le pouvoir. Le sentiment d'Anne pour Jules a été sans cesse mis en avant pour expliquer leur relation et, dans cette systématisation, on a oublié l'enfant. Pourtant, le cardinal place l'éducation du roi au centre de sa mission. Avec la reine, il est dépositaire du pouvoir en son nom et a le devoir d'en faire le meilleur roi du monde. C'est une chose très importante pour Jules, que la reine comprendra puisqu'elle justifiera la nomination du cardinal à la charge de surintendant de l'éducation du roi en 1646 :

« J'ai cru que ce choix était comme enfermé dans l'honneur que le feu roi mon seigneur, lui avait fait de vouloir qu'il fût son parrain. »

Les libertés que la reine prend avec son deuil dès les semaines qui suivent la mort de son mari sont la manifestation du sentiment de liberté qu'elle éprouve, ainsi débarrassée de Louis XIII et de Richelieu. En quelque sorte, la reine est prête pour une sorte de nouvelle vie... Jules se trouve auprès d'elle à ce moment-là. Il se montre attentif, bienveillant et chevaleresque avec elle. Encore une fois, beaucoup de conditions sont réunies pour que la reine tombe amoureuse.

Le changement de personnalité d'Anne, après la naissance de son fils dans un premier temps, puis lorsqu'elle accède à la régence, a beaucoup été souligné. On a moins remarqué que les premières semaines de la régence voient également la personnalité du cardinal se modifier. L'attitude de la reine et la cabale des Importants y sont pour beaucoup. Par nature, Jules est un homme généreux, mais comme chez lui le calcul n'est jamais loin, il sait utiliser son penchant naturel pour nouer des liens privilégiés en couvrant ses amis et ses relations de cadeaux, d'attentions diverses, etc. Avait-il le choix ? Socialement, il partait de bas. Où se situe la frontière entre le cynique qui achète les hommes et celui qui utilise au mieux les quelques capacités dont il dispose ? En d'autres termes, le cardinal Mazarin était-il si calculateur qu'on l'a dit ? A peine régente, Anne met à rude épreuve la générosité de Jules et c'est lui qui doit se montrer raisonnable et freiner la reine dans ses largesses. Car, nous l'avons vu, la reine distribue argent et cadeaux à ses amis, au point que la rue s'en inquiète. Le cardinal essaie de se montrer plus circonspect. Il explique à Sa

Majesté qu'elle n'obtiendra rien de plus de ses « amis » en les récompensant car ils estiment que c'est leur dû. Ce faisant, elle peut mettre en péril les finances de l'Etat pour un résultat nul. Lui qui en a toujours usé ainsi se voit obligé de convaincre la reine de faire le contraire. Commence à lui coller à la peau une image de ladrerie, qui effacera totalement dans le souvenir collectif l'image de générosité de ses premières années. C'est ainsi que Dumas montre le cardinal dans *Vingt ans après* : « Mazarin était assis dans son cabinet travaillant à raturer le plus de noms possible sur une liste de pensions et de bénéfices. »

Autre transformation apparente du caractère du cardinal : il remplace la douceur dont il a toujours fait preuve par une dureté que personne n'attendait. On le savait ferme dans la négociation, mais l'arrestation de Beaufort a montré qu'il pouvait aller au-delà. Le cardinal a fait preuve de courage mais, curieusement, ses contemporains en resteront à la surprise et à l'étonnement, et ne chercheront pas à analyser l'action de Mazarin ; alors même qu'il montre son courage, on lui épingle une image de lâcheté qui lui collera à la peau elle aussi pendant des siècles ! Curieux paradoxe. Et au lieu d'en rajouter dans la dureté en s'entourant d'une garde prétorienne très apparente et très menaçante comme l'avait fait son prédécesseur, il ne change pas ses habitudes. Il écrit à La Meilleraye que cela ne serait « ni conforme à mon humeur, ni convenable à la condition des temps et à la disposition des esprits ». Cela dit, et c'est tout à fait dans la manière du cardinal, il fait venir quelques solides gaillards de son ancien régiment italien, les fait habiller en valets et leur fait dissimuler leurs armes sous la livrée ; version à l'italienne de nos services de sécurité ! Pourtant, ses contemporains considéreront que s'il ne s'entoure pas, comme Richelieu, c'est qu'il n'ose pas et y verront encore une marque de faiblesse. Ce n'est que quelques années plus tard que Jules s'entourera d'une garde solide et visible. Enfin, et ce changement est peut-être le plus important et le plus difficile pour lui, le cardinal doit apprendre à commander. Jusque-là il a été un homme « au service de », au service du pape, au service d'Antoine Barberini puis ensuite au service de son grand homme, le cardinal de Richelieu. Il a commandé, ordonné, bien sûr, mais toujours par délégation, au nom de... Cette fois-ci, il commande encore par délégation, au nom de la reine régente qui elle-même détient le pouvoir au nom de son fils le roi, mais cette cascade de délégations ne masque pas une réalité : c'est le cardinal qui gouverne. C'est lui qui décide. C'est pour lui un changement considérable, car il n'est plus dans cette position, somme toute très confortable, de l'homme détenant un pouvoir mais couvert par une autorité plus élevée à laquelle il peut se référer et derrière laquelle il peut se protéger. Il est en première ligne, là où en politique on ne peut que se faire des ennemis. Tout aurait dû pousser le doux et accommodant Mazarin à une certaine servilité vis-à-vis des grands nobles et de la famille royale. Dans un début de régence difficile pour lui dont on ne veut pas, beaucoup l'attendaient dans la négociation, voire la compromission avec les plus hautes personnalités de la Cour. Au contraire, il choisit de faire emprisonner l'un des membres les plus emblématiques de la famille royale, ce duc de Beaufort si populaire. Autant dire qu'il choisit d'être haï sans avoir l'assurance d'être craint. Mazarin est trop fin politique pour ne pas avoir mesuré les enjeux et surtout les conséquences. Certains ont voulu voir, par la suite, dans cette arrestation de Beaufort, une manœuvre de jaloux qui craint l'ascendant du beau duc sur la reine ; en l'emprisonnant, Jules aurait neutralisé son rival le plus sérieux... En septembre 1643, nous n'en sommes pas là. Jules n'a sans doute pas encore imaginé ni mesuré la profondeur des sentiments qui vont l'unir à la reine, alors rapporter son acte de courage politique à une vengeance d'Italien jaloux, c'est un peu court ! En se posant en homme fort du régime et en adversaire de certains membres de la famille royale, le cardinal se place plus que jamais entre les si jolies mains de la reine. Il ne peut plus compter que sur elle. Cela fragilise sa position, il le sait, et du coup rend indispensable l'établissement d'une relation de confiance profonde avec Anne.

Anne et Jules s'installent

En septembre 1643, la reine tombe malade. Une simple fièvre de fatigue à cause de « l'assiduité avec laquelle elle continue ses dévotions et son emploi aux grandes et importantes affaires de cet Etat », indique la *Gazette.* D'autres évoquent une jaunisse consécutive aux nombreux soucis qu'elle a eus pendant l'été. A la Cour, on murmure que Sa Majesté serait enceinte des œuvres du cardinal... Jules, lui, dans ses Carnets, note : « La jaunisse, fruit d'un amour extrême. » Voulait-il par là résumer les bruits de la Cour ? Ou est-ce le mot d'un homme qui tout à coup, au détour d'une indisposition de la reine, s'aperçoit de la réalité des sentiments qu'elle éprouve pour lui ?

La royale indisposition ne dure que quelques jours, après quoi Anne se prépare à s'installer dans un nouveau palais qu'elle a choisi. La reine n'a jamais aimé le Louvre. C'est un château trop froid, malcommode, trop vétuste. Il a conservé un aspect très médiéval avec ses fossés marécageux et nauséeux. On y pénètre encore en passant sur un pont-levis, et pour la promenade, il ne dispose que d'un jardin coincé sur les bords de la Seine, trop exigu pour que le petit roi puisse s'y ébattre ; la reine considère qu'un enfant a besoin d'espace. Certes, on est en train d'y faire des travaux mais, justement, cela ajoute momentanément à l'inconfort du lieu. Heureusement, le cardinal de Richelieu a légué au roi son Palais-Cardinal. Elle prend seule la décision de s'y installer, nouvelle marque de son indépendance. Le palais est plus moderne, plus aéré, il dispose de grandes fenêtres et d'un grand et agréable jardin ouvert au public mais où le jeune roi peut s'amuser. De plus il est éloigné du centre de Paris alors que le Louvre est enserré au milieu de rues étroites et insalubres.

Le Palais-Royal de l'époque ne ressemble pas à celui que nous connaissons. Il a un aspect très hétéroclite dû à la manière dont il a été bâti par Richelieu. L'idée du cardinal-duc avait été de faire une sorte de « pôle de gouvernement » réunissant en un même vaste lieu les principaux services ministériels, les hôtels du roi, de la reine et du Premier ministre. Louis XIII ayant refusé, le cardinal se fit bâtir son palais en achetant plusieurs hôtels et immeubles mitoyens, détruisant certains – peu, par mesure d'économie –, transformant les autres, bâtissant entre... L'ensemble s'articule autour de huit cours dont deux principales : l'avant-cour donnant sur la rue Saint-Honoré et la grande cour intérieure appelée seconde cour. Le tout formant au final un enchevêtrement labyrinthique de cours, de puits de lumière et de corps de bâtiments à la décoration hétéroclite mais qui néanmoins présentait de nombreux avantages : galeries de réception vastes et lumineuses, salons d'apparat, nombreuses pièces pouvant servir de bureaux, des appartements agréables et, ce qui n'est pas négligeable pour deux amoureux du théâtre et de l'opéra comme le sont Anne et Jules, deux salles de théâtre.

Il faut à peine quelques semaines pour réaliser les aménagements nécessaires et au début d'octobre, le Palais-Cardinal devient le Palais-Royal ; il a gardé ce nom jusqu'à aujourd'hui. Les appartements de la reine se situent dans l'aile droite, où le jeune frère du roi, le duc d'Anjou, occupe également quelques pièces et où se trouve aussi la salle du Conseil d'en-haut ; le roi est installé dans l'aile gauche, dans les appartements que feu le cardinal de Richelieu occupait.

Mazarin, quant à lui, loue non loin de là l'hôtel de Chevry-Tubeuf au coin de la rue Vivienne et de la rue des Petits-Champs. Cette dernière doit son nom au caractère champêtre qu'elle avait à l'époque. Elle séparait l'hôtel habité par Mazarin du Palais-Royal. Dès octobre, une porte est percée pour permettre au cardinal de passer de son hôtel au palais. On y plaça quelques gardes, ce qui fit dire que le cardinal était tellement pleutre qu'il redoutait de traverser une rue sans escorte.

En 1643, Jules n'est que locataire de l'hôtel Tubeuf qui porte le nom de son propriétaire, Jacques Tubeuf, contrôleur général des Finances, puis à partir de 1646 intendant des finances de la reine. Mazarin achètera l'hôtel en 1649, mais dès son installation il fait réaliser de considérables travaux qui sont officiellement commandés et payés par Tubeuf ; mais tout le monde sait que le cardinal est maître d'ouvrage. En matière d'art et d'architecture, les goûts du cardinal Mazarini restent italiens avant tout. Il veut confier les travaux au Bernin, mais le pape le garde à Rome ; Jules choisit François Mansart en 1645, qui sera également l'architecte de l'église du

Val-de-Grâce voulue par Anne en action de grâces pour la naissance du dauphin. Pour la décoration de son palais, Jules souhaitait Pierre de Cortone qui lui non plus ne pourra venir, et c'est son élève Romanelli qui décorera notamment les deux galeries que le cardinal fera construire, dont une partie, appelée galerie Mazarine, demeure aujourd'hui rue de Richelieu à la Bibliothèque nationale de France. Au long des années, Mazarin achète les immeubles aux alentours de son palais et fait bâtir une demeure imposante qui lui sert surtout à entreposer ses œuvres d'art et sa bibliothèque.

Devenu un ministre riche, Jules peut se livrer à sa passion pour l'accumulation de tableaux, statues, objets, tapisseries, meubles, bijoux et pierres précieuses, etc., car le cardinal est un « accumulateur » plus encore qu'un collectionneur. Les objets lui plaisent pour eux-mêmes, indépendamment des autres. Il ne cherche pas à créer de véritables collections exhaustives sur tel ou tel peintre, telle ou telle époque ou type d'objet. Au contraire, il amasse un immense bric-à-brac d'objets et d'œuvres plus somptueux les uns que les autres, qu'il se plaît à admirer et dont la possession lui procure une évidente jouissance. Le cardinal est à sa manière un esthète ; il aime s'entourer de belles choses, mais il y a aussi du parvenu chez Jules. Il a besoin de montrer sa richesse, d'étaler à la face du monde sa réussite, peut-être pour s'en persuader lui-même... sans oublier que les objets, et surtout les pierres précieuses, se négocient plus facilement que les biens immobiliers et se déménagent aussi plus vite... on ne sait jamais. Les liens du cardinal avec l'art ont toujours été troubles, et l'argent n'en est jamais exclu ; on se souvient que dans la première partie de sa vie, il fut courtier pour Richelieu ou le cardinal Barberini. On peut mépriser cet aspect de la vie du personnage comme l'ont fait ses contemporains ou considérer simplement qu'il s'agit là d'une faiblesse agaçante, mais finalement pas plus que la bigoterie de la reine. « Ce que le public te reproche, cultive-le, c'est toi ! » disait Cocteau.

L'hôtel Tubeuf abrite aussi la bibliothèque du cardinal Mazarin. Depuis la mort de Richelieu, Jules a repris à son service celui qui fut sans doute le plus grand bibliothécaire de son temps : Gabriel Naudé. C'est lui qui patiemment, pendant plus de vingt ans, constituera pour Jules une des plus grandes bibliothèques de l'Europe de l'époque. En cela, il réalise un projet qui avait été formé par Richelieu et que Mazarin a continué. La possession d'une bibliothèque a une fonction intellectuelle, cela va sans dire, et aussi une fonction sociale. Tout comme les œuvres d'art, elle permet de montrer sa richesse. Pour cela il faut que le public puisse y pénétrer. Dès le début de l'année 1644, le cardinal ouvre sa bibliothèque au public. Le 30 janvier la *Gazette de France* vante « l'esprit désintéressé » du cardinal qui fait de son hôtel une « Académie pour tous les doctes et curieux qui y vont en foule tous les jeudis depuis le matin jusques au soir feuilleter sa belle Bibliothèque, ornée d'environ neuf mille volumes, en toutes sciences, dont le nombre croît encore de jour en jour par les soins que prend Son Eminence de satisfaire aussi bien en ce point les gens de lettres comme il fait de tous les autres ». Cette libéralité relève aussi de la communication : Mazarin se montre lui-même en homme de culture et aussi en homme généreux puisqu'il partage sa culture avec le peuple. En acceptant le « particulier » sans aucune restriction sociale – tout le monde peut entrer dans la bibliothèque du cardinal –, Mazarin crée ainsi la plus ancienne bibliothèque publique de France.

Le cardinal habitera à proprement parler très peu dans l'hôtel Tubeuf qui sera avant tout pour lui une vitrine destinée à montrer au monde sa puissance ; en quelque sorte l'hôtel sera le *showroom* du cardinal ! Car, dès la fin de l'année 1644, en novembre, il s'installe lui aussi au Palais-Royal. C'est la reine qui l'a voulu, faisant fi de tous les on-dit courant sur leur relation. Cet emménagement a lieu à la suite d'une maladie du cardinal qui inquiéta beaucoup Anne. A l'automne, la Cour séjourne traditionnellement à Fontainebleau. Cette année-là, Jules ne quitte pas le lit, terrassé par une fièvre tierce et double tierce. Anne se montre très soucieuse de l'état du cardinal. Goulas nous dit : « La reine fut assez troublée de cet accident et le témoigna bien au malade et à tout le monde. Elle ne manquait point de le visiter tous les jours, par une galerie de communication entre son appartement et le sien ; elle envoyait savoir à tout moment de ses nouvelles ; elle ne se lassait point d'être auprès de lui et souvent y demeurait jusques à l'ennuyer, et l'on dit qu'il le lui laissa entendre une fois et qu'elle n'en voulut rien croire ; et comme on lui assura que c'était tout de bon, elle répondit qu'on se l'imaginait ainsi, et qu'il devait être plus satisfait de la voir auprès de lui et qu'elle l'entretînt agréablement que de n'avoir à parler qu'à des médecins et des valets. » Et pour faire bonne mesure, comme le cardinal supporte mal le bruit, elle fait interdire aux gardes de battre le tambour, ce qui jusque-là n'était réservé qu'aux seules maladies du roi. Durant ces semaines d'angoisse pour Anne, le jeune Brienne remarque « l'inquiétude quasi inexprimable qui remplit la reine ».

Le cardinal à peine remis et la Cour revenue à Paris, la reine fait autoriser par le Conseil l'installation de son

Premier ministre au Palais-Royal. Sa Majesté ne veut pas qu'il se fatigue à traverser les jardins – beaucoup plus grands alors qu'ils ne le sont aujourd'hui – chaque fois qu'il veut venir la voir ; sans compter qu'il risque d'être attaqué pendant le trajet. Le Conseil est bien obligé d'obtempérer. Nous ne savons pas précisément où les appartements du cardinal étaient situés mais probablement à côté de ceux du roi, au niveau de l'étage noble dans l'aile gauche. Les deux ailes étaient à l'époque reliées par une somptueuse galerie que le cardinal peut traverser à sa guise et dont les fenêtres donnent sur le jardin. Elles s'ouvrent sur un balcon protégé par une arcade que la reine fera construire pour pouvoir prendre l'air même en cas de mauvais temps.

La reine fait entièrement transformer la décoration de la galerie tout comme celle de ses appartements privés, selon ses propres goûts. Depuis qu'elle vit en France, elle n'a jamais osé manifester ses choix. Au Louvre, elle vit toujours dans le décor que sa belle-mère a fait installer pour elle trente ans plus tôt. Jamais, même lorsqu'elle a disposé de revenus qu'elle pouvait dépenser à sa guise, elle n'a osé exprimer ses envies, chercher à faire réaliser une décoration selon ses goûts, persuadée que, de toute façon, le roi ne l'y aurait jamais autorisée. Une fois régente, elle est libre d'ordonner tous les travaux qu'elle désire, d'imposer ses choix et de faire réaliser l'ameublement qui lui convient. Le plafond de la grande galerie du Palais-Royal est décoré par Simon Vouet et orné de lustres de cristal, le parquet est composé de bois précieux avec des motifs de roses et de lys cloisonnés par des filets d'étain, réalisé par le célèbre ébéniste Jean Macé, les murs sont lambrissés et couverts de tableaux. A l'époque, une galerie comme celle-ci a une fonction sociale essentielle. C'est l'endroit où l'on se tient en public, où l'on se « montre », où l'on fait des rencontres apparemment fortuites... C'est un lieu ouvert à un grand nombre de gens, où se font et se défont les réputations, où naissent les rumeurs. Dans une Cour déjà gouvernée par l'étiquette, la galerie permet de transgresser presque officiellement les règles de distances et de préséances. C'est important pour huiler les rapports dans l'univers corseté de la Cour ; même si, dans ce domaine, on n'a pas encore atteint la sophistication de l'étiquette à la cour de Versailles.

Malheureusement, rien ne subsiste du magnifique décor de la galerie du Palais-Royal tel qu'Anne l'a souhaité. Il en est de même des appartements de la reine dont nous ne connaissons pas le nombre de pièces ni la disposition. Nous savons, en revanche, qu'ils comportaient une autre galerie, plus petite, permettant au cardinal, aux membres de la famille royale et aux proches de Sa Majesté de se rencontrer de manière plus discrète. Anne disposait aussi d'un salon, d'une chambre, d'un oratoire et d'un petit cabinet tendu de gris où elle recevait les ambassadeurs et les délégations venant, au début de la régence, lui présenter leurs condoléances. Si rien ne subsiste de ces appartements, le détail de deux marchés passés par Simon Vouet nous permet d'entrevoir le décor dans lequel la reine avait choisi de vivre. De manière très classique, les murs sont lambrissés dans leur partie basse pour laisser place dans la partie haute aux tableaux, tapisseries, tentures, que l'on accroche selon la saison. L'encadrement des fenêtres, les stucs des plafonds et les corniches sont dorés à l'or brun ou mat. Certains plafonds sont peints, notamment par Simon Vouet ; on sait que le plafond de la chambre de la reine était orné d'une composition représentant la Providence entourée de nombreux enfants, et sur le trumeau de la cheminée, une peinture représentait la Prudence réduisant le monde à l'obéissance. Pour les panneaux ovales au-dessus des trois portes, Vouet avait le choix entre des hauts faits de femmes illustres ou des allégories de la Providence... Nous ne savons pas ce qu'il choisit. La petite galerie de la reine est décorée de peintures sur le thème des trois vertus de l'âme : Volonté, Intelligence et Mémoire. Enfin, dans le boudoir, on trouve des compositions réalisées par plusieurs peintres montrant des enfants jouant dans des frondaisons ; dans l'oratoire privé de Sa Majesté, ce sont des peintures de la vie et des attributs de la Vierge qui ornent les murs. Cet oratoire revêt une importance toute particulière pour la pieuse Anne. Il est en quelque sorte un lieu de défoulement où éclate dans une abondance hétéroclite la force de la foi de la reine. On comprend mieux aussi comment cette religiosité pouvait paraître excessive et agacer le cardinal. S'y trouvaient de nombreuses pièces d'orfèvrerie dont une Flagellation composée de quatre statuettes d'argent, un groupe de quatorze figurines d'argent représentant le Christ, saint Jean-Baptiste et les douze apôtres. Il y avait aussi une Nativité en argent dont l'Enfant Jésus était en or. L'oratoire abritait une quantité impressionnante de reliques, dont un morceau du voile de la Vierge, un du manteau de saint Joseph, un fragment de la Vraie Croix et un de la sainte couronne d'épines enchâssés dans deux soleils garnis de diamants et portés par des anges en or, un doigt de sainte Anne dans un petit reliquaire de cristal et d'or, ainsi que des restes de nombreux saints : saint Isidore (un saint espagnol), saint Laurent, sainte Radegonde, sainte Cunégonde, sans oublier la tête de saint Canut (Knut), un ancien roi du Danemark... tout cela dans une profusion de reliquaires en bois précieux, recouverts d'or, d'argent et de pierreries, de chandeliers, de croix, de burettes, de bénitiers, de caissettes en bois d'ébène dans lesquelles on plaçait des bouquets de fleurs. Au bric-à-brac culturel du cardinal répondait le bric-à-brac religieux de Sa Majesté !

Les aménagements des appartements prendront un peu plus de deux ans pour être réalisés et deviendront immédiatement célèbres pour leur beauté et leur raffinement. Ils seront pour Anne et Jules le cadre ravissant d'une vie de famille qui nous apparaît aujourd'hui comme classique mais qui, à l'époque, n'était pas si courante. Peut-être, inconsciemment, la reine et son cardinal ont-ils reproduit la cellule familiale qu'ils avaient connue enfants ; on se souvient que dans le cas de la reine, le couple amoureux et proche de ses enfants formé par ses parents passait pour exceptionnel.

« Une liaison intime de l'esprit »

C'est à l'évidence la reine qui a défini le cadre de la vie de famille tel qu'il prend forme au Palais-Royal et dans les quelques demeures royales où elle aimait séjourner, comme Fontainebleau où la Cour passait l'été. Elle a placé ses enfants, et tout particulièrement le jeune Louis, au centre de sa vie. Contrairement aux usages qui voulaient que les petits princes soient élevés loin de leurs parents par des précepteurs et des gouvernantes, la reine veut voir ses fils tous les jours, le plus souvent et le plus longtemps possible. Cela explique la manière dont elle a fait distribuer les logements au Palais-Royal ; ainsi quand elle y fait demeurer le cardinal, la cellule familiale est pour elle au complet. Elle a voulu entourer ses enfants d'un maximum d'affection parentale tout comme elle a voulu que le cardinal joue totalement son rôle de parrain et de substitut de père. Et, comme cela arrive souvent, les relations entre Mazarin et l'enfant roi n'allèrent pas de soi dans les premières années, en partie à cause des rumeurs circulant sur les liens unissant Anne et Jules et dont le jeune Louis avait vent. Il faudra attendre les heures difficiles de la Fronde pour qu'ils se rapprochent affectivement, mais nous anticipons un peu.

Avant d'être un couple au sens affectif du terme, Anne et Jules ont été un tandem, ou un couple politique. Comment l'exercice du pouvoir s'est-il organisé entre eux ? Nous n'avons pas beaucoup de détails. Nous savons que la reine assistait au Conseil restreint où se prenaient les vraies décisions, mais des Conseils élargis où l'on discutait les rapports, par exemple, elle était souvent absente. Dès que Mazarin est en voyage, ils échangent des courriers quotidiens. Malheureusement, si un nombre considérable de lettres du cardinal nous sont parvenues, il en existe très peu de la reine. Bien que nous ayons la certitude de l'existence d'une correspondance fournie entre eux dès qu'ils étaient séparés, nous ne disposons que de quelques lettres adressées de l'un à l'autre mais jamais deux lettres qui correspondent. Ces lettres, dont les noms sont remplacés par des chiffres pour les rendre difficiles à comprendre en cas d'interception, ne nous permettent que d'entrevoir leur relation, comme celle-ci, écrite par Anne à propos d'une banale histoire de grâce qu'elle aurait accordée contre l'avis du cardinal : « Votre lettre, que j'ai reçue du 24, m'a mise bien en peine, puisque 15 [la reine] a fait une chose que vous ne souhaitiez pas. Mais vous pouvez être assuré que ça n'a pas été avec l'intention de vous déplaire. [...] et 15 ne sera point en repos qu'il ne sache que 16 [Mazarin] n'a pas trouvé mauvais ce qu'il a fait. » De son côté le cardinal ménage sans arrêt Sa Majesté, il lui explique les décisions qu'il faut prendre, cherche à la convaincre pour avoir toujours son assentiment plein et entier. Dans ce sens, on peut dire qu'ils ont véritablement gouverné ensemble. On ne trouve entre eux aucune trace de dissension comme il a pu en exister entre Louis XIII et Richelieu ou Philippe IV d'Espagne et Olivarès. Au contraire, la reine suit totalement le cardinal. Leur différence est plus marquée en termes de tempérament. Certaines scènes durant la Fronde seront très éclairantes sur ce point. La reine s'emporte, se cabre, avec tout son orgueil de princesse d'Espagne, mais le cardinal sait lui parler, l'amadouer, l'apaiser, lui faire accepter des compromis nécessaires. Ils se complètent. Lui est obligé de tenir compte de la personnalité ombrageuse d'Anne qui ne perd jamais de vue qu'elle est reine de France et mère du roi. Elle marque sans cesse les limites, la ligne à ne pas franchir face à elle. Elle entraîne, peut-être à cause de cela, le cardinal vers plus de fermeté qu'il ne l'aurait quelquefois voulu. Entre eux, l'échange est permanent et équilibré. C'est ce qui frappe lorsqu'on étudie de près leur couple. Et ils se rejoignent sur l'essentiel : transmettre à l'enfant roi un héritage préservé et en faire un homme digne et capable de gouverner son peuple.

Dans cette cellule familiale classique avec les enfants placés au centre, les rapports entre la reine et le cardinal jouent évidement un rôle déterminant. Et ils ont fait couler beaucoup d'encre, ces rapports !

Longtemps, la suspicion de liens charnels entre eux, voire de mariage secret, a plané. Si leur union, au sens de constituer un couple, ne fait aucun doute, c'est autour de la manière dont ce couple s'est matérialisé que l'encre a coulé. Il faut dire que tout a été fait pour brouiller les pistes et rendre difficile la compréhension de leur lien. Les milliers de libelles, les fameuses *Mazarinades*, qui se sont déversés dans les rues de Paris pendant la Fronde donnent l'image d'un cardinal prévaricateur et fornicateur, l'accusant tantôt d'avoir le vice italien – c'est-à-dire de préférer les garçons –, tantôt de coucher avec la reine et aussi, sans doute pour faire la synthèse des deux, de la sodomiser !... Si ces tombereaux d'injures n'ont historiquement qu'une valeur toute relative, ils indiquent le degré de violence où l'on en était arrivé dans la détestation du cardinal, les rumeurs, les calomnies... rien de plus. Ils ne constituent pas des preuves, ni de relations charnelles ni de mariage entre Anne et Jules puisque au fond, c'est la seule question qui reste en suspens. Les mémoires et correspondances des contemporains ne nous apportent pas plus de réponse directe. Rien chez Mme de Motteville, mais on peut admettre qu'en raison de sa passion pour Anne d'Autriche, elle aurait tu une liaison d'autant plus moralement réprouvable que la chère Motteville détestait le cardinal ; peut-être aurait-elle pu, à la rigueur, comprendre que la reine libère ses sens après vingt-huit ans de mariage sinistre, mais pas avec cet Italien !... Pas lui ! La Porte aussi voue une immense vénération à la reine mais lorsqu'il écrit, il est en disgrâce et lui en veut. Or, là non plus pas un mot. Une haine virulente et revendiquée contre le cardinal, qu'il va même jusqu'à accuser d'avoir abusé, ou fait abuser par son neveu, du petit Louis XIV – ce qui lui valut sa disgrâce –, mais pas la moindre allusion à des liens charnels entre la reine et son cardinal. Rien non plus dans les *Mémoires* du cardinal de Retz, de La Rochefoucauld, de la duchesse de Nemours ou de la

Grande Mademoiselle, pour ne citer que ceux-là. Cette dernière est très proche de la reine, pendant longtemps sa seule nièce, qui par ailleurs ne se prive pas d'écrire ce qu'elle pense de tous les membres de la famille. Seule Anne de Gonzague, la sœur de cette Marie de Gonzague qui faillit épouser Cinq-Mars et finit reine de Pologne, mentionne un mariage secret entre Anne d'Autriche et Mazarin. Pourtant, il y a un point commun entre tous ces mémorialistes ou épistoliers ; ils en veulent au cardinal et sont dans l'incapacité de comprendre les liens qui unissent la régente à Mazarin ; au mieux ils n'y voient que la fascination amoureuse d'une femme dont l'Italien a su profiter et abuser. C'est cette impossibilité qui est peut-être à l'origine du parfum de mystère qui a longtemps entouré la relation d'Anne et Jules. Il est quelquefois si difficile de voir les évidences. Et un couple, ça tient debout couché... c'est bien connu. Ainsi avons-nous du mal à imaginer le couple sans la sexualité. Pourtant, il nous faut admettre que, d'une part, Anne et Jules formaient un vrai couple et que, d'autre part, il n'y avait pas de relations charnelles entre eux. Soyons convaincus, encore une fois, que si cela avait été le cas, leurs contemporains ne se seraient pas privés d'en faire état. Un passage des *Mémoires* du cardinal de Retz pourrait résumer tout cela : la duchesse de Chevreuse lui dit qu'elle avait surpris chez la reine en présence de Mazarin « certains airs qui avaient beaucoup de ceux qu'elle avait autrefois avec Buckingham, qu'en d'autres elle avait remarqué des circonstances qui lui faisaient juger qu'il n'y avait entre eux qu'une liaison intime de l'esprit ». La reine elle-même s'en est ouverte à son amie Louise de Brienne, un soir de 1643, dans son oratoire, après la prière, alors que la pression se fait très forte sur cette pauvre Anne pour qu'elle se débarrasse de son

Premier ministre : « Je t'avoue que je l'aime et je puis même dire tendrement ; mais l'affection que je lui porte ne va pas jusqu'à l'amour, ou, si elle y va sans que je le sache, mes sens n'y ont point de part ; mon esprit seulement est charmé par la beauté de son esprit. Cela serait-il criminel ? Ne me flatte point ; s'il y a même dans cet amour l'ombre du péché, j'y renonce maintenant devant Dieu et devant les saints dont les reliques reposent en cet oratoire. Je ne lui parlerai désormais, je t'assure, que des affaires de l'Etat. »

Depuis une vingtaine d'années, la plupart des biographes de la reine ou du cardinal admettent la chasteté de leur relation. En réalité, nous trouvons de nombreux indices pour approcher la vérité de cette relation. Paradoxalement, ces deux êtres, aussi éloignés socialement que possible à leur naissance, ont beaucoup de points communs. Nous les avons vus. Cela ne suffit pourtant pas à tout expliquer, il faut aussi que les circonstances s'en mêlent pour qu'ils se reconnaissent et se choisissent l'un l'autre. Ces circonstances sont la mort coup sur coup de Richelieu et de Louis XIII, et la dévolution de la régence à Anne. Considérons que cela se fait en quelques semaines à peine. Et même si depuis la naissance du dauphin la reine peut légitimement se préparer à la nouvelle tâche qu'elle a à accomplir, elle n'est assurée de rien. Elle qui jusque-là n'a exercé aucune responsabilité doit les assumer toutes. Quant au cardinal Mazarin, il n'a pas choisi la France, il a choisi Richelieu. Son grand homme est mort. Il songe alors à retourner à Rome et au fond ne reste que par fidélité, pour poursuivre l'œuvre du cardinal-duc, parce que le roi le lui demande et lui donne la charge d'élever son fils en le faisant parrain. Anne et Jules ont besoin l'un de l'autre, ils ne peuvent survivre, dans ce marigot qu'est la Cour, que l'un par l'autre. Il n'y a donc rien d'étonnant à ce qu'ils s'entendent. Ce qui est plus surprenant et qui restera toujours un mystère, c'est le sentiment amoureux. Pourquoi se sont-ils aimés ? Et comment se sont-ils aimés ?

Il nous faut considérer deux éléments primordiaux qui, trois siècles et demi plus tard, peuvent paraître secondaires ; c'est d'abord l'immense et profonde piété de la reine, qui ne peut envisager une relation charnelle hors du mariage. Et comment imaginer que cette femme pieuse puisse communier et prier chaque jour en état de péché mortel selon le dogme d'une Eglise qu'elle vénère... c'est littéralement impossible. La piété du cardinal est également à prendre en compte, qui, si elle est loin d'être aussi intense que celle d'Anne, est forte, d'autant que l'on sait qu'il avait, à la fin de sa vie, l'intention d'entrer dans la prêtrise, seule voie possible pour devenir pape ; cela exclut toute possibilité de mariage secret. Mazarin demeure un homme très séduisant – mais le pouvoir aussi est séduisant ! – qui sait se montrer très galant avec les dames. Certaines, dès le début de la régence, essayent de le séduire sans parvenir à dépasser le stade de la galanterie. Du coup, la rumeur court que le cardinal est impuissant. Il le note dans ses Carnets et s'en amuse, ce qui n'est pas l'attitude d'un homme qui a des problèmes dans ce domaine.

Le deuxième élément que je crois fondamental est le surmoi énorme de la reine : elle est née princesse d'Espagne, ses ancêtres sont empereurs, rois, princes et elle-même est régente et mère de roi... elle se vit comme un être d'une essence différente des autres. Comment pourrait-elle se compromettre avec un homme sans lignée ?... Elle n'y a sans doute pas songé elle-même ; ce sont peut-être les insinuations de ses proches qui l'y ont amenée. Et Mazarin n'a pas moins conscience de ces frontières sociales et psychologiques auxquelles ils se trouvent confrontés. Lui non plus n'a peut-être pas envisagé la possibilité d'une relation charnelle avec la reine, pour les mêmes raisons inversées. Mais leur couple est déjà une telle incroyable transgression des barrières en son temps ! On ne l'a pas suffisamment souligné ! Et je suis convaincu que rien de tout cela n'aurait eu lieu si Louis XIII n'avait fait du cardinal le parrain de l'enfant roi. Sans cela, jamais la relation entre Anne et Jules n'aurait pu atteindre un tel degré d'intimité affective. C'est le roi défunt qui leur en a donné en quelque sorte la possibilité en les plaçant dans un cadre favorable. Car le rôle du parrain, en ces temps fondamentalement religieux, ne se résume pas à quelques cadeaux distribués aux anniversaires... Il est le père de substitution, au sens religieux ; ce rôle ouvre à la reine et à son cardinal les portes d'une relation intime, mais en marque aussi les limites. Et Mazarin était profondément pénétré de son devoir de parrain... Jamais il ne se serait permis d'y manquer ! Alors, admettons une bonne fois pour toutes qu'ils s'aimaient et qu'ils ne couchaient pas ensemble... après tout ce n'est pas si grave !

Ce qui est sûr, c'est que ce couple est unique dans l'histoire de France. D'autres couples de pouvoir ont existé avant eux : Aliénor d'Aquitaine et Henri Plantagenêt, Anne de Beaujeu et son mari Pierre, Louis XII et Anne de Bretagne ; après eux, Louis XIV avec Mme de Montespan puis Mme de Maintenon, Louis XV et la marquise de Pompadour, Louis XVI et Marie-Antoinette dans une certaine mesure, et sans doute le plus ambitieux de tous : Bonaparte et Joséphine. Mais tous étaient soit mariés, soit amants ; un seul réussit le tour de force de n'être ni l'un ni l'autre tout en étant, probablement, le plus uni de tous, c'est Anne d'Autriche et Jules Mazarin. Le cardinal écrit que les liens entre eux sont si forts « qu'ils ne pouvaient être rompus ni par le temps ni quelque effort qu'on y fît ». Anne, pour sa part, dit à Mme de Motteville : « Voyez-vous on se trompe fort quand on croit que la considération que nous avons pour ceux en qui nous nous confions ait le pouvoir de nous cacher leurs défauts. Je les connais fort clairement [...]. J'en suis fâchée et je ne les aime pas moins quand je trouve en eux les principales choses dont la fidélité et la sûreté sont les premières ; je me satisfais de celles-là et je souffre le reste. » Quels étaient les agacements d'Anne ? Peut-être cette manière de toujours accommoder, louvoyer, éviter le conflit, au point quelquefois de paraître obséquieux, ce qui devait heurter la fierté de l'Espagnole, ou sa passion excessive pour les œuvres d'art, ou encore la coquetterie du cardinal, toujours parfaitement mis et parfumé, poussant à l'excès l'habitude italienne de se farder de poudre et de rouge aux joues ; à la fin de sa vie, de plus en plus malade, Mazarin en usera jusqu'au ridicule. Anne, bien qu'étant elle-même très coquette, a passé un stade avec la quarantaine, cet âge terrible pour une femme comme s'en désole Mme de Motteville. La reine demeure extrêmement soigneuse, beaucoup plus que la moyenne de ses contemporains, mais quelque chose a changé en elle, elle est moins dans la séduction.

Ainsi, Anne et Jules nous offrent un exemple d'une relation équilibrée entre deux personnes ; chacune donne à l'autre ses limites, de sorte que le cadre est mutuellement consenti. Et puis, il y a ce témoignage de Lefèvre d'Ormesson, tellement significatif : dans un passage encombré de monde, quelqu'un marche sur la robe de la reine, « elle se retourna comme une furie mais voyant que c'était Monsieur le cardinal, elle lui sourit ». La scène se déroule probablement dans les premières années de la régence, et ce sourire dit tout !

La tendresse d'une mère

« Elle les avait élevés auprès d'elle avec une tendresse qui lui donnait quelques jalousies des personnes avec lesquelles ils cherchaient leur plaisir. » Mme de La Fayette résume ainsi la relation que la reine entretient avec ses deux garçons, l'enfant roi et le duc d'Anjou. Nous connaissons de manière assez détaillée l'emploi du temps quotidien de Sa Majesté. Dans leurs premières années, avant que les études ne prennent de plus en plus de place dans la journée des petits princes, la reine les veut avec elle. Anne prend très vite l'habitude de recevoir les ambassadeurs en présence du jeune Louis, et dès que les petits princes sont capables de manger correctement, ils dînent avec leur mère. Ils l'accompagnent le plus souvent possible dans les visites quasi quotidiennes qu'elle rend aux églises et aux couvents. Elle s'occupe d'eux, surveille leurs jeux, y participe, et leur dispense à profusion toutes sortes de marques d'affection, les embrasse, les caresse, les gronde et leur pardonne.

Quelques anecdotes nous sont parvenues sur l'enfance du petit roi, en particulier par les *Mémoires* des deux valets attachés à son service, La Porte et Du Bois. Ainsi celle-ci, illustrant les rapports entre la mère et son fils. Louis a neuf ans. La Cour séjourne à Amiens. Le garçon fait un caprice banal comme on peut en faire à cet âge. La reine se met en colère : « Je vous ferai bien voir que vous n'avez pas de pouvoir et que j'en ai un. Il y a trop longtemps que vous n'avez pas été fouetté, je veux vous faire voir que l'on fesse à Amiens comme à Paris. » Il ne faut que quelques instants à Louis pour mesurer la menace, et se jeter aux pieds de sa mère en implorant : « Maman, je vous demande pardon, je vous promets de n'avoir jamais d'autre volonté que la vôtre. » La reine le prend alors dans ses bras, l'embrasse tendrement et pardonne. Le mot important dans cette saynette est ce « maman » prononcé par le petit roi. Il ne dit pas « madame », comme c'est l'usage dans les grandes maisons, ni « ma mère », qui en est la version plus affective. Non, il dit « maman », comme un enfant de famille bourgeoise qui aime sa mère et sait être aimé d'elle. Entre la reine et son fils les liens sont très forts. Jusqu'à la fin de ses jours, Louis XIV conservera pour sa mère un amour profond ; Charles Perrault, écrira que jamais un fils n'a « davantage honoré sa mère toute sa vie ». Pour Anne, ce Louis est un enfant du miracle, celui qu'on n'attendait plus, qui l'a sauvée, lui a rendu sa dignité et surtout lui a permis de vivre enfin ce sentiment maternel très ancré en elle. Elle aime aussi le petit duc d'Anjou, Philippe, mais il faut reconnaître qu'il est le cadet et que la passion maternelle va en premier lieu à Louis. Nous avons très peu d'anecdotes sur Philippe, les mémorialistes se sont beaucoup plus intéressés à son frère le roi. Par eux, nous savons que le physique et le caractère des deux enfants sont différents. Avec ses yeux bleus, ses cheveux blonds et son visage rond, Louis semble avoir hérité des gènes austro-flamands de sa mère, alors que Philippe, avec sa belle chevelure brune encadrant son visage de grosses boucles naturelles et son nez aquilin, ressemble plus à son père et conserve les traits des Valois et de ses ancêtres florentins. « Ses yeux noirs étaient admirablement beaux et brillants : ils avaient de la douceur et de la gravité », observe Mme de Motteville.

Louis a très vite conscience de son rôle, il est grave, capable de dissimuler ses sentiments, et connaît des accès de colère et d'orgueil. Tout enfant, il sait qu'il est le roi... et sa mère est en grande partie responsable de cela. Le garçon n'a pas encore sept ans. Il « est aux femmes », c'est-à-dire qu'il est élevé selon la tradition par les dames d'honneur de la reine et qu'il est habillé de robes. Il aime jouer avec la fille d'une femme de chambre, « lui servant de page et de valet de pied, lui portant la queue, la roulant dans une chaise et tenant le flambeau devant elle ». Lorsqu'elle apprend le rôle que tient son fils dans ces amusements, Anne le gronde vertement sur le thème qu'il n'a pas à jouer les domestiques, il ne doit jamais oublier qui il est ! La reine veut l'élever dans la conscience de la grandeur de sa condition mais aussi des devoirs qui lui incombent. « Ceux qui avaient l'honneur de l'approcher, lui disaient trop souvent, ce me semble, qu'il était le maître », remarque Mme de Motteville. Seule sa mère parvient à le calmer : « Parfois seulement, quand le roi passait la mesure et disait trop haut "je veux" il se heurtait à l'autorité maternelle », nous dit Du Bois. La chronique du monastère carmélite de Saint-Joseph à Pontoise, dont l'abbesse était la sœur du chancelier Séguier et l'amie de Wat Montagu, chez qui il se rendait souvent, relate l'anecdote suivante : « Le roi étant en notre récréation, s'amusait à jouer avec le loquet de la porte, du côté de l'infirmerie, sans parler ou répondre à tout ce que les dames lui disaient. La reine s'en apercevant lui en fit la guerre. "Voyez ce qu'il fait beau voir le roi qui boude et qui ne dit mot !" Sur quoi le prince piqué de ce reproche dit en fronçant le sourcil et en tapant du pied : “Je ne dis mot, mais je parlerai un jour si haut que je me ferai entendre !” » La chronique précise aussitôt qu'il s'agit là de propos d'enfant auxquels il ne faut pas attacher trop d'importance.

Le jeune prince Philippe est beaucoup plus spontané que son frère. Il se dégage de lui le charme d'un enfant affectueux, rieur et bavard. Mme de Motteville, tout attendrie, nous dit qu'il « eut de l'esprit aussitôt qu'il sut parler, accompagné de deux belles inclinations, la libéralité et l'humanité ».

Entre les deux enfants se développent les relations classiques de deux frères que deux ans à peine séparent. Ils s'aiment, se chamaillent, se rabibochent et sont en rivalité vis-à-vis de leur mère. La Porte raconte : « Un jour que la cour était en voyage, le roi voulut que Monsieur [son frère] couchât dans sa chambre, laquelle était si petite qu'il n'y avait que le passage d'une personne. Le matin, lorsqu'ils furent éveillés, le roi, sans y penser, cracha sur le lit de Monsieur, qui, aussitôt, cracha sur le son frère, lequel un peu en colère cracha au nez de son cadet. Sur quoi, Monsieur sauta sur le lit du roi et pissa dessus. Le roi en fit autant sur le lit de Monsieur. Quand ils n'eurent plus de quoi cracher ni pisser, ils se mirent pour se battre. Pendant ce démêlé je faisais tout ce que je pouvais pour les séparer, mais, n'en pouvant venir à bout, je fis avertir M. le maréchal de Villeroy qui vint mettre le holà ! Je dois dire que Monsieur s'était plus tôt fâché que le roi, mais le roi fut bien plus difficile à apaiser que Monsieur. »

A l'âge de sept ans, le roi atteint ce que l'Eglise, selon le droit canon, appelle « l'âge de raison » ; celui où l'on est apte à prendre conscience du bien et du mal. Louis quitte les femmes et « passe aux hommes ». Se constitue alors une équipe pédagogique choisie par la reine et le cardinal, en vertu de la charge de surintendant au gouvernement et à la conduite du roi et du duc d'Anjou. Louis a maintenant une maison largement pourvue. Un précepteur, Hardouin de Péréfixe, dirige une équipe de professeurs qui enseignent au roi la lecture, l'écriture, le calcul, l'italien, l'espagnol et le dessin. L'enfant roi dispose aussi d'un maître d'armes, d'un maître d'équitation, d'un maître de danse ; l'ensemble chapeauté par un gouverneur, le marquis de Villeroy, qui deviendra duc et maréchal, et deux sous-gouverneurs. Le jeune prince a des camarades garçons qu'on lui donne pour compagnons de jeu : les fils du comte Loménie de Brienne, du lieutenant général de Plessis-Praslin, du duc de Coislin, le fils du marquis de Mortemart, et le marquis de La Châtre. Il n'est pas question de l'entourer d'une mini-cour qui le protège et l'isole. Au contraire, la volonté expresse de sa mère et de son parrain, leur dessein, est de permettre au roi d'avoir une enfance comme les autres, de s'amuser avec des amis. On lui installe un jeu de paume dans le jardin des Tuileries pour qu'il puisse s'adonner à une activité physique ; plus tard on lui fait construire dans ce même jardin un petit fortin pour qu'il joue à la guerre, car l'éducation militaire fait partie intégrante de l'apprentissage du métier de roi ; la guerre est au XVIIe siècle l'un des moyens de gouvernement dont dispose un souverain. Louis XIV sera un grand roi guerrier. Très jeune, on lui aura donné le goût de la chose militaire. La reine a l'habitude de l'emmener avec elle assister aux parades des régiments des gardes aux bois de Boulogne et de Vincennes. Brienne raconte dans ses *Mémoires* avoir fait partie d'une sorte de compagnie d'enfants d'honneur dont un des grands amusements était de défiler dans les couloirs : « Mme de La Salle [femme de chambre du jeune Louis] qui en était la capitainesse, [...] nous reçut, la pique à la main et le hausse-col sur son mouchoir bien empesé et bien tiré, un chapeau couvert de plumes noires sur la tête et l'épée au côté [...]. Ce fut elle qui nous mit le mousquet sur l'épaule et cela de fort bonne grâce. S'accommodant à la jeunesse du roi, elle faisait l'enfant avec les enfants. Ensuite elle nous fit faire l'exercice et je remarquai que le prince encore à la bavette y prenait un extrême plaisir. »

L'affection d'un parrain

La reine considère la religion comme son domaine réservé dans l'éducation de ses enfants. Pour le cardinal, son domaine réservé sera les affaires de l'Etat et l'apprentissage du métier de roi. Il nous est difficile de savoir quelles étaient les relations du cardinal et du jeune Louis dans les premières années de la régence. Autant nous connaissons avec une certaine précision l'emploi du temps de la reine et les moments où les petits princes sont avec elle, autant nous ignorons dans le détail comment se déroulaient les journées du cardinal, et donc les moments qu'il pouvait consacrer à son rôle de parrain. Le cardinal est un énorme travailleur. « Comme il était infatigable dans le travail, qu'il voulait faire les charges de tous les secrétaires d'Etat, qu'il ordonnait des finances, et qu'enfin il voulait connaître de tout, il était continuellement si occupé qu'il était impossible de le voir », se souvient Mme de Motteville. A l'époque, gouverner un pays consiste, pour une large part, à entretenir une correspondance considérable avec tous les relais de pouvoir en place aussi bien dans les provinces qu'à l'étranger, ambassadeurs ou plénipotentiaires envoyés en mission extraordinaire ; sans oublier les lettres, comme nous l'avons vu, où le cardinal explique sa politique, par exemple, à nos alliés ou à ses amis qu'il utilise comme relais d'opinion. Dans la seule journée du 5 mai 1644, treize lettres du cardinal nous sont connues. Sa correspondance, bien que des parties non négligeables en aient été perdues, a fait l'objet d'une édition au XIXe siècle qui comporte neuf volumes réunissant quelques dizaines de milliers de lettres. A cette activité épistolaire il faut ajouter réunions, conseils et de fréquents voyages d'inspection. Lorsqu'il est à la Cour, le cardinal consacre presque chaque jour un moment dans la soirée aux « petits Conseils » en tête à tête avec la reine. Avant d'instruire le fils, sa priorité est d'instruire la mère. De tout cela, nous pouvons déduire que Son Eminence n'est pas très présente auprès du jeune Louis dans les années qui précèdent la Fronde. La vraie présence masculine auprès de l'enfant roi est incarnée par ses deux valets, et particulièrement La Porte, qui insiste dans ses *Mémoires* sur l'affection que le petit roi lui témoigne : « Quelque chose que je lui aie dite, il n'en a jamais témoigné d'aversion pour moi : bien loin de là, lorsqu'il voulait dormir, il voulait que je misse la tête sur son chevet auprès de la sienne, et s'il s'éveillait la nuit, il se levait et venait se coucher avec moi ; en sorte que plusieurs fois je l'ai reporté tout endormi dans son lit. » C'est aussi La Porte qui le soir, avant de souffler la chandelle, fait la lecture au petit roi ; Louis apprécie particulièrement une *Histoire de France* de Mézeray, que le valet lui lit sur le ton des contes.

Le seul problème, dans ce parfait tableau de l'éducation d'un prince, vient de la détestation que La Porte éprouve pour le cardinal Mazarin. Ce sentiment violent, il le transmet à l'enfant roi. Un jour de 1645, alors que la Cour séjourne au château de Compiègne, La Porte raconte que le petit Louis – il n'a pas sept ans –, voyant le cardinal passer sur la terrasse accompagné d'une nombreuse suite, « ne peut s'empêcher de dire assez haut : Voilà le Grand Turc. » La scène est rapportée à Son Eminence qui en parle à la reine. Tous deux sermonnent Louis et exigent de savoir qui a prononcé devant lui cette phrase qu'à l'évidence il répète. Peine perdue, l'enfant refuse de parler. La Porte souligne avec fierté que Sa toute jeune Majesté est fidèle aux hommes qui la servent et qui l'aiment.

Malgré cette animosité d'imitation, l'affection du cardinal pour le roi ne fait aucun doute. Elle éclate au grand jour pour la première fois en 1647, quand le roi tombe gravement malade.

Le détail de la maladie de Louis est connu par Antoine Valot qui tint un journal de santé du roi et consigna l'évolution de la maladie au jour le jour. Tout commence le lundi 11 novembre 1647 vers cinq heures de l'après-midi. Le roi assiste avec sa mère à la représentation d'une pièce de théâtre au Palais-Royal. Bien qu'il affectionne le spectacle, l'enfant roi se plaint d'avoir mal au dos, au point qu'il demande à quitter le théâtre avant la fin de la pièce. Anne fait immédiatement appeler le médecin du roi qui diagnostique une légère indisposition jusqu'au moment où une puissante fièvre se déclenche. Le roi est saigné, selon les méthodes de l'époque. Le mardi, la fièvre persiste : nouvelle saignée. « On remarqua le bon effet de cette seconde saignée le jour même, par l'éruption des pustules qui commencèrent à paraître au visage et en plusieurs parties du corps ; et quoique pour lors la maladie fût connue, elle donna néanmoins beaucoup d'alarmes à toute la cour. » Le roi est atteint de cette petite vérole qui avait fait craindre pour la vie de sa mère quarante ans plus tôt, maladie terrible dont on mourait souvent et dont on pouvait sortir défiguré.

La maladie du petit roi va durer quinze jours, quinze longues journées pour Anne qui veille son fils à chaque instant. La vie de la Cour semble suspendue. Alors revient le souvenir des maladies chroniques de Louis XIII et de sa santé précaire, qui a rythmé la vie de la Cour pendant des décennies. Par sécurité, on a éloigné le petit duc d'Anjou chez un intendant des finances ; la reine n'a même pas le réconfort de pouvoir serrer son second fils dans ses bras... alors qu'elle sait que Philippe déprime et pleure en réclamant sa mère. C'est d'autant plus dur pour le petit Monsieur qu'il avait lui-même été très malade d'une rougeole aggravée d'une dysenterie pendant l'été et obligé de rester à Paris alors que la Cour séjournait à Fontainebleau. La reine avait à cette occasion montré l'attachement qu'elle avait pour son second fils : ne supportant plus de le savoir malade, éloigné de sa mère, Anne, contre l'avis du cardinal, était revenue à Paris quelques jours voir son fils. « La voyant arriver [Philippe] se jeta à son cou et la tint longtemps embrassée, tout pâmé de joie et de plaisir de la revoir », nous dit Mme de Motteville.

Valot décrit un incessant va-et-vient de médecins, tour à tour d'accord ou opposés sur les remèdes à donner à l'enfant roi. Pendant sa maladie, il sera saigné quatre fois, purgé à de nombreuses reprises avec des extraits de rhubarbe et de chicorée ; pour « voir et observer les mouvements et les forces de la nature », on lui fit prendre toutes sortes de potions cordiales composées d'ingrédients étranges : solutions de perles et de sucre, bézoard en poudre, bois de cèdre et aigre de cèdre... C'est la reine qui lui administre ses médecines, le nourrit et tente de le calmer – la fièvre le fait délirer –, qui le réconforte et soutient son jeune courage. Elle a demandé à ses dames de compagnie de ne plus s'occuper d'elle en raison de la contagion. « Emportée par ses sentiments, elle n'observa nulle politique à l'égard du public », s'inquiète Mme de Motteville. Comme une mère qui souffre du mal de son enfant, plus rien ne compte pour la reine. Seul Jules est présent chaque jour auprès de l'enfant et de la mère... tout en continuant à assurer les affaires de l'Etat : « Son Eminence a souffert d'étranges inquiétudes de voir son maître en un si pitoyable état et en un extrême danger de sa vie ; et, pendant qu'il gémissait sous le faix de tant de douleurs, il ne laissait pas de donner ordre aux affaires les plus importantes de l'Etat », souligne Valot.

Dans tout le royaume, on dit des prières pour la guérison du roi. La reine a demandé que le saint sacrement soit exposé dans toutes les églises. Le 22 novembre, une quatrième saignée est administrée à Sa Majesté. Les résultats semblent très bons. La fièvre tombe enfin. Le roi, très affaibli, se sent mieux et réclame à boire : il est totalement déshydraté. On lui administre un verre de calomel et de séné. Deux heures plus tard, l'enfant roi n'a plus soif, la purgation « a fait sortir l'humeur qui fermentait dans le bas-ventre et particulièrement dans l'estomac ».

Le roi est sauvé ! Il faut attribuer cette guérison en grande partie à la robuste santé dont Sa Majesté fera preuve toute sa vie plus qu'aux médications et traitements plus ou moins étranges qu'on lui a administrés. Dans cette épreuve, l'enfant roi a montré un grand courage : « Le roi [...] témoigna de l'assurance et de la fermeté dans les plus fortes douleurs et dans l'accablement de plusieurs accidents qui lui sont survenus, n'ayant refusé ni la saignée, ni les incisions, ni les autres remèdes extrêmes que l'on a proposés à Sa Majesté. »

La reine en sort heureuse mais épuisée : « La constance de la reine a été admirable en cette occasion, et ses soins et ses inquiétudes ont surpassé l'imagination, ayant demeuré nuit et jour proche du Roi avec tant d'assiduité que Sa Majesté, par l'excès de ses veilles et de ses peines, tomba dans une fièvre continue qui, par la grâce de Dieu, n'a pas été de longue durée. »

Le cardinal est fou de joie. Pour récompenser le petit roi, il lui offre un magnifique cheval anglais. L'enfant est tellement impatient de le voir qu'on mène la bête dans sa chambre au premier étage du palais.

Bien que n'ayant pas dix ans, Louis XIV est déjà très au fait des usages de la Cour. Il a noté ceux qui ne sont pas venus lui manifester de l'amitié dans sa douleur et par la suite leur demandera des explications ; sans doute avaient-ils préféré attendre en se disant que le duc d'Anjou méritait des égards... Il a aussi vu le cardinal Mazarin tous les jours à son chevet, attentionné, très inquiet et triste... et cela, Louis ne l'oubliera jamais.

La passion du théâtre et de l'opéra

Le spectacle, particulièrement la danse, tiendra une part importante dans la vie du roi Louis XIV. Ces passions lui viennent de loin. La musique est cultivée depuis longtemps chez les Bourbons. Son père composait avec un talent certain tout en respectant un très grand classicisme. Très jeune, l'enfant roi apprend la musique et a un maître de danse et il manifeste beaucoup de dons pour cet art. Il y est encouragé par le cardinal plus encore que par sa mère. Tous deux partagent cette passion dévorante : Anne aime la comédie – sous ce mot on regroupait à l'époque toutes les formes de théâtre, aussi bien les tragédies de Corneille que les pièces satiriques de la *commedia dell'arte* – et Jules, le théâtre chanté, c'est-à-dire l'opéra. Dans quelle mesure la passion de sa mère et de son parrain pour le spectacle a-t-elle pesé sur la personnalité de Louis XIV ? Pour Mazarin, l'expression du pouvoir est liée à la théâtralité. En cela, il reste un Romain marqué profondément par la mise en scène baroque du pouvoir pontifical. Quel contraste a dû être pour lui l'arrivée à la cour de Louis XIII, son austérité, mais aussi sa simplicité et la proximité avec la personne royale. En initiant très jeune l'enfant roi aux joies du spectacle et de l'opéra, Anne et Jules ont peut-être fait naître en lui le goût de la théâtralité du pouvoir, avec ce que cela suppose de distance vis-à-vis de la personne royale, et donc sa protection, comme un acteur, si exposé soit-il, est protégé par la scène et les lumières qui délimitent le cadre de son existence d'artiste, l'isolent du public. Louis XIV fera de sa Cour et de sa vie un spectacle permanent. Il faut peut-être en chercher une part d'inspiration dans les spectacles qu'il a vus dans son enfance et son adolescence, ces opéras qui, la plupart du temps, mettent en scène des personnages ou des histoires mythologiques. On verra que la Fronde fut un choc psychologique profond pour le petit roi, qu'il mesure alors toute la précarité de son statut et le peu de respect des membres de sa famille et des grandes familles nobles. Versailles lui permettra de « domestiquer » cette noblesse frondeuse et la théâtralité de l'étiquette matérialisera quotidiennement la sacralité du pouvoir en la personne royale.

La reine Anne ne manifeste pas un grand intérêt pour ce théâtre chanté que son cardinal adore, du moins au début. On raconte qu'elle s'est endormie à la première représentation d'opéra à laquelle elle assiste, conviée par Jules impatient de lui faire aimer son art préféré. Le cardinal a peut-être été dépité de cette somnolence... et sans doute a-t-il pardonné à la régente ; il faut dire que l'on sortait d'un repas que le mot « léger » n'était pas le plus approprié à définir.

Anne aime le théâtre et l'a toujours aimé. Si elle a perdu le goût de la fête et des bals où l'on danse très tard dans la nuit, elle a conservé intact son amour de la comédie. Elle a beaucoup de respect pour les comédiens, et surtout pour les auteurs. En 1637, année où sa position vis-à-vis de Louis XIII et de Richelieu est des plus précaires, elle parvient néanmoins de sa seule initiative à faire anoblir le père d'un jeune auteur, Pierre Corneille, et la reine a assisté avec enthousiasme à la création triomphale du *Cid*, joué trois fois au Louvre et salué comme un chef-d'œuvre. Pourquoi anoblir le père du dramaturge ? C'est une délicatesse de la reine, car ainsi Corneille peut se prévaloir d'une naissance noble, ce qui dans la société d'Ancien Régime n'est pas négligeable.

Dès les premières semaines de la régence, la vie culturelle de la Cour sort de la léthargie dans laquelle les agonies successives de Richelieu et Louis XIII l'avaient plongée. Installée dans un Palais-Royal pourvu de deux salles de spectacle – le Petit-Bourbon, réservé à la comédie italienne, et le théâtre du roi, le Palais-Royal –, Anne peut faire donner le plus de représentations théâtrales possible, auxquelles elle assiste avec délectation. Dans le plus petit des deux théâtres, le Palais-Royal, Sa Majesté dispose d'un escalier privé qui lui permet d'arriver à sa loge. Au début, pour respecter les règles de bienséance que lui impose son très récent veuvage, le cardinal Mazarin fait installer pour Anne des sortes de moucharabiehs qui lui permettent d'assister au spectacle dissimulée, mais rapidement on les enlève et la reine se contente de porter un masque. La Cour ne bronche pas face à cette entorse remarquable au deuil royal, seuls quelques dévots crient au scandale. L'affaire va prendre de l'ampleur car, comme souvent, il est question par ce biais de tenter de contrôler la reine dont on connaît la piété.

La controverse porte sur les comédies italiennes que la reine fait jouer au Petit-Bourbon et auxquelles assistent souvent les enfants royaux. Louis et Philippe adorent ces pantalonnades qui les font rire à gorge déployée. C'est le curé de Saint-Germain-l'Auxerrois – paroisse dont dépendent le Louvre et le Palais-Royal – qui ouvre les hostilités. Il se plaint que la reine donne le mauvais exemple en écoutant la comédie à l'intérieur même du Palais-Royal. Il l'écrit à Sa Majesté. La lettre trouble Anne qui se pose tout à coup la question de devoir peut-être choisir entre la foi et sa passion. Elle consulte des évêques qui s'empressent de la rassurer. Ce genre d'occupation est au contraire très souhaitable pour distraire les courtisans d'autres occupations beaucoup plus pernicieuses. Les membres de la Cour, et surtout de la famille royale, étant des personnes publiques, il est juste et logique qu'ils aient des divertissements publics. Le curé du Louvre ne se le tient pas pour dit. Poussé par le futur saint Vincent de Paul, directeur de conscience de la reine qui songe peut-être que cet amour du spectacle est un contrepoids dangereux à son influence, d'autant plus dangereux qu'il est partagé par le cardinal, le curé se rend en personne au Palais-Royal et accuse la reine de commettre un péché mortel en fréquentant des spectacles impies. Pour prouver ses dires, il remet à Sa Majesté un avis rédigé et signé par sept docteurs de la Sorbonne.

Cette fois-ci, Anne est plus inquiète, et Mazarin subodore la manipulation. Il est évident que ce pauvre curé fait surtout preuve de bêtise et de méconnaissance des usages de la Cour, mais derrière lui il y a probablement ce parti dévot toujours en action contre la guerre avec l'Espagne et qui ne pardonne pas à la reine et au cardinal de continuer la politique de Richelieu. Il faut en finir avec cette histoire. Jules mandate le précepteur du très jeune Louis, l'abbé de Beaumont, qui deviendra un jour archevêque de Paris. Ce dernier se charge de trouver une douzaine de théologiens de la même Sorbonne – ce ne fut pas très difficile – qui rédigent un avis opposé au précédent, stipulant que du moment où il ne s'y disait rien de contraire aux bonnes mœurs, la comédie « était de soi indifférente et on pouvait l'entendre sans scrupules, et cela fondé sur ce que l'usage de l'Eglise avait beaucoup diminué de cette sévérité apostolique que les premiers chrétiens avaient observée dans les premiers siècles ». L'honneur est sauf, Anne peut à son aise aller rire aux comédies italiennes, rêver aux pièces bucoliques et aux pastorales qu'elle affectionne et se nourrir des tragédies de Corneille dont la morale, selon Mme de Motteville, « pouvait servir de leçon à corriger le dérèglement des passions humaines et, parmi les occupations vaines et dangereuses de la reine, celle-là du moins n'être pas des pires ».

L'opéra, tant aimé du Signor Giulio, a été protégé des assauts des dévôts. Peut-être parce que le genre était quasiment inconnu en France et qu'il venait de la Rome pontificale. Pour faire aimer le chant italien à la reine, Mazarin procède par étapes. Il s'adonne à l'une de ses activités « parapolitiques » préférées : il joue l'imprésario et fait venir à Paris des artistes – italiens pour la plupart – de toute l'Europe. Sa correspondance diplomatique et politique est accompagnée d'échanges de lettres concernant telle ou telle œuvre à acheter, mais aussi les qualités de tel ou tel artiste à Prague, à Venise ou ailleurs, que Mazarin veut entendre à Paris, même à prix d'or. Là-dessus, le cardinal ne lésine pas. On se souvient que dans ses dernières années romaines, alors qu'il faisait office de *maestro di casa* du cardinal Antoine Barberini, il organisait des spectacles, était en contact direct avec les plus grands artistes de la Ville éternelle... il aurait même servi d'intermédiaire au cardinal Antoine pour ses amours avec la cantatrice Leonora Baroni.

Dès le mois de décembre 1643, Mazarin fait venir le chanteur et harpiste Marco Mazarolli, mais son séjour ne fait pas grand bruit. L'année suivante, en revanche, c'est l'ancienne maîtresse du cardinal Antoine, la célébrissime Leonora Baroni, qui arrive à Paris. Sa venue n'a pas été simple à organiser. C'est une grande diva de l'époque, comme nous en connaissons aujourd'hui. Elle est au faîte de sa gloire et dirige sa carrière comme une femme d'affaires, aidée de son mari qui lui sert d'imprésario et de son protecteur et amant, Camillo Pamphili, neveu du cardinal Pamphili, candidat possible au Saint-Siège. La dame est très chère ; peu importe, Jules la veut. Il cède sur le prix mais la diva, craignant qu'une invitation de son ami le cardinal Mazarin, ancien factotum de son amant le cardinal Antoine, ne fasse jaser, exige une invitation officielle de la régente... et l'obtient ! La reine fait plus : elle accueille la Baroni avec les honneurs dus à une altesse, l'admet parmi ses dames d'honneur, lui ouvre les portes de ses appartements à toute heure et la couvre de cadeaux. On ne jase pas à la Cour, on est scandalisé ! Jules, lui, est ravi. La « greffe » prend, Anne se découvre du goût pour le chant italien, si différent de l'académique chant français, à la fois violent, tendre et passionné, constellé de trilles et d'ornementations musicales. Et la voix de la Baroni, qui sait jouer de toute la palette des sentiments, est superbe. Dès la première audition Anne est fascinée. Du coup, elle ne veut plus se séparer de sa cantatrice. Pendant l'été, elle l'emmène à Rueil, au château de la duchesse d'Aiguillon, et tous les soirs, dans la douce fraîcheur des jardins, la Baroni chante...

Jules se montre très content mais il trouve que le séjour de la cantatrice dure un peu trop longtemps. Avec elle, il n'a pas que des intentions « musicales » mais aussi des visées politiques. Il veut convaincre la diva de devenir un agent français à Rome. La santé du pape faiblissant, un conclave se prépare au cours duquel le cardinal Pamphili a des chances d'être élu, ce qui inquiète Mazarin. Le cardinal veut que la Baroni use de son influence pour défendre les intérêts français pendant le conclave et au besoin torpiller l'élection de l'oncle de son protecteur. Il n'est pas certain qu'utiliser une cantatrice pour peser sur une élection pontificale soit du meilleur effet ni de la plus grande efficacité... nous sommes en pleine comédie politique à la romaine ! Hélas, Anne ne veut pas la laisser partir si vite et l'élection a lieu alors que la diva est encore à la cour de France. Pamphili est cependant élu sous le nom d'Innocent X, soutenu par les Espagnols et contre le souhait des Français. La cantatrice doit rentrer rapidement à Rome. Elle ne sera jamais un agent français mais conservera une relation épistolaire très suivie avec

Mazarin et au besoin lui rendra quelques petits services diplomatiques.

Le cardinal a compris tout le parti qu'il peut tirer de ces artistes itinérants qu'on apprécie dans toutes les cours d'Europe et qui peuvent approcher de très près le pouvoir. Ce qu'il n'a pas réussi avec la Baroni, il le réussira avec le castrat Atto Melani, qui vient à Paris pour la première fois sans doute vers le milieu de 1644. Il n'a pas vingt ans mais déjà une réputation d'artiste virtuose exceptionnel, possédant une voix au timbre riche et une grande technique. Le bruit court aussi qu'il a été très proche du cardinal Antoine, au point de remplacer la Baroni dans le cœur du Barberini. Ajoutons à cela que Melani est beau et, comme tous les castrats, promène autour de lui comme un parfum d'étrangeté, de « contre nature » somme toute très excitant ; il a donc tout pour susciter la curiosité de la Cour, ce qui ne manque pas. Lors de son premier séjour, il ne donne qu'un seul concert privé, mais il reviendra souvent à Paris car, les documents l'attestent formellement, il devient dès 1644 un agent du cardinal.

En février 1645, Mazarin fait donner la première représentation de *Micandro e Fileno*, une pastorale dont ni le nom de l'auteur ni le livret ne nous sont parvenus. C'est à cette représentation que la reine s'endort, ce qui ne l'empêche pas d'applaudir au spectacle et de déclarer l'avoir beaucoup aimé. La Cour lui emboîte le pas. C'est un demi-succès pour Jules, mais qui provoque la colère des comédiens italiens des nombreuses troupes de *commedia dell'arte* installées à Paris. Ils craignent de se voir supplanter par les chanteurs. Tempête sur les planches, les dévots se frottent les mains : peut-être ce théâtre impie sera-t-il remplacé par un genre noble, cet opéra si apprécié des papes ?... Mais le cardinal joue l'apaisement. Il trouve un compromis : une comédie vénitienne rehaussée de musique, *La Finta Pazza*, la « Fausse Feinte », de Strozzi. Elle sera donnée en décembre 1645.

Cette fois-ci, le cardinal a décidé de frapper un grand coup. Il a ouvert largement sa bourse pour faire venir en France l'un des plus grands metteurs en scène italiens, Giacomo Torelli, expert dans l'utilisation de « machines » qui surprennent et ravissent un public toujours plus enthousiaste. On dit de Torelli qu'il est un magicien ! L'histoire de *La Finta Pazza* est tirée de la mythologie. Il s'inspire d'un récit, assez connu à l'époque, dans lequel Achille adolescent est caché par sa mère, habillé en femme, parmi les filles du roi de Syros. Une idylle se noue avec une des princesses, ce qui conduit, après moult péripéties et rebondissements, à dévoiler l'identité du jeune homme. C'est le bel Atto Melani qui interprète Achille. Torelli imagine cinq décors différents, une allée de cyprès donnant l'illusion de la perspective malgré une profondeur de scène qui ne dépasse pas cinq pieds, un port où le spectateurs peuvent reconnaître la pointe de l'île de la Cité avec le Pont-Neuf et la place Dauphine, une ville, un palais et un jardin. Entre autres machineries extraordinaires, les spectateurs médusés voient l'Aurore s'élever du sol sur un char et traverser la scène, ou encore des Zéphyrs sillonner le ciel ! Pour agrémenter la pièce, le cardinal Mazarin a aussi fait venir le grand maître de ballet Balbi, qui met en scène des intermèdes comiques ; notamment un ballet d'ours et de singes, un ballet d'Ethiopiens qui font voler des perroquets et un ballet de nains et d'autruches jouées par des danseurs nus avec un toupet de plumes au derrière et qui allongeaient le cou pour boire à la fontaine.

Ces intermèdes ravissent le jeune Louis XIV qui rit

aux éclats aux facéties des danseurs et se montre ébloui par les machines. Anne aussi est conquise. Sans doute, la plupart des spectateurs ne comprennent pas la pièce, n'ont pas encore l'oreille suffisamment éduquée pour apprécier à sa juste valeur une musique si différente de celle qu'ils ont coutume d'entendre, mais heureusement, les machines de Torelli enthousiasment le public ; grâce à elles, le spectacle est un succès. Sur sa lancée, Jules offre à la reine et aux petits princes, l'année suivante, une représentation privée et simplifiée d'un opéra de Francesco Cavalli : *L'Egisto*. La famille royale l'apprécie. Le cardinal Mazarin peut maintenant décider de créer un grand opéra. Ce sera pour 1647.

Jules choisit l'histoire d'Orphée, sujet des premiers opéras au début du XVIIe siècle. Il dispose d'un auteur capable d'en écrire une version selon ses désirs, totalement chantée, sans intermèdes parlés mais avec des récitatifs. Ce sera le premier opéra créé et chanté en France. L'auteur en est l'abbé Francesco Buti, poète et librettiste, secrétaire particulier du cardinal Antoine Barberini. Depuis presque deux ans, le cardinal Antoine vit en France ; il s'est enfui de Rome à la suite de sombres affaires politiques – il est ennemi du nouveau pape – et de mœurs. Mazarin, qui n'oublie pas ce qu'il lui doit, l'a accueilli somptueusement et s'arrange pour subvenir à ses besoins sur des fonds normalement dus par la France au Saint-Siège... tour de passe-passe à la romaine !

Jules dispose ainsi d'un librettiste de talent à qui il demande d'aménager l'histoire d'*Orphée* en tragicomédie, et de la rendre plus accessible au public français. Buti ajoute à l'histoire proprement dite un prologue évoquant une victoire remportée par les Français, puis une allégorie de la victoire descend du ciel et loue les armes du roi et la sagesse de la reine en chantant. Pour la musique, Jules a aussi la chance de pouvoir disposer du musicien du cardinal Antoine, Luigi Rossi. Le compositeur et les artistes arrivent à Paris à la mi-juin 1646 et c'est le cardinal lui-même qui veille à ce qu'ils soient installés le mieux possible.

Mazarin suit les préparatifs de très près. Il y met autant de conscience qu'à régler le sort diplomatique de l'Europe, qui se joue dans le même temps en Westphalie. L'opéra, c'est pour lui son jardin secret d'Italie à Paris. Il en a besoin comme pour se replonger dans l'ambiance romaine qui l'a nourri. A Buti, qui lui propose d'écrire l'opéra en français, le cardinal répond, si l'on en croit la *Gazette*, qu'il ne fait pas « ces choses tant pour le public que pour le divertissement de Leurs Majestés et pour le sien, et qu'ils aimaient mieux le vers et la musique italienne que française ». Les décors et les machines sont une nouvelle fois confiés à Torelli, qui, comme pour *La Finta Pazza*, se surpasse, pour la plus grande fascination du public et particulièrement de l'enfant roi, ébloui par tant de surprises et d'ingéniosité.

La première représentation a lieu le 2 mars 1647, au théâtre du roi au Palais-Royal. La salle est pleine mais cette représentation n'est pas encore au point. Les machines ont des ratés, la musique se traîne, et le spectacle dure six heures. La reine elle-même se retire avant la fin, vers minuit, pour se préparer à communier à la première messe du lendemain. Le lendemain est le grand jour. La représentation est parfaite. Atto Melani, dans le rôle d'Orphée, arrache des larmes au public ; la musique est d'autant plus émouvante, dit-on, que pendant qu'il l'écrivait Luigi Rossi avait appris la mort de sa femme et avait traduit toute sa tristesse dans les plaintes douloureuses d'Orphée. Mais ce qui emporte une fois encore l'adhésion stupéfaite du public, ce sont les machines de Torelli. On voyait, entre autres, une muraille s'effondrer sous les assauts des guerriers, un portique représentant le palais de l'Olympe, des jeux de perspective, une entrée des Enfers à contre-jour que la *Gazette* décrit comme « un désert affreux, des cavernes, des rochers, avec un antre en forme d'allée ».

Louis est si enchanté des prouesses du magicien Torelli qu'il obtiendra de son parrain que des machines de l'*Orfeo* soient transportées à Fontainebleau, où la Cour séjourne pendant l'été 1647. Le petit roi s'amusera beaucoup à les montrer aux visiteurs, et à observer leurs réactions incrédules. Tout à la joie du succès de son opéra, Mazarin néglige les rumeurs de mécontentement de la population parisienne contre ces spectacles qui coûtent des fortunes alors que le pain est si cher... Il a tort de ne pas entendre. La détestation du cardinal enfle, et même l'affection du peuple pour la bonne régente commence à diminuer...

Les premiers mois de l'année 1647 sont comme un moment de bonheur paisible pour Anne, Jules et les enfants royaux. Il y aura ensuite les maladies successives des petits princes et tout au long de l'année des succès mitigés en politique étrangère malgré le traité de Westphalie qui s'achemine vers sa conclusion. Pour tout cela, la reine confiera à la fin de l'année à son amie Mme de Motteville « sa joie d'entrer dans une nouvelle année, parce qu'en celle qui était passée elle n'avait eu que du mal, peu de bons succès à la guerre, et beaucoup d'inquiétude par la santé de ses deux enfants qu'elle avait pensé perdre ».

Ce que la reine n'imagine pas, c'est que l'année 1648 et les quatre qui la suivent vont être un cauchemar pour elle. Mais cette vie de famille presque idyllique qu'Anne et Jules sont parvenus à installer malgré toutes sortes d'obstacles aurait pu se fracasser pendant la tempête de la Fronde. Il n'en sera rien. Les liens vont au contraire se resserrer.

6

Dans la tourmente

Le calme n'est qu'apparent dans les tout premiers jours de janvier 1648. Mme de Motteville raconte : « Le Jour des rois, la reine [...] passa tout le soir dans une grande solitude. [...]Dieu seul, le roi et Monsieur, son ministre et ses affaires l'occupaient entièrement ; et le cardinal lui était d'autant plus agréable, qu'il la désoccupait avec grand soin, et qu'avec joie il lui ôtait la plus grande portion des peines que sa régence lui donnait. Le lendemain, les comédies recommencèrent par le souhait du roi et de toute la cour [...] avec intention de chasser pour jamais du Palais-Royal le souvenir des choses fâcheuses. »

La Cour peut toujours essayer de s'étourdir, ce n'est pas avec trois comédies et quelques bijoux que les dames sont heureuses d'étaler que l'on va occulter la réalité de la situation du pays et surtout de sa santé financière. La colère gronde depuis longtemps dans les rues de Paris. La révolte est dans l'air et le cardinal, lui, veut faire promulguer de nouvelles taxes qui visent cette fois-ci des bourgeois de Paris.

Le 7 janvier, près de huit cents marchands parisiens s'assemblent et décident d'en découdre avec le pouvoir.

On envoie d'abord une délégation chez Gaston d'Orléans au Luxembourg pour lui demander d'intervenir. Il promet de parler à la reine mais ne fait rien. Le lendemain les marchands envoient une nouvelle délégation, cette fois-ci au Palais-Royal ; elle ne parvient à voir ni la reine ni le cardinal et s'en prend très violemment au fils du surintendant des Finances qui ne doit son salut qu'à la fuite. Le 9, c'est au tour du premier président du parlement de Paris d'être pris à partie. Mathieu de Molé est un homme ferme et légaliste ; il jouera un rôle important dans la première Fronde, la Fronde parlementaire. Ce jour-là, si l'on en croit Mme de Motteville, il les menaça de « faire dresser des potences dans la place pour faire pendre sur l'heure les plus mutins d'entre eux. A quoi ce peuple insolent répondit aussitôt qu'elles serviraient plutôt pour les mauvais juges... ». Le ton monte encore et les mutins s'échauffent. Mme de Motteville note que Mazarin « commença de voir alors qu'il était l'objet de haine publique ».

Dans la nuit du 10 au 11 janvier, on tire dans les rues de Paris. Anne et Jules s'inquiètent et envoient le lieutenant civil dans les quartiers pour se renseigner. Il revient avec pour explication que les bourgeois essayent leurs armes pour le service du roi.

Le 11 janvier, la reine se rend à Notre-Dame pour écouter la messe. Elle est suivie par deux cents femmes qui crient et demandent justice. On les empêche d'approcher Sa Majesté. De retour au Palais-Royal, elle vitupère contre « les insolences de cette canaille. [Ces gens] qui n'écoutent jamais la raison, qui ne la comprennent point, qui n'ont dans la tête que leur petit intérêt, et qui par conséquent ne peuvent approuver les causes qui forcent les rois à leur demander de l'argent, quelque justes qu'elles puissent être ». Ce matin-là, pour la première fois, la reine s'est trouvée face à des manifestations d'hostilité qui lui sont destinées. Elle comprend que c'en est fini de la « bonne régence », de cette grande popularité que lui valaient sa bonté, sa piété et aussi, mais peut-être surtout, parce qu'elle symbolisait la sortie du terrible carcan que Richelieu avait imposé au pays.

Tout s'accélère le 15 janvier 1648, jour d'un lit de justice décidé par Anne et Jules pour faire enregistrer sans discussion des « édits bursaux », c'est-à-dire ayant trait à de nouvelles taxes ou de nouveaux impôts. Il ne faut pas être devin pour comprendre que les parlementaires ont l'intention de s'opposer aux décisions royales. Ils sont d'autant plus motivés que, si l'on en croit la duchesse de Nemours, « ... le roi étant tombé dangereusement malade de la petite vérole, la reine, M. le duc d'Orléans et Monsieur le Prince recherchèrent messieurs du parlement et eurent pour eux de très grands ménagements dans la vue que si le roi venait à mourir, ils pourraient avoir besoin d'eux pour une nouvelle régence ». Le roi rétabli, les relations avec ces messieurs se sont immédiatement distendues... les parlementaires ont eu l'impression qu'on se moquait d'eux ! Sans trop l'avouer, la reine et son cardinal appréhendent cette séance.

Elle commence dans une atmosphère électrique. Le petit roi est encore convalescent, son visage est rouge et boursouflé. Lui aussi ressent la tension ambiante. Il se trouble vite et ne se souvient plus des mots solennels qu'il doit prononcer... il se met à pleurer. Le chancelier commence alors un discours sur la nécessité pour le roi de demander des subsides pour financer la guerre. Son discours est long, ennuyeux et bien sûr, comme on pouvait s'y attendre, il ne convainc pas les parlementaires. Après lui, le premier président Molé prend la parole qui, nous dit Mme de Motteville, « voulant flatter la cour, fit une harangue qui parut faible à sa compagnie ». C'est ensuite au tour de l'avocat général, bien obligé, de par sa fonction, de préconiser l'enregistrement des édits, mais dont le discours, sous la forme d'une adresse à l'enfant roi, se transforme en harangue contre la régence : « ... il importe à sa gloire [de Sa Majesté] que nous soyons des hommes libres, et non pas des esclaves ; la grandeur de son Etat et la dignité de sa couronne se mesurent à la qualité de ceux qui lui obéissent ». Puis il décrit avec son emphase coutumière la grande misère du peuple : « Il y a, sire, dix ans que la campagne est ruinée, les paysans réduits à coucher sur la paille [...] ; et que pour entretenir le luxe de Paris, des millions d'âmes innocentes sont obligées de vivre de pain de son et d'avoine... Ces malheureux ne possèdent aucun bien en propriété que leurs âmes, parce qu'elles n'ont pu être vendues à l'encan. » Enfin il s'adresse à la reine elle-même : « Ce soir, dans la solitude de votre oratoire, considérez quelle peut être la douleur, l'amertume et la consternation de tous les officiers du royaume, qui peuvent voir aujourd'hui confisquer tout leur bien sans avoir commis aucun crime ; ajoutez à cette pensée, Madame, la calamité des provinces, dans lesquelles l'espérance de la paix, l'honneur des batailles gagnées, la gloire des provinces conquises ne peut nourrir ceux qui n'ont point de pain, lesquels ne peuvent compter les myrtes, les palmes et les lauriers entre les fruits ordinaires de la terre... » Omer Talon est émouvant. Certains ont même cru voir la reine verser une larme. Mais derrière les larmes et l'éloquence, derrière l'emphase et la défense affichée du peuple, se cache une autre intention : la contestation par les parlementaires des fondements du pouvoir royal. Mazarin sent le danger. Talon a ému la reine. Le soir même il lui « fait la guerre » dans son oratoire, nous dit Mme de Motteville.

Elle ne doit pas céder. Il développe, argumente, en appelle à son orgueil et la convainc, comme toujours.

L'argent de la guerre

Anne et Jules ont-ils vu venir la contestation ou ont-ils péché par excès de confiance dans les fondements du régime ? La réponse se situe plutôt vers la deuxième proposition. Le cardinal a une obsession, un seul but : la paix en Europe. La paix avec les Habsbourg d'Autriche, la paix avec les Habsbourg d'Espagne, mais une paix sauvant les intérêts de la France. Et pour imposer sa paix, il faut être fort, et donc faire la guerre. L'équation est simple. Et pour continuer dans les équations : la guerre se fait avec certes de grands chefs de guerre – Mazarin dispose sur ce point de deux hommes exceptionnels : Condé et Turenne, un catholique et un protestant... miracle d'équilibre ! – mais surtout la guerre se fait avec de l'argent, beaucoup d'argent : de l'argent pour payer les soldats mercenaires ; de l'argent pour payer les missions des diplomates ; de l'argent pour acheter des alliés, s'assurer des silences de certains, de la complicité d'autres... Pour Mazarin, l'argent est un moyen, rien d'autre. Il ne doit pas être un problème. S'il a besoin d'argent pour obtenir l'appui d'un prince protestant allemand, lancer une campagne ou acheter la reddition du commandant d'une place forte, il est pour lui hors de question que cet argent lui fasse défaut... peu importe comment on l'obtient ! Le cardinal ne prend pas le temps de comprendre les arcanes très complexes de la fiscalité royale – beaucoup plus complexe que notre fiscalité d'aujourd'hui qui pourtant n'est pas simple ! – et choisit de confier en 1644 le poste de contrôleur général des Finances à un homme particulièrement compétent dont Retz dit qu'il lui manquait juste « des noms pour trouver des édits » : Michel Particelli d'Emery. L'homme est lyonnais d'une famille d'origine italienne mais installée en France depuis plusieurs générations. Il a malheureusement conservé son nom italien, ce qui donne au peuple le sentiment que Mazarin place ses compatriotes, accentué en juillet 1647 quand le cardinal nomme Particelli à la surintendance des Finances, autrement dit ministre des Finances.

Les sources du revenu de l'Etat sont diverses et l'anarchie qui y règne n'est pas du fait d'Anne et Jules mais remonte beaucoup plus loin. Ils ont seulement hérité d'une situation catastrophique que la poursuite de la guerre n'a fait qu'empirer.

Nous avons tous entendu parler des deux impôts les plus célèbres de l'Ancien Régime, la taille, qui était une sorte d'impôt militaire, et la gabelle, une taxe sur le sel. Mais il y en a beaucoup d'autres, formant un imbroglio d'exemptions diverses et multiples, sans grande logique. Autre source de revenus pour l'Etat : la vente d'« offices ». Les officiers de justice, comme les huissiers, les maîtres des requêtes, etc., achètent leurs charges ; ils en sont propriétaires, donc inamovibles. Cette « vénalité des offices » rapporte depuis un siècle et demi beaucoup d'argent à la Couronne car il en existe des dizaines. L'Etat les multiplie tant qu'il peut.

Enfin, depuis quelques décennies, l'Etat a recours à des financiers ; le système est apparemment simple : l'Etat se décharge de la collecte de certains impôts, on en estime annuellement le montant, et on emprunte la somme à des financiers qui se chargent eux-mêmes de collecter les impôts, les majorant au passage pour se réserver de substantiels bénéfices. On appelle cela

« affermer » les impôts, ce qui donnera les Fermes générales. Ces fermes sont des sociétés – des « partis », d'où le nom de « partisan » que l'on donne aux actionnaires – où l'on ne trouve pas seulement des financiers – du moins ce sont eux qui apparaissent officiellement – mais aussi, en secret, des grands seigneurs, jusqu'à des membres de la famille royale, qui avancent l'argent nécessaire à l'Etat par le biais de ces sociétés, ancêtres de nos « sociétés-écrans ». Certains investissent dans ces sociétés les pensions qu'ils reçoivent par ailleurs du roi et qui proviennent d'un impôt préalablement perçu ; une manière assez particulière de boucler la boucle !

En temps de paix, le système fonctionne, tant bien que mal mais il fonctionne, et permet à l'Etat de vivre à peu près ; en temps de guerre, il est totalement insuffisant. Or, depuis 1630, la France est dans une économie de guerre, c'est même d'un « état militaire » qu'il faut parler. Devant les difficultés à faire arriver l'argent là où il est nécessaire, c'est-à-dire au recrutement des soldats, au ravitaillement, à la construction ou au renforcement de fortifications, etc., l'ancien corps des « intendants » a été réactivé ; ce sont en quelque sorte des inspecteurs généraux qui dépendent directement du roi, contrôlent tout ce qu'ils peuvent et disposent de pouvoirs de police assez étendus. Bien évidemment, ils sont haïs par tout le monde.

Omer Talon a raison, malgré le pathos ampoulé dont il habille sa harangue : le peuple, pressuré, affamé, battu, pillé, violé, n'en peut plus. Henri de Campion, pourtant vieux routier des campagnes militaires et qui ne fait pas dans la sensiblerie, écrit dans ses *Mémoires* au détour du récit d'opérations de guerre auxquelles il participe : « Après Lons-le-Saunier, nous attaquâmes Orgelet, petite ville qui fut encore pillée et brûlée. Les soldats étaient si accoutumés à incendier les villages que l'on ne trouvait plus de couvert nulle part. J'avoue n'avoir jamais vu tant faire de mal qu'en ce pauvre pays, qui fut entièrement ruiné. » Les dernières années du gouvernement Richelieu ont été rythmées par les émeutes populaires, un peu partout en France, qui traduisaient le ras-le-bol des paysans, premières victimes de l'état de guerre. Mazarin, dès l'été 1643, lui aussi avait affronté une émeute dans le Rouergue, il s'en était sorti de la même manière que son mentor : négocier et céder d'abord, resserrer l'autorité policière ensuite et faire pendre quelques dizaines de meneurs.

Pourtant le peuple avait vraiment cru qu'Anne et Jules allaient mettre fin à l'état guerrier de Richelieu, à toute cette misère ; on comprend les feux de joie à la mort du cardinal-duc et l'affection que le peuple a immédiatement manifestée à la régente. Il n'est pas dit non plus que dans les premières années de la régence, Jules ait été si détesté par le bon peuple des campagnes ; à la Cour, oui, dès le début, mais c'est parce que tous ces courtisans s'imaginaient prendre l'ascendant sur la reine et se sont sentis doublés par l'Italien. Il ne nous est pas interdit de penser que le peuple attendait autant du cardinal que de la reine, puisqu'ils gouvernaient ensemble.

Anne et Jules ont dès le début de la régence cherché à donner des gages de bonne entente aux parlementaires. Manière peut-être de les remercier d'avoir accepté de casser le testament de Louis XIII et d'ainsi éteindre la dette, alors même qu'ils continuent la dure politique de Richelieu et qu'ils ont besoin de la docilité du Parlement. Les deux premières années de la régence ont été marquées par une vague sans précédent d'anoblissements. En juillet 1644, la reine accorde, au nom du roi, la noblesse au premier degré aux magistrats du Parlement, en août aux maîtres des requêtes, en décembre aux magistrats du Grand Conseil, en janvier 1645 à ceux de la Cour des comptes et en septembre à ceux de la Cour des aides.

Cela n'empêche pas, vers le milieu de l'année 1645, un premier bras de fer qui préfigure comme une répétition les événements de 1648. Particelli, sur le principe que Paris ne paye pas assez pour l'effort de guerre, décide d'un nouvel impôt, le toisé, calculé sur les surfaces des toits des maisons bâties à l'immédiate périphérie de Paris, ce que l'on appelait le « glacis » qui appartenait à la Couronne et devait originellement être respecté pour y organiser la protection de la ville en cas d'attaque ; depuis longtemps tout avait été construit sans autorisation. La mesure touche les Parisiens riches, tout comme un nouvel emprunt, obligatoire celui-là, de la ville de Paris et réservé aux bourgeois, qui prend le nom de « taxe des aisés ». Le Parlement s'insurge, menace ; la contestation est portée par les jeunes maîtres des requêtes avec pour porte-parole un conseiller septuagénaire, Pierre Broussel, réputé pour sa simplicité et son intégrité. La cible préférée, non sans une pointe de démagogie, ce sont les « sangsues de l'Etat », partisans et autres intendants, en résumé le système d'affermage des impôts et taxes qui profite aux financiers au détriment du peuple et des « honnêtes » parlementaires qui ont acheté légalement et très cher leurs charges. Dans le lot des profiteurs, Mazarin n'est peut-être pas encore visé, mais Particelli, avec sa magnifique propriété de Saint-Denis, son château en Bourgogne et sa réputation d'amateur de luxe et de plaisirs, figure en tête des listes.

Il avait fallu un lit de justice en septembre 1645 pour

mettre fin à cette petite fronde. Comme en janvier 1648, Omer Talon s'était lancé dans un prêche sur l'indépendance du Parlement et la misère du peuple, l'orgueilleuse Anne l'avait très mal pris, ne supportant pas que ces « robins » parvenus lui fassent la leçon. Mazarin avait sans doute, lui, prêché à Sa Majesté la tempérance : ils sont suffisants, ils ont besoin de parler, de se donner l'illusion de leur importance en exprimant leurs vues ; qu'on fasse semblant de les écouter !... Peu importe, du moment que les édits passent ! Bref, cette fois-là le pouvoir s'en était sorti, mais depuis, les parlementaires se montraient encore plus tatillons qu'à leur habitude, faisant tout pour retarder l'enregistrement de la moindre loi. Dans le même temps, l'Etat traîne les pieds pour honorer ses dettes. Il doit trois années d'arriérés de rente sur l'Hôtel de Ville de Paris ; un emprunt garanti par la ville car l'Etat n'avait plus le crédit moral et financier pour le garantir lui-même. Près d'un quart des Parisiens ont souscrit cet emprunt, certains sont très riches, mais la plupart sont de petits porteurs qui ne vivent que de cette rente ; ils sont eux aussi au bord de la misère.

Ainsi, à la fin de l'année 1647, l'Etat est dans une situation financière catastrophique ; pour dire les choses clairement, il est en faillite. Pour comble de malchance, les récoltes des trois derniers étés ont été très mauvaises, Mazarin a dû emprunter aux partisans les revenus des trois prochaines années d'impôt, et cet argent est entièrement dépensé. Il lui faut coûte que coûte de nouvelles rentrées.

« Une espèce de république dans la monarchie »

Tout comme il n'est pas au fait des arcanes du système financier de l'Etat, Jules Mazarin ne connaît pas bien le système du Parlement. Cela ne l'a sans doute jamais vraiment intéressé, ses occupations, répétons-le, sont avant tout diplomatiques. Anne le connaît peut-être un peu mieux mais elle considère qu'il ne s'agit que d'une chambre d'enregistrement des édits royaux, et ne comprend pas qu'il puisse contester quoi que ce soit des décisions royales ou même simplement émettre un avis. Il y a là chez elle comme une impossibilité psychologique liée à sa naissance, à son essence et à une détermination absolue de ne pas laisser entamer de quelque manière le pouvoir de son fils. Elle est viscéralement convaincue de la nature absolutiste du pouvoir monarchique. Dans ces conditions, on imagine très bien que ces deux-là ne sont pas les plus aptes à mener une bataille sur le front parlementaire avec une institution vieille de plusieurs siècles qui a certes évolué mais qui se vit, d'une manière presque autoproclamée, comme la courroie de transmission indispensable entre le peuple et le roi, dans le même temps où chacun de ses membres aspire à une ascension sociale à la hauteur de sa richesse, ce qui l'éloigne considérablement dudit peuple. Il y a là comme une hypocrisie.

Anne estime que les parlementaires sont riches et qu'ils peuvent encore payer pour l'effort de guerre, comme tout le monde. C'est l'objectif du lit de justice du 15 janvier 1647, avec notamment un édit créant vingt-quatre nouvelles charges de maître des requêtes – lesquelles étaient déjà passées de quarante-huit à soixante-douze –, ce qui a comme conséquence de réduire la valeur des charges déjà existantes. Par la mécanique du lit de justice, les parlementaires sont obligés d'enregistrer les édits, mais cette fois, dès le lendemain, ils annulent leur vote. La Fronde débute chez les plus jeunes, aussi les plus bouillants parlementaires, les maîtres des requêtes. La reine les convoque au Palais-Royal pour les faire vertement tancer par le chancelier. Il commence ses remontrances mais la reine l'interrompt, s'emporte et apostrophe les parlementaires en leur disant qu'ils sont « de plaisantes gens de vouloir borner l'autorité du roi et qu'elle leur montrerait bien qu'il pouvait créer de nouveau telles charges qu'il plairait ». Le chancelier continue sa harangue, menace, mais « sans considérer le respect qu'ils devaient à la reine, quelques-uns d'entre eux hochèrent la tête avec beaucoup de hardiesse, et tous montrèrent qu'ils n'étaient pas résolus d'obéir ». Et Mme de Motteville, qui raconte la scène, conclut qu'ils partirent très mécontents et décidés à en découdre : « Ils sentaient qu'il y avait des nuages dans l'air, que le temps était mauvais pour la cour, et qu'ils étaient en position de pouvoir résister... »

Les mois qui suivent, de février à avril, vont être le théâtre d'une bataille de procédure permanente entre le gouvernement et le Parlement, rejoint dans sa Fronde par la Chambre des comptes, la Cour des aides, la Cour des monnaies et le Grand Conseil ; c'est-à-dire l'ensemble des cours souveraines. Il semble que la reine soit seule en première ligne pendant ces trois mois, le cardinal est sans doute à la manœuvre en sous-main, mais il est surtout trop occupé à négocier la paix de Westphalie d'un côté, et pris par une situation militaire délicate en Picardie face aux Espagnols de l'autre. Le cardinal Mazarin se rend également compte qu'étant donné son impopularité grandissante, il a tout intérêt à ne pas apparaître, que cela desservirait plutôt la cause de la monarchie. On peut considérer que, très vite, Anne et Jules se sont partagé les rôles. Elle est en avant, tenante de la fermeté, combative et intransigeante, lui, en sous-main, arrondit les angles, tempère, négocie.

Ces semaines de batailles juridiques atteignent leur apogée le 13 mai, par une déclaration des cours souveraines qui proclament un « arrêt d'union » et annonce la formation d'une assemblée unique chargée de réformer les institutions. Cette assemblée doit se tenir dans la chambre Saint-Louis du Parlement. Anne entre dans une colère terrible et qualifie cette chambre d'« espèce de république dans la monarchie ». La reine décide d'user de la manière forte pour riposter : elle fait casser en Conseil du roi l'arrêt du 13 mai et arrêter quatre membres du Grand Conseil et deux conseillers de la Cour des aides. L'atmosphère est survoltée. Gaston d'Orléans tente de s'entremettre, le premier président propose une médiation, mais la reine, par son intransigeance, fait échouer les choses. La situation s'aggrave. Le cardinal comprend que le pouvoir est en danger, qu'avec une police assurée par les milices bourgeoises en sympathie avec leurs parlementaires et les régiments sur le front du nord, la famille royale pourrait très vite, dans son Palais-Royal ouvert à tous, sans douves ni pont-levis, se transformer en otage. D'autant que, sur ces événements à Paris, plane l'ombre de la révolte de Cromwell et des parlementaires anglais contre leur roi Charles Ier, la guerre qu'ils lui ont faite, leur victoire et la capture du roi qu'ils s'apprêtent à juger et sans doute à exécuter. La reine Henriette, la sœur de Louis XIII, a dû venir se réfugier à la cour de France avec sa fille, Henriette d'Angleterre, la future belle-sœur de Louis XIV, et ses deux fils, le prince de Galles et le duc d'York. Cette présence de la malheureuse reine d'Angleterre rappelle sans cesse à Anne et Jules qu'une couronne peut tomber. Le cardinal est persuadé qu'il n'y a pas d'autre solution que de céder, du moins dans un premier temps. Il parvient à en convaincre Anne qui, les larmes aux yeux, accepte l'arrêt d'union et laisse la chambre Saint-Louis délibérer librement.

C'est passer la main aux plus extrémistes des robins, qui s'en donnent à cœur joie. Entre le 30 juin et le 9 juillet 1648, ils votent une charte en vingt-sept articles qui bouleverse profondément le rapport de force entre le pouvoir et ses officiers. Il y est question de la suppression des intendants, de s'en prendre aux partisans et de confisquer leur fortune, de la révocation de la taille, de l'interdiction de créer de nouveaux offices, de l'impossibilité pour le Conseil du roi de casser les arrêts des cours souveraines, d'abolir les lettres de cachet pour les officiers et d'instaurer l'Habeas corpus – c'est-à-dire que nul ne peut être détenu pendant plus de vingt-quatre heures sans être interrogé et rendu à son « juge naturel » – pour tous les sujets de Sa Majesté. L'article le plus significatif est le troisième, où les parlementaires veulent interdire, « à peine de vie », de lever des impôts et des taxes sans que les édits en aient été vérifiés par les cours souveraines. Cela revient à leur faire prendre le contrôle de l'Etat et à le placer entre les mains d'un groupe social qui n'a rien de démocratique puisque ses membres sont propriétaires de leurs charges, se la transmettent de père en fils et sont inamovibles. En fait, les parlementaires parisiens voudraient se transformer en Chambre des communes... mais sans élections !

La reine ne se méprend pas sur cette « révolution », et encore moins le cardinal. Il ne s'agit pas d'une évolution mais bien d'un retour en arrière, d'une tentative réactionnaire contre la « révolution monarchique » opérée par Richelieu. Omer Talon résume ainsi les sentiments des parlementaires : le cardinal-duc a « changé la forme » de l'Etat : « Le gouvernement [de Richelieu] était dur et l'on voulait les choses par autorité et non par concert. » Les robins veulent retourner à une monarchie familiale, avec un roi qui prend conseil de sa famille, de ses grandes familles, de ses officiers... ils veulent qu'on les écoute et qu'on les considère. Ils ne remettent pas en cause l'essence de l'enfant roi qu'ils vénèrent mais s'en prennent à la régente et au cardinal qui exercent le pouvoir en son nom. Les parlementaires veulent se substituer au gouvernement de la régence et administrer le pays, comme la régente, au nom du roi. Pour Jules et Anne, impossible d'accéder aux revendications des robins. Comment le pourraient-ils ? Pour Jules, ce serait trahir la mémoire de son mentor Richelieu et détruire son œuvre ; pour Anne, ce serait réduire le pouvoir de son fils alors qu'elle s'est donné pour mission de le lui transmettre intact, et si possible renforcé.

Le cardinal est parvenu à convaincre la reine de sa tactique, gagner du temps, lâcher du lest et attendre un moment favorable pour reprendre la main avec la plus grande fermeté. On peut imaginer ce que cela veut dire. Du côté du Parlement, certains redoutent cette manœuvre, convaincus que la reine n'attend qu'une occasion pour se venger de ce qu'elle considère comme une injure à son fils et à elle-même. Mais a-t-elle les moyens de le faire ? Pour l'heure, Mazarin choisit de donner un gage de bonne volonté en sacrifiant, le 9 juillet, l'intendant Particelli d'Emery, remplacé par le maréchal de La Meilleraye ; il ne connaît rien aux affaires de finances mais c'est un neveu du cardinal de Richelieu et Mazarin compte sur sa fidélité. En mai, le cardinal a fait nommer intendant à la généralité de Paris – un poste d'observation stratégique – un parlementaire de la fidélité duquel il est aussi convaincu : Nicolas Fouquet. Durant toute la

Fronde, Mazarin pourra compter sur un réseau d'agents bien établi et sur l'intelligence et la fidélité absolue de deux hommes : Fouquet et Colbert, l'un lui servant de courroie de transmission avec les parlementaires, l'autre veillant scrupuleusement sur les intérêts du cardinal.

Le 18 juillet, l'Etat se voit contraint de se déclarer en faillite. Le montant de ses dettes oscille entre 80 et 120 millions de livres. Le cardinal n'a pas le choix mais cette banqueroute a pour mérite d'effacer la dette publique, et alors même que les Frondeurs s'en prennent avec virulence aux partisans, ce qui laisse planer le doute sur la responsabilité de la banqueroute. Au passage, le cardinal en profite pour effacer la taille du petit peuple ; ça ne coûte rien et ce n'est pas mauvais pour son image !

Le 31 juillet, le Conseil entérine la charte de la chambre Saint-Louis. Impossible de faire autrement mais cela renforce la réputation de lâcheté du cardinal ; il est l'homme qui cède, qui n'est pas à la hauteur de la situation. Certains pensent pouvoir profiter de cette faiblesse et leurs adversaires en redoutent les effets. De tous les côtés Jules est détesté. La banqueroute, malheureusement, n'apporte pas d'argent frais. « La reine fut contrainte d'emprunter de l'argent de quelques particuliers, se souvient Mme de Motteville, et de mettre les pierreries de la couronne en gage. La cuisine du roi se vit renversée ; et pour payer les Suisses [...] il fallut que le ministre [Mazarin] mît de gros diamants en pension et que quelques-uns de ses amis lui prêtassent ce qu'il fallut de reste... »

Anne vit très mal cette situation. Elle est nerveuse, irritable, ses colères sont de plus en plus violentes. Il y a quelque chose qu'elle ne comprend pas : pourquoi ne la respecte-t-on plus ? Elle est née pour cela, elle est la mère du roi. Elle a peur pour Louis et Philippe. Nous ne savons pas comment l'enfant roi a ressenti les années de la Fronde. Dans ses *Mémoires*, il n'en dit presque rien, sinon quelques lignes dont il ressort qu'il devait se méfier d'à peu près tout le monde. Dans tous les cas, on peut affirmer, sans trop de risque d'erreur, qu'il n'y a jamais eu de dissensions entre la reine, son fils et le cardinal. Ils sont restés soudés. Le petit roi voyait tout, comprenait beaucoup, et faisait confiance à son parrain. On peut avancer que le petit roi a probablement subi des pressions, qu'on a essayé de l'influencer pour qu'il se débarrasse du cardinal et s'éloigne de sa mère. Personne n'a pu y parvenir. La reine et le cardinal ont affronté la tempête pour le jeune Louis et il leur a fait une confiance absolue. Quant à Jules, plus la tension monte, plus il affiche une ostensible décontraction : « On a toujours remarqué que ce ministre affectait d'être gai quand les affaires allaient mal, pour montrer qu'il ne s'étonnait point... », note Mme de Motteville.

« Je l'étranglerais plutôt de ces deux mains ! »

Pour reprendre la main, la reine attend une occasion. Elle lui est donnée par la victoire de Lens, remportée sur les Espagnols par le duc d'Enghien, qui depuis la mort de son père, en décembre précédent, porte le titre de prince de Condé. C'est, comme à Rocroi, une victoire tactique de Condé qui confirme s'il était besoin son génie militaire. Mazarin croit au hasard mais surtout aux hommes. Il sait qu'il a avec Condé un capitaine hors pair ; Turenne et lui peuvent faire la différence, mais quel dommage que Monsieur le Prince soit si orgueilleux, si fantasque et si incontrôlable ! Le cardinal écrit : « On doit croire que ce grand succès [...] rendra les

Espagnols plus traitables qu'ils n'ont été jusqu'ici sur le fait de la paix... »

Le 26 août, un grand *Te Deum* est donné à Notre-Dame en action de grâces pour cette victoire. C'est ce jour-là qu'Anne, qui n'en peut plus de devoir céder comme le lui expliquent Mazarin et Gaston d'Orléans, a décidé de montrer son autorité, contre l'avis du cardinal et de son beau-frère qui veulent encore jouer la montre. Anne convainc Jules mais difficilement. Il note dans ses carnets : « Personne n'a animé la reine à prendre sa résolution [autant] que M. de Chavigny, lui disant, entre autres choses, que, du temps de feu M. le cardinal, on menait les choses d'une autre façon, et que Sa Majesté serait en mauvais état si [elle] ne faisait pas un coup d'autorité. » Chavigny n'a jamais accepté son éviction du gouvernement à la mort de Louis XIII et de n'avoir gardé un strapontin au Conseil que sur les instances de son ami Mazarin. Il se verrait bien prendre la place d'un Mazarin obligé de s'exiler pour cause de haine généralisée. L'ancien garde des Sceaux, Châteauneuf, poursuit la même ambition. Tous les deux ont fait alliance et s'entendent en secret avec les parlementaires. Le cardinal le sait.

Le 26 août est un mercredi. Anne, l'enfant roi, le cardinal, la Cour, le Parlement... tout le monde se retrouve dans la cathédrale pour entendre l'office. La foule est massée à l'extérieur pour regarder passer le petit roi. Les gardes sont nombreux qui protègent le passage du cortège royal. A la sortie de la cérémonie, la reine glisse un mot au capitaine des gardes, qui au lieu de replier ses hommes à la suite du cortège les maintient en place. Il a pour mission d'arrêter trois des principaux meneurs de la Fronde parlementaire. Il réussit à s'emparer du président Potier de Blancmesnil mais le président Charron, lui, parvient à s'enfuir. Le troisième est le très populaire conseiller Broussel, qui n'a pas assisté au *Te Deum*. Il est resté chez lui, en famille, dans sa maison de la rue Saint-Landry dans l'île de la Cité. Son arrestation est rocambolesque, et pour le moins improvisée. Quand le capitaine des gardes de la reine, Comminges, se présente avec sa lettre de cachet, le conseiller est en train de finir de dîner, en pantoufles et robe de chambre. Il explique au capitaine qu'il ne peut pas le suivre tout de suite car on lui a administré une médecine, autrement dit, il a pris un lavement et doit l'évacuer d'abord... Comminges n'ose pas bousculer le vieil homme et attend. Pendant ce temps, la servante de Broussel pousse des cris d'orfraie par la fenêtre et ameute le voisinage. Quand enfin le carrosse emmenant Broussel peut sortir de l'étroite rue Saint-Landry, il se retrouve au milieu d'une foule hurlante. Les hommes de l'escorte sont peu nombreux mais parviennent tant bien que mal à frayer un chemin à la voiture. Bousculé, le carrosse est renversé en arrivant sur le quai. On sort Broussel sous les insultes de la foule qui s'en prend violemment à Comminges. Celui-ci parvient à réquisitionner un carrosse qui passait par là et qui menace de ne pas tenir bien longtemps face aux émeutiers. Heureusement pour Comminges, qui voyait sa dernière heure venue, des renforts arrivent avec un solide véhicule. On parvient à sortir l'équipage de la populace, direction Saint-Germain.

La reine espérait calmer les esprits par son coup de force, c'est le contraire qui se produit. L'émeute gagne, les commerçants ferment leurs boutiques, le Bureau de la ville, l'équivalent du Conseil municipal, fait tendre des chaînes au milieu des rues pour retarder les mouvements de foule, et des barricades se dressent un peu partout ;

on en dénombrera plus de mille deux cents. Le maréchal de La Meilleraye, envoyé mettre de l'ordre avec une troupe de deux cents hommes, reçoit une pluie de pavés aux cris de « *Broussel ! Broussel* ! », et est obligé de fuir. Cette nuit là, Mazarin ne dort pas. Goulas raconte qu'il ne parvient pas à croire ce qu'on lui a rapporté des propos de la foule contre la reine et lui-même : « Il se déguisa et passa par quelques barricades, où il entendit pis qu'il ne lui avait été rapporté. » D'autres dirent aussi qu'il s'était préparé à l'éventualité d'une fuite, et qu'une escorte l'attendait au bois de Boulogne. Au matin du 27, la ville est en état d'insurrection, les milices bourgeoises ont pactisé avec les émeutiers et tout ce monde envisage d'attaquer les troupes postées dans la nuit pour défendre le Palais-Royal.

La reine est à la fois furieuse des émeutes et très excitée par la démonstration de force qu'elle y oppose. Le cardinal, lui, qui n'y était pas favorable, est inquiet.

Entre en scène Jean-François-Paul de Gondi, coadjuteur de l'archevêché de Paris dont son oncle est l'archevêque, et qui figurera dans la grande histoire de la littérature française en écrivant ses *Mémoires* sous le nom de cardinal de Retz. C'est un petit homme au teint noiraud, assez laid, contrefait, mais avec beaucoup de charme dont il se sert avec succès pour séduire les dames. Il a embrassé la carrière ecclésiastique sans vocation, comme on choisit une voie pour parvenir aux plus hauts honneurs. Il est dévoré par une immense ambition et n'envisage rien de moins que prendre la place du cardinal Mazarin pour devenir le maître de la France. Il sent son heure venue. Depuis des années, grâce à sa position de coadjuteur, il a tissé un réseau qui relie tous les curés de la capitale et, à coups de dons et de sermons démagogiques, a su se faire aimer du peuple ; il avoue lui-même avoir dépensé en « aumônes et libéralités » près de trente-six mille écus entre mars et août. Dès l'annonce de l'arrestation de Broussel, et sentant bien l'émotion populaire qu'elle suscite, Retz se précipite pour offrir ses bons et loyaux services au palais. Il porte un habit ecclésiastique – il le précise dans ses *Mémoires* – pour être sûr que le foule le reconnaisse. Il est alors persuadé d'être le seul capable de « tenir » le peuple, d'être le grand négociateur qui va calmer le jeu et apparaître comme le rempart du trône de l'enfant roi.

La scène qu'il raconte est un morceau d'anthologie et nous montre Anne et Jules dans leur grande complicité. Lorsqu'il arrive au Palais-Royal, la reine est entourée du cardinal, de Gaston d'Orléans et d'une dizaine d'autres personnes ; cela a tout l'air d'un conseil d'urgence. Retz trouve la reine énervée, et le cardinal tendu. Retz fait semblant de croire les explications embrouillées du cardinal et essaie de convaincre l'assistance que la situation est plus grave qu'il n'y paraît. Le cardinal sourit, se disant peut-être que Retz en rajoute et que c'est dans son intérêt, mais la reine s'emporte « en proférant de son fausset aigri et élevé – dans la colère le ton de la voix d'Anne déraillait dans les aigus, ce qui était du plus mauvais effet ! – ses propres mots : “Il y a de la révolte à s'imaginer que l'on se puisse révolter ; voilà les contes ridicules de ceux qui la veulent. L'autorité du roi y donnera bon ordre.” » Le cardinal tempère, il vante à Sa Majesté la sincérité et la loyauté du coadjuteur : « Je suis persuadé que le péril n'est pas au point qu'il se l'imagine ; mais le scrupule sur cette matière est en lui une religion louable. » Les paroles de Jules ont le don de calmer Anne : « La reine qui entendait le jargon du cardinal, se remit d'un coup : elle me fit des honnêtetés... » Retz n'est pas dupe du changement d'attitude de la reine. Il se montre en réponse respectueux et prend une mine « niaise ». En réalité, « ... tout ce qui était dans ce cabinet jouait la comédie : je faisais l'innocent et je ne l'étais pas [...] ; le cardinal faisait l'assuré, et il ne l'était pas si fort qu'il le paraissait ; [...] la reine contrefit la douce et elle en fut jamais plus aigre... ». Les discussions continuent. On apporte de nouvelles informations contradictoires ; certains disent que l'émeute se calme, d'autres que la population menace de bousculer les gardes qui défendent le palais et s'en emparer... Guitaut, le vieux capitaine, qui s'impatiente devant ces atermoiements, suggère de « rendre ce vieux coquin de Broussel mort ou vif ». Retz saisit la balle au bond, appuie cette idée propre à faire cesser le tumulte. La reine devient rouge de colère : « Je vous entends, monsieur le coadjuteur ; vous voudriez que je donnasse la liberté à Broussel : je l'étranglerais plutôt de ces deux mains », dit-elle en avançant, menaçante, vers Retz. Jules s'interpose : « ... il lui parla à l'oreille. Elle se composa, et à un point que, si je ne l'eusse bien connue, elle m'eût parue bien radoucie. »

Finalement, après encore quelques péripéties, jeux de dupes et pièges à l'italienne, Anne est contrainte de céder : le conseiller Broussel est libéré. Il fait, comme on pouvait s'y attendre, une entrée triomphale dans Paris le vendredi 27. Les émeutes cessent, mais au Palais-Royal, on a eu chaud !... Ainsi la démonstration d'autorité est un fiasco. Jules résume la situation dans ses Carnets : « Le parlement a fait fonction de roi et le peuple lui a déféré entièrement ; il a donné au roi Broussel pour associé ; il a pris les armes pour le faire rendre et il ne les a posées qu'après son retour par arrêt du parlement ; il a fait des barricades contre le Palais-Royal, a parlé imprudemment de la reine et de moi ; il a fait, beaucoup de jours, des propositions insolentes et inouïes, soit pour s'assurer du roi soit pour me chasser et mettre la reine dans un monastère. »

Anne et Jules sont décidés à ne pas en rester là, mais avant de riposter ils jugent plus prudent de mettre la famille royale à l'abri. Sous prétexte d'assainir le palais après la maladie de Louis et une attaque de variole qui a frappé Philippe, la reine s'installe à Rueil, chez la duchesse d'Aiguillon, le 12 septembre. Le cardinal fait emprisonner Châteauneuf et Chavigny, et rapatrie vers Paris 4 000 fantassins allemands de l'armée de Condé. Au lieu d'effrayer les frondeurs, cette menace les fait redoubler de virulence. Sous l'impulsion du Parlement, le peuple prend les armes. La reine et son cardinal comptent sur Condé pour rétablir l'ordre, il renâcle, arguant avec justesse qu'il n'a pas suffisamment d'hommes et qu'il ne faut pas trop dégarnir le front contre les Espagnols en pleines négociations de paix. Mazarin est de son avis. Monsieur le Prince fait office de médiateur, on discute à Saint-Germain avec une délégation du Parlement, et, le 22 octobre, Anne est obligée de signer un texte qui fait loi de la charte Saint-Louis réduite à quinze articles. Châteauneuf et Chavigny reviennent, la Cour rentre à Paris. Un coup pour rien !

Deux jours plus tard, le 24, les traités de Westphalie sont signés à Münster et Osnabrück, qui mettent à genoux définitivement les Habsbourg d'Autriche. L'empereur abandonne à la France tous ses droits sur l'Alsace, la possession des Trois Evêchés de Toul, Verdun et Metz, sécurisant la frontière est du pays, ainsi que les places fortes de Brisach et Philippsburg sur la rive droite du Rhin. Plus important encore, l'Empire est désormais partagé en trois cent cinquante Etats gouvernés par des princes catholiques ou protestants, division à la fois politique et religieuse qui met fin à l'unité et surtout à la puissance de l'empire des Habsbourg de Vienne. Mazarin a été le maître d'œuvre de ces traités. Le roi de France est vainqueur grâce à lui. Ainsi se trouve parachevée une partie de l'œuvre de Richelieu. Alors qu'il est conspué et méprisé dans tout le royaume, l'Europe reconnaît en lui le plus grand diplomate de son temps. Ces traités de Westphalie définiront le cadre politique de l'Europe centrale jusqu'au XIXe siècle. Dans une lettre datée du 30 octobre, le cardinal ironise : « Vous m'avouerez qu'il faut une passion à l'épreuve et un zèle tout extraordinaire pour redoubler, comme je le fais, mes soins pour le service du public, lorsqu'il me traite si mal dans un temps où il me semble pouvoir dire sans vanité qu'il tire quelques fruits de mes peines. »

La « capitulation » royale du 22 octobre marque la fin du premier acte, mais pas la fin de la pièce. Anne veut se venger et les parlementaires sont de leur côté persuadés que Sa Majesté ne va pas en rester là. Les dernières semaines de l'année se déroulent dans une atmosphère de paix « fourrée », tout le monde s'attend à l'affrontement. Et non loin de la ville, les mercenaires allemands de Condé sont là comme une menace. Mazarin sent qu'il ne peut rien faire sans l'appui de Monsieur le Prince. Il est le premier prince du sang et l'homme adulé par son armée. Pendant les négociations de l'automne, les parlementaires, avec l'entregent de Retz et quelques grands seigneurs alliés plus ou moins secrètement encore aux révoltés, ont essayé de le mettre de leur côté. Il s'est vite énervé contre ces robins pusillanimes et formalistes pour lesquels il affiche son mépris. Au coadjuteur qui insistait il répondit qu'il ne pouvait se résoudre « à devenir le général d'une armée de fous [...], qu'il était prince du sang ; qu'il ne voulait pas ébranler l'Etat ». Mazarin est conscient que le mépris de Condé pour les robins n'a d'égal que celui qu'il professe à son propre endroit. Cela ne suffit pas pour s'en faire un allié ; il faut que la reine lui montre une considération à la hauteur de son génie militaire et de son importance, l'entoure, le flatte et lui fasse le coup de la fragilité... « Il faut que la reine se souvienne de se plaindre de moi particulièrement à Monsieur le Prince, de m'être relâché, et qu'une telle conduite ne fait pas augmenter son affection ; [...] et qu'elle pourrait avoir un ministre qui [s'intéressât] davantage en les offenses qui la regardent que je n'ai fait », écrit-il dans ses Carnets Anne exécute à la lettre les conseils de son cardinal. C'est un peu gros, mais si l'intelligence et le génie militaire de Condé sont grands, son orgueil est, lui, incommensurable : il tombe dans le panneau et se voit bien arbitre du Conseil royal. Anne et Jules ont aussi besoin de la neutralité de Gaston d'Orléans : il suffit de promettre un chapeau de cardinal à l'abbé de La Rivière, son homme de confiance, et de lui donner un poste de ministre. Gaston et Condé se laissent convaincre par la reine qu'il faut aller jusqu'au bout, c'est-à-dire la guerre civile si c'est nécessaire ! La force apparaît comme la seule solution, mais d'abord il faut mettre en sûreté l'enfant roi.

La fuite dans la nuit glaciale

Dans les dernières semaines de 1648, tandis que les premières mazarinades apparaissent dans les rues de Paris, les forces sont en place. D'un côté les parlementaires, les bourgeois, avec dans le rôle de l'âme damnée le futur cardinal de Retz qui a rassemblé autour de lui une grande partie des anciens conspirateurs contre Richelieu. Puisqu'il n'a pas réussi à avoir Condé pour chef de la « rébellion », il s'est rabattu sur son frère, le prince de Conti, un cadet de famille destiné à la carrière ecclésiastique mais qui refusera obstinément de l'embrasser, contrefait et idiot, que Retz qualifie de « zéro qui ne se multipliait que parce qu'il était prince du sang ». Conti ne se sent plus à l'idée de commander les milices bourgeoises et rêve de gloire militaire à la mesure de celle de son frère ! Le duc de Bouillon rejoindra aussi les frondeurs, toujours dans l'espoir de récupérer Sedan. Enfin, autre grande personnalité de la famille royale, la duchesse de Longueville, la belle Geneviève de Condé pour qui son frère Conti éprouve une affection quasi incestueuse, et avec elle son mari, le vieux duc de Longueville, gouverneur de Normandie.

Du côté de la Cour, la fidélité à la régente est comme un gaz volatil... Anne et Jules en sont conscients. Condé est le « preux chevalier » du camp, avec les 12 000 hommes qu'il a maintenant autour de Paris. Le temps presse, car dès la mi-mars les trêves de l'hiver prendront fin et la guerre recommencera contre les Espagnols en Picardie. Il reste à peine deux mois pour en finir avec la Fronde et sécuriser Paris.

Les Parisiens surveillent de près les allées et venues du Palais-Royal. On sait qu'un départ de la famille royale de Paris lancerait les hostilités, et, au fond d'eux-mêmes, la plupart des parlementaires sont des modérés qui n'ont pas envie d'affrontements armés pour lesquels ils ne sont pas taillés.

Pour mettre le petit roi à l'abri, il va falloir ruser. Anne et Jules ont décidé d'agir dans la nuit du 5 au 6 janvier 1649, après la fête des Rois, alors que les Parisiens dormiront profondément après une soirée festive. Un parfait secret entoure l'opération. Une dizaine de personnes à peine sont au courant du projet ; les autres membres de la Cour ne seront avertis que le soir même pour éviter toute fuite. La reine donna le change à la perfection ; n'oublions jamais que ses longues années de Cour lui ont appris l'art de la dissimulation, et sans doute elle y prend un certain plaisir. Elle s'amuse à se jouer des autres ; en l'occurrence de ses amies, puisqu'elle passe la soirée avec Mme de Motteville et quelques-unes de ses femmes. On tire les rois, la reine se montre joyeuse, « ... et tout ce que nous aurions pu remarquer fut qu'elle nous parut plus gaie qu'à l'ordinaire », se souvient Mme de Motteville. Anne évoque longuement sa journée du lendemain durant laquelle elle doit notamment se rendre dans son cher Val-de-Grâce ; le petit Philippe, avant d'aller se coucher, lui fait promettre de l'emmener avec lui. La reine pousse même le jeu jusqu'à indiquer une liste de convives qu'elle voudrait voir réunis pour un dîner deux jours plus tard, sans oublier de préciser qu'elle voudrait aussi la présence de « la petite bande de violons de Monsieur le Prince ». Et Mme de Motteville ajoute : « Nous fûmes si dupes enfin, que nous nous moquâmes avec elle de ceux qui avaient dit qu'elle partirait cette nuit même. [...] La reine nous avoua depuis l'exécution de cette grande aventure qu'elle eut alors de la peine à s'empêcher de rire... »

Le cardinal lui aussi donne le change. Il est à une table de jeu avec Gaston d'Orléans et le prince de Condé chez le maréchal de Gramont. Gaston et Condé prennent congé plus tôt qu'à l'accoutumée pour préparer le départ de leurs familles qui ne sont pas au courant ; Jules reste ostensiblement. Il a donné des ordres précis à ses gens pour mettre à l'abri quelques-uns de ses trésors, il ne repassera pas par le Palais-Royal et ira directement au lieu de rendez-vous : le Cours-la-Reine. Il a confié ses trois nièces, récemment venues d'Italie rejoindre leur oncle qui veut établir leur fortune, à Mme de Senecey, la dame d'honneur de la reine. A l'un de ses fidèles, Millet de Jeure, il a attribué une tâche délicate : sortir du palais quelques papiers importants et surtout « deux boîtes de velours » remplies de pierres précieuses.

A trois heures du matin, la reine est prête. Elle fait réveiller Louis et Philippe, ils sont habillés en silence puis conduits, à la lumière de torches et dans un froid terrible, jusqu'à une petite porte donnant sur le jardin. Trois carrosses attendent qui les emmènent au Cours-la-Reine. Rapidement, ils sont rejoints par les membres de la Cour prévus dans la fuite et leurs gens qui ne veulent pas rester dans une ville promise au siège des hommes de Condé. Les dames sont encore ensommeillées, mal attifées et de mauvaise humeur d'avoir eu à faire leurs bagages dans la précipitation au milieu de la nuit. Anne, au contraire, est en pleine forme, enjouée, radieuse... heureuse de ce vilain tour qu'elle joue aux mauvais Parisiens qui ont osé s'en prendre à son autorité ! Elle est persuadée que l'affaire sera réglée en quelques semaines...

Une fois que le cortège est au complet – il ne manque que la duchesse de Longueville qui a refusé de partir sous le prétexte qu'elle est enceinte de huit mois –, il se met en route, direction le château-vieux de Saint-Germain. L'épisode est célèbre : le château est vide de tout meuble – traditionnellement la Cour se déplace avec son mobilier de château en château –, pas chauffé, rien n'a été préparé pour la recevoir. Jules a juste pris la précaution de faire porter en secret quatre lits de camp pour Louis, Philippe, Anne et lui. Les autres, Condé et

Gaston en tête, doivent acheter à prix d'or des ballots de paille pour improviser un couchage. Toute sa vie, l'enfant roi gardera intact le souvenir de cette fuite dans la nuit glaciale, de l'arrivée dans un sinistre château vide avec autour de lui les énervements d'une Cour proche de la panique parce qu'elle ne retrouve pas ses petites habitudes et ses préséances... Seule sa mère affiche une joie insolente dans ce chaos. La Grande Mademoiselle a voyagé cette nuit-là dans le carrosse de la reine. Elle se souvient : « Je n'ai jamais vu une créature si gaie ; quand elle aurait gagné une bataille, pris Paris et fait pendre tous ceux qui lui auraient déplu, elle ne l'aurait pas plus été. »

A la nouvelle du départ de la famille royale et de la Cour, les Parisiens sont affolés. Ils craignent les pires représailles. Ils n'ont pas tort, elles ont été envisagées. Le Conseil royal en a débattu en secret. Le maréchal de La Meilleraye avait suggéré avec insistance la manière forte : se servir du dépôt de munitions de l'Arsenal et de la Bastille pour bombarder les quartiers rebelles. C'eût été un carnage. Condé n'était pas loin de se laisser tenter, y voyant un moyen d'aller vite. Mazarin s'y opposa. Avec l'aide de Gaston, il réussit à convaincre la reine de ne pas donner à Paris un bain de sang et d'user de l'arme du blocus économique. Jules est persuadé qu'il parviendra à jouer des dissensions entre Parisiens ; les grands bourgeois et commerçants ne se sentent pas si solidaires du Parlement que cela ; ils considèrent avant tout le frein aux affaires que la Fronde représente. Ils l'ont fait savoir au cardinal. Jules pense aussi qu'il peut peser sur les parlementaires modérés, leur faire peur, et créer des divisions dans la chambre Saint-Louis. Enfin il a mal estimé le soutien du peuple aux frondeurs, tablant sur une désolidarisation de la rue devant les dangers provoqués par les réformes voulues par les robins presque à leur seul avantage. Pour activer la division au sein du Parlement, dès le 7 janvier, un ordre parvient à Paris, exilant collectivement le Parlement à Montargis, et les cours souveraines dans diverses autres villes de l'ancien domaine royal. Si certains obéissent, ceux qui refusent ne pourront plus se réclamer de l'ensemble de leurs collègues. Les frondeurs envoient des délégations à Saint-Germain que la reine refuse de recevoir. Elles en reviennent dépitées et furieuses. Du coup, en réaction, le Parlement se livre à une véritable déclaration de guerre. Comprenant que Mazarin est à la manœuvre, c'est à lui qu'il s'en prend. Le 8 janvier, un avis est voté à l'unanimité moins une voix déclarant le cardinal « perturbateur du repos public, ennemi du roi et de son État », on lui ordonne de se retirer de la Cour immédiatement et de quitter le pays sous huitaine. Ce Parlement qui quelques semaines plus tôt votait l'Habeas corpus et l'abolition des lettres de cachet condamne sans procès le cardinal et au passage ordonne la saisie de tous ses biens, meubles et immeubles. Enfin, malgré les appels à la tempérance du président Molé, les frondeurs décident de lever des fonds et de recruter des troupes pour défendre la ville.

Dans le camp d'Anne et Jules, les rangs s'éclaircissent. Conti retourne à Paris auprès de sa sœur, accompagné du vieux duc de Longueville. La Rochefoucauld les rejoint également, comme les ducs d'Elbeuf et de Bouillon et toute leur « clientèle », et beaucoup d'autres... dont le bouillonnant duc de Beaufort, évadé de Vincennes de manière rocambolesque l'été précédent, qui jusque-là se cachait dans ses terres angevines mais revient à Paris parader dans les rues, fier de la passion qu'il suscite dans les quartiers populaires, où on l'a baptisé « le roi des Halles ». La Cour se vide de moitié et Mazarin tremble que Condé ne suive le mouvement.

Monsieur le Prince se montre au contraire d'une loyauté parfaite. Ses hommes respectent scrupuleusement les ordres de la régente : plus aucune vivre n'entre dans la capitale. Les 12 000 mercenaires de Condé font régner la terreur et saccagent les environs de la ville. La plupart des tentatives de sortie des assiégés sont impitoyablement écrasées, les prisonniers jetés nus dans une Seine qui charrie alors des glaçons. Dans Paris, l'hiver est terrible. La Seine en crue transforme la ville en cité lacustre : « On allait par bateaux dans les rues », se rappelle Mme de Motteville. Monsieur Vincent est désespéré devant la misère qui assaille les Parisiens. Il fait appel à la piété de la reine pour qu'elle fléchisse son étau... en vain.

En réalité, chacune des deux parties est mal assurée sur ses positions. Les parlementaires sentent qu'il ne faudrait pas grand-chose pour que les bourgeois les lâchent, et la guerre n'est pas leur métier ; les frondeurs nobles affichent une unité de façade mais sont prêts à s'entre-déchirer pour s'attribuer les places en cas de victoire et Retz, malgré son entregent et la peine qu'il se donne, se rend bien compte qu'il n'y a rien de solide dans tout cela. Le seul moyen de s'en sortir serait de s'allier avec les Espagnols, c'est-à-dire la haute trahison. Retz et ses amis voudraient que la décision soit prise par les parlementaires qui, malins, éventent le piège et refusent. Les Espagnols mettent de l'huile sur le feu : tout ce qui déstabilise la couronne des Bourbons est bon pour eux. Paris abrite quantité d'espions qui financent, achètent, retournent tout ce qu'ils peuvent. Le roi d'Espagne fait circuler une lettre précisant que si sa sœur, la reine Anne, est contrainte à l'exil de France, aucun Etat dépendant de Madrid ne doit la recevoir.

Les amis qui vous lâchent

Mazarin a, lui, compris que l'autorité royale est gravement entamée, et qu'un siège ne fera que l'entamer encore plus. Il est d'autant plus inquiet que Turenne vient d'annoncer qu'il rejoint la Fronde avec son armée d'Allemagne, la meilleure de monde. Perspective atroce : une guerre civile entre Condé et Turenne ! Mazarin réussit à persuader la reine de négocier, de lâcher du lest de nouveau ; c'est le seul moyen de s'en sortir et de conserver son trône à l'enfant roi, dont personne pour l'instant ne remet en cause l'essence mais dont au contraire tout le monde se réclame. Le cardinal sent qu'il peut exploiter les dissensions entre les frondeurs. Le changement de camp de Turenne en effraye quelques-uns, les plus conscients de la politique menée depuis vingt ans et des succès récemment obtenus. L'armée d'Allemagne est encore indispensable, les traités viennent juste d'être signés et elle sert d'arbitre pour leur application, qui, comme c'est souvent le cas, se fait avec quelque difficulté. Rien n'est encore totalement assuré. Si les troupes du roi d'Espagne sont renforcées de celles de Turenne, alors c'en est fini et les sacrifices que la France a endurés malgré elle n'auront servi à rien. Le cardinal est personnellement touché par la défection de Turenne ; il est son ami depuis longtemps, depuis la Valteline où le futur maréchal servait alors. Leurs liens personnels ne se sont jamais démentis. Jules a sans doute plus confiance en la loyauté de Turenne qu'en celle de

Condé. Mais il comprend aussi que son ami est tiraillé entre l'obéissance qu'il doit à son frère aîné, le duc de Bouillon, et son devoir de militaire. Et puis Turenne estime que Mazarin manque de considération vis-à-vis de sa famille, notamment en ne lui accordant pas le titre de princes d'Empire auquel les La Tour d'Auvergne peuvent prétendre. Tout cela, Jules le sait et le comprend. Il n'en voudra jamais profondément à son ami. Seulement, pour l'instant il faut le neutraliser. Le cardinal va jouer un de ces tours à l'italienne dont il a le secret. En même temps qu'il tente l'impossible pour ramener Turenne dans le giron de la régence en lui proposant le gouvernement de la Basse et de la Haute-Alsace, places fortes, bailliages... tout ce qu'il peut désirer, Mazarin envoie des émissaires auprès des colonels des régiments de l'armée de Turenne, auxquels on rappelle leur devoir, leur engagement auprès du roi de France mais surtout que les traités de Westphalie ont mis fin à la guerre de Trente Ans, que les princes allemands débauchent à tour de bras, mais que la France est prête à conserver ses mercenaires et à les payer. Les hommes attendent leur solde depuis deux ans. Comme par hasard les émissaires sont accompagnés du banquier personnel de Mazarin, Barthélemy Hervart, qui distribue trois cent mille livres et en promet d'autres... D'où vient l'argent ? Personne ne sait. Là est un grand talent de Jules Mazarin : l'argent n'est jamais un problème, lorsqu'il est indispensable, il en trouve ! Résultat, Turenne n'a plus d'armée, et s'enfuit en Hollande avec une cinquantaine d'officiers et une centaine de chevau-légers.

Le 19 février, une nouvelle parvient en France qui va faire réfléchir les tenants des deux camps : Charles Ier d'Angleterre a été décapité après un procès qui vaut ce que valent tous les procès politiques. Voilà jusqu'où peut mener une révolte parlementaire ! A l'époque, beaucoup tentent le parallèle entre la Fronde et la révolution de Cromwell... mais personne n'imagine en venir à attenter à la personne du roi, qui plus est un enfant. Pour Anne, cette nouvelle prend une autre signification. Elle est persuadée que Charles aurait gagné s'il n'avait pas sacrifié son Premier ministre aux rebelles, cela la convainc encore plus, si cela est possible, que Jules est son seul soutien et la seule protection de Louis ; elle s'est probablement juré à ce moment-là de ne jamais commettre la même erreur que son malheureux beau-frère d'Angleterre.

A la mi-mars, profitant des difficultés de politique intérieure, les Espagnols lancent une grande offensive en Picardie. Ils avancent d'autant plus rapidement vers la capitale que les villes, en sympathie avec les frondeurs, leur ouvrent les portes. En quelques jours, ils sont près de Soissons. Les troupes stationnées autour de Paris font cruellement défaut

Il faut en finir avec cette situation dangereuse à tous les points de vue. On négocie. Le président Molé, accompagné du président de Mesmes, vient supplier la reine d'accepter de leur donner les moyens de sortir la tête haute de l'affaire. Mazarin est d'accord avec eux ; en fait, ils se parlent en secret depuis quelques semaines. Le 11 mars ils signent un accord de paix. Retz essaie de se glisser dans la négociation et de récupérer ce qu'il peut pour ses amis. Molé et Mazarin font diffuser les revendications des frondeurs nobles dans les rues de Paris... le peuple n'apprécie pas ! Ils n'auront rien.

Contre l'annulation des arrêts visant son Premier ministre, la régente accorde une amnistie générale. Le 1er avril, le Parlement enregistre la paix de Rueil, transformée en paix de Saint-Germain. Anne n'est pas pressée de rentrer à Paris, où la population continue à s'exciter contre le « gredin de Sicile » ou le « faquin d'Italie ». Cet été 1649 voit la publication de la mazarinade la plus ordurière jamais écrite sur les rapports de la reine et son cardinal, *La Custode de la reine qui dit tout*. L'imprimeur est arrêté, condamné à mort et ne doit son salut qu'à la foule qui le libère sur le chemin de l'échafaud. La famille royale s'installe pour une grande partie de l'été à Compiègne, où ce sera un défilé permanent d'allégeance d'anciens frondeurs, dont le coadjuteur. Moment d'intense jubilation pour le cardinal Mazarin, César de Vendôme lui demande la main de sa nièce Laure Mancini pour son fils le duc de Mercœur. Même si c'est par une branche bâtarde, Giulio Mazarini entre dans la famille royale. Ce n'est qu'une étape. Les Vendôme ne font pas une mauvaise affaire, la jeune fille est somptueusement dotée par son oncle.

Le 18 août 1649, le roi revient dans sa bonne ville de Paris, acclamé par une foule en liesse, celle-là même qui adulait Beaufort et les frondeurs quelques semaines plus tôt. La reine et le cardinal reçoivent leur part d'ovations. Le lendemain, Retz et le clergé viennent saluer Sa Majesté. C'est le coadjuteur qui prononce le discours en bafouillant et en tremblant. Anne glisse à l'oreille de Mme de Motteville : « Sa honte me fait plaisir et si j'avais de la vanité je pourrais dire même qu'elle me donne de la gloire ; mais il est sans doute qu'elle doit être bien honorable à Monsieur le cardinal. » Tout ce joli monde se jure fidélité éternelle... quel beau tableau de paix et de concorde ! Le 5 septembre 1649, le roi fête ses onze ans. Un grand bal est donné à l'Hôtel de Ville, qui avait servi de quartier général à Retz et à ses amis. Enfin, le jour de Noël, l'enfant roi fait sa première communion en l'église Saint-Eustache, avec toute la pompe voulue...

Insupportable Condé !

Comme on pouvait s'y attendre, Louis de Bourbon, prince de Condé, va donner, dans cette période de calme apparemment revenu, toute la mesure de sa personnalité, complexe, orgueilleuse, fortement teintée d'une asociabilité héritée de son père. Mazarin et lui ne se sont jamais entendus, il n'y aucune raison pour que subitement cela change. Au contraire. D'autant que les acclamations qui ont accompagné le retour du roi, de la régente et du cardinal – et particulièrement celles à l'endroit de Son Eminence, dont on peut estimer qu'en habile politicien il a fait le nécessaire pour qu'elles existent ! – n'ont pas été du goût de Condé qui dans le même temps est considéré comme l'affameur de Paris et, à ce titre, détesté par la population. Condé a sauvé la Couronne, il veut que ça se sache et en tirer tous les bénéfices possibles. Le 2 octobre, Jules est obligé de signer un contrat avec lui aux termes duquel aucun office important ne peut être pourvu « sans avoir au préalable l'avis de Monsieur le Prince » ; Condé peut ainsi placer des hommes dans tous les rouages de l'Etat. Cela ne va pas sans jalousies. Monsieur le Prince attise les haines par sa morgue, son mépris de tous et sa volonté de tout régenter. Une grande partie de la petite et moyenne noblesse, qui vit du système de clientélisme autour des grandes familles, s'inquiète de voir le clan Condé aussi puissant, sans contrepouvoir. Anne et Jules vont tout faire pour utiliser cette situation à leur profit et se débarrasser de Condé. Ce dernier multipliant les provocations, les occasions ne manquent pas.

On frise le grave incident politique avec l'affaire du tabouret de la princesse de Marcillac. Présentée ainsi, l'histoire a l'air d'une grande futilité, pourtant... Deux privilèges sont réservés aux princes ou aux ducs et pairs : le droit d'entrer en carrosse au Louvre et un tabouret pour la princesse ou la duchesse au cercle de la reine. Le duc de La Rochefoucauld, le futur auteur des *Maximes*, ami de Condé, n'est encore que prince de Marcillac car son père est toujours vivant ; c'est un titre familial de complaisance qui ne donne pas droit au rang de prince. Pourtant, contre la logique de tous les usages, Marcilllac exige un tabouret pour sa femme. Condé soutient sa demande tout comme Anne et Jules qui voient là un piège pour Monsieur le Prince. Car c'est un tollé général contre cette usurpation de privilège. Ceux qui le détiennent déjà ne veulent pas en voir diminuer le prestige, et les membres de la seconde noblesse, les barons, comtes ou marquis, s'opposent à la création d'un degré supplémentaire entre eux et les princes. De conférences agitées en réunions houleuses, l'affaire enfle et finalement un acte d'union est signé entre huit cents personnes, dans la plus pure tradition des pactes médiévaux. Ce texte s'oppose à Monsieur le Prince – Jules n'en espérait pas moins – mais présente cependant un danger pour la monarchie dans le sens où il reconnaît une antériorité du pouvoir seigneurial sur le pouvoir royal et propose une réunion des états généraux pour réformer le pays. La menace est grave, car cela peut conduire à transformer l'Etat monarchique tempéré par un parlement d'officiers en un « Etat d'états » très décentralisé. C'est une attaque en profondeur des réformes de Richelieu. Jules voit le piège et parvient à en convaincre l'arrogant Bourbon qui fait machine arrière sur les prétentions de son ami Marcillac.

Ce n'est pas cette fois-ci que la reine et son cardinal parviendront à se débarrasser de Monsieur le Prince. Pour cela, il faudra d'autres provocations, et surtout que Condé s'en prenne directement à la régente. Un des « blancs-becs » prétentieux qui font partie de sa Cour, le marquis de Jarzé, se déclare avec ostentation amoureux de la reine depuis déjà quelques mois. Au moment de l'affaire Broussel, il s'était précipité au Palais-Royal pour faire un rempart de son corps à Sa Majesté ; on avait trouvé le geste charmant mais un peu excessif ! Condé encourage Jarzé à séduire la reine. Il le fait sans grande finesse mais pendant un temps, Anne s'en amuse ; apparemment elle ignore que Monsieur le Prince manœuvre le marquis. Et la reine ne déteste pas les hommages à sa beauté !... Jarzé y va de ses soupirs, de ses regards langoureux ; tout cela reste néanmoins très sage et distant, jusqu'au jour où il fait déposer une lettre enflammée sur la toilette de la reine. Là, il ne s'agit plus d'enfantillage mais d'une affaire d'Etat. Jules comprend immédiatement que Condé est derrière et que c'est bel et bien une provocation. Le cardinal a-t-il considéré qu'il y avait danger dans sa relation avec la reine... probablement pas, mais on ne sait jamais, peut-être Anne a-t-elle montré un peu de coquetterie pour exciter la jalousie de Jules ? Quoi qu'il en soit, l'affaire ne peut pas en rester là. La reine et son cardinal choisissent de répondre sur le terrain de l'humour. Anne s'amuse devant ses dames d'honneur : « Il paraît que j'ai un amant ! » et se moque de Jarzé. Il eût été de bon ton que le marquis n'insistât pas... mais la finesse et l'humour ne font pas partie des atouts du clan Condé. Le lendemain, le jeune homme se présente devant la reine. Elle n'a pas le choix, en fière

Espagnole, elle porte l'estocade en public : « Voyez un peu le joli galant ! Vous me faites pitié. Il faudrait vous envoyer aux Petites-Maisons, mais il est vrai qu'il ne faut pas s'étonner de votre folie car vous tenez de race ! » Allusion appuyée à un parent de Jarzé qui avait tenté le même jeu avec Marie de Médicis, ce dont Henri IV s'était beaucoup amusé. Ce petit discours assassin de la reine lui avait été soufflé presque mot pour mot par le cardinal ; on en retrouve le texte dans ses Carnets.

Jarzé a bien compris qu'il doit faire profil bas mais Condé ne l'entend pas de cette oreille. Il fait répandre la rumeur que « le vieux galant a chassé le jeune » et se plaint qu'on a fait affront à un de ses protégés. Crime de lèse-Monsieur le Prince ! Il oblige la reine à s'expliquer, ce qu'elle consent à faire, mais pour finir exige que Sa Majesté reçoive à nouveau Jarzé et lui pardonne, sans quoi « il y aurait bien du bruit ».

On ne menace pas la reine ! Anne et Jules considèrent que le prétexte est suffisant et décident l'arrestation de Monsieur le Prince, de son frère Conti, et de son beau-frère, le duc de Longueville. C'est une décision lourde de conséquences et dont les retombées ne sont pas simples à prévoir. Louis de Bourbon est d'un autre calibre que le duc de Beaufort. Il est le chef du clan le plus puissant de France. On ne peut pas le neutraliser sans alliés dans l'opération. Jules le sait, il a alors l'idée d'une manœuvre totalement inconcevable quelques mois plus tôt : s'allier avec la coadjuteur et les membres de « l'ancienne Fronde » contre Condé. Retz est maintenant l'homme de confiance de Gaston d'Orléans, il a remplacé l'abbé de La Rivière dans ce rôle. Son ambition est claire : tout est bon pour affaiblir la régente, se débarrasser de Mazarin, faire nommer Gaston régent et prendre la place du cardinal. Il n'est pas difficile à convaincre de la nécessité de mettre Condé hors jeu. Par l'entremise de Mme de Chevreuse, qui fait partie du camp des anciens frondeurs, la reine rencontre à deux reprises en secret le coadjuteur, lui promet le chapeau de cardinal initialement promis à La Rivière. Bien évidemment, Jules est à la manœuvre et a soigneusement préparé avec Anne ces entrevues. Il lui a sans doute fallu beaucoup de persuasion pour convaincre Sa Majesté de rencontrer en tête à tête ce faux homme d'Eglise qui lui répugne. Mais elle le fait. Ils passent un accord.

Sur les routes de France

Le 18 janvier 1650, convoqués à un Conseil royal, Monsieur le Prince, Conti et Longueville sont arrêtés par le capitaine Guitaut. Le peuple de Paris allume des feux de joie et Gaston persifle : « Quel joli coup de filet, on vient de prendre un lion, un singe et un renard ! »

Techniquement, le coup est effectivement joli, politiquement, c'est autre chose. Instantanément, la Fronde repart de plus belle dans les provinces liées aux princes arrêtés. C'est le système clientéliste qui joue à plein. Anne et Jules réagissent vite. Ils dépouillent les princes et leurs inféodés de leurs gouvernements et positions et redistribuent les cartes : la Normandie, la Bourgogne, Saumur, la Champagne, la Catalogne passent aux mains des nouveaux alliés de la reine et du cardinal. A Paris, on nomme un ami de Retz au poste important de prévôt des marchands. A l'époque, faire appliquer des décisions gouvernementales de cette nature n'est pas simple ; il ne suffit pas d'envoyer quelques gendarmes proclamer un édit. La plupart du temps des poches de rébellion apparaissent que l'on résorbe par une campagne miliaire.

Au long de l'année 1650, Anne et Jules, accompagnés du jeune Louis, vont passer presque dix mois en campagne, d'abord en Normandie, puis en Bourgogne, à Compiègne, et enfin ils descendent en juillet en Guyenne où ils resteront jusqu'à la mi-novembre, le temps de mater la révolte bordelaise. En décembre, Jules accompagnera seul l'armée en Champagne, Anne est malade et garde la chambre.

Le jeune Louis suit partout sa mère et son parrain. Cette année de pérégrinations dans une France révoltée est pour lui une époque intense de formation. Si le roi Louis XIV, enfermé dans son château de Versailles, connaissait profondément son pays, son peuple, c'est pendant la Fronde qu'il avait appris à les connaître. Car les campagnes menées par Anne et Jules n'ont rien de parades militaires avec une armée de cérémonie en parfait ordre de marche. La Couronne est pauvre, l'armée mal équipée, bien que la présence du roi permette à chaque étape de faire rentrer un peu d'argent. On se déplace beaucoup. Le siège est mis devant une ville, on attend sa reddition et on part vers une autre. On dort sous la tente, ou là où l'on trouve de la place, parfois dans des hostelleries de mauvaise qualité, n'offrant qu'un galetas de paille pour se reposer. Anne, Jules et le jeune roi partagent ces conditions de vie. Il ne fait pas de doute que ces mois ont resserré les liens entre Louis et son parrain. Il a vu cet homme qui aime le luxe et l'art s'épuiser sur de mauvais chemins à mener des opérations militaires pour protéger son pouvoir. Le jeune roi regarde, observe, interroge : il a véritablement commencé à apprendre son métier sur les routes.

Plutôt que de chercher à lui donner une culture livresque, Mazarin a enseigné un métier à Louis. Et nous avons des témoignages de l'admiration que le cardinal montrait pour la curiosité du jeune roi et la pertinence des questions qu'il lui posait. L'année 1650 est importante pour Louis XIV parce qu'elle le rapproche de son parrain, qu'elle lui fait connaître pour la première fois la vérité de son peuple – qu'il a rencontré dans sa misère et non au cours de réceptions officielles, entouré de délégations de notables, comme cela avait été le cas jusqu'à présent – et qu'il découvre ce qui deviendra une des plus grandes passions de sa vie. Sur son lit de mort, le monarque se reprochera d'avoir trop aimé la guerre. Il l'a découverte cette année-là.

Jules a une autre raison pour maintenir le roi hors de Paris : il sait que la ville est toujours prête à se soulever. Il n'a pas confiance. « Le roi sera maître partout, hors cette ville-là », a coutume de dire le cardinal. La reine a laissé le gouvernement de la ville à Gaston d'Orléans pendant l'absence du roi. Poussé par son nouveau mentor, Retz, Gaston se sent l'âme d'un grand conciliateur, il se dit tout d'un coup qu'il peut jouer le rôle de recours dans cette situation trouble. Il se rapproche du Parlement, des frondeurs, et des princes emprisonnés dont il trouve que le sort est peut-être un peu trop dur ; au fond, la seule chose que la reine reproche à Condé est son arrogance. Evidemment, le coadjuteur, la duchesse de Chevreuse et leurs amis sont derrière Gaston d'Orléans. Pour Retz, le temps presse, s'il veut que la régence échoie au duc d'Orléans et le poste de Premier ministre à lui-même, il lui reste une petite année. En effet, en septembre 1651, Louis aura treize ans, âge officiel de la majorité du roi. Il ne sera plus question de régence. C'est le roi lui-même qui exercera le pouvoir. Plus que jamais le cardinal Mazarin est l'homme à abattre.

Il semble qu'Anne et Jules n'aient pas senti le renversement d'alliance qui se préparait, que l'ancienne Fronde allait basculer du côté de Condé et que, de nouveau, la reine et le cardinal seraient isolés. Ils font traîner la réalisation des promesses faites aux amis de Retz, et particulièrement l'obtention du chapeau de cardinal promis au coadjuteur. Il est vrai que Jules n'est pas pressé de voir cet ambitieux devenir son égal, et donc son rival déclaré. Ce qui va précipiter les choses, c'est la victoire militaire de Rethel que le cardinal remporte à la mi-décembre sur les troupes rebelles de Turenne alliées à des régiments espagnols. Que Mazarin soit un politique et un diplomate, on le savait, mais si maintenant il se met à gagner des batailles, qui plus est contre de grands capitaines... c'est inacceptable. Jamais on ne parviendra à se débarrasser de lui !

Dès la fin décembre, les rumeurs de complot se font plus précises et l'attaque contre le gouvernement, frontale. La princesse de Condé pose une requête devant le Parlement pour faire libérer les princes. Le 20 janvier, le président Molé, fidèle de la régence, vient présenter la requête à la reine. La séance est tendue. Le ton monte et se manifeste le peu d'autorité qu'il reste encore à la régente. Louis, qui comme à chaque fois assiste sa mère, lui dit après le départ de la délégation : « Maman, si je n'eusse pas craint de vous fâcher, j'eusse par trois fois fait taire et sortir le Président. » Jules a compris que la situation est en train de se retourner et ne voit pas quoi faire pour l'éviter...

Le 30 janvier 1651, un traité secret est signé qui prévoit la libération de Condé et des princes ; Gaston prendra la tête du Conseil, Mazarin sera remplacé par Châteauneuf, l'incontournable ancien amant de Marie de Chevreuse, et Retz aura son chapeau de cardinal. Et pour sceller le tout, on prévoit le mariage d'un fils de Condé avec une princesse d'Orléans, et de Conti avec la fille de la duchesse de Chevreuse, pour l'heure maîtresse du coadjuteur.

Dès février, c'est Gaston qui lance l'offensive, il se range officiellement du côté de ceux qui réclament, depuis plusieurs mois, la libération des princes, et annonce qu'il ne participera plus au Conseil tant que Mazarin y siégera. La reine veut le voir pour essayer de l'amadouer – Jules est persuadé qu'elle conserve un ascendant sur son beau-frère –, il refuse de lui rendre visite, tout comme il refuse de recevoir Anne au Luxembourg alors qu'elle le lui propose, faisant fi des usages... Plus encore, arguant de son titre de lieutenant général du royaume, il convoque les maréchaux et les chefs de quartier des milices bourgeoises de la capitale, et leur enjoint de ne plus prendre d'ordres que de lui-même ; cela veut surtout dire ne plus en prendre du cardinal. Paris entre en ébullition. Les milices bourgeoises contrôlent la ville. Le bruit court qu'on va arrêter le cardinal. La situation devient trop dangereuse pour Jules, qui craint pour sa vie même. Il n'y a plus d'autre solution que la fuite.

Anne et Jules séparés

Fuite ou retraite ? Un peu des deux, car jamais Jules n'a imaginé ne pas revenir, et Anne n'a pas songé un seul instant à une séparation définitive. Le 6 février, il se rend auprès de la reine dans la soirée. Mme de Motteville assiste à la scène. Anne et Jules se parlent longuement. A cet instant ils espèrent sans doute que la séparation à laquelle ils sont contraints ne durera que quelques semaines, c'est en longs mois qu'il leur aurait fallu compter... Anne fait preuve d'un grand sang-froid, comme à chaque moment difficile de son existence : « Nous [...] ne pûmes apercevoir aucune altération dans son visage : sa gravité ne l'abandonna point ; son cœur, qui était touché sans doute de colère, de haine, de pitié, de douleur et de dépit, ne laissa rien voir au dehors de tous ces sentiments. » Le cardinal reste un peu, jusqu'à ce qu'on vienne lui dire que « dans les rues le peuple paraissait fort ému et qu'on criait partout "aux armes" ! ». Jules se résigne alors à partir discrètement. Il rentre chez lui, passe une casaque rouge, un chapeau avec des plumes et sort à pied du Palais-Royal, accompagné de deux gentilshommes. Il rejoint une troupe à cheval qui l'attend : direction Saint-Germain.

Anne reste seule. Elle se sent perdue dans cette Cour hostile. Le lendemain elle dit à Mme de Motteville : « Je voudrais qu'il fût toujours nuit ; car quoique je ne puisse dormir, le silence et la solitude me plaisent, parce que dans le jour je ne vois que des gens qui me trahissent. »

En partant, Jules a un plan qu'il ne parviendra pas à réaliser : attendre la reine quelques jours à Saint-Germain, et quand elle l'aura rejoint, aller au Havre où sont emprisonnés les princes et négocier avec eux leur libération. Malheureusement, la reine ne pourra pas quitter Paris ; c'est difficile de réussir deux fois le même coup ! Le départ du cardinal n'est pas, dans un premier temps, compris comme une fuite mais on y voit une nouvelle manœuvre pour reprendre la main en libérant les princes. Il ne fait pas de doute qu'il va aussi chercher à mettre le roi, le petit Monsieur et la reine en sécurité. Anne est donc très surveillée mais malgré cela elle a décidé de partir dans la nuit du 9 au 10 février. Le soir du 9, un bruit se fait de plus en plus insistant qui affole les dames d'honneur : Gaston a le projet d'enlever le roi et d'enfermer Anne dans un couvent. C'est faux, Gaston dort profondément dans son palais du Luxembourg, mais cette rumeur pousse la reine à hâter son départ. On s'en aperçoit. La duchesse de Chevreuse court chez Gaston, le réveille et tente d'obtenir de lui de faire fermer toutes les portes de la ville. Il hésite et finalement envoie le capitaine des gardes suisses au Palais-Royal pour se rendre compte de la situation et au besoin faire pression sur la reine.

Le capitaine se montre hésitant, bafouillant, il finit par dire qu'il a ordre de voir le roi. Anne joue l'étonnée, dément les bruits de départ, et s'étonne que l'on veuille réveiller Sa Majesté en pleine nuit... c'est mauvais pour sa santé. Le capitaine insiste et finalement la reine, dans un haussement d'épaules, demande au maréchal de Villeroy de conduire le capitaine dans la chambre de Louis. A-t-elle essayé de gagner du temps pour que le roi puisse se remettre dans son lit ? C'est probable. Peut-être même était-il déjà vêtu pour partir et s'est-il recouché tout habillé... En silence, Villeroy écarte les rideaux du lit de Sa Majesté, avance une bougie pour éclairer le visage de l'adolescent. Il semble profondément endormi. Le capitaine le reconnaît formellement et fait signe qu'il est rassuré. Toujours en silence on quitte la chambre. Une fois hors du palais, le capitaine des gardes suisses tente de rassurer la foule : il a vu le roi qui dormait. La foule, excitée par les hommes du coadjuteur, ne le croit pas. Des hommes pénètrent dans le Palais-Royal pour le voir eux aussi. Quelques secondes d'affolement et la reine prend une décision étonnante : elle accepte. C'est un coup de génie. La spontanéité et la franchise de la réaction de la reine ravissent les mutins nous dit Mme de Motteville, « ... ils se mirent tous auprès du lit du roi, dont on avait ouvert les rideaux ; et, reprenant alors un esprit d'amour, lui donnèrent mille bénédictions. Ils le regardèrent longtemps dormir, et ne pouvaient assez l'admirer. [...] Leur emportement cessa ; et, au lieu qu'ils étaient entrés comme des gens remplis de furie, ils en sortirent comme des sujets remplis de douceur, qui demandaient à Dieu de tout leur cœur qu'il lui plût leur conserver leur jeune roi, dont la présence avait eu le pouvoir de les charmer ». Avec finesse, la reine exploite la situation. Elle avise deux bourgeois ; l'un des deux a un visage qui lui dit vaguement quelque chose, il avait été valet au palais. Elle leur demande de rester près d'elle et de surveiller le lit du roi. Elle discute avec eux en toute cordialité, appelle celui qui travaillait au palais par son nom : M. du Laurier... Les deux hommes tombent sous le charme devant tant de simplicité. A plusieurs reprises, ils sortent dire au peuple que le roi dort, que la reine est là... et ces annonces d'hommes du peuple ont beaucoup plus de poids vis-à-vis de la foule que celles du capitaine des gardes. Vers trois heures du matin, Anne les emmène dans son oratoire et leur fait admirer ses reliques. Ils ressortent du palais au petit matin, définitivement acquis à la cause royale.

Pendant cette longue nuit, le jeune roi a fait semblant de dormir pendant que la foule défilait au pied de son lit. Il a senti la présence de sa mère veillant sur lui, il l'a entendue faire son numéro de séduction aux bourgeois, il a mesuré à la fois sa solitude, sans son parrain qui l'a toujours protégé, mais aussi il a compris ce qu'il représente pour le peuple : il dispose d'un crédit d'amour important, et cela peut tout changer à quelques mois à peine de sa majorité. C'est un atout dont la reine pourra jouer. Mais le résultat de cette nuit du 9 au 10 février est que la famille royale est désormais « prisonnière » au Palais-Royal, d'où elle ne pourra pas sortir pendant un mois. Anne et Jules ne se retrouveront pas à Saint-Germain et le cardinal doit partir seul au Havre pour

« sauver les meubles », c'est-à-dire négocier la libération des princes. En fait, il n'y a déjà plus rien à négocier. Les princes sortent de prison, Condé condescend à déjeuner avec Jules mais rien ne sort de la conversation. Le cardinal multiplie les courbettes jusqu'à l'humiliation. Pour toute réponse il obtient de Monsieur le Prince un méprisant éclat de rire au moment de son départ. Condé entre dans Paris le 16 février sous les acclamations d'une population qui avait applaudi à son arrestation. Le 17, le Parlement ouvre le procès du cardinal Mazarin, proclame son expulsion et celle de toute sa famille. Et l'un de ses premiers arrêts est d'interdire la nomination d'un cardinal au poste de Premier ministre.

Anne est contrainte d'écrire à Mazarin pour lui demander de partir. Il s'exécute la mort dans l'âme et lui envoie une longue lettre reproduite dans les *Mémoires* de Mme de Motteville. On sent que c'est une lettre destinée à être montrée. C'est sans doute pourquoi Mme de Motteville y a eu accès et a pu en faire une copie. Il se déclare « très respectueux à l'arrêt de Votre Majesté dont les commandements et les lois seront toujours l'unique règle de ma vie. [...] quoique je sois sans équipage et dénué de toutes les choses nécessaires pour un long voyage, je partirai demain sans faute... [...] Mais j'ai trop de ressentiment, madame, des grâces que j'ai reçues de Votre Majesté pour être capable de lui déplaire ; et quand il faudrait sacrifier ma vie, je le ferais avec plaisir pour la moindre de ses satisfactions. J'en aurais beaucoup dans mon malheur, si Votre Majesté a la bonté de conserver quelques souvenirs des services que j'ai rendus à l'Etat [...] avec la fidélité, le zèle et le désintéressement que Votre Majesté sait ; et s'il m'est bienséant de la dire, avec quelques succès, puisque toutes les personnes sensées, et les Espagnols même, avouent qu'ils se sont moins étonnées des grandes conquêtes que les armées ont faites dans les cinq premières années de votre régence, que de voir que pendant les trois dernières on eût pu soutenir les assauts, et sauver du naufrage le vaisseau battu de tous côtés, et si furieusement agité de la tempête que les divisions domestiques avaient excitée. J'eusse bien souhaité, madame, de cacher aux étrangers le mauvais traitement que je reçois, pour empêcher que le blâme n'en rejaillisse sur une nation que j'ai toujours honorée et chérie avec tant de tendresse, [...] ils auront quelque sujet de s'étonner qu'un cardinal qui a l'honneur d'être parrain du Roi, soit traité de cette sorte, et que vingt-deux ans de services fidèles ne lui aient pu acquérir une retraite sûre en quelque endroit du royaume, dont les limites ont été assez notablement étendues par ses soins ».

Quelques semaines durant, Jules erre en Picardie ne sachant où aller. Il est accompagné de ses nièces – « ce qui est plus grand embarras que vous ne sauriez imaginer », écrit-il –, d'une trentaine de serviteurs et de quelques hommes d'armes dont un capitaine qui fera parler de lui dans l'histoire littéraire : d'Artagnan, que le cardinal doit licencier au bout de quelque temps. Son Eminence est enfin invitée par son ami l'archevêque-électeur de Cologne à séjourner dans son château de Brühl en Allemagne. Pour s'y rendre, Jules est obligé de demander l'autorisation de traverser des territoires espagnols. Madrid le traite dignement. On le fait accompagner jusqu'à Juliers et on lui fait même des offres de service : un diplomate de sa qualité ne peut rester inemployé. Et puis, comme le remarque Mme de Motteville : « Il est à croire que les étrangers avaient de l'amitié pour lui, puisque la persécution qu'on lui faisait leur était si avantageuse. » Mais, alors que le grand Turenne combat aux côtés des Espagnols, que Condé, prince du sang, s'alliera bientôt à eux, et ce jusqu'à la paix des Pyrénées en 1659, le « faquin d'Italie » refuse ; il veut rester fidèle à la France qui l'a accueilli, à la reine et au roi qu'il aime !

Anne est maintenant seule face à Condé, à Gaston, à l'ancienne Fronde autour de Retz, et au Parlement. Cela fait beaucoup pour une femme qui jusque-là était « coachée » par son cardinal. Pourtant elle va tenir avec courage. Est-elle vraiment seule ? En apparence oui, mais le cardinal lui a laissé quelques hommes sûrs qui vont l'épauler : trois conseillers, Hugues de Lionne, Abel Servien et Michel Le Tellier, sans oublier l'habile secrétaire Jean-Baptiste Colbert, Guillaume Millet de Jeure et Nicolas Fouquet.

Pendant l'année que va durer leur séparation, Anne et Jules échangent une abondante correspondance. Un système de courrier secret se met en place entre Brühl et Paris. Cinq messagers se relayent pour faire les navettes, changeant souvent d'itinéraire, de sorte qu'une lettre met entre trois et sept jours à parvenir à son destinataire. Dans ces lettres, Anne et Jules utilisent des codes, des chiffres, pour masquer les noms, ainsi le jeune Louis est appelé « le confident », Mazarin est « 26 », la reine « Séraphin », Lionne « le correspondant » ; des formules d'amitié ou de tendresse sont remplacées par des signes, des astérisques, ou des croix de diverses formes.

Le cardinal donne des conseils pour l'éducation du roi, tente de diriger l'action comme il l'a toujours fait, mais la distance pose un problème. Souvent il analyse mal la situation à Paris, ses avis arrivent trop tard et ne sont plus pertinents. Il craint de perdre du crédit auprès d'Anne. S'en inquiète. Ses conseillers le rassurent mais peut-il vraiment les croire ? Dans les lettres du cardinal l'inquiétude est sans cesse présente : « Je voudrais aussi pouvoir exprimer la haine que j'ai contre ces indiscrets qui travaillent sans relâche pour faire que vous m'oubliiez et empêcher que nous ne nous voyions plus [...] ; la peine qu'ils nous donnent ne sert qu'à échauffer l'amitié qui ne peut jamais finir ».

« Je crois la vôtre à toute épreuve et telle que vous me dites, mais j'ai de meilleure opinion de la mienne car elle me reproche à tout moment que je ne vous en donne pas assez de belles marques... » (11 mai 1551). « Si vous voyiez l'état dans lequel je suis, je vous ferais pitié ; et il y a de petites choses qui me tourmentent au dernier point » (6 juillet). « Je finirai en vous disant que jamais vous ne vous expliquez mieux et ne dites des choses plus obligeantes que quand vous retenez la plume et vous empêchez de déclarer certains sentiments, croyez je vous en supplie, la même chose de moi, et comptez-moi en tout temps et en toute rencontre pour votre serviteur obligé et sans réserve... » (8 août). Le cardinal relate ses inquiétudes et ses découragements aux conseillers qui sont restés près de la reine. A Le Tellier : « Comme c'est tout pour moi d'avoir ou de n'avoir pas les bonnes grâces de la reine, quand on touche cette corde, je m'abandonne au désespoir » ; et à Lionne : « J'ai trop bonne opinion de la reine pour avoir le moindre soupçon qu'elle m'ait oublié [...]. Mais si, par quelque malheur que je ne puis comprendre, vous aviez reconnu quelque changement dans son esprit et que cela vous empêchât de lui parler de mes affaires... » Nous n'avons pas les réponses d'Anne à ces lettres, de sorte qu'il est difficile de suivre l'évolution de leurs rapports pendant cette année de séparation. Il est normal que Jules s'inquiète, nous savons combien c'est un homme actif, qui aime décider de tout ; il délègue peu, travaille sans cesse sur tous les dossiers... On peut imaginer à quel point c'est dur pour lui d'être isolé à Brühl, attendant une lettre de la reine ou de l'un de ses conseillers, pour répondre tout de suite et continuer malgré tout à rester dans le jeu. Jusque-là, Jules a été le « maître du jeu », comme l'a montré Simone Bertière, il entend le rester mais à distance, c'est extrêmement compliqué. A-t-il douté d'Anne ? Pas d'un point de vue affectif : il sait qu'il règne sur son cœur et y régnera toujours, mais sur son esprit, la chose est plus compliquée. Il est très probable qu'il a véritablement craint de perdre sa position de « mentor ». Et n'oublions pas qu'il a tout sacrifié à la France, que c'est là qu'il a choisi d'établir sa fortune, d'installer sa famille... dans son esprit, tout doit se mélanger un peu. Il fait rappeler à la reine par les conseillers les services qu'il lui a rendus, tout ce qu'il a sacrifié de son énergie, de son génie à la couronne de Louis ; avec Colbert, il entretient une correspondance plus personnelle, il essaye de sauver de ses biens ce qui peut l'être, et pour cela il est obligé de faire une confiance totale au jeune Jean-Baptiste, car il ne peut rien vérifier. Colbert prend sa tâche très à cœur. Il écrit au cardinal que les « lumières que Dieu m'a données, je les emploie à déterrer, pour ainsi dire, la connaissance de vos affaires... ». Et ce qu'il découvre inquiète l'homme de chiffres rigoureux qu'il est : « Je vous avoue franchement que si vous m'aviez chargé de vos affaires dans le commencement [...], vous n'auriez pas souffert guère de temps que je m'en fusse mêlé, parce qu'il ne m'aurait pas été possible de souffrir l'horrible dissipation que vous avez faite de votre bien, [...] en empruntant de tous côtés pour le roi, en vous incommodant au point où vous en êtes présentement. » Dans ces moments-là, le talent d'un homme comme Jules Mazarin à repérer les meilleurs et à s'entourer est un atout considérable ; une qualité qui vaut aussi, et presque d'abord, en termes de loyauté. A ceux qui s'inquiètent du rôle joué par le secrétaire, Mazarin rétorque : « Je réponds que Colbert est à moi et qu'il noiera toutes les personnes qu'il aime pour mes intérêts... »

Le cardinal pense revenir, il veut se persuader que la reine et son filleul le rappelleront, mais en est-il convaincu chaque jour, à chaque minute ? Probablement pas. C'est la crainte qui perce au travers de ses lettres, une crainte assez logique.

Anne, elle, se sent dans une position totalement inverse : elle n'a jamais cherché à exercer personnellement le pouvoir. Mme de Motteville le souligne à plusieurs reprises : « Elle n'est point ambitieuse... Elle est exempte d'esprit de domination... » La reine n'a pas d'ambition personnelle, elle n'aime pas gouverner, elle aime les attributs du pouvoir... et encore ! Elle considère que l'on doit naturellement respecter son autorité puisqu'elle est fille de roi et mère de roi, c'est tout. Les colères qu'on lui a vu prendre viennent de là : elle ne comprend pas et ne tolère pas qu'on remette en cause cette autorité naturelle. Mais elle n'est ni Catherine de Médicis, ni Marie de Médicis ; sa seule ambition en matière de politique est, redisons-le, de protéger le pouvoir de son fils et de le lui transmettre plein et entier ! Et pour elle, c'est justement là où se place le dilemme, Jules l'a bien senti. Qu'elle aime le cardinal, cela ne fait aucun doute, qu'elle veuille l'avoir auprès d'elle pour qu'il continue à la décharger du poids de l'Etat, c'est évident, mais là est le danger pour Louis. Et le dilemme pour Anne. Même s'ils ont ménagé les apparences, si le cardinal a sans cesse mis la reine en avant, personne n'ignorait que c'était lui qui gouvernait, avec sans doute plus de latitude que Richelieu n'en a jamais eu. D'où l'unanimité de la détestation dont il est l'objet. Le seul point sur lequel toutes les Frondes se sont rejointes, c'est la haine de Mazarin, du « gredin de Sicile ».

Alors, la reine peut-elle vraiment envisager de le rappeler sans penser à l'impact que ce rappel aura sur la couronne de son fils ? Le trône est mal assuré, il subit des attaques de toutes parts, sauf du clergé, qui a toujours maintenu son soutien à la Couronne et ne s'est rapproché ni des parlementaires ni de la noblesse... De son exil de Brühl, le cardinal perçoit bien tout cela. Cette période est la seule de leur « vie commune » où l'on entrevoit une divergence entre Anne et Jules ; celle-ci ne porte pas sur le domaine de l'amour, mais sur la mission politique qu'ils se sont fixées. Soyons sûr que le jeune Louis comprend les hésitations de sa mère et que lui aussi est partagé entre le besoin d'avoir son parrain à côté de lui et le risque qu'il représente pour l'avenir.

Au cours de ces mois très difficiles pour elle, Anne aura le soutien de son fils qui fait preuve d'une maturité exceptionnelle ; il n'a que treize ans mais on dit au cardinal – pour le rassurer ?– qu'il a le jugement d'un homme de vingt-cinq. Cela doit également préoccuper Mazarin qui est à la fois fier de son élève et inquiet que ce dernier ne veuille exercer trop tôt le pouvoir et ne fasse pas revenir son parrain. Le sens politique du jeune Louis s'affine chaque jour. Il mesure très bien la situation dans laquelle se trouve sa Couronne et les enjeux. On sent chez lui une volonté de s'émanciper et de montrer qu'il existe. Un jour d'été, alors que Gaston sort des appartements de la reine, il se fait interpeller par Louis : « Mon bon oncle, il faut que vous me fassiez une déclaration si vous voulez être dans mon parti ou dans celui de Monsieur le Prince. » Le duc d'Orléans proteste de sa fidélité mais le jeune roi ne se fait pas beaucoup d'illusions sur la constance de Gaston ; il insiste : « Mon bon oncle, puisque vous voulez demeurer dans mon parti, donnez lieu que je n'en puisse douter. »

Mais une anecdote racontée par la Grande Mademoiselle nous montre aussi un Louis adolescent « en crise », s'opposant à sa mère – quoi de plus logique à treize ans ! La reine lui ayant interdit une promenade à cheval avec sa cousine, il s'énerve : « Quand je serai le maître, j'irai où je voudrai et ce sera bientôt ! » On rapporta la phase à la reine, qui « en pleura fort, et lui aussi ; l'on les raccommoda ».

Si Louis ne se fait aucune illusion sur la versatilité de son « bon oncle » Gaston, il ne s'en fait pas non plus sur les sentiments que Monsieur le Prince éprouve à son encontre : Condé le méprise, le considère comme un idiot, un esprit lent... enfin pas très intelligent, donc quantité négligeable. Le vainqueur de Rocroi tolère mal de devoir manifester de la déférence à cet adolescent sans intérêt et ne s'en cache pas. Il évite le roi autant que possible pour ne pas avoir à lui parler ni même à le saluer. Le 31 juillet, alors que Condé se promène en carrosse avec le duc de Nemours sur le Cours-la-Reine, il croise le carrosse du roi sans s'arrêter ; c'est une insolence qui frise l'affaire d'Etat. Ces marques d'humiliation, Louis ne les oubliera jamais !

A compter du départ en exil du cardinal Mazarin, la reine et son fils se focalisent sur deux axes : diviser pour régner et gagner du temps jusqu'à la majorité de Louis. Le cardinal est bien sûr avec eux, car si son éloignement rend souvent caducs ses conseils pour une action à chaud, sur la stratégie globale il ne se trompe pas. Il est convaincu que jamais Condé et Gaston ne parviendront à s'entendre pour des questions d'orgueil et de préséance. Rien n'aurait pu les empêcher d'enlever la régence à Anne au début de 1651, ils avaient en effet les pouvoirs en main. Mais ils ne l'ont pas fait uniquement parce qu'aucun des deux ne voulait que l'autre occupe la fonction. Très vite, l'accord signé fin janvier entre les deux familles, entre l'ancienne et la nouvelle Fronde, éclate car Condé, à peine sorti de prison, ne voit pas pourquoi il respecterait les engagements matrimoniaux entre son frère Conti et la fille de Marie de Chevreuse. Alors que cette dernière est déjà en train de préparer la cérémonie du mariage, la rumeur, lancée par la duchesse de Longueville qui craint de perdre son ascendant sur ses frères avec l'entrée d'une femme plus jeune dans la famille, se répand que la future épousée est la maîtresse du coadjuteur, et qu'un tel mariage est un scandale. La rumeur est vraie, et tout le monde le sait depuis longtemps, mais cela prend une autre dimension quand la chose est étalée sur la place publique. La reine profite de la situation et joue la carte Condé en affirmant que jamais le roi n'autorisera ce mariage. Finalement, le projet matrimonial est rompu. Cependant l'arrogant Condé, jugé responsable, passe pour un homme qui ne tient pas sa parole. Il a maintenant pour ennemis le clan Chevreuse, et avec lui une grande partie de l'ancienne Fronde. Anne, sur les conseils du cardinal qui pense qu'il est « possible de ramener Monsieur le Prince en sorte qu'il fût entièrement à la reine », comble le vainqueur de Rocroi de faveurs, allant même jusqu'à remanier le Conseil pour y faire entrer des hommes à lui. Gaston s'y oppose en vain ; et cela ne fait que radicaliser son opposition à Monsieur le Prince. C'était un des buts recherchés par Anne et Jules, l'autre étant de faire de Condé un allié, mais là c'est un échec. Se sentant l'homme fort du régime, il se comporte avec sa morgue habituelle, refusant même de faire à la reine les visites protocolaires d'usage.

Entre l'ancienne Fronde et le Parlement, l'entente n'y est pas. C'est surtout Retz qui divise, car les parlementaires, dans leur fougue à s'en prendre à Mazarin, ont interdit que le fauteuil de Premier ministre puisse être occupé par un cardinal, or le coadjuteur vise les deux, le chapeau et le poste ; le zèle du Parlement ne fait pas son affaire !

Une troisième Fronde se met en place, plus ou moins à l'instigation de Gaston d'Orléans et de son conseiller Retz, qui, dans un premier temps, vont essayer d'en tirer les ficelles. Des assemblées de la noblesse s'étaient déjà réunies à la fin de 1650 pour réclamer la libération des Princes. Celle-ci obtenue, ces réunions cessèrent, sauf à Paris où quatre-cent-soixante-trois membres de la moyenne et petite aristocratie se réunissent du 6 février au 25 mars. Une assemblée hostile à Monsieur le Prince, composée de membres de la noblesse qui n'appartiennent pas à des clans puissants et *a fortiori* au plus puissant de tous, celui des Condé. C'est la raison pour laquelle Gaston les soutient, car il n'a pas à sa disposition une clientèle nombreuse, et tout ce qui peut affaiblir son adversaire est bon pour lui. Le but de cette assemblée est d'instaurer une monarchie contrôlée par l'aristocratie ; on en revient toujours aux fameuses lois fondamentales du royaume ; comme les autres, cette troisième Fronde est réactionnaire. Ses membres sont tiraillés entre leur fidélité ancestrale à la Couronne et leurs inquiétudes face à l'Etat moderne dans lequel la noblesse d'épée perd son rôle. Ils demandent la modification de la législation sur la régence, l'abandon du service militaire dû par les aristocrates, le droit de faire du commerce, la diminution de la vénalité des offices et, pour entériner le tout, la convocation des états généraux, ce qui a pour effet d'affoler la Cour. Gaston est contre, car il n'a rien à y gagner. C'est paradoxalement Condé qui peut être le grand bénéficiaire d'une réunion des états, car il est le mieux implanté dans les régions et en cas d'élections de représentants, il y a fort à parier qu'il en contrôlera la majorité. Mazarin, lui, voit le piège. Il encourage la reine à tout faire pour attiser les dissensions entre l'ancienne Fronde et Condé, et pousser ce dernier à la faute : « Tout, madame, plutôt que d'accorder à Monsieur le Prince ce qu'il demande. Si il l'obtenait, il n'y aurait plus qu'à le mener à Reims. » Autrement dit à se faire couronner !

Il faut encore et toujours gagner du temps jusqu'à la majorité du roi, le 5 septembre. Anne fait semblant d'accepter l'idée des états généraux et propose une réunion à Tours le 8 septembre. En face, on veut qu'elle ait lieu à Paris et avant la majorité. La reine tient bon. Elle se sent soutenue par le Parlement qui est opposé à ces états, se considérant lui-même comme le seul représentant du peuple. Le résultat de ces atermoiements est que les états se tiendront plus tard, beaucoup plus tard, en 1789, mais c'est une autre histoire !

Mazarin mesure bien le danger que représente Condé pour la couronne de Louis ; et tant qu'il restera l'homme fort, un retour du cardinal sera impossible. De son côté, Monsieur le Prince multiplie les provocations et se fabrique des ennemis, davantage chaque jour. En plus de son orgueil, un élément joue de manière importante au cours de l'été 1651 : le vainqueur de Rocroi a peur. Lui qui se montre d'une bravoure absolue sur un champ de bataille craint plus que tout la prison. Le moindre bruit de bottes l'inquiète et le fait courir se réfugier dans son château de Saint-Maur.

Jules décide un nouveau renversement d'alliance. Il faut s'entendre avec le clan Gaston-Retz-Chevreuse, l'ancienne Fronde. L'histoire se répète, à dix-huit mois d'intervalle. La reine rencontre le coadjuteur, en secret seule à seul dans son oratoire privé. Elle lui propose de modifier le Conseil pour donner la prépondérance à ses amis et promet une fois encore le chapeau de cardinal à Retz. Décidément crédule ou aveuglé par la perspective de son destin grandiose, celui-ci se laisse berner et promet de la débarrasser de Condé dans les huit jours. Le 21 août, Anne passe à l'offensive. Elle fait rédiger un réquisitoire contre Monsieur le Prince qui sera lu au Parlement. C'est Retz qui orchestre l'attaque. Gaston, sentant la tension monter et toujours courageux, a préféré se déclarer souffrant. Il reste dans son palais du Luxembourg. Au Parlement l'affaire tourne mal, le ton monte, la violence suit. Le coadjuteur manque d'être assassiné, coincé entre deux portes par des hommes de Condé encouragés par La Rochefoucauld. Tout le monde sort indemne de la séance, chacun est un peu plus déconsidéré. Si les épées ne se dégainaient pas de temps à autre, on pourrait dire que ces mois d'intrigues incompréhensibles et de rivalités entre Condé, Gaston, Retz et les autres n'ont de politique que l'apparence et ne sont que de ridicules pantalonnades où chacun tire la couverture à soi. Ils font pourtant vaciller le trône de France. Des cinq années que la Fronde a duré, jamais la royauté n'a été autant déconsidérée qu'aux premiers mois de 1651. La reine et son cardinal sont inquiets et ils ont raison. Eux seuls peut-être mesurent justement l'ampleur de l'attaque qui est faite à la légitimité de la couronne de Louis.

C'est à ce moment, dont on pourrait dire de nos jours que la royauté est « au plus bas dans les sondages », que Louis entre dans sa quatorzième année. Le roi est maintenant majeur. Et de là, tout va basculer.

La majorité du roi

La cérémonie a lieu le 7 septembre 1651. Anne, consciente des liens profonds et mystiques qui unissent le peuple et son roi, par-delà la noblesse et les parlementaires, a décidé de frapper un grand coup et de montrer aux frondeurs ce qu'il en est de la légitimité du pouvoir royal pour cette partie du peuple qui, comme l'écrivait l'historien Marc Bloch, vibre « au souvenir du sacre de Reims ». La reine attend beaucoup de cette majorité. « Elle espérait y trouver de la puissance, et par elle se dégager de la servitude où elle se trouvait réduite, ayant à rendre compte de ses actions au duc d'Orléans et au prince de Condé. Elle espérait y trouver un fils, roi majeur et revêtu de la souveraine puissance qui lui appartenait à lui seul. Elle était assurée de la bonté de son cœur pour elle ; et, par les bonnes qualités qu'elle voyait en lui, elle avait lieu de croire, vu sa gravité et sa sagesse, qu'il rétablirait en sa personne la légitime autorité, en détruisant dans les autres celle qui lui avait été injustement usurpée par l'état de son enfance », nous dit Mme de Motteville.

Ce 7 septembre est une journée radieuse. Le soleil baigne la capitale d'une lumière éclatante... royale ! Une foule immense s'est massée, tôt le matin, sur l'itinéraire du cortège qui va du Palais-Royal à la Sainte-Chapelle. La chronique de l'événement reproduite dans les *Mémoires* de Mme de Motteville donne le détail de la route empruntée : « Tous ces chemins fourmillaient de monde, étant bordés d'amphithéâtres jusqu'au second étage, où une partie du plus beau monde de la ville était placée. Le reste des spectateurs était aux fenêtres, qui avaient été accrues par l'ouverture des murailles de toutes les chambres, où la même ardeur avait ramassé tous ceux qui se trouvaient lors en cette ville, dont les toits mêmes étaient couverts, et d'où, comme de tous les autres endroits, les cris de vive le Roi ! qui n'étaient interrompus que par des larmes de joie, s'élevant jusqu'au ciel, épanouissaient les cœurs de toute l'assistance... » Le cortège s'ébranle à neuf heures. Il s'ouvre sur une cinquantaine de guides suivis des gentilshommes de la chambre du roi. Puis viennent les gardes, compagnies, chevau-légers, officiers du roi, tous plus richement habillés les uns que les autres. On a voulu la munificence : les habits sont neufs et flamboyants, les chapeaux parés des plus belles plumes, et l'or et l'argent parsèment à profusion les vêtements des hommes et les harnachements des chevaux. Le roi est précédé de son écuyer, le comte d'Harcourt « portant en écharpe l'épée du Roi attachée à son baudrier, et dans son fourreau de velours bleu semé de fleurs de lys d'or... ».

Enfin paraît Sa Majesté Louis XIV, vêtue d'un habit tellement couvert de broderies d'or qu'il est impossible d'en discerner ni l'étoffe ni la couleur. Tous remarquent « son auguste contenance et sa douce gravité véritablement royales » et aussi sa « civilité naturelle ». Sa Majesté semble de « si haute stature qu'on avait peine à croire qu'elle n'eût pas encore passé sa quatorzième année », et chacun peut admirer « sa grâce et son adresse à manier son barbe de poil isabelle, couvert d'une housse toute parsemée de croix du Saint-Esprit et de fleurs de lys en broderie d'or, lequel par sa gaieté, le fit soulever et aller plusieurs fois à courbettes... ». Le jeune Louis maîtrise les écarts de sa monture avec élégance et fermeté, il ne fait pas de doute qu'il sera l'un des « meilleurs écuyers de son royaume ».

La foule est heureuse du spectacle que lui donne Sa jeune Majesté : les « Vive le roi » fusent de partout ! Un peu après le roi, c'est la reine mère qui apparaît dans son carrosse entouré de ses gardes. Dans la voiture, elle est avec le jeune prince Philippe, Gaston et quelques dames de sa suite. Anne savoure cet instant, mais ressent sans doute aussi avec amertume l'absence du cardinal ; ensemble ils ont élevé le roi jusqu'à ce jour, il aurait été si juste qu'il ait sa part de gloire et de bonheur.

Dans la Sainte-Chapelle, le roi entend la messe puis, sollicité par quatre présidents et six Conseillers, se dirige vers le Parlement, « devancé par cent suisses tambour battant », trompettes, hérauts et toute sa suite. Dans la Grand-Chambre, le roi s'installe sur son lit de justice ; à sa droite, la reine mère et les membres de la famille royale prennent place ; à sa gauche siègent les ecclésiastiques et les ducs et pairs. Sa Majesté prononce l'ouverture de séance d'usage : « Messieurs, je suis venu en mon Parlement pour vous dire que, suivant la loi de mon Etat, j'en veux prendre moi-même le gouvernement ; et j'espère de la bonté de Dieu que ce sera avec piété et justice. Mon chancelier vous dira plus particulièrement mes intentions. » L'inamovible chancelier Séguier parle, puis c'est la reine Anne d'Autriche qui s'adresse au roi : « Monsieur, voici la neuvième année que, par la volonté dernière du défunt Roi mon très honoré seigneur, j'ai pris soin de votre éducation et du gouvernement de votre Etat : Dieu ayant, par sa bonté, donné bénédiction à mon travail, et conservé votre personne qui m'est si chère et si précieuse, et à tous vos sujets [...] je vous remets avec ma très grande satisfaction la puissance qui m'avait été donnée... » Le roi lui répond : « Madame, je vous remercie du soin qu'il vous a plu de prendre de mon éducation et de l'administration de mon royaume. Je vous prie de continuer à me donner vos bons avis et je désire qu'après moi vous soyez le chef de mon Conseil. » Sur quoi la reine mère s'avance pour s'agenouiller devant le roi, mais celui-ci, prévenant son geste, se précipite vers elle, la serre dans ses bras et l'embrasse.

Commence alors le long défilé des plus hauts personnages du royaume qui font hommage au jeune roi Louis XIV. Tous ne sont pas là ! Il en manque un : Louis II, prince de Condé, et cette absence est un nouveau camouflet pour le roi. Monsieur le Prince a tenté de s'excuser : au moment de partir pour la cérémonie, son frère Conti a remis à Louis XIV une lettre cachetée mais le roi ne l'a pas ouverte et l'a tendue négligemment au maréchal de Villeroy. Dès le retour de la Sainte Chapelle, la réponse ne se fait pas attendre, Louis et Anne ordonnent la dissolution des régiments de Condé stationnés en Champagne.

Le lendemain 8 septembre, le Conseil se réunit et met en application les clauses de l'accord secret passé quelques semaines plus tôt entre la reine et le coadjuteur : Châteauneuf est nommé Premier ministre, le président Molé, garde des Sceaux et la surintendance des Finances est confiée au marquis de La Vieuville. Gaston a bien menacé de ne plus paraître au Palais-Royal si le Conseil était modifié, le roi se moque maintenant des humeurs de son oncle. Chacun est impressionné, écrit le comte de Palluau au cardinal par « le sérieux du jeune roi, son mépris pour les bagatelles et son discernement des hommes ». Et au maréchal de Villeroy, le parrain, très fier, exulte : « Vous savez combien de fois, je vous ai dit que nous pouvions attendre que Sa Majesté serait un prince aussi accompli que l'on eût vu depuis plusieurs siècles. J'en suis présentement persuadé plus que jamais, et continuant comme il a commencé avec l'assistance de la reine, sa mère, il rétablira bientôt l'ordre et l'obéissance dans le royaume... »

Pris dans sa logique, Condé prend le chemin de la rébellion. Il ne peut pas se soumettre à cet adolescent qu'il estime totalement idiot. Il lui faudra longtemps pour comprendre la personnalité de Louis. Le remaniement du Conseil est pour lui un affront. Il se prépare à la sédition en renforçant ses places fortes et en signant un traité d'alliance avec les Espagnols contre qui la France est toujours en guerre. Monsieur le Prince, cousin du roi, chef de la plus grande famille du royaume, vainqueur de Rocroi et de Lens, signe un acte de haute trahison ! Le traité prévoit notamment que Condé recevra la somme de 500 000 écus pour lever des troupes et prendre le commandement des armées coalisées avec mission de s'emparer de Paris. Devant la menace constituée par la félonie de Condé, le roi doit réagir. Si Paris lui est acquis, dans les provinces, Monsieur le Prince a de solides appuis. Louis, à la tête d'une petite armée de 4 000 hommes, part en campagne dans le Val de Loire, à Bourges et à Poitiers. Au nord, les Français perdent Dunkerque et Gravelines, et au sud, la Catalogne. Une bonne nouvelle parvient grâce au cardinal Mazarin. Depuis des mois, Jules négocie en secret avec Turenne et son frère aîné le duc de Bouillon, mécontents de Condé, qui se montre aussi méprisant avec eux qu'il peut l'être avec le roi. Bouillon accepte définitivement la perte de Sedan et reçoit en échange les duchés d'Albret et de Château-Thierry, les comtés d'Auvergne, d'Evreux et de Gisors, le titre de prince ; il entre au Conseil comme ministre d'Etat. Turenne prend le commandement de la moitié des armées françaises. C'est une défection de poids pour le clan Condé et un atout maître pour le roi. Galvanisé par le nouveau chef, les troupes de Louis remportent victoire sur victoire, la situation se retourne et Monsieur le Prince perd la plupart de ses appuis.

Le retour de Jules

A Brühl, Son Eminence s'impatiente. La reine ne désire que la présence de son cardinal auprès d'elle, et le jeune Louis ne serait pas mécontent d'avoir la protection et les conseils de son parrain. Bref, le succès aidant, Jules estime le moment venu de précipiter les événements. Il réunit tout l'argent dont il dispose – et, grâce à Colbert, il a pu sauver une partie de sa fortune –, emprunte, met en gage ses diamants, bref, trouve de quoi financer une armée de 7 000 hommes car il ne veut pas revenir en catimini mais au contraire auréolé de puissance. En octobre, il est près de la frontière française, attendant un signe d'Anne et de son filleul. Enfin, le 12 décembre, le roi rappelle officiellement le cardinal.

Ce retour se révèle très vite une erreur tactique grave car c'était mésestimer la persistance de la haine du cardinal. Le Parlement met aussitôt la tête du cardinal à prix pour 150 000 livres, mort ou vif. Gaston d'Orléans se rapproche de Condé. Les deux hommes signent un traité qui réclame l'expulsion de l'Italien ; l'oncle du roi prend cependant la précaution de marquer son désaccord avec le traité signé entre Condé et les Espagnols. Cette alliance avec Gaston redonne du crédit à Monsieur le Prince en apportant la caution du sang de France à la lutte contre « l'usurpateur » italien qui de sédition se transforme en une rébellion légitime. Du coup, l'alliance Condé-Orléans recrute des hommes à tour de bras.

Début 1652, la famille est enfin réunie. Jules rejoint la reine, le roi et le petit Monsieur à Poitiers dans les derniers jours de janvier. Louis a tenu à venir au-devant de son parrain accompagné de son frère. Ils se retrouvent à une lieue de la ville. Ensemble, ils font leur entrée dans Poitiers où la reine, impatiente, les attend. Pour ceux qui comprennent, le message est clair : ce n'est pas Anne, la femme amoureuse qu'on a longtemps dit sous la coupe du cardinal qui le rappelle, mais bien le jeune roi en personne. Et c'est en son nom et par la volonté de Louis que le cardinal va gouverner dorénavant. L'année 1652, dernière année de la Fronde, est aussi la plus sanglante des cinq années de troubles que le royaume aura traversées. C'est de « guerre civile » qu'il faut parler. Et même si les armées en présence sont peu nombreuses en hommes, comme c'est l'habitude à cette époque, les combats sont âpres et meurtriers.

Du côté du roi, avec Turenne à la tête des troupes, Jules, Anne et Louis à la manœuvre, et une Cour qui, tant bien que mal, les suit partout, bringuebalant sur les routes dans une confusion indescriptible, les rangs sont resserrés vers le seul but à atteindre : en finir avec cette rébellion ! Du côté de Condé et de ses alliés, c'est comme toujours la dissension : les deux beaux-frères, Beaufort et Nemours, se chamaillent au nord, Conti et sa sœur Longueville se détestent à Bordeaux, Gaston se demande comment faire pour empêcher Condé de tirer toute la couverture à lui, Retz et l'ancienne Fronde ne savent plus trop à quelle alliance se vouer car ils haïssent autant Condé que le cardinal, et enfin, pour faire bonne mesure, la fille aînée de Gaston, Anne-Marie-Louise d'Orléans, duchesse de Montpensier, entre dans la danse. C'est une « vieille fille » de vingt-cinq ans tellement riche et titrée qu'elle ne parvient pas à trouver un mari de son rang qui, n'écoutant que son cœur romanesque, son esprit naïf et son envie de faire un peu parler d'elle, se transforme en amazone et, la plume au vent, va faire le coup de feu à Orléans pour défendre la ville de son père.

Militairement, l'année est marquée par deux moments forts. Le premier se situe au début d'avril. La Cour est à Gien et l'infanterie royale stationnée non loin de là, à Bléneau. Condé, à la tête de ses 12 000 hommes, a décidé de porter un coup décisif à ses adversaires. Une première bataille a lieu les 6 et 7 avril au cours de laquelle Condé, tombé par hasard sur les escadrons du maréchal d'Hocquincourt, le défait et s'empare d'un important butin. A Gien, on s'affole, une partie de la Cour fuit car, pour la bataille qui se prépare, Turenne n'a que 4 000 hommes à opposer aux 12 000 de Condé. Que faire ? Se replier sur Bourges comme en son temps Charles VII et attendre la venue providentielle d'une Jeanne d'Arc ? Triste mémoire ! Monsieur le Prince est sur le point de faire tomber la couronne de Louis. Anne pleure. Jules est sérieusement inquiet. Mais Turenne, en tacticien, analyse froidement la situation. Pour la première fois, les deux plus grands chefs militaires du début du règne de Louis XIV vont s'affronter. Ce sont aussi deux conceptions de la tactique militaire qui se retrouvent face à face. Condé est un homme de mouvement, il ne connaît que la charge hardie, la rapidité de manœuvre : il utilise une situation plutôt qu'il ne la crée. Turenne, au contraire, observe le terrain, conçoit une stratégie et l'applique méthodiquement. En l'occurrence, c'est lui qui va choisir le champ de bataille, et il trompe l'ennemi en feignant une retraite. Les troupes de Condé, coincées entre un bois, des marécages et une étroite chaussée menant vers Bléneau, tombent alors sur l'artillerie dissimulée de Turenne, qui remporte la bataille. Il s'en est fallu de peu. La reine, éperdue de reconnaissance, dira à Turenne : « Monsieur le Maréchal, vous avez sauvé l'Etat et vous venez de mettre une seconde fois la couronne sur la tête de mon fils. »

Défait, Condé remonte vers Paris où il entre le 11 avril, accueilli par une population mitigée à son sujet. On ne sait pas trop si l'on doit se réjouir de le voir ou s'en inquiéter. Car la violence et le danger ne sont jamais très loin de là où se tient Monsieur le Prince, et les bourgeois de Paris tout comme le Parlement aspirent à mener tranquillement leurs affaires. Eux aussi n'ont qu'une chose à reprocher au roi : avoir rappelé le cardinal ; au fond d'elle-même, la population parisienne est attachée à Louis.

C'est à l'extérieur de la ville, dans le faubourg Saint-Antoine, que va se dérouler la deuxième bataille décisive de l'année, le 12 juillet 1652, sous une canicule estivale. Le rapport des forces est inversé : Turenne dispose de 12 000 hommes et Condé de seulement 5 000, dont des compagnies d'infanterie espagnoles. Jules et le roi observent la bataille du haut de la colline de Charonne pendant que la reine s'est retirée au couvent des Carmélites de Saint-Denis : Anne prie pour l'avenir de son fils et de la Couronne. Les combats sont violents. Les hommes de Turenne ont l'avantage et sont sur le point de décimer leurs adversaires quand la porte Saint-Antoine s'ouvre ; les condéens trouvent miraculeusement leur salut en se réfugiant dans la ville. C'est la Grande Mademoiselle qui a réussi à convaincre les magistrats parisiens d'ouvrir la porte. Grisée par ce premier succès, la duchesse de

Montpensier se précipite à la Bastille dont elle fait tourner les canons en direction de Charonne et canarder la position où se trouvent son cousin germain Louis et le cardinal. Pour une jeune femme qui imaginait épouser le roi, qu'elle estimait le seul homme digne d'elle, ce n'est pas très judicieux. Mazarin, sous une pluie de boulets, trouve le temps d'ironiser : « Elle a tué son mari ! » La bonne humeur du cardinal ne dure pas longtemps. Dans le couvent de Saint-Denis transformé en hôpital où la reine et ses dames apportent réconfort aux blessés, Anne a la douleur de voir parmi eux Paolo Mancini, le neveu si cher au cœur de Jules. Engagé dans les troupes de Turenne, il a été blessé pendant les combats devant la porte Saint-Antoine où il s'est battu avec fougue et courage. Sa blessure s'infecte rapidement, la gangrène gagne, son agonie durera quinze jours. Son oncle est près de lui, autant qu'il peut ; le jeune roi, qui le connaît bien, le fait capitaine-lieutenant des chevau-légers de sa garde la veille de sa mort, le 17 juillet. Jules ne se remettra jamais de la disparition de ce neveu qu'il aimait plus que tout et en qui il fondait tant d'espoirs...

Le roi ne rentrera pas cette fois-ci dans sa bonne ville de Paris. Il se replie vers Pontoise pendant que Condé se rend maître de la capitale en massacrant dans l'Hôtel de Ville une centaine d'édiles parisiens favorables à la cause royale. Il faudra encore deux mois pour mettre fin à la guerre civile par un tour de passe-passe à la Mazarin. De Pontoise, le roi ordonne à son Parlement de le rejoindre, lequel refuse. Le roi réunit alors un semblant de Parlement composé de quelques présidents, de quelques conseillers et du procureur général Fouquet. Ce Parlement demande immédiatement le renvoi de Mazarin, ce que le roi accorde. C'est Jules qui en a eu l'idée : puisqu'il est la seule raison qui empêche les Parisiens d'embrasser la cause royale, supprimons cette raison ! Et Jules part à Bouillon, ne doutant pas un seul instant de revenir très vite cette fois.

Dans Paris, la situation se retourne contre Condé qui finit par s'enfuir pour les Flandres où il prend la tête des troupes espagnoles. Enfin, le 22 octobre au soir, à la lueur des flambeaux, le roi fait son entrée dans Paris, au milieu de l'allégresse populaire. Abel Servien écrit à Mazarin : « Le corps de cette grande ville où nous sommes arrivés heureusement est encore un peu malade par la tête et par les pieds, c'est-à-dire qu'il y a encore quelques dérèglements parmi les officiers et la canaille. Le reste est fort sain... Les choses sont en tel état qu'on peut désormais opposer le peuple au Parlement pour faire exécuter la volonté du roi. » C'est le temps des règlements de comptes : Gaston d'Orléans, la Grande Mademoiselle, Beaufort, La Rochefoucauld et les meneurs de la Fronde sont exilés, Condé est condamné à mort et, dans la foulée, perd son nom de Bourbon et sa qualité de prince du sang. Seul son frère Conti tire son épingle du jeu en acceptant d'épouser une nièce de Mazarin, Marie Martinozzi. Quelle humiliation pour Condé qui se retrouve beau-frère d'une nièce du « gredin de Sicile » ! Le Parlement en prend aussi pour son grade. Il est convoqué pour un lit de justice dans le palais du Louvre – cela ne s'est pas vu depuis 1527 –, où il est obligé d'enregistrer un édit amnistiant les frondeurs, sauf les meneurs, interdisant aux magistrats d'entrer dans la clientèle des grandes familles et de s'occuper des affaires de gouvernement.

Pour que la victoire de Louis, Anne et Jules soit complète, il ne leur manque plus que d'être de nouveau réunis. Le 26 octobre, le roi rappelle officiellement le cardinal. La lettre est largement diffusée dans tout le royaume : « Quoique mes affaires aient un extrême besoin de vous, et que j'aie impatience de vous voir arriver, je désire sur toutes choses que vous preniez bien garde à la sûreté de votre voyage, et, lorsque vous serez près de moi, vous reconnaîtrez que votre absence n'a point apporté d'altération à l'affection que j'ai toujours eue pour votre personne, ni au ressentiment qui me demeure des grands et signalés services que vous m'avez rendus... » Le cardinal, afin de ne pas montrer de précipitation, demeure encore quelques semaines en Picardie, où les troupes de Condé sévissent toujours. Enfin, ultime vengeance du cardinal, le 19 décembre, sur ordre du Conseil, le tout nouveau cardinal de Retz – il a été élu quelques semaines plus tôt – est arrêté ; le mémorialiste constate avec amertume que personne ne bouge dans la ville.

La voie est maintenant libre pour le grand retour du cardinal Mazarin, d'autant qu'Anne s'impatiente ; fin janvier 1653, elle lui écrit : « Je ne sais plus quand je dois attendre votre retour, puisqu'il se présente toujours de nouveaux obstacles pour l'empêcher ; tout ce que je puis vous dire est que je m'ennuie fort et que je supporte ce retardement avec beaucoup d'impatience et si 16 [Jules] savait tout ce que 15 [Anne] souffre sur ce sujet, je suis assurée qu'il en serait touché ; [...] J'ai reçu vos lettres tous les jours presque, et sans cela je ne sais ce qui arriverait. Continuez à m'écrire souvent, puisque vous me donnez du soulagement... » Enfin, le 3 février, Son Eminence fait une entrée triomphale dans Paris. La foule l'acclame comme jamais et Son Eminence paraît alors « aussi puissante que Dieu le Père au commencement du monde », ironise le bourgeois Guy Patin.

Il demeure encore quelques poches de rébellion dans le sud-ouest du pays qui seront résorbées au début de l'été.

Mais la Fronde est terminée.

7

Le plus grand roi du monde

Tout ce qui ne détruit pas renforce ! La phrase s'applique bien évidemment au couple et celui d'Anne et Jules en est un exemple éclatant. De la tourmente, ils sont sortis plus fortement unis. Les lettres qui nous sont parvenus de la reine datent d'après la Fronde, on y sent la confiance, l'affection et quelque chose de plus : la reconnaissance. Jules a sauvé la couronne de son fils. Pour cette mère passionnée, rien n'est plus important. Ce sentiment éclaire toute la dernière partie de vie d'Anne et Jules. Sans doute, le cardinal exagèrera sur certains points, l'accumulation de sa fortune en particulier ; il prendra des libertés de ton et même d'attitude avec la reine dans les toutes dernières années de sa vie... Anne lui « passera » tout parce qu'elle l'aime et aussi, peut-être surtout, parce qu'elle sait ce qu'elle lui doit, et qu'il y a en elle, profondément, viscéralement, ce sentiment de reconnaissance.

Plus que jamais, l'enfant est au centre de leur couple. Il a grandi. C'est un adolescent, bientôt un homme. Il est temps de lui apprendre son métier de roi. Jules sera sur ce point un extraordinaire pédagogue ; Anne continuera de veiller à l'épanouissement spirituel et affectif du jeune homme. C'est un trio auquel nous avons maintenant affaire dont les rapports entre les trois protagonistes vont moduler au fur et à mesure que la personnalité du roi va s'affirmer.

Le sacre de Louis XIV

Politiquement, la tâche de la reine et de son cardinal est loin d'être terminée. Le pays est sorti exsangue de la tourmente, cinq années de Fronde qui sont venues s'ajouter à plus de dix ans de guerre ; une guerre contre l'Espagne qui n'est pas finie, loin s'en faut ! En cinq ans, la population a diminué de vingt à dix-huit millions. La monarchie a été sérieusement mise à mal et n'est pas sortie indemne des multiples contestations auxquelles elle a fait face. La Fronde peut recommencer, Anne et Jules en sont conscients. Chacun des acteurs sociaux de la tourmente semble en apparence être assagis mais le feu couve toujours. Le roi a quinze ans. Les événements ont montré qu'il jouissait personnellement d'une grande popularité. En France le peuple aime son roi ; encore plus, lorsque c'est un jeune homme grave et courtois, dont on sent qu'il est pénétré du rôle qui lui incombe. Le cardinal et la reine mère savent que cette popularité est le meilleur atout dont ils disposent pour remettre de l'ordre dans le pays et que le lien qui existe entre le roi et le peuple est un appui. Ce lien est symbolisé par le sacre, le mariage mystique entre le souverain et la nation. Il est donc urgent procéder à la cérémonie. C'est Jules qui va la mettre en scène. Il n'avait pu assisté à la majorité du roi, Anne avait tout orchestré sans doute selon ses directives ; pour le sacre elle lui laisse la place. Le sens de la théâtralité de Son Eminence va pouvoir s'exprimer sans retenue.

La cérémonie sera grandiose.

Elle se déroule, selon la tradition, en la cathédrale de Reims le dimanche 7 juin 1654. Elle commence très tôt le matin, à six heures, lorsque les évêques-pairs de Châlons et de Beauvais, se présentent, accompagnés des chanoines du chapitre de la cathédrale, au palais archiépiscopal où le roi séjourne. Se déroule alors un rituel immuable. Avec son bâton d'argent, le grand chantre frappe à la porte de la chambre où dort Sa Majesté. De l'autre côté de la porte, la voix du grand chambellan retentit : « Que demandez-vous ? ». Le comte-évêque de Beauvais répond : « Nous demandons le roi ! » Le chambellan répond à son tour : « Le roi dort ! ». Le dialogue recommence à l'identique une seconde fois puis à la troisième, l'évêque dit : « Nous demandons Louis Quatorze, fils du grand roi Louis Treize, que Dieu nous a donné pour roi. » Les portes de la chambre s'ouvrent alors et les deux évêques, précédés du Grand maître des cérémonies, s'avancent vers le lit d'apparat où le jeune monarque semble endormi. Le roi se réveille, l'évêque de Beauvais lui présente alors l'eau bénite. Puis il se lève. Louis est habillé pour la cérémonie. Sous une longue robe de toile d'argent, il porte une chemise de toile de hollande et une tunique de satin cramoisi galonnée d'or. Tunique et chemise sont fendues aux endroits où devront se pratiquer les onctions saintes. Sur la tête, il porte une toque de velours noir ornée d'une aigrette blanche et d'une rangée de diamants.

Le roi se rend à pied du palais archiépiscopal à la cathédrale ; la foule, contenue à l'extérieur de l'édifice, est venue nombreuse pour l'acclamer. Accompagné d'un cortège fastueux Louis, avance avec grâce et majesté, précédé des archers du grand prévôt de l'Hôtel et des musiciens du roi. Ils sont suivis par les hérauts des provinces du royaume portant une cotte d'arme fleurdelisée et des bas de soie blancs, puis de la compagnie des cent gentilshommes « au bec de corbin », c'est-à-dire une sorte de garde rapprochée du roi qui doit son nom à la hallebarde qu'ils portent et dont la partie supérieure évoque un tête de faucon. Juste avant le roi, marchent les deux comtes-évêques et le Maréchal d'Estrées, épée nue au poing, encadré de deux huissiers portant une lourde masse de vermeil. Le chancelier Séguier, en soutane de satin cramoisi suit Sa Majesté avec de nombreux gentilshommes de la maison du roi. Sur le parvis de la cathédrale, deux rangées de cent-suisses forment une haie que le cortège passe. Le roi pénètre dans le majestueux édifice au son des orgues et vient s'agenouiller devant l'autel. Dans la nef, deux tribunes sont dressées, l'une est occupée par la reine mère et les dames de la cour, l'autre par les ambassadeurs. Un banc, placé à part, bien distinct du parterre des invités, est réservé au cardinal Mazarin. Une fois tout le monde installé, on apporte la sainte ampoule que selon la tradition une colombe avait remise à l'évêque Rémi pour le couronnement de Clovis. Elle est placée sur l'autel à côté de la couronne, du sceptre, de l'épée, de l'anneau, de la main de justice, des éperons et des vêtements du sacre.

La cérémonie commence par la litanie des sermons. Le roi jure de maintenir les privilèges de l'Eglise, de conserver la foi catholique, de rendre une parfaite justice à ses sujets. Au peuple, Louis promet d'apporter la paix et d'être un souverain équitable et miséricordieux puis jure de « conserver la souveraineté, les droits et noblesse de la couronne de France, sans les aliéner ou les transporter à personne... ». Le roi s'assoit alors dans sont fauteuil, et son frère le duc d'Anjou lui attache les éperons d'or. Puis le roi s'agenouille et baise l'épée nue de charlemagne ; il promet qu'elle servira à la défense de l'Eglise, des veuves et des orphelins.

L'officiant tire un goutte de l'huile sacrée contenue dans la sainte ampoule, et la mélange avec le saint chrême dans une patène d'or. Le grand chambellan enlève sa tunique au roi. Pendant que le prêtres récitent l'oraison, l'archevêque pratique les sept premières onctions : sur le haut de la tête, la poitrine, entre les deux épaules, sur l'épaule droite, l'épaule gauche, à la jointure du bras doit et à celle du bras gauche.

Le roi se relève et on le vêt d'une tunique et d'une dalmatique de diacre, puis on accroche sur son épaule le grand manteau royal de velours violet, fourré et brodé d'hermine et parsemé de lys d'or. L'officiant pratique alors les deux dernières onctions sur les paumes des mains de Sa Majesté puis après les avoir bénies, il passe l'anneau au quatrième doigt de la main droite du roi et lui met les gants. Le roi est ainsi symboliquement marié avec la France.

Louis reçoit ensuite le sceptre placé dans sa main droite et la main de justice dans sa main gauche. Le chancelier appelle les pairs de France pendant que l'officiant va chercher la couronne de Charlemagne sur l'autel. Chacun des pairs avance la main vers la couronne tenue au dessus de la tête de Sa Majesté pour symboliser l'union de la noblesse autour de son roi. Puis la couronne est solennellement posée sur la tête du jeune homme.

Louis, maintenant couronné, est placé sur son trône. « *Vivat rex in aeternum !* » clame l'évêque de Soissons, « Vive le roi ! » répond la foule qui entre dans la cathédrale tandis que d'une galerie supérieure, cinquante douzaines d'oiseaux sont lâchées. Trois salves de mousquets sont tirées alors que des pièces d'or et d'argent à l'image du roi et de la sainte ampoule sont jetées sur la foule.

Dernière partie de la cérémonie, la grand-messe à l'issue de laquelle Louis se confesse et reçoit la communion. Sous les acclamations de la foule et au son des orgues, le roi en majesté, couronne sur la tête, sceptre et main de justice en main, sort de la cathédrale.

Anne et Jules peuvent être fiers de leur fils et filleul. Tout au long de la longue cérémonie – près de six heures – il a surpris l'assistance par la ferveur et le recueillement qui émanaient de lui. C'est un jeune roi de quinze ans qui mesure la profonde portée symbolique de la cérémonie et les responsabilités qu'elle lui confère ; un jeune roi mûri par les durs événements qu'il vient de traverser, qui se sent en communion avec le peuple qu'il va gouverner. Il a pleinement conscience des pouvoirs mystiques que lui donne ce sacre mais aussi de la fragilité de ce pouvoir que la Fronde lui a montré. Il y a peut-être dans l'esprit du jeune monarque, à l'instant même où il vit le moment le plus fort sans doute de sa vie, la conviction que la personne du roi un être paradoxal, si puissant et si faible à la fois. Le jeune homme a puisé ce jour-là, dans la symbolique de son sacre, l'énergie pour devenir le monarque absolu du Grand-Siècle. Louis XIV et avant lui Charles VIII, sont peut-être les deux souverains qui ont le mieux perçu et utilisé l'énergie mystique que le sacre apporte au roi.

Pendant la cérémonie, alors qu'on lui posait sur la tête la couronne de Charlemagne, quelqu'un lui murmura à l'oreille qu'il devait la garder bien enfoncée sur la tête. Il répondit qu'elle tenait très bien et qu'avec l'aide de Dieu elle ne tomberait jamais.

Le métier de roi

À partir de 1653, les relations entre Jules et son filleul changent. Louis est maintenant à un âge où se fait sentir le besoin d'une autorité paternelle, le cardinal va remplir cette fonction. De son côté le cardinal a perdu le neveu le plus cher à son cœur, celui qu'il considérait comme son fils. Il a certes encore un autre neveu, mais il le juge avec une extrême sévérité : le jeune homme ne l'intéresse pas. Alors, Jules a sans doute reporté tout son amour paternel sur Louis, le seul « fils » qui lui reste. L'homme et l'adolescent ont à la même période ressenti l'impérieux besoin de se rapprocher. Ils se sont reconnus, l'un pour le fils, l'autre pour le père.

Mazarin a toujours pris très au sérieux sont rôle d'éducateur, mais jusques vers 1650, s'il montre une sincère affection pour l'enfant. Jules attend l'adolescent, son éveil à la conscience, l'épanouissement de sa personnalité propre, pour avoir de réels échanges avec lui. Les choses avaient commencé à se modifier au cours de la deuxième année de la Fronde, alors que la reine, le cardinal et l'enfant-roi, parcouraient le pays en tous sens pour essayer d'éteindre les foyers de rébellion. Le cardinal comprend que ce qu'il avait subodoré de la personnalité du jeune roi va se réaliser : c'est un garçon appliqué mais intelligent, qui possède une volonté et une force d'âme à la hauteur de la tâche qui l'attend. Jules ne s'est pas trompé sur le potentiel de son filleul. Il a compris que la maturation de Louis serait tardive. Au Maréchal de Villeroy qui s'inquiète des lenteurs d'esprit de Sa Majesté, Mazarin écrit : « Il se mettra en chemin un peu tard, mais il ira plus loin qu'un autre » ; et au

Maréchal de Gramont également soucieux : « Vous ne le connaissez pas ; il y a en lui l'étoffe de faire quatre rois et un honnête homme. »

La Fronde vaincue, le cardinal peut enfin commencer une des tâches qui lui tient le plus à cœur : la formation d'un roi. De Bouillon, où il séjourne en janvier 1653, préparant son retour, le cardinal écrit à son filleul : « Il ne dépendra que de vous d'être le roi le plus glorieux qui ait jamais été, Dieu vous ayant donné toutes les qualités pour cela, et n'étant à présent besoin d'autre chose que de les mettre en usage, ce que vous ferez avec facilité et toujours de bien en mieux, acquérant par l'application que vous donnerez aux affaires la connaissance et l'expérience qui vous sont nécessaires ; et, toutefois, il ne faut pas que cela vous empêche de prendre vos divertissements. » Jules va de manière concrète, par l'expérience, apprendre à Louis son métier de roi. Jusques là, l'adolescent avait été associé aux événements, aux conversations entre sa mère et le Premier ministre, à toutes sorte de manifestations officielles, il observait, il écoutait. Maintenant Jules veut sa présence assidue au Conseil. Ils le préparent ensemble. Le cardinal agit en pédagogue : il demande son avis à Louis sur un problème précis, l'écoute, et lui explique ensuite, pourquoi il a tord ou raison, corrige les erreurs... Chaque jour, en fin de matinée, le roi et son Premier ministre passent un long moment en tête à tête qui sont autant de leçons de gouvernement. Le cardinal « logeait au dessus de sa chambre, et se mettait en particulier, où il faisait chaque jour entrer une secrétaire d'Etat, qui faisait ses rapports sur lesquels et sur d'autres affaires plus secrètes, le roi s'instruisait de ses affaires le temps d'une heure ou d'une heure et demi » se souvient Du Bois, un de valets de Louis. Il est fréquent que le cardinal demande à son filleul de rédiger des comptes rendus de ces réunions ou des conseils qui eux se déroulent en deuxième moitié d'après-midi. Le cardinal les lit ensuite et quelquefois y porte des annotations : « ... vous vous engagez d'une telle manière à vouloir vous appliquer aux affaires et n'oubliez rien de ce que vous croyez nécessaire pour devenir un grand roi... Je mourrai très satisfait et content à l'instant que je vous verrai en état de gouverner vous-même. »

Anne, pour sa part, se met en retrait des affaires politiques ; nous savons qu'elle ne les a jamais aimées, ses seules vraies passions sont la religion et le théâtre. C'est vers elles que la reine mère veut se tourner. Elle considère ne plus avoir qu'une seule tâche ; achever d'élever son fils ; en faire l'homme et le roi qu'elle espère de tout son cœur de mère. Les liens entre Anne et Louis restent très étroits. Chaque jour, le roi entend la messe et dîne avec sa mère. Il écrit dans ses *Mémoires* : « L'assiduité avec laquelle je voyais la reine ma mère n'était point une loi que je m'étais imposée par raison d'Etat, mais une marque du plaisir que j'éprouvais en sa compagnie à ne faire avec elle qu'un même logis et souvent une même table. » Le cadre dans lequel la famille vit lorsqu'elle séjourne à Paris n'est plus le Palais Royal mais le palais du Louvre. Le roi « ... ayant éprouvé par les fâcheuses aventures qu'il avait eues au Palais Royal que les maisons particulières et sans fossés n'étaient pas faites pour lui. » nous dit Madame de Motteville. Dès 1652, des travaux sont entrepris pour la modernisation et l'embellissement du château. Deux architectes se succèdent, Le Mercier d'abord, puis Le Vau qui construira le château de Vaux-le-Vicomte.

Les appartements du roi sont installés au premier

étage du pavillon sud-ouest ; l'appartement contigu est laissé vide, il accueillera plus tard, la femme de Louis. Anne se fait aménager au rez-de-chaussée, deux appartements l'un pour l'hiver au sud, et un autre pour l'été perpendiculaire à la Seine. Pour la décoration, on franchit une étape dans ce que nous appellerions aujourd'hui « la propagande ». Les pièces d'apparat sont décorées de fresques peintes par Romanelli, un des peintres favoris de Mazarin, illustrant la puissance de la monarchie. Ce ne sont qu'allégories dont la plupart vantent le cardinal, son œuvre et le triomphe de l'ordre sur le chaos. Mais la fresque la plus significative est peut-être celle que la reine fait peindre dans son cabinet de travail. Le thème en est « La chasteté chassant l'amour »... Une manière de répondre aux rumeurs sur la nature de ses liens avec Jules ?

Le cardinal dispose lui aussi d'un appartement au Louvre. Il est petit, selon sa volonté ; il y garde près de lui ses œuvres préférées. En revanche sa « vitrine » de l'hôtel Tubeuf ne cesse de recevoir de nouvelles acquisitions pendant que le bibliothécaire Gabriel Naudé s'efforce de reconstituer la bibliothèque du cardinal dispersée en partie pendant la Fronde. Nous savions Jules âpre au gain, mais généreux ; il semble que les difficultés financières qu'il a rencontrées pendant la tourmente ont changé sa personnalité sur le point de la fortune. Non qu'il en ait compris la vanité, au contraire. Dès 1653, le cardinal fait preuve d'une rapacité incroyable qui le tiendra jusqu'à la fin de ses jours ; du coup, il en perd cette générosité qui le rendait sympathique. Tout comme s'il avait éprouvé la précarité de sa situation et qu'il redoutait de manquer à nouveau, *Il signor Giulio* amasse ! En matière d'acquisition d'œuvres d'art, la frénésie du cardinal ne connaît plus de limite. C'est bien d'achat

« compulsif » qu'il faut parler. Il a des rabatteurs dans toute l'Europe, joue se sa position pour acheter des œuvres lors de successions... sans oublier les innombrables cadeaux qu'on lui fait comme l'ambassadeur de France à Rome qui lui offre un Raphaël... ce n'est qu'un exemple parmi des centaines d'autres. L'inventaire des biens du cardinal à sa mort donne le tournis. Le comportement de Jules vis-à-vis de ses objets peut même paraître étrange à ses contemporains. Le jeune Brienne le décrit : « Son Eminence n'avait point de plus grand plaisir qu'à ranger son garde-meuble et qu'à placer en symétrie, dans les armoires diverses dont il est plein, ses superbes buffets d'argent et de vermeil doré, ses vases de porphyre, de porcelaine de Chine ; ses cristaux et ses aigues-marines et mille autres raretés dont il faisait ses délices. »

C'est en grande partie la dernière période de sa vie qui lui vaudra pour l'histoire, et à juste titre il faut bien le reconnaître, une réputation de prévaricateur, bâtissant sur le dos de l'Etat la plus grosse fortune privée jamais accumulée en France, et en quelques années à peine. Colbert, qui continue à s'occuper des affaires personnelles du cardinal, a probablement une part de responsabilité dans cette réputation, paradoxalement parce qu'il a trop bien accompli la tâche qui lui avait été confiée. Il doit gérer au mieux les affaires de Son Eminence : il gère. Fini les cafouillage des premières années de la Régence, il s'agit maintenant d'enrichissement méthodique et de dépenses diminuées. Le cardinal se fait attribuer toutes les pensions, prébendes, fonctions rémunérées qu'il peut... et Colbert fait le nécessaire pour que tout cela rapporte encore et encore. Si l'on ajoute au tableau que le fidèle Fouquet est à la Surintendance des finances royales, rien ne peut freiner la voracité de

Mazarin. Et lorsqu'il y a conflit d'intérêt entre les caisses de l'Etat et les siennes, Jules se décharge sur les deux hommes – lesquels se jalousent et se haïssent – afin qu'ils règlent l'affaire entre eux.

Anne et Louis ont-ils su avec précision ce qui se passait... difficile à dire ! Anne a couvert Jules de cadeaux durant toute leur vie. Pendant la Fronde, la reine a caché dans ses appartements du Palais-Royal la plupart des tableaux, désencadrés et roulés, de la collection du cardinal et quelques-uns de ses trésors. Alors que les frondeurs les cherchaient dans Paris, elle avait menacé des pires représailles quiconque s'aventurerait à vouloir inventorier ses appartements. Toute la partie visible de la fortune du cardinal était bien évidemment connue... mais l'invisible ? Anne et Louis savaient que Jules s'enrichissait considérablement, comme Richelieu l'avait fait, et Sully avant lui. Pouvaient-ils l'en empêcher ? L'ont-ils voulu ? Anne aime Jules. Jules a sauvé la couronne de Louis... elle ne peut que fermer les yeux. Quel que soit le montant de la fortune amassée par le cardinal, il ne remboursera jamais la dette que le jeune roi et sa mère ont contractée envers Son Eminence. Jules le pense, Anne et Louis aussi. Le reste n'est qu'une affaire de morale. Le XVIIe siècle avait la sienne, notre XXIe siècle également... sur ce point précis de l'enrichissement elles sont assez différentes.

Quand la famille royale est à Paris, la vie se partage entre le Louvre, Saint-Germain et Vincennes dont le cardinal se fera nommer gouverneur en remplacement de Chavigny, et où il fera exécuter des travaux d'aménagement qui ont donné au château l'apparence que nous lui connaissons aujourd'hui. Entre Louis, Anne et Jules, s'est instauré une répartition du pouvoir : Jules gouverne, Anne est là en conseiller, un peu en retrait, et le jeune roi est de plus en plus mis sur le devant de la scène. Avant de gouverner lui-même, sa mère et son parrain, font de lui l'incarnation théâtralisée de la monarchie. Les événements de la Fonde ont persuadé le cardinal et Anne de l'importance de monter le roi. Il doit apparaître confiant au milieu de son peuple. Il faut sans cesse matérialiser le lien mystique mais réel et fort entre la personne royale et le peuple, par-dessus la noblesse, par dessus les Parlements, par dessus tous ce qui constitue l'entourage élargi de Sa Majesté. Et le jeune homme, tout en renâclant quelquefois comme un adolescent qui « teste » l'autorité des adultes, se prête à ce jeu qui, pour Jules fait partie de sa pédagogie. Lorsqu'il est à Paris, la population peut voir son roi chaque jour. « Sur la fin de l'après-midi, écrit Du Bois, le Roi va au Cours-la-Reine, où il se fait voir et parle en passant aux honnêtes gens de condition, soit aux hommes soit aux femmes. »

Le roi est ainsi chaque jour en représentation comme il l'est, sur la scène d'un des théâtres du Palais-Royal lorsqu'il participe à un ballet. La danse fait partie de la légende du Roi-Soleil : le plus grand danseur de son temps, précisent nombre de ses biographes. Louis n'est pas seulement un danseur, c'est un sportif ; il a besoin d'activité physique, de se dépenser. Il monte à cheval, pratique l'escrime, de maniement de toutes sortes d'armes, s'adonne à la pratique de quelques sports comme la pelote. Il a une carrure d'athlète, solidement charpenté et surtout très grand, contrairement à la légende qui court encore sur sa taille malgré des travaux les récents travaux d'historiens ; le roi devait mesurer plus d'un mètre quatre-vingt.

La danse est une grande passion du jeune Louis. Il la

pratique en quasi professionnel, et ne craint aucun rival. Comment ne pas penser qu'il était encouragé dans cet art par sa mère qui avait tant aimé danser dans sa jeunesse, et son parrain qui aime tant le théâtre, les ballets, l'opéra... Et comme Jules se sert de tout pour poursuivre le but de restauration du prestige monarchique qu'il s'est fixé, il est ravi de pouvoir montrer au public ce roi si beau et si gracieux. La participation royale à des divertissements donnés en spectacle au peuple s'inscrit dans la volonté de théâtralité du pouvoir. Dans ces moments-là, le peuple voit son roi, il peut admirer ses talents d'autant plus magnifiés qu'il incarne le plus souvent de grands personnages mythologiques. C'est par un ballet resté célèbre que Mazarin, Anne et Louis, ont choisi de marquer le « retour à la normale » pendant le carnaval 1653. Après deux années où, pour cause de Fronde, le plaisir du roi à danser pendant le carnaval avait été gâché, le 23 février 1653, on donne un ballet somptueux : le *Ballet de la Nuit.* Ecrite spécialement pour cette occasion, l'œuvre comprend quarante-trois entrées. Composée d'un mélange de toutes sortes de tableaux mythologiques, bucoliques, exotiques, on y voit aussi bien des bergers, des nains, des sorcières et des loups-garous, que la lune, le soleil, Vénus, Ptolémée ou Zoroastre... tout cela mis en scène à grand renfort de ces fameuses machines dont le public raffole. Les courtisans participent à ce ballet, le duc d'Anjou y apparaît en « Etoile du jour », mais l'attrait principal du spectacle pour le public est qu'il peut y admirer Sa Majesté interprétant plusieurs personnages en soliste mais aussi des personnages anonymes mêlé aux autres danseurs. L'un de ses rôles revêt une dimension ô combien symbolique : le Soleil. C'est pendant ce ballet que Louis rencontre un autre danseur, également musicien et compositeur :

Jean-Baptiste Lully. Le jeune homme connaîtra une ascension rapide et deviendra le musicien attitré de Louis, composant pour lui des ballets « sur mesure » et aussi de somptueux opéras, ce qui n'aurait pas manqué d'enchanter notre cardinal Giulio qui peina tant à faire aimer l'opéra aux Français. Le *Ballet de la Nuit* eût un tel succès qu'on en donne cinq représentations, autant d'occasions pour le peuple d'admirer son athlétique et gracieux souverain.

En finir avec la guerre

Instruire le plus grand roi du monde n'est pas tout ; Anne et Jules n'en ont toujours pas fini avec la guerre. Le conflit avec les Habsbourg d'Espagne continue et Madrid a maintenant pour général le propre oncle du roi de France, le Prince de Condé. La poursuite de la guerre fragilise le retour à l'ordre ; les efforts du cardinal soutenu par la reine mère se concentre donc sur cet objectif : en finir avec la guerre ! Mais finir victorieux donc dans un premier temps continuer le combat. Les mêmes causes produisant les mêmes effets, il est encore question d'argent pour cette guerre, de nouveaux impôts, d'édits bourseaux, de créations de nouvelles charges d'officiers, etc. Le Parlement demeure un foyer de contestation. Il est le cadre, en avril 1655, d'un événement resté célèbre dans l'histoire. Le 20 mars précédent, un lit de justice pratiquement improvisé avait contraint les parlementaires à enregistrer dix-sept édits qui étaient autant de nouvelles taxes, et la création de quarante-six offices de secrétaire du roi. Dès le lendemain la grogne monte venant de la Chambre des enquêtes. Ses membres réclament de réexaminer les édits hors de la présence du roi afin de vérifier leur conformité. Les parlementaires s'assemblent une première fois début avril. Jules surveille la chose de près. Il redoute qu'une nouvelle Fronde ne s'enclenche. Anne et Louis y voient une intolérable provocation. Le 13 avril, le Parlement s'apprête à se réunir une seconde fois. Cette fois-ci il faut agir. Jules tente alors une sorte de coup de poker, car il est impensable qu'il n'ait pas été à la manœuvre ce jour-là. Le roi est à Vincennes quand on apprend la nouvelle de l'imminence de la réunion. Il est à la chasse. Est-ce Jules qui l'a fait revenir ? Rien ne nous interdit de le penser... Le roi rentre au galop à Paris et décide de tenir immédiatement un lit de justice. Les parlementaires sont à peine prévenus de la venue de Sa Majesté que Louis apparaît, en tenue de chasse, justaucorps rouge, bottes et chapeau gris. Il s'adresse directement aux parlementaires sur un ton très ferme : « Messieurs, chacun sait les malheurs qu'ont produits les assemblées du Parlement. Je veux les prévenir et que l'on cesse celles qui sont commencées sur les édits que j'ai apportés, lesquelles je veux être exécutés. Monsieur le Premier Président, je vous interdit de souffrir aucunes assemblées, et à pas un de vous de les demander. » Et le roi sort laissant les parlementaires abasourdis. Le texte du roi, probablement dicté par Mazarin, deviendra dans l'imaginaire populaire le fameux : « L'Etat, c'est moi ! » que Louis XIV n'a jamais prononcé et selon toute probabilité, il ne l'a même jamais pensé de toute sa vie.

Le lendemain, le Premier président et l'ensemble des présidents à mortier se rendent chez le cardinal pour protester contre le coup d'autorité du roi. Jules leur fait un numéro à l'italienne, affirmant n'y être pour rien, promettant de faire ce qu'il peut... bref gagne du temps. Le parlement n'en reste pas là. Il envoie des remontrances au roi qui les refuse. Jules a quelques doutes sur l'efficacité de son coup d'autorité. Sommes-nous au début d'une nouvelle Fronde ? Il choisit habilement Turenne comme médiateur. Qui mieux qu'un militaire auréolé de victoires peut faire comprendre aux parlementaires que l'armée a besoin de fonds pour continuer à remporter des batailles ? Le Maréchal trouve un compromis, le gouvernement retire deux édits et Mazarin, remercie personnellement le Premier président qui s'est montré compréhensif en le gratifiant de 100 000 écus. L'alerte, si elle n'a pas été trop chaude, est instructive. Tant que la guerre durera, jamais Jules ne parviendra à rétablir pleinement l'autorité royale ; les parlementaires ne réfrènent leurs velléités d'indépendance que contraints et forcés, une partie de la noblesse n'est pas assagie et les campagnes taraudées par la misère peuvent à tout moment se révolter.

Des deux côtés des Pyrénées, on est conscient que la guerre n'a plus grand sens. Mais personne ne veut parler de paix le premier. Les deux pays jouent la montre pensant que l'autre s'épuisera le premier. Chaque année voit se dérouler une nouvelle campagne militaire avec son lot de batailles, sièges, trahisons, misère et exactions en tous genres. Les Espagnols ont récupéré Condé, mais la France a Turenne. Le match aurait pu être nul, seulement le hasard – la providence pense Jules qui ne jure que par le Maréchal – fait que Turenne gagne presque toujours et Condé perd régulièrement. Pourtant, il n'y a jamais une bataille définitive même si la tendance générale donne la main aux français. La seule garantie d'une paix entre les deux nations est un mariage entre l'infante d'Espagne et Louis. C'est par une union semblable entra Anne et Louis XIII que la guerre avait été retardée de plus de vingt ans. Ce mariage espagnol est l'obsession d'Anne, pour elle un achèvement. Elle n'en imagine pas d'autre pour son fils. Le cardinal est bien évidemment de cet avis. Mais il faut encore attendre.

Qui dit guerre dit troupe dont on entretient le moral comme on peut afin qu'ils aillent mourir au combat avec enthousiasme. Ce sont pour la plupart des mercenaires qui font métier de se battre et dont l'argent est la première motivation, mais quoi de mieux pour galvaniser les hommes que la présence parmi eux de leur jeune roi ? Sur les champs de bataille également, Mazarin utilise la popularité de Louis. Comme il le montre au peuple, il le montre aux soldats. Et le jeune homme, qui adore les ambiances militaires, s'y prête avec un plaisir non dissimulé, à la grande inquiétude de sa mère.

Dès l'été 1653, Louis rejoint l'état-major de Turenne dans l'est. Jusqu'à la paix des Pyrénées en 1659, le roi fera de nombreux séjour aux armées qui ont également un dimension pédagogique dans l'esprit du cardinal : la guerre fait partie du mode de gouvernement de l'époque. Pour tout souverain, « L'école de Mars » est indispensable, et comme Louis bénéficie d'un extraordinaire professeur en diplomatie avec son parrain, il a la chance d'avoir Turenne pour lui « apprendre » la chose militaire. Le maréchal prend le jeune roi sous son aile. Il assiste aux réunions d'état-major, s'y montre enthousiaste, suggérant l'offensive avec fougue. Son premier médecin, Vallot, s'inquiète des fatigues et des problèmes intestinaux de Sa Majesté attribués au surmenage ; il sermonne le jeune homme : « En réponse aux remontrances que je lui adressais, Sa Majesté me dit à plusieurs reprises qu'elle aimait mieux mourir que de manquer la moindre occasion où il y allait de sa gloire et du rétablissement de l'Etat... »

Jules n'est jamais loin de là où se trouve le roi quand il est aux armées. Il veille. Souvent la cour suit la campagne militaire mais de loin. En 1654, Turenne prend Stenay, ville condéenne où se trouvent les derniers frondeurs. La reine mère est à Sedan, à une quarantaine de kilomètre. Elle veut le roi auprès d'elle et demande au cardinal de le persuader de venir rejoindre sa mère et de se mettre en sécurité ; « Je ferai tout mon possible pour faire prendre au roi cette résolution, mais je crains fort que le plaisir que prend Sa Majesté à demeurer au camp ne m'empêche de le persuader. » répond Jules. Le cardinal a toujours su tempérer, apaiser la reine, maintenant il use de ses talents de diplomate entre un jeune homme dont la fougue peut vite se transformer en intrépidité, et une mère sans cesse anxieuse pour la santé ou la vie de son fils. Si Jules comprend sans doute les crainte de la reine, il ne peut s'empêcher d'avoir de l'indulgence pour ce jeune de seize ans qui prend plaisir aux bivouacs, aux repas improvisées, insensible aux intempéries et capable de chevaucher des heures : « Il est ravi : jamais on n'a vu une joie pareille à celle qu'il témoigne. Je crois seulement qu'elle se pourrait augmenter si les Espagnols voulaient venir à notre rencontre. » écrit le cardinal à la reine. En 1655, Turenne s'empare de Landrecies, place forte qui ouvre la voie pour l'invasion de la Flandre. Louis veut bien évidement être de la partie. Bien que roi; il n'est encore qu'un adolescent qui demande la permission à sa mère de marcher à la tête de l'armée. Anne refuse d'abord mais le jeune homme montre tellement d'enthousiasme, il semble tellement heureux à cette idée que la reine cède. Le cardinal l'accompagne. La reine et lui échange chaque jour des lettres. Anne veut tout savoir des faits et gestes de son fils. « Le confident est infatigable. Il a marché toute la journée avec l'armée et, en arrivant ici [le camp de Marolles] pour se reposer, il est allé voir toutes les gardes avancées du corps que M. le maréchal de la Ferté commande, c'est à dire près d'Avesnes. Il vient de retourner, et, ce que j'admire, c'est qu'il n'est pas las après être resté quinze heures à cheval ; mais s'il continue de la sorte, il est impossible que ceux qui le suivent y puissent fournir. Toute notre espérance est qu'il se lassera à la fin. » Cette année-là, l'armée de Sa Majesté s'empare des ville de Condé et de Saint-Ghislain. Le roi participe activement au siège de cette dernière cité au point de mettre sa vie en danger. Mazarin s'en inquiète et, en accord avec Turenne et au grand soulagement d'Anne, décide que Louis ne s'exposera pas pour la campagne de l'année suivante.

L'année décisive de la guerre est 1658. Alliés aux Anglais qui organisent le blocus maritime de la ville, les Français prennent Dunkerque après un siège d'un mois. Le 14 juin, Turenne inflige une écrasante défaite à Condé lors de la bataille des Dunes. Cette bataille est celle, tant attendue, qui fait basculer le cours de la guerre.

Mazarin a voulu que Louis soit présent non loin des opérations. Le roi est avec sa mère et une partie de la cour à Calais. Il s'impatiente et veut rejoindre l'armée. C'est l'occasion d'une brouille entre le cardinal et son filleul qui a maintenant dix-neuf ans et manifeste de plus en plus fermement des velléités d'indépendance. Jules écrit à Anne le 27 mai : « J'ai tâché de faire connaître au roi, ce matin, que son séjour ici, au lieu d'avancer le bien du service, le reculait ; [...] sans parler des incommodités que Sa Majesté souffrira en ce lieu, qui augmenteront toujours. Mais vous croirez aisément que la harangue que je lui ai faite n'a produit aucun effet et ne lui a pas plu. Il est le maître, mais rien ne me peut empêcher de lui dire toujours ce que je croirais de son service. » Louis ne tient pas compte des avertissements de son parrain car, un mois plus tard, il est à Mardyck, à dix kilomètres de Dunkerque, dans la chaleur et l'odeur pestilentielle qui se dégage des marais. Le roi passe des journées entières à cheval négligeant les avertissements de son parrain et des médecins, « s'informant de tout et donnant lui-même des ordres pour l'avancée des travaux ».

À ce rythme, le roi se fatigue, il a des accès de faiblesse qui n'inquiète pas particulièrement son médecin Valot ; on pense au surmenage : « Sa Majesté n'ayant épargné ni jour ni nuit ses peines et ses fatigues, et ne se donnant aucun repos dans un pays où l'air était corrompu et l'eau infectée. » Le 29 juin, il tombe sérieusement malade : très forte fièvre, violents maux de tête, délires, tremblements convulsifs... aujourd'hui nous diagnostiquerions probablement la scarlatine, mais à l'époque les médecins sont plongés dans la perplexité, d'autant que le corps du roi se couvre de tâches rouges et enfle « comme s'il eût été empoisonné ou piqué par un scorpion ». Début juillet la reine peut faire revenir son fils auprès d'elle. Anne et Jules sont au chevet de Louis, comme ils l'avaient été jadis lorsqu'il avait contracté la petite vérole. Ils le veillent, l'entoure. Le roi est soigné à grand renfort de saignées et de purgation qui ne font que l'affaiblir encore plus. Dans la nuit du 6 juillet, l'état de santé du jeune homme est considéré par les médecins comme désespéré ; un prêtre lui donne la communion. Le roi passe la nuit mais son état de santé ne s'améliore pas et le lendemain il demande au cardinal, toujours à son chevet : « Vous êtes un homme de résolution et le meilleur ami que j'aie. C'est pourquoi je vous prie de m'avertir lorsque je serai à l'extrémité, car la reine n'osera le faire elle-même, par la crainte que cela n'aggrave mon état. Donnez-m'en votre parole. » Mazarin promet mais ne se résigne pas. Devant les cafouillages des médecins royaux, Anne et Jules sont effondrés. En désespoir de cause, ils se laissent convaincre par un médecin d'Abbeville d'administrer de l'émétique au malade... ce qui le sauve. Valot, qui semble ne pas bien comprendre ce qui s'est passé, qualifie la guérison du roi de « miraculeuse ».

La campagne militaire continue mais sans Louis. Anne le ramène par petites étapes à Paris. La maladie de son fils a rendu encore plus pressant le projet de mariage avec l'infante Marie-Thérèse ; Anne veut que le cardinal fasse pression sur Madrid. L'ambassadeur de Venise écrit : « On interpréta la maladie comme une voix du ciel exigeant la paix, et la reine mère fut si émue et le cardinal si effrayé que l'on crut fermement que la susdite reine s'est obligée par un vœu secret à faire tout ce qu'elle pouvait pour amener la paix. Ce qui est sûr, c'est que, en rappelant au cardinal Mazarin comment, au moment des barricades et de la guerre civile, elle avait exposé elle-même et la couronne pour le défendre, elle a exigé qu'à son tour, par gratitude, il fit le possible pour lui faire donner comme belle-fille sa nièce avec la paix pour dot, lui promettant de le soutenir dans la direction des affaires, de façon qu'il n'eût pas moins d'autorité en temps de paix qu'il n'en avait eu pendant les agitations de la guerre. »

Louis est amoureux

À l'été 1658, les liens entre Anne, Louis et Jules, sont aussi forts qu'ils n'ont jamais été. Comme c'était à prévoir, la maladie du roi les a resserrés ; Louis a pu voir que son parrain et sa mère étaient près de lui comme toujours, affrontant ensemble cette douloureuse épreuve. En août, Jules se plaint que Louis ne lui écrit pas. C'est Anne qui répond : « Le confident ne vous écrit pas, puisque aussi bien vous ne connaissez de différence de nos écritures ni de nos sentiments, puisqu'ils sont une même chose pour vous, et que, encore qu'il n'y ait qu'une seule main qui vous écrive, les cœurs sont conformés en, amitié. »

Si le jeune homme n'écrit pas à son parrain, c'est peut être qu'il a autre chose en tête. Car la maladie du roi a une autre conséquence que la volonté de sa mère de hâter le mariage espagnol, une conséquence totalement imprévisible celle-là, qui va semer le trouble sinon la discorde entre Louis, sa mère et son parrain. Sur le chemin du retour, Sa Majesté apprend qu'une jeune femme a montré des signes de profonde tristesse à l'idée que le roi pouvait mourir ; elle a beaucoup pleuré et tout le monde à la cour s'accorde à dire que son chagrin était surprenant et sincère. Louis la connaît bien, c'est une des nièces du cardinal : Marie Mancini. Le jeune homme a été élevé, à partir de 1644/45 avec la parentèle du cardinal. Il était ami avec le jeune Paul, mort devant la porte Saint-Antoine. Il a eu une petite passion d'adolescent pour la sœur de Marie, Olympe, mais la jeune fille qui a la tête sur les épaules, elle s'est rendue compte, si l'on en croit Mme de Motteville que « l'amitié du roi n'était qu'un amusement » ; la romance n'est pas allée très loin et la jeune femme épousera sagement le prince

Eugène-Maurice de Savoie Carignan. Avec Marie, Louis va vivre son premier amour, le plus enflammé, le plus romantique... celui dont on se souvient, ensuite, tout au long de sa vie.

L'idylle se noue en août 1658, le roi passe une partie de sa convalescence à Compiègne, puis regagne Paris avant que la cour n'aille prendre ses quartiers d'automne à Fontainebleau. Sachant combien Marie a montré de chagrin, il se persuade qu'elle l'aime pour lui-même ; qu'elle aime l'homme et non le roi. Louis tout à coup regarde différemment cette jeune femme qu'il connaît pourtant depuis longtemps. Elle n'est plus une enfant. Il la trouve jolie, piquante, intelligente et vive. Il se montre de plus en plus prévenant avec elle sans pour autant se déclarer mais Marie n'est pas dupe. Elle écria dans ses mémoires : « Les assiduités de ce monarque, les magnifiques présents qu'il me faisait, et plus que tout cela, les langueurs les soupirs et une complaisance générale qu'il avait pour tous les désirs me laissèrent rien douter là-dessus. » C'est à Fontainebleau que le roi déclare sa flamme. Pour être au cours d'une promenade en forêt, avec la bande de joyeux et jeunes courtinsans qui les entourent, au son des violons qui les accompagnent ?... La cour observe le manège. On murmure... Dans les papiers de Fouquet, on retrouvera une note d'une de ses informatrices : « Toutes les galanteries qu'il peut faire pour elle, il les fait, comme de musique, de collations, de promenades à cheval. Il lui prête ses plus beaux chevaux et lui fait faire deux équipages. »

Anne et Jules n'ont à l'évidence pas mesuré l'importance de ce qui se passe dans l'esprit et le cœur de Louis. Ils se le reprocheront plus tard. En ce début d'automne, le cardinal est dans le nord avec l'armée. Anne est à Fontainebleau avec Louis mais elle ne voit pas le danger.

Et si l'on y réfléchit, c'est assez logique. Il y a à peine quelques semaines, son fils était mourant. Elle ne peut qu'être heureuse de le voir « ressuscité », plein de vitalité, joyeux, s'amusant... il connaît Marie depuis l'enfance !... Un amour entre eux est presque impossible à concevoir. C'est exactement le genre de situation où les parents ne peuvent rien voir.

Louis a vingt ans et, comme toutes les mères, Anne ne l'a pas vu grandir. C'est un adulte à la personnalité affirmée maintenant. Prêt à mener la vie grandeur pour laquelle Anne et Jules l'ont élevé. Madame de Sévigné, qui fut sa cavalière lors de bals dira à son cousin Bassompierre : « Il faut avouer que le roi a de grandes qualités ; je crois qu'il obscurcira la gloire de tous ses prédécesseurs. » Nombre de ses contemporains nous ont laissé des portraits de Louis. Le roi y apparaît comme un bel homme, charmant et réservé. On est frappé par cette « civilité » qui se dégage de tous ces portraits, si éloignée de l'image d'austérité que l'histoire nous a transmise. « Il est de complexion vigoureuse, de grande taille, d'aspect majestueux ; son visage est ouvert et imposant à la fois, son abord courtois et sérieux ; il est de tempérament sanguin mais pas trop vif, car il est mêlé de tempérament mélancolique, ce qui le rend tempéré. » écrit l'ambassadeur de Venise. La grande Mademoiselle, amoureuse de son cousin, l'admire : « Il a l'air haut, relevé, hardi, fier et agréable, quelque chose de fort doux et majestueux dans le visage, les plus beaux cheveux du monde et en la manière dont ils sont frisés. Les jambes belles, le port beau et bien planté ; enfin à tout prendre c'est le plus bel homme et le mieux fait de son royaume. [...] Son abord est froid, il parle peu ; mais aux personnes avec qui il est familier parle bien, juste et ne dit rien que de très à propos, raille fort agréablement, a le goût bon, discerne et juge le mieux du monde, a de la bonté naturelle, est charitable, libéral, joue en roi et ne fait nulle action qui en soit. » L'éducation de Jules a porté ses fruits : « Il a fort bon sens pour les affaires, parle bien dans ses conseils, et en public quand il est nécessaire. » ajoute sa cousine. De sa mère, il a appris le sens du secret. L'archevêque de Lyon dit un jour à Brienne : « Ne vous méprenez pas, il ne dit pas un mot de ce qu'il pense. », ce que l'ambassadeur de Venise corrobore : Sa Majesté « aime le secret et est capable de dissimulation totale. Il n'est personne qui l'ait vue s'emporter d'indignation ou qui l'ait entendue se plaindre ou mentir, fût-ce en manière de plaisanterie. »

La personnalité du jeune monarque apparaît comme complexe au travers de ces quelques portraits, mais pour l'heure elle ne demande qu'à s'épanouir sentimentalement. Vingt ans, c'est l'âge où l'on a besoin d'aimer ! Et Louis a trouvé en Marie Mancini une personnalité qui le complète et l'enrichit. Physiquement, la jeune femme n'est pas une beauté selon les canons de l'époque. Elle est petite, très brune, le teint plus mat qu'il ne faudrait. Mais Louis la trouve jolie, vive, enjouée. Elle a une vraie personnalité. C'est la plus indépendante de toutes les nièces du cardinal, celle qu'il contrôle le moins... en résumé Marie a tendance à n'en faire qu'à se tête. Un jeune homme cherchant à tester sa propre indépendance pouvait-il trouver meilleure compagne ? C'est une jeune femme intelligente, cultivée. Nous dirions aujourd'hui que c'est une « intellectuelle », ce que Louis n'est pas. Elle lui fait découvrir un monde qu'il ignore, celui des Précieuses. Nous ne connaissons souvent le mouvement Précieux qu'au travers de la satire qu'en a fait Molière, mais en plus d'avoir codifié la langue, il a suscité une explosion du genre romanesque qui a redonné à l'amour et la femme une place centrale. Dans ces temps belliqueux où la jeunesse masculine passe la moitié de l'année sur les champs de bataille, pendant les périodes de « repos » les relations sentimentales ne sont pas sa priorité... La jeunesse noble cherche plutôt un délassement « charnel » ; parlons de sensualité plutôt que de sentimentalité ! Le mouvement Précieux une dimension féministe dans le sens où il redonne à la femme un rôle sentimental : elle doit être courtisée, objet d'attention et de respect ; les Précieux sont en cela les lointains cousins des troubadours et des trouvères qui inventèrent l'amour courtois. Marie participe pleinement de ce mouvement. Son secrétaire, auteur d'un *Dictionnaire des Précieuses*, nous dit qu'elle « est la personne du monde la plus spirituelle, elle n'ignore rien, elle a lu tous les livres, elle écrit avec une facilité qui ne se peut imaginer ». On comprend que Louis soit sous le charme. Elle lui ouvre des horizons nouveaux, lui qui n'a finalement étudié que son métier de roi ; elle le subjugue par la passion du romanesque qui se dégage d'elle, à un âge – vingt ans ! – justement si propice au romanesque. Le roi se montre prévenant, attentionné, amoureux. Tout comme Louis avait commencé par aimer celle qui, croyait-il, l'aimait pour lui-même, Marie a cru en l'amour du roi. Avec le sens de la psychologie qui la caractérise, Mme de Motteville analyse : « Admirant la fidélité du roi et la puissance qu'elle avait eue sur lui [...] la satisfaction qu'elle reçut de se croire aimées fit qu'elle aima encore davantage celui qu'elle n'aimait que trop. » Les deux jeunes gens se sont pris eux-mêmes au jeu de l'amour, et parce que c'est l'âge de toutes les folies et de toutes les sincérités, ils ont fait naître un profond sentiment entre eux.

La cour quitte Fontainebleau et revient à Paris en

octobre. Marie fait figure de favorite. Louis et elle ne se quittent pas. Elle est le centre du petit groupe qui s'est créé autour d'eux. Un soir où elle apparaît particulièrement en beauté, Louis s'exclame : « Comme vous voilà belle, ma reine ! » ; la phrase a peut-être échappé au roi sans autre intention que de complimenter son amoureuse, mais dans sa bouche elle prend un dimension particulière. Elle a été entendue. Les conjectures s'épanouissent. Et Marie elle-même n'est pas loin de prendre la chose au sérieux et de trouver que, ma foi, une couronne est un bijou qui lui irait à ravir !

De leur côté, la reine mère et son cardinal ne semblent toujours pas prêter attention à la relation entre le roi et la nièce du cardinal. Seul les préoccupe le mariage espagnol. Les négociations traînent, Anne s'impatiente. Jules choisit de précipiter les choses. Pour décider Madrid, il va se servir d'un stratagème : jeter un leurre aux Espagnols. Ce leurre s'appelle Marguerite de Savoie ; elle la fille de la sœur de Louis XIII, Chrétienne. La demande en mariage de la France est officielle. Une rencontre entre les prétendants est organisée à Lyon en novembre. Pour Louis le voyage est prétexte à chevaucher avec Marie. Tout à son amour, il ne semble pas vraiment réaliser ce qui se prépare ou bien, et c'est plus probable, il sait qu'il doit faire un mariage politique mais dans son esprit cela ne change rien à ses sentiments pour la jeune femme. Le 28 novembre, en grand apparat, la duchesse Chrétienne entre dans Lyon en compagnie de sa fille. Anne d'Autriche va au devant d'elle accompagné d'un cortège de courtisans et bien sur de son fils. Impatient, Louis se détache du carrosse de sa mère à côté duquel il chevauchait et se précipite pour voir sa promise. Il revient au galop et quand sa mère lui demande comment il l'a trouve, il répond essoufflé qu'elle « a de beaux yeux ; enfin elle me plaît et je la trouve fort à ma fantaisie ». Officiellement, les négociations commencent pour le traité de mariage.

Quand Philippe IV d'Espagne apprend le projet de mariage savoyard, il s'écrie : « Cela ne peut pas être et cela ne sera pas ! » Aussitôt, il dépêche un des ses principaux ministre, Pimentel, à la cour de France avec mission de faire échouer ce mariage. Mazarin a gagné. Selon la légende, le hasard veut que l'Espagnol arrive à Lyon le même jour que la duchesse de Savoie. Le soir, au cours du bal en l'honneur des invitées savoyardes, on avertit Colbert qu'un étranger veut le voir. Le secrétaire particulier du cardinal quitte le bal et revient peu après. C'est alors Mazarin qui sort. Une heure plus tard il retrouve la reine dans sa chambre. Le cardinal est jovial. Madame de Motteville assiste à la scène : « Bonnes nouvelles Madame – Et quoi ! Serait-ce la paix ? – Il y a plus, Madame ; j'apporte à votre Majesté et la paix et l'Infante. »

Il ne reste plus maintenant qu'à conclure le traité de paix avec l'Espagne, le Traité des Pyrénées, dans lequel est inclus le mariage du roi de France Louis XIV avec l'infante Marie-Thérèse. C'est ce à quoi le cardinal va s'atteler maintenant, convaincu que cela ne sera pas une partie de plaisir, mais c'est avant tout un diplomate, totalement à l'aise dans ce genre se situation.

Avant d'aboutir il lui faudra régler deux problèmes. Le premier est assez simple à résoudre, il s'agit de renvoyer la duchesse Chrétienne de Savoie et sa fille dans leurs montagnes. En apprenant la présence de Pimentel à Lyon et en comprenant ce qui se passe, la duchesse se laisse aller – pour la forme ?– à une petite colère où, dit-on, elle pousse l'emphase jusqu'à se cogner la tête contre les murs. Mazarin joue les imbéciles, explique qu'il y avait vaguement quelque chose dans l'air avec les Espagnols, rien de très sérieux, mais quand on vient lui proposer la main de l'infante, c'est la paix qu'on lui propose... comment refuser ! La duchesse repart avec un papier officiel assurant que si le mariage espagnol ne se fait pas, Louis épousera Marguerite. Laquelle Marguerite se console très vite de cette rupture. De ce côté-là, tout est bien qui finit bien.

L'autre problème dont Mazarin ne se doute pas de l'ampleur qu'il va prendre, est la liaison entre se nièce et son filleul.

Le mariage de Louis

Le séjour de la cour à Lyon dura deux mois. Ce furent des semaines de bonheur pour Louis et Marie. Dans la ville, rien ne permet de loger la cour en un seul endroit ; on a donc disséminé les logis, beaucoup autour de la place Bellecourt. Cette situation provoque un relâchement de l'étiquette et offre au couple de nombreuses occasions de se voir en dehors de l'entourage de la reine et du cardinal qui logent ailleurs. La grande Mademoiselle raconte que Louis ramène Marie chaque soir là où elle loge : « Au commencement, il suivait le carrosse, puis servait de cocher, et à la fin ils se mettait dedans. Les soirs qu'il faisait beau clair de lune, il faisait quelques tours dans Bellecourt. »

De retour au Louvre les tourtereaux se cachent de moins en moins ; comme tous les amoureux ils sont un peu « seuls a monde ». Madame de Motteville est indignée par la conduite de Marie : « Elle le suivait en tous lieux, et lui parlait toujours à l'oreille, en présence même de la reine, sans que la bienséance ni le respect qu'elle lui devait l'en empêchât. » Maintenant Anne commence à s'en inquiéter. Les pourparlers de paix et de mariage avancent difficilement, il ne faudrait pas que cette idylle vienne les compromettre ; elle est bien placée pour connaître la susceptibilité des Espagnols. Jules est plus circonspect. Certes, cela l'embête un peu, mais il se dit que le débordement amoureux est de l'âge de son filleul, que cela se serait de toute façon produit et qu'à tout prendre, il vaut peut-être mieux que cela soit avec une de ses nièces ; le moment venu il aura toute l'autorité nécessaire pour y mettre fin. Il a placé à côté de sa nièce Mme de Venel qui le renseigne fidèlement... mais qui devient par la même occasion l'objet de moquerie et de méfiance des amoureux.

Anne fait de plus en plus de reproches à son fils. Le jeune homme affiche de s'en moquer. Le carême 1659, est le cadre d'une querelle un peu sérieuse entre eux. On présente un nouveau ballet sur une musique de Lully, le roi y danse comme à son habitude... et sans doute un peu plus que d'habitude. Il est heureux de pouvoir briller devant Marie et veut prolonger les représentations pendant le carême. Anne s'y oppose absolument. On s'énerve. La reine menace de quitte le Louvre et d'aller passer le carême au Val-de-Grâce ce qu'elle ne souhaite pas ; Louis répond qu'elle n'a qu'à y aller. C'est la première fois qu'il se comporte ainsi avec sa mère. Nul doute qu'il subit de plus en plus l'influence de Marie. Finalement « Le cardinal les raccommoda et le ballet ne fut point dansé. »

Au début de 1659, il est probable que Louis et Marie sont amants. La jeune femme avoue son bonheur et en même temps son inquiétude : « Au milieu de tant de prospérités, je n'étais point satisfaite, parce que je l'étais trop ; je me plaignais de n'avoir plus rien à désirer et j'eusse souhaité quelques disgrâce pour connaître mieux par son opposition le bien dont je jouissais. » Ni Marie ni Louis n'ignorent que des tractations sont en cours avec l'Espagne pour le mariage du roi. Tout se passe comme si ni l'un ni l'autre ne voulait y croire. Pendant ces premiers mois de 1659, alors que le cardinal et Pimentel négocient, jamais Louis de laissera entendre à son parrain qu'il est contre cette union ou qu'elle en a une autre en tête. Quant à la jeune femme, probablement balance-t-elle entre son amour et ce qu'elle sait de la raison d'Etat ; un jour elle s'imagine reine, un autre elle sait qu'elle ne le sera jamais. Il a du y avoir beaucoup de lourds silences entre Louis et Marie. Ont-ils fait des projets d'avenir ? C'est très probable. Ces mois du début de 1659, nous montrent un Louis XIV encore éloigné du monarque marmoréen, incarnant avec froideur et distance la royauté absolue. C'est un jeune homme tout entier pris dans sa passion et sous l'influence de son amoureuse. La jeune femme à la personnalité fière et indépendante, s'agace sans doute de voir l'homme qu'elle aime sous la coupe de son parrain et de sa mère ; il a vingt ans, il est le roi... le maître ! Comment accepte-il encore de se laisser dicter sa conduite ?... Il peut faire ce qu'il veut ! Louis écoute, entend et acquiesce. Les relations se tendent comme jamais entre le roi, Anne et Jules ; les conversations se transforment vite en disputes. On imagine qu'entre la colérique Anne, le comédien Jules capable de jouer la rage comme la douceur, et un Louis exalté qui ne souhaite que montrer à sa belle qu'il est le maître, les scènes ont dû être épiques. Le roi à même menacé Jules de le renvoyer. Il ne veut pas de mariage espagnol ! Il veut la femme qu'il aime ! Anne et Jules sont atterrés. C'est le parachèvement de l'œuvre de leur vie qui risque de s'effondrer. Jamais la reine et son cardinal n'auraient pu imaginer que le confident en arriverait là. Pourtant ils tiennent bon. Louis se doit à son peuple, à son pays... Alors le jeune homme change de tactique. Il ne commande plus, il implore : il demande à genoux à son parrain main de Marie. Etrange moment pour Giulio Mazarini que celui où le roi de France demande en mariage sa propre nièce... ce que, évidemment, le cardinal refuse. A-t-il le temps, à cet instant précis, de mesurer le chemin parcouru ? Ce qui est sûr, c'est que le cardinal n'a pas un seul instant songé à accepter. Il est tout entier habité par cette paix qu'il s'est juré de donner au pays et qui ne peut que passer par le mariage espagnol. Anne est quelquefois plus hésitante. La reine et la mère s'affrontent en elle : l'une partage l'obsession du cardinal, l'autre souffre de voir son fils si malheureux...

Durant ces semaines, le cardinal poursuit les négociations avec Pimentel. Le 7 mai 1659 l'armistice est signé, et un mois plus tard un traité établissant les préliminaires de paix. C'est maintenant à Saint-Jean-de-Luz que les négociations vont se poursuivre. Il y a trop de distance entre Paris et Madrid, trop de longueur de communications. Saint-Jean-de-Luz est à la frontière avec l'Espagne. Le cardinal doit s'y rendre et laisser Anne seule face à son fils. Il a pu mesurer le danger, il n'a aucune confiance dans le confident. Le jeune homme cédant à sa passion, peut parfaitement tout envoyer promener et faire de Marie Mancini la reine de France. Le cardinal craint pour son œuvre politique, mais aussi, un peu, pour lui-même. Si Louis passe outre aux volontés de son parrain, il le renverra dans le même mouvement. Jules le pense. Il a sans doute aussi des doutes sur la fermeté d'Anne face aux sentiments de son fils. Le cardinal n'a aucun doute sur les intentions de la reine, mais il a des craintes sur les réactions de la mère. On l'a déjà vue fléchir comme la mère aimante qu'elle est, passionnée de son fils et ne supportant pas sa tristesse. Laisser seuls Anne, Louis et Marie, est un grand risque qu'il ne peut pas courir. Comme il ne parvient pas à convaincre le roi, que l'appel à la conscience de sa mission, au devoir, les rappels des sacrifices que la reine et le cardinal ont consenti pour lui, les dangers qu'ils ont affrontés pour lui, la misère du peuple qui souffre de la guerre, l'Europe entière qui le regarde – soyons sûrs que Jules à étalés tous les arguments possible, deux fois, trois fois... –, c'est sur sa nièce qu'il va exercer son autorité. Mazarin, si l'on en croit la Grande Mademoiselle, aurait déclaré « qu'il était le maître de sa nièce et qu'il la poignarderait plutôt que de l'élever par une si haute trahison ». Il n'est pas dans les habitudes du cardinal de se montrer si violent. Si la phrase est vraie, cela montre le degré de crainte et de tension auxquelles en étaient parvenus les rapports entre les quatre protagonistes du « premier amour de Louis XI ».

En partant pour Saint-Jean-de-Luz, fin juin, Son Eminence décide d'emmener Marie accompagnée de ses deux sœurs Hortense et Marianne ; en chemin il les laissera à La Rochelle. Devant la fermeté du cardinal, la jeune fille s'incline et Louis se résigne, la mort dans l'âme. Pour adoucir la peine de son amoureuse, le roi lui offre un somptueux rang de perles acheté quelques temps plus tôt à la reine Henriette d'Angleterre, sa tante, réduite à vendre le peu de bijoux qui lui restent pour survivre. Les adieux entre les deux jeunes gens sont déchirants. Le roi pleure. La jeune fille lui dit « Vous pleurez et vous êtes le maître ! » Une autre version lui fait dire « Ah ! sire, vous êtes roi et je pars. » Racine s'inspirera de cette scène pour sa tragédie Bérénice : « Vous êtes empereur, seigneur, et vous pleurez ! »

Pendant que le cardinal et ses nièces cheminent vers le sud, le roi va cacher son chagrin au château de Chantilly, ancienne possession des Condé, confisquée par la couronne. Malgré l'éloignement des deux « tourtereaux », Jules n'est pas tranquille. Il est convaincu que Louis est capable de toutes les folies. Il pourrait, par exemple, se précipiter à La Rochelle, enlever sa belle et l'épouser. On imagine la position dans laquelle se trouverait le cardinal face au négociateur espagnol, dom Luis de Haro, si une telle nouvelle éclatait pendant les tractations. Nul doute que cela ruinerait tous les espoirs de pacification et porterait un coup terrible moralement et physiquement à Son Eminence. Car la santé du cardinal a commencé depuis un an déjà à décliner doucement : les attaques de goutte dont il a toujours souffert sont de plus en plus violentes et de plus en plus fréquentes ; il souffre de calculs rénaux. Le vieil homme s'épuise lentement. Il ne se donnera du repos que lorsqu'il aura donné la paix à la France.

Jules écrit à son filleul et Anne pendant l'été ; il veut les « tenir » par ses lettres, empêcher que l'irréparable soit commis. D'autant que les Espagnols ont des espions partout et qu'ils n'ignorent rien de ce qui se passe. Jules connaît leur légendaire susceptibilité et craint que cela ne complique la dernière phase de négociations. Et ce que le cardinal ne sait pas, c'est que le jeune homme a arraché à sa mère, qui n'a pu lui résister, l'autorisation de correspondre avec Marie... ce qu'il fait chaque jour. Rien de tel pour entretenir une flamme amoureuse !

Quatre jours à peine après son départ, Son Eminence

écrit à Louis : « Souvenez-vous, je vous en conjure, de ce que j'ai eu l'honneur de vous dire plusieurs fois lorsque vous m'avez demandé le chemin qu'il fallait tenir pour être un grand roi, c'est à dire qu'il fallait commencer par faire les derniers efforts afin de n'être pas dominé d'aucune passion ; car, quand malheur arrive, quelque bonne volonté qu'on ait, on est hors d'état de faire ce qu'il faut. » Le jeune homme lui répond qu'il se sent capable de maîtriser toutes ses passions... sauf une, réponse qui a don d'énerver le cardinal : « C'est proprement parler pour ne rien dire ; car vous aurez toujours une passion qui vous dominera et vous direz ne pouvoir pas vaincre celle-là, et que vous serez maître des autres qui ne [vous] ferons aucune peine. Je vous conjure donc de vous bien appliquer pour vous rendre maître de toutes. »

Louis rejoint sa mère à Fontainebleau. Anne retrouve son fils désespéré. Son cœur de mère en est déchiré. Jules craint qu'elle ne cède. Il écrit à son filleul : « La confidente m'a écrit l'état dans lequel elle vous a trouvé et j'en suis au désespoir ; car il faut absolument que vous y apportiez du remède... [...] Je vous conjure, pour votre gloire, pour votre honneur, pour le service de Dieu, pour le bien de votre royaume et pour tout ce qui vous peut le plus toucher, de faire généreusement force de vous. » Le cardinal continue d'écrire lettre sur lettre, jouant tour à tour de la persuasion ou de la menace. Louis semble finalement céder mais c'est une ruse. Il annonce se rendre aux avis de du cardinal et accepter le mariage, puisqu'il est inévitable, mais il ne fait que gagner du temps, bien décidé de trouver un moyen de conserver Marie auprès de lui. Le jeune homme a bien appris des leçons de dissimulation prodiguées par sa mère et son parrain. Jules n'est pas dupe : « Vous me faites bien de l'honneur de me dire [...] que vous êtes plus résolu que jamais de suivre mes avis, mais dans le même temps vous ne le faites pas. [...] Vous êtes le maître de votre conduite, mais non pas de m'obliger à l'approuver. »

Peut-on imaginer, en ces longues semaines de l'été 1659, l'inquiétude, l'angoisse même dans laquelle devait se trouver le cardinal Mazarin ? Si le mariage espagnol ne se fait pas, quelles conséquences cela aura-t-il sur la France ? Poursuite de la guerre ? Les traités de Westphalie dureront-ils encore longtemps ? Car rien n'interdit de penser que ce sont les Habsbourg de Vienne et de Madrid, qui, peut-être, reprendraient la main en Europe. La France risquerait de perdre son hégémonie sur l'Europe acquise au prix de tant de souffrances... C'est l'œuvre de Richelieu continuée par Mazarin qui est en danger. Et qui fragilise cette œuvre : l'enfant-roi, que le cardinal aime tant, qu'il a élevé, pour lequel il a tant travailler !... Et la reine Anne qui vacille dans ses certitudes. Il lui reproche de lui « donner raison en ce qu'il fait, [...] il sera toujours bien aise d'en user comme il fait par votre approbation, et en ce cas on sera exposé à [...] de plus grandes conséquences que vous ne croyez ». Elle ne fait plus un seul esprit avec Jules... elle est aveuglée par le désespoir de son enfant !... Cette impensable situation mine sans aucun doute le cardinal et aggrave son mal. Jules sait aussi qu'on essaye de lui nuire dans l'esprit du roi et peut-être Louis, écoutant des sirènes néfastes comme il en apparaît toujours à la cour dans les périodes de tensions, songe à se débarrasser de son parrain...

Pourtant inlassablement, dans l'Île des faisans au milieu de la rivière Bidassoa, frontière avec l'Espagne, Jules négocie avec dom Luis de Haro. De temps en temps, les pourparlers sont interrompus à cause de la santé du cardial : crise de goutte et gravelle, mais aussi, sans doute à cause de la tension nerveuse, paralysie de sa main et son bras droits qui l'empêche d'écrire.

Enfin la cour quitte Fontainebleau pour se diriger vers le pays basque où le traité doit être signé et le mariage avoir lieu. En chemin, on passe près de La rochelle. Louis veut voir Marie et Anne une fois de plus cède. La jeune femme rejoint la cour à Saint-Jean-d'Angély. Les amoureux passent deux jours ensemble ce qui n'est pas la meilleure façon de faire cesser un amour. De fait, leurs sentiments sont toujours aussi forts, peut-être même renforcé par les semaines de séparation. Ils semblent qu'il s aient décidé que Louis consentirait à ce mariage indispensable, mais que Marie resterait sa maîtresse officielle. Jules l'apprend, il est furieux. Il adresse à son filleul une longue lettre de reproches... dix huit pages ! « Personne n'ignore que vous cultivez un amour impossible et que vous n'approuvez qu'aversion pour le mariage qu'on vous prépare. [...] Comment voulez-vous que je continue à mentir au premier ministre d'Espagne ? [...] il vaut mille fois mieux de tout rompre et continuer la guerre sans se mettre en peine des misères [...] et des préjudices que cet Etat et vos sujets en recevront... » Le cardinal s'en prend directement à sa nièce dont l'entêtement et l'ambition sont la cause de tout : « Sans cette passion, vous tomberiez d'accord avec moi, que cette personne a une ambition démesurée, un esprit de travers et emporté, un mépris pour tout le monde, nulle retenue dans sa conduite, et un penchant à faire toutes sortes d'extravagances, qu'elle est plus folle que jamais, depuis qu'elle a en l'honneur de vous voir à Saint-Jean-d'Angély. » Le roi répond laconiquement : « Je suis fâché contre vous. »

C'est la reine mère qui fera évoluer la situation dans le sens voulu par le cardinal ; elle admet enfin que le roi va trop loin. Elle réussit à lui faire accepter définitivement le mariage espagnol. Du même coup, Marie, comprenant qu'elle ne sera jamais reine, fait amende honorable et soumission à son oncle. Le cardinal Mazarin semble avoir gagné mais ce n'est qu'une apparence. Nouvelle tromperie de Louis qui décidément sait user de la dissimulation. Les amoureux continuent à s'écrire.

Il faut procéder par étape. Pour Jules, l'important est maintenant que le roi se soit rendu à l'évidence de l'indispensable nécessité du mariage avec l'infante Marie-Thérèse. Signons le traité, marions-les, et on verra comment régler le cas Marie ensuite.

Le traité des Pyrénées est signé le 7 novembre 1659. Les négociations avaient été laborieuses. Une grande partie de l'Europe y avait été associée de sorte qu'il est devenu le prolongement des Traités de Westphalie et parachève le paysage politique de l'Europe jusqu'au XIXe siècle. Pendant plus de trois mois, la région a abrité des dizaines et des dizaines d'ambassadeurs et plénipotentiaires de tous poils.

Le traité signé, on songe immédiatement à marier les promis, mais l'hiver est là. Il vaut mieux repousser la cérémonie au printemps. Cela n'arrange pas les affaires d'Anne et Jules qui craignent que le roi ne retombe dans sa passion pour Marie. La cour séjourne en Provence pendant l'hiver. Il faut occuper le roi. Jules, qui n'est pas à un tour de passe-passe près, se dit que le meilleur moyen pour que le roi oublie Marie est qu'il s'intéresse à quelqu'un d'autre. Et pourquoi pas sa nièce Olympe pour laquelle le cœur de Sa majesté avait vibré jadis. Elle est maintenant comtesse de Soissons, mère de deux enfants et enceinte d'un troisième. Qu'à cela ne tienne, le cardinal suggère ce qui ressemble à un service commandé.

La jeune femme s'exécute, sans trop d'enthousiasme et en s'arrangeant pour ne pas aller trop loin. Le stratagème semble fonctionner un peu du côté de Louis et beaucoup du côté de Marie qui apprenant que le roi se rapproche de sa sœur, ne cesse plus de se lamenter sur l'inconstance des hommes. On lui parle de mariage avec un prince Colonna à Rome, elle accepte.

Le 18 janvier, à Aix-en-Provence, la Fronde est définitivement enterrée. Louis II de Condé, vient s'agenouiller devant celui qu'il reconnaît désormais et à jamais pour son roi. Ce retour de Condé est une clause du Traité de Pyrénées ; Monsieur le Prince retrouve ses rang, titres et fonctions. En une phrase, Louis XIV efface huit ans rébellion et de haute trahison : « Mon cousin, après les grands services que vous avez rendus à ma couronne, je n'ai garde de me ressouvenir d'un mal qui n'a apporté du dommage qu'à vous-même. » Enfin, pour en terminer avec la sédition, quelques jours plus tard, on apprend la mort, à Blois, de Gaston d'Orléans, l'éternel comploteur.

Dans ces mêmes semaines, une délégation française se rend à la cour de Madrid pour demander officiellement la main de l'infante Marie-Thérèse pour Sa Majesté le roi de France Louis XIV. En mai 1660, les deux cours se rejoignent à Saint-Jean-de-Luz pour les cérémonies de mariage.

Le 3 juin, le mariage est célébré par procuration dans la petite église de Fontarabie entièrement décorée pour l'occasion par Vélasquez. C'est dom Luis de Haro qui présente le roi de France. La tridentin veut en effet que les princesses ne quittent le sol de leur pays que mariées. Le roi d'Espagne ne cache pas son émotion de voir partir sa fille. Les témoins remarquent qu'il a les larmes aux yeux. La jeune fille se montre très digne. Elle est depuis si longtemps prête à cet instant. Les mêmes témoins trouvent que, par sa blondeur, son teint superbe, elle ressemble sa tante Anne d'Autriche. Elle est cependant plus petite et plus ronde que ne l'était Anne au même âge.

Les 6 et 7 juin, les deux souverains, Louis XIV et son oncle Philippe IV d'Espagne, se rencontrent dans l'Ile des faisans. La Grande Mademoiselle assistait à la cérémonie : « Les deux rois parurent chacun devant leur table, [...] M. le cardinal apporta l'Evangile, avec une croix que l'on mit dessus ; le patriarche des Indes en fit autant du côté du roi d'Espagne. [...] Les deux rois se mirent à genoux, M. de Brienne, secrétaire d'Etat, prit le traité de paix ; et dom Fernand Vouès de Cantocarrero, qui était secrétaire d'Etat d'Espagne en fit autant ; et chacun de son côté le lut tout haut, l'un en français, l'autre en espagnol. Après que la lecture fut finie, les deux rois mirent la main sur l'Evangile, et dirent qu'ils juraient de tenir tout ce qui était contenu dans le traité de paix ; [...] Lorsque cela fut fait, ils se levèrent tous deux et s'embrassèrent : le roi lui dit qu'il lui jurait amitié aussi bien que la paix ; ils se tinrent des discours très tendres. » Les deux souverains signent ensuite les traités. En regardant cette scène, Jules et Anne, doivent probablement vivre un moment d'intense bonheur. La reine mère est particulièrement rayonnante : son fils est si beau, si grand – il dépasse d'une demi tête la plupart des hommes de l'assistance –, il ne craint pas la comparaison avec tous ces hidalgos pourtant si fiers et si élégants. Et la reine est heureuse aussi de revoir son frère après quarante-trois ans de séparation. Leurs retrouvailles sont émouvantes. Evoquant les longues années de guerre entre leurs deux pays, Anne dit à Philippe : « ... Votre

Majesté me pardonnera d'avoir été si bonne française : je le devais au roi, mon fils, et à la France. »

Le mariage est à nouveau célébré sur le sol français par l'évêque de Bayonne, le mercredi 9 juin, à Saint-Jean-de-Luz. Bien sûr la cérémonie est superbe, à la hauteur de l'événement et de sa signification. Les reines « étaient le plus belles du monde » se souvient un biographe. Louis est habillé de noir, son vêtement est recouvert de pierreries. La jeune reine Marie-thérèse porte une robe semée de lys d'or et sur ses épaules repose un lourd manteau de velours violet lui aussi semé de fleurs de lys. Louis semble heureux, il a dit à sa mère qu'il trouvait sa jeune femme à son goût ; la terrible aventure Marie Mancini semble oubliée.

Anne d'Autriche est aux anges. Cette cérémonie est pour elle l'accomplissement de toute sa vie. Cette réussite, elle la doit à l'homme quelle aime, son cardinal dont la loyauté et l'amour ne lui ont jamais fait défaut. Il est près d'elle, prenant lui aussi sa part des honneurs. Mais ceux savent voir, remarquent que Son Eminence a les traits tirés et semble au bord de l'épuisement. La reine se rend-elle compte de la réalité de l'état de santé de son cardinal ? Les mois qui viennent de passer ont été une torture pour Jules obligé d'abord de négocier des heures durant sous une chaleur étouffante, ballotté ensuite pendant l'hiver d'une ville de Provence à l'autre. Anne est tout à son bonheur. Elle a toujours demandé au cardinal beaucoup d'attention. Elle a toujours été possessive ce que Jules comprenait et acceptait. Seulement il est malade, supporte mal les handicaps que cela lui inflige ; il devient irascible et perd un pue son légendaire sens de la conciliation. Ce n'est pas que des tensions se sont installées entre eux pendant l'hiver 1659/60, mais plutôt que le fossé se creuse lentement et inexorablement entre une femme encore énergique et alerte, et un homme vieillissant à qui, bien qu'ils ne le croient ni l'un ni l'autre, il ne reste que quelques mois à vivre. Pendant l'hiver, il y a par exemple une scène très révélatrice ; le cardinal est alité, la reine est près de lui avec ses dames ; elles l'entourent, trop pour un malade. Alors le cardinal dénude brutalement ses jambes décharnées couvertes de tâches blanches et violettes : « Voyez Madame, ces jambes qui ont perdu le repos en le donnant à la France. » Il a sans doute fallu beaucoup d'agacement au pudique Mazarin pour se laisser aller ainsi.

Il y a aussi des moments où la tendresse entre eux est manifeste. Comme dans cette lettre, la dernière qui nous est parvenue de la reine au cardinal, du 30 juin. Anne est à Saintes et Jules à l'île d'Oléron avec le roi : « Votre lettre m'a donné une grande joie. Je ne sais si je serai assez heureuse pour que vous le croyiez et que, si j'eusse cru qu'une de mes lettres vous eût autant plu, j'en aurais écrit de bon cœur ; [...] Quoi que vous puissiez croire et douter, je vous assure que ceux [les moments] de ma vie seront employés à vous témoigner que jamais il n'y eut d'amitié plus véritable que la mienne et, si vous ne le croyez pas, j'espère de la justice que vous vous repentirez quelque jour d'en avoir douté, et, si je pouvais aussi bien faire voir mon cœur que ce que je vous dits sur ce papier, je suis assurée que vous seriez content, ou vous seriez le plus ingrat des hommes du monde et ne coirs pas que cela soit... »

« Il faut quitter tout cela ! »

La cour remonte vers Paris lentement pour ménager la santé du cardinal. Il voyage le plus possible en litière car les soubresauts des carrosses sont insupportables quand il a une crise de calculs.

Il reste une dernière cérémonie : l'entrée solennelle du roi et de sa jeune reine dans la capitale. Le cardinal Jules Mazarin fait figure de grand vainqueur. Il est salué dans l'Europe entière comme le faiseur de paix ; c'est la troisième fois, à Casal d'abord quand il s'était interposé entre les armées espagnoles et française en criant *Pace ! Pace !*, lors de la conclusion des traités de Westphalie et maintenant avec le Traité de Pyrénées. Une estampe de l'époque montre Mazarin ouvrant la porte le paix et dom Luis de Haro, fermant la porte de la guerre. Rarement dans l'histoire un homme avec les seule force de son intelligent et de on incomparable talent de diplomate, – aisé bien sûr par quelques militaires – n'aura autant pesé sur le cours politique de l'histoire européenne. Ce sont souvent les conquérants qui font la géographie des Etats, ici c'est un diplomate et un pacifiste... cela mérite d'être souligné.

Le 26 août le roi Louis XIV et la reine Marie-Thérèse sont solennellement accueillis dans leur bonne ville de Paris. Cette « entré royale » est un événement que la population apprécie grandement. Elle revêt cette fois-ci un apparat tout particulier. Le matin, les souverains sont reçus hors les murs sur une grande place où le trône royal a été installé sur une grande estrade – elle deviendra la place du trône. Le roi est « vêtu d'un habit tout de borderie d'argent trait, mêle de perles et garni d'une quantité merveilleuse de rubans incarnat et argent, avec un superbe bouquet de plumes incarnat et blanc, attaché d'une enseigne de diamants ». La jeune reine porte une robe noire recouverte d'or, d'argent et de pierreries. Les corps constitués de la ville défilent devant eux toute la matinée, prétexte à d'interminable discours. Ensuite, on leur remet les clefs de la ville et ils président à un lâcher de colombes.

L'entrée dans la ville se fait ensuite, dans l'après-midi. Il faudra quatre heures au gigantesque cortège pour rejoindre le Louvre. C'est comme à l'accoutumé un défilé somptueux auquel participent tous les membres de la cour, rivalisant de richesse : carrosses dorées, chevaux somptueusement enharnachés, profusion d'uniformes rutilants auxquels il ne manque pas un bouton... Chacun sur le parcours guette le passage roi, élégant et gracieux, caracolant fièrement sur un cheval habillé d'argent et dont le harnais est constellé de pierreries. La légende veut que Marie Mancini assiste au passage du cortège au balcon de l'hôtel de Beauvais. Non loin d'elle, une femme encore jeune et bientôt veuve d'un poète célèbre, assiste aussi au défilé. Elle est éblouie par la beauté du roi. Le lendemain elle écrit à une amie : « Je ne crois pas qu'il se puisse rien voir de plus beau, et la reine a du se coucher hier soir, tout à fait conquise par le mari qu'elle a choisi. » Quelques années plus tard, c'est elle qui se couchera chaque soir avec le roi mais à ce moment là, elle sera devenue Madame de Maintenon.

A un autre balcon de l'hôtel de Beauvais, rue Saint-Antoine, le cardinal en compagnie de la reine mère, de Turenne et d'Henriette d'Angleterre, regarde lui aussi passer le cortège. Il est trop fatigué pour y participer. Il a cependant tenu à y manifester sa présence : le défilé s'ouvre par soixante-douze mules magnifiquement harnachées lui appartenant, sa litière vide et ses équipages.

Par leur absence du cortège royal, Anne et Jules veulent-ils manifester qu'ils s'effaçent devant le roi, maintenant adulte et parfaitement apte à gouverner son royaume, On aimerait que ce soit le cas. Malheureusement, si cet éloignement du pouvoir est vrai depuis quelques temps déjà pour la reine mère, le cardinal, lui, va s'accrocher. Pourtant il sait qu'inévitablement, Louis et lui s'affronteront. Les heurs au moment de l'histoire avec Marie, ont montré que le jeune homme n'attendait qu'une occasion pour s'affranchir de la tutelle de son parrain. Est-ce pour cela que, dès la fin août 1660, le cardinal a annoncé son intention d'entrer dans la prêtrise ? Le but plus ou moins avoué est d'être élu au fauteuil de Saint-Pierre. Alexandre VIII n'est pas dans une forme exceptionnelle... Jules se verrait bien le remplacer. Sondé sur ce point, Madrid aurait fait savoir que Sa Majesté très Catholique ne s'y opposerait pas... Qui peut refuser quelque chose au cardinal Mazarin, l'homme qui a donné la paix à l'Europe ? Et quel belle fin de carrière ce serait pour Jules de revenir dans la ville de son enfance couronné de la tiare pontificale !... Anne a-t-elle partagé cette ambition ? A-t-elle sérieusement envisagé la séparation d'avec Jules que cela impliquerait ?... Ou l'a-t-elle simplement laissé rêver à ce magnifique point d'orgue à sa vie, consciente que le temps ne lui sera pas donner d'y parvenir ?... Car l'état de santé du cardinal s'aggrave encore, à la goutte et la gravelle s'ajoutent insomnie, œdème pulmonaire et néphrite aiguë. Son humeur s'en ressent. Il devient de plus en plus irascible, se transforme en petit tyran domestique, lui qui professait la douceur et l'humilité !... Son avarice atteint des sommets. Il s'en prend à la reine mère pour un oui ou pour un non, comme un vieux mari acariâtre. Il continue de présider le conseil qu'il fait souvent se tenir dans sa chambre pendant qu'on l'habille ou le rase. Quand le roi vient le voir, il lui fait faire antichambre... Et Louis ne dit rien. Tout se passe comme si Anne et le roi avaient compris que seule la maladie était responsable. Que malheureusement le temps est compté. A quoi sert de s'emporter contre ce malade qui pousse le ridicule jusqu'à se faire maquiller pour masquer sa pâleur et les traces de la maladie.

Dans les dernières semaines de 1660, les médecins ne se font plus guerre d'illusion sur l'espérance de vie de Son Eminence. Il va lui falloir se préparer à partir. En attendant, on essaie sur lui toutes sortes de remèdes, allant jusqu'à lui prescrire de se nourrir de lait de femme ; on fait pour cela venir des nourrices... Jules souffre énormément, et ne trouve un peu de repos que grâce à l'opium et au laudanum qui l'abrutissent.

En janvier 1661, un incendie se déclare au Louvre, dans une galerie où l'on prépare les décors d'un ballet pour les fêtes de carême. L'appartement du cardinal est tout proche, il faut évacuer le malade dans la nuit. On l'installe dans son palais pendant que la cour se replie à Saint-Germain. Au tout début février se déroule une scène célèbre relatée par Bienne. Le secrétaire vient le voir sans se faire annoncer pour lui remettre un pli urgent. Il raconte : « Je l'entendis venir au bruit que faisaient ses pantouflées qu'il traînait comme un homme fort languissant et qui sort d'une grande maladie. Je me cachai derrière la tapisserie et je l'entendis dire · « Il faut quitter tout cela ! » Il s'arrêtait à chaque pas, car il était fort faible, et se tournait tantôt d'un côté, tantôt de l'autre et, jetant les yeux sur l'objet qui lui frappait la vue, il disait du profond du cœur : « Il faut quitter tout cela ! » et se tournant, il achevait : « Et encore cela ! Que j'ai eu de peine à acquérir ces choses ! Puis-je les abandonner sans regret ? Je ne les verrais plus où je vais. » J'entendis ces paroles distinctement. Elles me touchèrent peut-être plus qu'il n'en était touché lui-même, car je ne sais s'il pensait alors à son état. » Brienne fait alors un bruit et Jules s'aperçoit qu'il n'est pas seul. Il demande au jeune homme d'approcher : « Il était nu dans sa robe de camelot fourrée de petit-gris et avait un bonnet de nuit sur sa tête. Il me dit : "Donnez-moi la main ; je suis bien faible, je n'en puis plus. – Votre Eminence ferait bien de s'asseoir." Et je voulus lui porter une chaise. "Non, dit-il, je suis bien aise de me promener et j'ai affaire dans ma bibliothèque." Je lui présentais le bras et il s'appuya dessus. Il ne voulut point que je lui parlasse d'affaire. "Je ne suis plus, me dit-il, en état de les entendre ; parlez-en au roi et faites ce qu'il vous dira : j'ai bien d'autres choses maintenant dans la tête" ; et, revenant à sa pensée : "Voyez-vous, mon ami, ce beau tableau du Corrège, et encore cette *Vénus* du Titien, et cet incomparable *Déluge* d'Antoine Carrache (car je sais que vous aimez les tableaux et vous connaissez très bien). Ah, mon pauvre ami, il faut quitter tout cela ! Adieu, chers tableaux que j'ai tant aimés et qui m'ont tant coûté." »

Jules ne reste pas dans son palais au milieu de ses trésors. Il se fait transporter à Vincennes où l'air est meilleur. Il attend que la cour vienne le rejoindre. Il s'impatiente. Il fait envoyer au roi une lettre où il lui dit combien il est malade et réclame sa présence. Anne, Louis et la jeune reine Marie-Thérèse accourent aussitôt ; ils resteront près de lui jusqu'à la fin. Début février, le cardinal a demandé à son médecin : « Guénault, combien ai-je à vivre encore ? – Deux mois, au moins. – Cela suffit [...] Je vous suis obligé autant que le peut-être un ami. » Son Eminence Giulio Mazarini – il a toujours signé de son nom italien, y compris le Traité des Pyrénées – doit mettre en ordre ses affaires, partager son immense fortune. Il lui reste aussi, avant de partir, à accomplir deux tâches qui prennent toute leur signification à l'instant de sa mort. Il fiance sa nièce Marie avec le prince Colonna, et marie sa nièce Hortense avec le duc Armand de La porte de la Meilleraye, petit neveu du cardinal Richelieu. Ainsi, le fils de Pietro l'intendant, entre dans la famille de ses *padroni* Colonna et de son mentor le cardinal. La Meilleraye sera le légataire universel de Son Eminence ; il portera désormais le nom de duc Mazarin et arborera les armes du cardinal. Et puis Jules, pour rester fidèle à son image, se doit de jouer un dernier tour de passe-passe. Il semble que ce soit Colbert qui l'ait suggéré celui-là. Le cardinal est inquiet que ses dernières volontés ne soient pas respectées Après tout c'est dans les caisses de l'état qu'il a puisé l'origine de sa fortune ; quelques individus mal intentionnés pourraient le rappeler à Sa Majesté qui serait en droit de récupérer le tout au détriment de la parentèle de Son Eminence. Il propose à Louis de tout lui léguer, sachant que le roi ne peut pas hériter de l'un de ses sujets. Il compte sur l'empressement de son filleul à refuser l'héritage ce qui le légitimerait du même coup. Louis a compris la manœuvre. Il sait qu'il ne peut s'y soustraire mais au lieu de se précipiter, il fait attendre deux jours son refus ; deux jours d'angoisse pour Jules.

La mort s'avance à grand pas maintenant. Anne est auprès de Jules tous les jours. Elle qui n'est pas démonstrative, pleure quelquefois. Louis est là aussi. Le cardinal trouve encore la force de s'habiller et de se faire promener en chaise dans les jardins. Il se fait maquiller, friser pour ces occasions ; il suce des pastilles parfumées pour masquer son haleine fétide. Les courtisans sont effrayés par le spectacle auquel ils assistent. Son Eminence n'est que l'ombre d'elle-même, un fantôme de cardinal, déjà presque effacé du monde des vivants.

Le trois mars, l'état de santé de Mazarin s'étant encore aggravé – il mourra d'une crise d'urémie –, on lui administre le viatique. Le cinq, la reine mère ordonne que les prières des quarante jours soient récitées dans toutes les églises de Paris ; c'est un privilège qui jusque-là n'était réservé qu'aux princes du sang. Le sept, le cardinal dit adieu à sa famille, à Anne et à son filleul. Il leur demande de ne plus venir le voir. On lui donne l'extrême-onction. Louis est en larmes. Il veut assister à la prière mais on l'en dissuade. Anne passe la soirée chez sa belle-fille mais n'y tenant plus, elle retourne dans la chambre de Jules. Colbert, qui veille sur son maître, lui dit que les médecins pensent qu'il ne passera pas la nuit. La reine pleure. Anne va dormir dans la chambre de son fils. De sa chambre, elle entend le cardinal gémir et cela lui déchire le cœur. Le roi s'est fait installer un lit à côté de la chambre de son parrain. Jules passe encore la journée du huit mars et s'éteint pieusement le 9 mars 1661 à deux heurs du matin. On réveille le roi qui s'habille en silence. Il va se recueillir devant la dépouille de son parrain. Le chagrin du jeune homme est immense et chacun peut le voir. Les mémorialistes ne nous donnent pas de précisions sur la présence d'Anne... mais comment pourrait-elle ne pas être là, se recueillant elle aussi devant la dépouille de l'homme qu'elle aime, le complice des heures difficiles, tentant peut-être de consoler son fils de la perte de celui qui l'a élevé et lui a tout appris.

Comme un ultime message d'amour, Jules a demandé dans son testament que son cœur soit placé dans une église des Pères Théatins inaugurée quelques années plus tôt par la reine : cette église s'appelle Sainte-Anne-La-Royale

La reine Anne d'Autriche survivra à son cardinal cinq années. Le temps pour elle de voir son fils prendre en main, seul, les rênes du pouvoir car le premier ministre Jules Mazarin avait suggéré à son filleul de ne plus avoir de premier ministre, et en cela, comme en beaucoup d'autres choses du moins dans la première partie de son règne, Louis XIV suivra les conseils du cardinal. Le temps aussi de le voir prendre doucement le chemin du despotisme... L'a-t-elle compris ? Anne s'est fixée une tâche : soutenir sa belle-fille, Marie-Thérèse, pour qu'elle s'acclimate le mieux possible à la cour de France. En cela, elle a voulu faire résolument le contraire de ce que Marie de Médicis avait fait lors de son arrivée en France, cinquante ans plus tôt. Et soutenir Marie-Thérèse aussi face aux infidélités affichées du roi qui choisit ses maîtresses parmi les dames d'honneur de sa femme. Entre la mère et le fils, il y aura bien encore quelques moments de tensions, en particulier lors de l'arrestation et du procès de Fouquet qu'Anne soutient parce qu'il l'a souvent aidée et qu'il fut loyal au cardinal. Mais le roi respectera toujours sa mère et de son côté, si Anne n'approuve pas toutes les décisions de son fils, elle se gardera de trop le montrer car la raison d'Etat commande, et c'est Louis le maître maintenant.

La reine mère pourra choyer son cher Val-de-Grâce et en particulier faire avancer la construction de l'église dont les travaux avaient été interrompus par la Fronde. Elle aura même la chance, en 1664, de voir venir à Paris le Bernin, que Jules avait tant sollicité sans parvenir à lui faire quitter Rome. Est-ce en mémoire du cardinal que la reine demandera au sculpteur le projet d'un autel à baldaquin dans l'esprit de celui du la cathédrale Saint-Pierre de Rome ?

A la fin de 1664, la reine qui depuis de long mois déjà se montrait fatiguée, commence à donner les signes du mal qui va l'emporter : un cancer du sein. Elle va connaître treize mois de souffrances, supportant stoïquement les traitements qu'on lui inflige, les opérations, les « charcutages » de médecins qui ne comprennent rien, à l'époque, au mal qui la rongea.

Anne avait toujours souhaité mourir au Val-de-Grâce, cela ne lui sera pas accordé. C'est au Louvre qu'elle meurt le 20 Janvier 1666 au petit matin. Ses dernières paroles sont pour demander un crucifix et c'est en l'embrassant qu'elle rend son âme à Dieu. Le prêtre qui l'accompagne en cet instant s'appelle Walter Montagu, le cher Wat, l'ami de Jules et le confident du couple. Quelques heures plus tôt, la reine avait simplement dit : « M. de Montagu, que voilà, sait ce que je dois à Dieu, les grâces qu'il m'a faites et les grandes miséricordes dont je lui suis redevable. »

Pour terminer le récit de la vie de ce couple si particulier, unique dans notre histoire, c'est à l'enfant roi qu'il faut laisser la parole. Devenu Louis XIV, monarque absolu, il écrira des Mémoires pour l'instruction du Dauphin. Nous savons les liens affectifs intenses qui unissaient le roi et sa mère ; Louis n'en a jamais fait mystère, il les a même revendiqués. Sur l'action politique d'Anne d'Autriche, il dira : « Elle mérite d'être mise au rang de nos plus grand rois. » Et sur Jules Mazarin, son parrain, Louis écrira : « Un ministre rétabli malgré tant de factions, très habile, très adroit, qui m'aimait et que j'aimais... »

Bibliographie

Mémoires et correspondances :

ARNAUD D'ANDILLY, R., *Mémoires*, Editions Petitot, 1824.

BRIENNE, Henri-Auguste de Loménie, *Mémoires*, Editions Michaud et Poujoulat, 1838.

BRIENNE, Louis-Henri de Loménie, *Mémoires*, Editions Bonnefon, 1916-1919.

CAMPION, Henri de, *Mémoires*, Mercure de France, 1967.

CHOISY, Abbé de, *Mémoires*, Mercure de France, 1966 .

GOULAS, N., *Mémoires*, Ed Constant, 1879/1882.

LA GUETTE, Madame de, *Mémoires*, Mercure de France, 1982.

LA ROCHEFOUCAULD, François de, *Mémoires*, Editions Gallimard, 2006.

LA PORTE, P de., *Mémoires*, Editions Michaud et Poujoulat, 1839.

LOUIS XIV, *Mémoires*, Editions Tallandier, 2007.

MONGLAT, F. de, *Mémoires*, Editions Michaud et Poujoulat, 1838.

MONTPENSIER, Anne-Marie-Louise de, *Mémoires de la Grande Mademoiselle*, Mercure de France, 2005.

MOTTEVILLE, Françoise de, *Chronique de la Fronde*, Mercure de France, 2003.

ORLÉANS, Marie d', Duchesse de Nemours, *Mémoires*, Mercure de France, 1990.
PATIN, Guy, *Lettres du temps de la Fronde*, Editions Thérive, 1921.
RETZ, Cardinal de, *Mémoires*, Garnier, 1987.

Etudes et biographies :

ARIÈS Philippe et DUBY, Georges, *Histoire de la vie privée, Tome 3 De la Renaissance aux Lumières*, Seuil, 1986 .
BERCÉ, Yves-Marie, *La naissance dramatique de l'absolutisme*, Seuil, 1992.
BERTIÈRE Simone, *Mazarin le maître du jeu*, Editions de Fallois, 2007.
BERTIÈRE Simone, *Les reines de France au temps des Bourbon, les deux régentes*, Editions de Fallois, 1996.
BLUCHE François, *Louis XIV*, Fayard, 1986.
BLUCHE François, *Richelieu*, Perrin, 2003.
BOGDAN, Henry, *La guerre de Trente ans*, Perrin, 1997.
CARMONA, Michel, *Richelieu*, Fayard, 1983.
CARMONA, Michel, *La France de Richelieu*, Editions complexe, 1984.
DESSERT, Daniel, *1661 Louis XIV prend le pouvoir*, Editons complexe, 1989.
DETHAN, *Georges, Mazarin et ses amis*, Berger-Levrault, 1968.
DETHAN, *Georges, Mazarin, un homme de paix à l'âge baroque*, Imprimerie nationale, 1981.
DETHAN, *La vie de Gaston d'Orléans*, Editions de Fallois, 1992.
DULONG, Claude, *Anne d'Autriche*, Perrin, 2000.
DULONG, Claude, *Mazarin*, Perrin, 1999.
DULONG, Claude, *Marie Mancini*, Perrin, 1993.
DULONG, Claude, *La fortune de Mazarin*, Perrin, 1990.
DULONG, Claude, *Le mariage du Roi-Soleil*, Albin Michel, 1986.
ERLANGER, Philippe, *Monsieur frère de Louis XIV*, Perrin, 1981.

FERDERN, C., *Mazarin*, Payot 1934.
GOUBERT, Pierre, *Mazarin*, Fayard, 1990.
GUTH, Paul, *Mazarin*, Flammarion, 1999.
KLEINMAN, Ruth, *Anne d'Autriche*, Fayard, 1993.
LAURAIN-PORTEMER, Madeleine, *Etudes Mazarines*, Boccard, 1981.
LEBRIGRE, Arlette, *La duchesse de Longueville*, Perrin, 2004.
MAGNE, Jacques, *Marie de Hauteford*, Perrin, 2000.
MINOIS, Georges, *La Rochefoucauld*, Tallandier, 2007.
MORAND, Paul, *Fouquet ou le soleil offusqué*, Editions Gallimard, 1961.
MURAT, Inès, *Colbert*, Fayard, 1980.
NIDERST, Alain, *Le siècle de Louis XIV Les français vus par eux-mêmes*, Robert Laffont, 1997.
PERNOT, Michel, *La fronde*, Editons de Falois, 1994.
PETITFILS, Jean-Christian, *Louis XIV*, Perrin, 1995.
PETITFILS, Jean-Christian, *Fouquet*, Perrin, 1998.
POISSON, Georges, *La duchesse de Chevreuse*, Perrin, 1999.
PUJO, Bernard, *Le grand Condé*, Albin Michel, 1996.
RANUM, Orest, *La Fronde*, Editions du seuil, 1995.
SOLNON, Jean-François, *La cour de France*, Fayard, 1987.
VIGNY, Alfred de, *Cinq-Mars*, Editions Gallimard, 1980.

Table

La photocomposition de cet ouvrage
a été réalisée par
GRAPHIC HAINAUT
59163 Condé-sur-l'Escaut

Cet ouvrage a été imprimé par la
SOCIÉTÉ NOUVELLE FIRMIN-DIDOT
Mesnil-sur-l'Estrée
pour le compte des Éditions Perrin
11, rue de Grenelle
Paris 7[e]
en février 2008

Imprimé en France

N° d'édition : 2362 – N° d'impression : 89211
Dépôt légal : mars 2008